Adolf Gottlob

Die päpstlichen Kreuzzugs-Steuern des 13. Jahrhunderts

Ihre rechtliche Grundlage, politische Geschichte und technische

Verwaltung

EHV
HISTORY

Adolf Gottlob

Die päpstlichen Kreuzzugs-Steuern des 13. Jahrhunderts

Ihre rechtliche Grundlage, politische Geschichte und technische Verwaltung

ISBN/EAN: 9783955642990

Auflage: 1

Erscheinungsjahr: 2013

Erscheinungsort: Bremen, Deutschland

EHV
HISTORY

Die päpstlichen

KREUZZUGS-STEUERN

des 13. Jahrhunderts.

Ihre rechtliche Grundlage, politische Geschichte

und

technische Verwaltung.

Von

DR. ADOLF GOTTLOB.

Heiligenstadt (Eichsfeld)

DRUCK UND VERLAG VON FRANZ WILH. CORDIER.

1892.

Vorwort.

Meine Studien zur Geschichte des päpstlichen Finanzwesens sind von den Aufwendungen der Päpste für die Türkenkriege ausgegangen. Deshalb mussten mich die Cruciat-Zehnten
und Cruciat-Ablässe besonders interessieren. Ich ·sammelte
ein reiches (gedrucktes und ungedrucktes) Material zur Geschichte
dieser beiden kirchlichen Einnahmequellen zunächst im 15.
Jahrhundert. In meiner Schrift „Aus der Camera apostolica
des 15. Jahrhunderts"[1]) liess sich das ohne eine erhebliche
Störung der Disposition nicht verwerten. Auch der Zweck jener
früheren Arbeit verbot dies. Die „Camera apostolica" sollte
meine gelegentlichen Beobachtungen[2]) an und in den römischen
Finanzarchivalien festlegen. Sie sollte vor allem durch Inan-
griffnahme der Katalogisierung des archivalischen Materials[3])

---

[1]) 317 S. 8⁰; Innsbruck, Wagner. 1889.

[2]) Daraus folgt die Ungerechtigkeit der Forderung, die einzelne
meiner Recensenten gestellt haben: ich hätte mit Johann XXII. anfangen
sollen! Warum nicht gleich, wie die hier vorliegende Schrift, mit
Innocenz III.?

[3]) S. dazu Meister, Auszüge aus den Rechnungsbüchern der
Camera apostolica z. G. des Bistums Strassburg 1415—1513: Zeitschr. f. G.
des Oberrhein N. F. VII. 104 ff, wo noch weitere mir nicht bekannt gewordene Serien der ehemaligen Kammerregistratur als erhalten ange-
kündigt werden.

und durch Aufklärung zunächst des äussern Verwaltungsapparats der Kammer ganz allgemein einer Geschichte des
päpstlichen Finanzwesens vorarbeiten, nämlich andere zu
Studien dazu anregen und diese letztern erleichtern. Die ge-
plante oder für mich notwendig gewordene Abhandlung über
die Kreuzzugszehnten und -Ablässe dagegen war ein Kapitel
der päpstlichen Finanzgeschichte selbst.

Die Verfolgung der Fragen nach dem Woher? d. h. nach
Ursprung und Recht der beiden Einnahmequellen ist weiterhin
für die Gestaltung des Themas entscheidend geworden. Vom
15. Jahrhundert herkommend, durfte ich rückwärts schreitend
erst bei Innocenz III. (1198—1216) Halt machen und zwar rücksichtlich der Kreuzzugszehnten. Die finanzielle Verwertung
des Ablasses reicht zeitlich noch weiter zurück. Diese Er-
kenntnis, zugleich auch die immerhin sich aufdrängende Grund-
verschiedenheit der Materie gebot die Trennung der Zehnten
von den Ablässen. Ich beschloss, die ersteren allein zu behandeln. — Der Terminus a quo der Schrift ist durch Nennung
Innocenz' III. bezeichnet. Noch frühere päpstliche „Kollekten"
gehören der Geschichte des „Peterspfennigs" an, andere, z. B.
unter Eugen III., Alexander III. bezw. Viktor IV., fallen in das
Kapitel „Prokurationen". Den End-Termin der Abhandlung
durfte ich nicht durch die Ausdehnung meiner Kollektanea bestimmen lassen. Es sind dafür andere Gesichtspunkte massgebend gewesen. Die ganze innere Entwickelung der päpstlichen Kirchenbezehntung liegt im 13. Jahrhundert. Das 14.
und 15. haben, soviel wir sehen, nichts Wesentliches mehr hinzu-
gethan. Ferner: Der Pontifikat Bonifaz' VIII. (1294—1303),
insbesondere der Konflikt dieses Papstes mit dem Könige
Philipp IV. von Frankreich, ist für die Geschichte des kirchlichen Besteuerungswesens von entscheidender Bedeutung gewesen. Hatte bis dahin die Kirche, zuletzt die römische Kurie,
sozusagen allein über die kirchliche Steuerkraft verfügt, so wurde
diese Alleinherrschaft jetzt durch die weltliche Macht vernichtet.
Für die Entwickelung eines öffentlich rechtlichen staatlichen

Steuerwesens wurde die Bahn frei. Die weltgeschichtliche Bedeutung dieser Thatsache genügt, um zu erklären, dass wir
unsere Ausführungen mit Bonifaz VIII. geschlossen haben.

Auch die Rücksicht auf die römischen Finanz-Archi-
valien ist hierfür mitbestimmend gewesen. Aus dem 13. Jahrhundert ist von den kameralen Rechnungsbüchern sehr wenig
erhalten. Ausser den von uns benutzten gedruckten Kollektorie-
Registern und bezw. Abrechnungen dürften dieser Art nur noch
wenige zum Vorschein kommen. In der avignonesischen Zeit
setzt aber die grosse Masse der erhaltenen Registratur-Bestände
ein. Ohne ein systematisches Studium wenigstens eines ver-
nünftig abgegrenzten Teiles derselben verbietet sich also das
Betreten des 14. Säculums auf jedwedem Gebiete der päpstlichen Finanzgeschichte von selbst.

Für das römische Finanzwesen bilden nicht bloss die
kameralen Rechnungsbücher, sondern auch die grosse Serie der
„Regesta Pontificum" im vatikanischen Geheimarchiv
die wichtigste Fundgrube. Glücklicherweise ist diese gerade
für das 13. Jahrhundert in den letzten Jahren allgemein zu-
gängig geworden durch die Registerveröffentlichungen der Ecole
française de Rome, durch die „Mitteilungen aus dem Vatikanischen Archive" von der kaiserlichen Akademie der
Wissenschaften in Wien (I. Aktenstücke zur Geschichte des
deutschen Reiches unter den Königen Rudolf I. und Albrecht I.,
herausgegeben von F. Kaltenbrunner), durch die Publikationen
von Pressutti (Reg. Honorii III.), Posse (Analecta Vaticana),
Finke (Papsturkk. Westfalens) und Gustav Schmidt (Päpstl.
Urkk. und Regg. für Sachsen). — Neben dem Regestenwerke
von Potthast und den durch dieses nachgewiesenen älteren
Urkundensammlungen haben wir aus diesen Werken denn auch
am meisten geschöpft. Die von uns gewonnene Anschauung
des päpstlich-kirchlichen Steuerwesens beruht also hauptsächlich
auf urkundlichem Material d. h. auf einem Grunde, dessen
Untrüglichkeit ein beachtenswerter Vorzug der Arbeit sein
dürfte.

In der Erörterung unserer Quellen verdient auch bemerkt zu werden, wie verhältnismässig wenig sich die Schriftsteller der Zeit mit den päpstlichen Zehntauflagen beschäftigen. Wären die alten aristokratischen Orden noch die Hauptvertreter der Historiographie, ganz sicher, sie würden uns mehr davon berichten. Schon der Umstand, dass sie, wenigstens zum Teil, die Steuern mitbezahlen mussten, hätte dazu Veranlassung gegeben. Die Bettelorden hatten keine Ursache, in die Klagen des Weltklerus und der reichen Konvente einzustimmen. Sie standen zudem im 13. Jahrhundert noch ganz auf der päpstlichen Seite. Ausserdem reichte ihre eigene Geschichte nicht in die steuerfreie Zeit vor Innocenz III. zurück. Sie wussten also nicht anders, als dass der Papst das Recht habe, Kirchen- und Geistlichen-Steuern zu erheben. Auch der Umstand, dass diese Steuern nach und nach in die Erscheinung traten und sehr allmählich Gewohnheitsrecht wurden, mag das Schweigen der Schriftsteller erklären. — Wir verdanken diesem Schweigen eine bedauernswerte Dürftigkeit insbesondere des Quellenmaterials für die prinzipiellen Fragen der Kirchenbesteuerung. Im ersten Teile unserer Arbeit haben wir das recht unbequem empfunden.

Unser Verlangen nach mehr hauptsächlich Benediktiner-Schriftstellern, die uns über die kirchlichen Steuer-Aktionen aufgeklärt hätten, wird gerechtfertigt durch den einen, der viel und gern davon redet, Matthaeus Paris, den Mönch von S. Albans. Man wird bemerken, dass wir ihn fleissig benutzt haben. Manche werden das vielleicht bedenklich finden, da man gerade in bezug auf das päpstliche Finanzwesen und auf römische Geldsammler ihm am wenigsten traut. Er hat aber, was die einfachen Thatsachen betrifft, unsere fortlaufende Kontrolle vollständig ausgehalten. Wir halten deshalb den englischen Chronisten für viel besser als sein Ruf ist. Er flunkert nur in kleinen Dingen, erzählt gern pikante Anekdoten, wie die Mönche sie wohl zu gegenseitiger Erheiterung im Refektorium sich schalkhaft zuraunten. Die darf man also nicht an sich für wahr halten, sondern nur als Zeugnisse der Stimmung betrachten, der sie entsprangen. Wo Matthäus sich auf der Höhe des historischen Berichts hält, bedeutsame Thatsachen erzählt, da erweist er sich auch inhaltlich als glaubwürdig. Im übrigen bekommen seine Berichte zur Geschichte der päpstlichen Geldsammlungen durch unsere Schrift erst das ihnen gehörige Licht. Was das Bedürfnis nach einer eigenen Abhandlung über die päpstlichen Kreuzzugs-Zehnten oder — um die Fünften, Zwanzigsten, Vierzigsten, Hundertsten mit einzuschliessen — über die päpstlichen Kreuzzugs-Steuern betrifft, so ergibt sich dieses Bedürfnis schon aus der Erwägung, dass es zur Ermöglichung einer künftigen „vorurteilsfreien, dokumentarisch gut belegten Finanz- und Verwaltungsgeschichte der römischen Kurie — vor allem nötig ist, auf den einzelnen Gebieten der Gesamtfrage . . . sichern Boden zu gewinnen und so einer allgemeinen Zusammenfassung vorzuarbeiten."[1]) Dass unser Einzelgebiet aber eines der wichtigsten und für die Gesamtentwickelung des römischen Geldwesens entscheidend geworden ist, dafür verweisen wir auf die Schrift selbst. Zur Beleuchtung der Unwissenheit, die annoch über die päpstlichen Kirchenzehnten herrscht, könnten wir eine ganze Reihe schiefer Urteile und Äusserungen anführen, die in den gelesensten Büchern vorliegen. Wir verzichten darauf. Es sei nur bemerkt, dass die Encyklopädien von Brockhaus, Meyer, Knowledge, Pierer, auch die „Britannica" unsere Zehnten überhaupt nicht kennen. Moroni im „Dizionario" gibt unter „Decima" und „Costantinopoli" einige unvollkommene Notizen. Du Cange, Glossarium mediae et infirmae latinitatis — hat unter den verschiedenen „Decimae" die unserigen nicht aufgeführt. Bloss die „D. biennalis" gehört hierher; geradesogut hätten dann aber auch decimae triennales, quinquennales u. s. w. angeführt

---

[1]) Tangl, das Taxwesen der päpstlichen Kanzlei vom 13. bis zur Mitte des 15. Jahrhunderts: Mitteilungen des Instituts für Österreich. Geschichtsforschung XIII. (1892), 1 f.

werden müssen. Die Dauer ist überhaupt ganz unwesentlich
und kann keine Klassifizierung begründen. — Wetzer-Welte hat
Bd. XI. 1260 den Artikel über den Saladinszehnten und Bd. I. 28
in dem Art. „Abgaben der Geistlichen" einige Notizen über
den Zehnten als Abgabe an den Papst. Im neuen „Kirchenlexikon" sind diese fortgeblieben; sie dürften also wohl unter
„Zehnten" kommen. — Von den Kanonisten hat sich Thomassini (vetus et nova Ecclesiae disciplina Bd. III. lib. I. c. 43,
p. 325 ff.) ziemlich eingehend mit unsern Steuern beschäftigt.
Abgesehen aber von seinem ungenügenden Quellenmaterial,
genügen seine Ausführungen vor allem deshalb nicht, weil er
sein Augenmerk nur auf die Frage der weltlichen Steuerfreiheit
richtet, wie das auch die Überschrift „Immunitas bonorum
Ecclesiae" als Absicht verkündigt. Weder die rechtlichen
Verhältnisse der päpstlichen Kirchenbesteuerung in sich, noch
der politische Wert und Gebrauch derselben, noch endlich die
praktische Handhabung sind klargelegt.

Wir schliessen mit dem gebührenden Danke an die Biblio-
theks-Verwaltungen von Berlin, Cassel, Freiburg, Göttingen und Strassburg, die unsere Arbeiten in freundlich
entgegenkommender Weise unterstützt haben.

Freiburg im Breisgau, um Pfingsten 1892.

Der Verfasser.

Inhalt.

II. Politische Geschichte der Kirchen-Besteuerungen des dreizehnten Jahrhunderts.

1. **Steuern für Kreuzzugszwecke.** Die politische Bedeutung auch der eigentlichen Kreuzzugssteuern ersichtlich besonders unter Innocenz IV. Der Zwanzigste des Konzils von Lyon, 1245. Kreuzzug Ludwigs IX. Kreuzzugs-Versprechungen Heinrichs III. von England und Hakos VI. von Norwegen. — Die Päpste Innocenz IV., Alexander IV., Urban IV., Clemens IV. und die Sorge für das heil. Land. Unterstützung des zweiten Kreuzzuges Ludwigs IX. S. 46—62.

2. **Steuern für die Lateiner in Konstantinopel.** Bedeutung derselben als Überleitung zu den politischen Steuern. — Die erste päpstliche Besteuerung der griechischen Kirchen durch Gregor IX., 1238. Die Auflagen von 1243 und 1244. — Besteuerungen der abendländischen Geistlichen für denselben Zweck 1238 und 1245. — Rückgewinnung Konstantinopels durch Michael Paläologus, 1261. S. 62—68.

3. **Steuern zum Kampfe gegen die Staufer.** Der Übergang der Kreuzzugsbesteuerung in den Dienst der Politik unter Gregor IX. Verwendung des Albigenserzehnt in Frankreich gegen den Kaiser. Zehnt in England, 1229. — Zwanzigster in Frankreich, 1240. Gleichzeitig ein Fünfter in England gefordert. Pauschal-Verabredungen. Konzil in Edinburg, 1239. S. 69—73.

Innocenz IV. im Kampfe gegen Friedrich II. Gewährung eines Fünften an die Erzbb. von Mainz und Köln und an den Bischof von Speier, 1244. — Verwendung des Lyoneser Zwanzigsten in England, Deutschland, Italien u. s. w. gegen den Kaiser. — Auflage auf die italienischen Pfründenbesitzer in Deutschland, England, Schottland, Irland, Frankreich, Spanien, Burgund u. s. w., 1247. — Fünfter in Polen, 1248. — Wie viel kostete der Kampf gegen Friedrich? — Nach Friedrichs Tode (1250) weitere politische Verwendung der Kreuzzugsgelder, also auch zur Offensive. — Plan der Gründung einer neuen Dynastie in Unteritalien. — Erhebung Edmunds von England zum Könige von Sicilien. S. 74—83.

Alexander IV. und das „negotium Siciliae". — Vertrag mit Heinrich III. von England, 1255. Steuermassregeln für England 1255 und 1256. Klerusversammlungen und -Proteste. — Zwiespalt zwischen Papst und König, 1257. Päpstliche Drohungen, 1259. S. 83—89.

Urban IV. überträgt Sicilien an Karl von Anjou, 1263. Zehnt in Frankreich, Flandern, Provence u. s. w. Geldnot Clemens' IV. Erfolge des Anjou gegen Manfred und Konradin. S. 89—93.

III. Die Verwaltung.

Einleitung.

Bis in die Zeit der Kreuzzüge und teilweise darüber hinaus geschah die materielle Kriegsversorgung, die Beschaffung der Mittel für Rüstung und Unterhalt, hauptsächlich aus den privaten Mitteln der Kontingentsherren und der Vassalen und Ministerialen selbst. · Es war unausbleiblich, dass die teueren Kriegszüge in den Orient diese Form der Aufbringung der Kriegskosten sehr bald als ungenügend erwiesen. Die letzteren waren durch die Notwendigkeit, die Durchzugsländer sich befreundet zu erhalten und von Plündern und Beutemachen möglichst abzustehen, ferner durch die Beschaffenheit des Landes, in welchem und um welches gestritten wurde, durch die Schwierigkeiten der Fouragierung und des Verpflegungswesens unendlich gesteigert. Die enormen Kosten der Flottenrüstungen, der Beschaffung des Waffen- und Schiessmaterials, des Städtemauern- und Burgenbaues — das alles erforderte die Aufbringung sehr grosser Geldmittel. Aber nicht bloss für Gesamt-Aufwendungen, auch für den einzelnen Kreuzfahrer genügte die privatwirtschaftliche Kriegsversorgung nicht mehr. Die Leute kehrten von der Kreuzfahrt vielfach geradezu wirtschaftlich ruiniert zurück. Schon vor seinem Auszuge aus der Heimat hatte sich der Pilger vielleicht durch Verkaufen oder Verpfänden von Eigengut, durch Abholzen von Waldungen und auf dergleichen Art Geld verschafft. In Palästina kamen gewöhnlich, da die mitgebrachten Summen nicht ausreichten, Schulden dazu. Die Überfahrt war teuer, der Lebensunterhalt oft wegen ungenügender Zufuhr sehr kostspielig. Ausserdem sahen sich die Pilger in allen Hafenorten und auch sonst in den Städten einem Raubsystem der widerlichsten Art überantwortet. Kein Bankier wechselte oder borgte, ohne hohe Wucherzinsen zu nehmen.[1]) Ein Glück, wenn wenigstens zu Hause während der Abwesenheit des Herrn Familie und Ver-

---

[1]) Vgl. Prutz, Kulturgeschichte der Kreuzzüge 97. 101. 129. 367.

mögen in Ordnung blieben! Kein Wunder aber, dass die Kreuzzugsbegeisterung sehr bald verflogen war!

Ohne eine wenigstens teilweise Abladung der Kreuzfahrtskosten von den Schultern der Kreuzfahrer selbst auf die übrige
Christenheit war ein dauerndes Eintreten des Abendlandes in
den Kampf gegen den Islam in Frage gestellt. Dieser Gedanke
mochte den sogleich zu erörternden staatlichen Versuchen zu
Kreuzzugssteuern zu Grunde liegen, und jedenfalls hat er dem
Papste Innocenz III., welcher auf kirchlicher Seite zuerst au
Abhilfe sann, vorgeschwebt. Innocenz bezeichnet es als
„absurdum proculdubio, ut qui pro communi utilitate laborant,
propriis tantum debeant stipendiis militare".[1]

Er spricht in der bezüglichen Bulle von dem Albigenserkriege; aber um wie viel mehr galt das dann von der teueren
Kreuzfahrt in den Orient.

Es schien anfangs, als ob die Notwendigkeit der Beschaffung
öffentlicher Geldmittel für die Kreuzzüge zu einer allgemeinen
staatlichen Kreuzzugsbesteuerung führen würde. Sowohl
der zweite als der dritte Kreuzzug, jener zunächst bloss in
Frankreich, dieser hier und in England, veranlassten regelrechte
staatliche Steuern. Die Steuer des Königs Ludwig VII. von Frankreich (1147) hatte, soviel sich aus den spärlichen Nachrichten
darüber mit Sicherheit erkennen lässt, einen durchaus staatlichen Charakter. Sie wurde ohne kirchliche Vermittelung
direkt an den König bezahlt und stellte eine allgemeine Auflage ohne Ausnahmen für Stand oder Geschlecht dar.[2] Auch
der berühmte Saladinszehnte für den dritten Kreuzzug — als
Sultan Saladin nach der Schlacht bei Tiberias im Jahre 1187
unter anderen Städten auch Jerusalem erobert hatte — war
trotz mannigfachen kirchlichen Beigeschmacks eine staatliche
Steuer. Es sollte zur Unterstützung des heiligen Landes jeder
ein Zehntel seiner Einkünfte und beweglichen Güter geben.[3]

---

[1]) Recueil des historiens de France XIX. 517: „Is qui dat omnibus" u. s. w.

[2]) Recueil des hist. XII. 95; Mathaei Parisiensis Historia Anglorum
ed. Madden I. 278; (Duchesne, Hist. Francor. SS. IV. 423 f.)

[3]) Die näheren Bestimmungen über den Saladinszehnten s. unten
im dritten Teile dieser Schrift zu Anfang des Kap. 1.

Von einem Könige, wie Philipp II. August liess sich die Weiterentwickelung der Steuer umsomehr erwarten, als er gerade von der Notwendigkeit einer regelrechten Soldzahlung überzeugt war. Dem Mangel derselben schrieb er die Schäden seines Reiches zu.[1]) Dennoch sollte gerade er in reichlichem Masse und eben bei dem Saladinszehnten die Schwierigkeiten erfahren, welche der Weiterentwickelung des staatlichen Steuerrechts auf diesem Wege entgegenstanden.

König Ludwig VII. hatte im Jahre 1147 zwar Klagen über die Höhe seiner Kreuzzugsauflage, von mancher Seite freilich auch Flüche und Verwünschungen erfahren; aber wir lesen nichts von einem prinzipiellen Widerstande. Die Beteiligung der Geistlichkeit bei der Steuer ist direkt bezeugt. Der Abt von Fleury hält es, nachdem die von ihm geforderte Summe wiederholt ermässigt ist, für Unrecht, weitere Einsprache zu thun — „non esse fas ultra Regi contradicere."[2]) Anders jedoch schon vierzig Jahre später. Der französische Saladinszehnte fand gerade in der Geistlichkeit den hartnäckigsten Widerstand. Schon auf dem Parlamente in Paris, wo die Steuer beredet wurde, muss es hart hergegangen sein. Wir vermuten das aus der Bestimmung, welche das weltliche Zwangsverfahren gegen Geistliche ausdrücklich ausschloss. Der Widerstreit wurde durch dieses Zugeständnis nicht erdrückt. Man fürchtete die Gründung der allgemeinen öffentlichen Steuerpflicht, ohne dass die geistlichen Privilegien gewahrt würden. „Es ist ein Edikt von dem König Philipp ausgegangen, dass der gallische Erdkreis geschätzt werde — so schrieb der streitbare Bischof Peter von Blois, an die heidnischen Zeiten Roms erinnernd — und die Kirche soll mit wiederkehrenden Abgaben beschwert werden. So werden diese nach und nach in Gewohnheit übergehen und der einmal eingeführte Missbrauch wird eine schmähliche Knecht-

---

[1]) Rigord. Gesta Philippi Augusti: Duchesne, Hist. Francor. SS. V. 38: „Thesauros etiam multos in diversis locis congessit . . dicens, quod praedecessores sui Francorum reges pauperes existentes, tempore necessitatis stipendiariis militibus nihil administrantes, ingruentibus bellis regni diminutionem passi fuerant non modicam."

[2]) Recueil des hist. a. a. O; Duchesne, Historiae Francor. SS. IV. 424 (A).

schaft der Kirche begründen."¹) Der Bischof von Tournay rief „im Namen des französischen Klerus" den Papst um Hilfe an, weil heute besteuert werden die Söhne Levis, — Aaron gibt unerlaubten Tribut und nicht mehr frei ist Melchisedech von Abgaben."²) Man sprach einem Unternehmen, welches mit der Beraubung der Kirche beginne, oder, wie der erstgenannte Kirchenfürst sich berechneter ausdrückte, durch Plünderung der Kirchen und Armen ins Werk gesetzt werde, von vorne herein den Erfolg ab.³) Der Vetter des Königs, der Bischof von Orleans, wurde um seine Vermittelung angegangen, auf dass Philipp „auf eigene Kosten oder mit Hilfe der feindlichen Beute [!] die Kriege Christi führe," und ebenso sollte der Erzbischof von Rouen bei dem Könige Philipp, ja auch bei dem Könige von England für die Freiheit der Kirchengüter eintreten. So verlangte es der schon genannte Bischof von Blois, der zugleich Archidiaconus von Bath war. Von Interesse ist dabei das Geständnis, dass es doch mehrere („quamplures") Bischöfe gab, die als Begünstiger der königlichen Bezehntung angesehen wurden. Bischof Peter dagegen sprach jetzt schon indirekt den Grundsatz aus, dass der Papst allein das kirchliche Bezehntungsrecht habe.⁴)

Die Agitation gegen den Saladinszehnten, die durch willkürliche und mutwillige Plackereien der königlichen Zehnterheber noch genährt wurde,⁵) hatte in Frankreich einen ungeahnten Erfolg. Der Zehnte wurde nur einmal erhoben. Dann gab Philipp August, der sonst so energische und auf die Stärkung der königlichen Macht bedachte König, den Vorstellungen des hohen Klerus und auch der Fürsten des Reiches nach und erliess an den Bischof von Reims und seine Diöcesane eine Erklärung mit „ewiger" Gesetzeskraft, laut welcher der

---

¹) Epistolae Petri Blesensis: Recueil des hist. XIX. 272.

²) Epistolae Stephani Tornacensis: Ebenda 288.

³) Ex Joannis Iperii chronico Sythiensi: Ebenda XVIII. 595.

⁴) Recueil des hist. XIX. 273: „In libro etiam Numeri — praecepit Dominus, Leviticam tribum ab omni publica functione liberam esse, summique Pontificis dumtaxat arbitrio subjacere."

⁵) Roberti canonici S. Mariani Antissiodorens. chron: MG. SS. XXVI. 253; vgl. Rogeri de Wendover Flores hist. ed. Hewlett. I. 173.

Zehnte in Zukunft unter keinerlei Vorwande mehr erhoben werden sollte; und würde der König oder ein anderer „in verwegenem Beginnen" das trotzdem versuchen, so sollten die bezüglichen Erlasse keine Giltigkeit haben.[1]

Englands praktischer Sinn bewahrte den König Heinrich vor einem ähnlichen Misserfolge. Während in Frankreich die Einhebung des Zehnten und die Verhängung der Steuerstrafen weltlichen Gewalthabern zugewiesen war,[2] in welchem Umstande der Widerstand des Klerus seine Hauptnahrung fand, wurden in England gerade die Geistlichen mit den wichtigsten Aufgaben in der Ausführung des Saladinszehnten betraut. Die Pfarreien waren die Erhebungsbezirke, kirchliche Censuren wurden als Steuerstrafen angedroht, und für die Erhebung des Zehnten waren Kommissionen ernannt, die in der Überzahl aus geistlichen Mitgliedern bestanden. Von diesen haben mindestens drei — der Pfarrer, der Erzpriester und der Sekretär des Bischofs — als Vertreter der Kirche in der Konkurrenz mit dem Staate zu gelten. Der englische Saladinszehnte zeigt also sehr viel kirchlichen Charakter. Um so natürlicher mag in England der Übergang der Kreuzzugsbesteuerung in rein kirchliche Handhabung erschienen sein.

Im Reiche blieb man bei Gelegenheit des dritten Kreuzzuges noch ausschliesslich bei dem alten Princip der Selbstausrüstungs- und Selbstbeköstigungspflicht. Der Saladinszehnte wurde in Deutschland nicht erhoben.[3] Gleichzeitig erlaubte Kaiser Friedrich I. Keinem die Teilnahme an seinem Kreuzzuge, der nicht aus eigenen Mitteln sein Pferd zu stellen und sich zu erhalten vermochte.[4] Das Mindeste waren drei Mark Silber, die er von den Ärmeren verlangte.[5] — Dennoch erhalten wir,

---

[1] Ordonnances des Rois de France XI. 255; Delisle, Catalogue des actes de Philippe Auguste nr. 233.

[2] S. unten Abschnitt III. das Kap. „Partikularistische Verwaltungsformen."

[3] Vgl. Riezler, der Kreuzzug Kaiser Friedrichs I.: Forschungen z. d. Geschichte X. 17, Anmerkung 4, gegen Raumer, Michaud und Toeche.

[4] Toeche, Heinrich VI. 102 f; Riezler a. a. O.

[5] Sanblasian. Fortsetzung des Otto von Freising: MG. SS. XX. 319, 35—38.

nicht eben lange nachher, auch aus Deutschland ein Beispiel
einer allgemeinen staatlichen Kreuzzugssteuer. Wir meinen den
Versuch Philipps von Schwaben zu einer Reichssteuer im
Jahre 1207. Zu Philipp waren Abgesandte des Patriarchen von
Jerusalem und der beiden Ordensmeister gekommen. Dieselben
schilderten die seit dem unglücklichen Ausgange des dritten
Kreuzzuges erst recht verschlimmerte Lage des heiligen Landes.
Auf ihre Bitten, und wohl auch aus anderen Gründen, wurde
auf dem Reichstage zu Nordhausen im genannten Jahre eine
fünfjährige „Reichssteuer" zum Besten der Christen im Oriente
beschlossen und kurz darauf in Quedlinburg ausgeschrieben.
Man beachte jedoch die Formen, in denen das geschah. Zunächst
wird in dem königlichen Ausschreiben jeder Ausdruck vermieden, der einen Zwang andeuten könnte; im Gegenteil, der
Vorgang wird als „Almosensammlung" bezeichnet. Während
ferner für die gewöhnlichen Unterthanen die Steuerquote festgesetzt ist, 6 Denare von jedem Pflug[1]), 2 Denare für jeden
Handels- und Gewerbetreibenden, ist es dagegen den Fürsten,
Grafen und Freien, seien sie Geistliche oder Laien, freigestellt,
so viel zu geben, „als ihnen die göttliche Gnade nach eigenem
Ermessen eingeben wird". — Leider wissen wir nicht, ob und
wie weit die „Almosensammlung" zur Durchführung gekommen[2]).
Von besonderem Interesse aber ist noch die Benutzung der
einheitlichen und deshalb für die Sammlung bequemeren kirchlichen Gliederung auch hier. Die Erhebung oder Einsammlung
wurde nämlich den Bischöfen übertragen. Die weltlichen Herren
sollten diese durch ihre gemessenen Befehle auf Entrichtung
der Abgabe unterstützen. Von den Bischöfen aber sollte das
Geld eigens geschickten königlichen Boten übergeben werden.[3])

---

[1]) Über den Pflug als Besteuerungseinheit s. Lamprecht, deutsches
Wirtschaftsleben im Mittel-Alter I. 371. In England seit 1199 (1194):
Round in English hist. Rev. 1888 (Juli) 501, 1889 (Januar) 105: dazu
Norgate ebenda 88 (Oktober) 702 und Stevenson 89, 108.

[2]) Die Ursperger Chronik erwähnt sie nicht einmal, trotzdem sie
die Ankunft der Legaten und die Verhandlungen in Nordhausen-Quedlin-
burg erzählt (MG. SS. XXIII. 370).

[3]) MG. LL. II. 213 f. Vgl. Winkelmann, Philipp von Schwaben
und Otto IV. I. 425. – Zeumer, die deutschen Städtesteuern etc. (Leipzig

Wir haben staatliche Kreuzzugssteuern öffentlicher (nicht lehnsrechtlicher oder grundherrlicher) Natur aus derselben Zeit von drei Seiten beigebracht. Alle drei aber ergeben, wenn wir unsere Aufmerksamkeit zunächst auf allgemeine Reichssteuern richten, die Unfähigkeit der mittelalterlichen grösseren Staatswesen zur Durchführung einer rein staatlichen öffentlichrechtlichen und alle Stände umfassenden Besteuerung. Nur eine solche würde dem Bedürfnisse der Kreuzzüge gegenüber gerechtfertigt sein. Frankreich ist an dem Widerstande seines .Klerus gescheitert. Bei Einführung und bezw. Wiederholung der Steuer in den andern Staaten würde sich vermutlich auch dort von geistlicher Seite eine starke Opposition erhoben haben. England hat von vorneherein seiner Kreuzzugsauflage einen so ausgeprägt kirchlichen Charakter gegeben, dass schon darin das Bekenntnis einer staatlichen Schwäche liegt. Die „Almosensammlung" in Deutschland endlich, welche eine Aufstellung von Steuersätzen nur für das niedere Volk wagt und ausserdem zur Ausführung der bischöflichen Autorität bedarf, kann kaum als ernstlicher Versuch einer „Reichssteuer" gelten.

Immerhin lagen die Dinge in England und Frankreich noch verhältnismässig günstig. Wie die nachherige Entwickelung des Steuerwesens der beiden Staaten gezeigt hat, war die für gewisse Fälle in Übung befindliche Vassalen- und Unterthanen-Verpflichtung zu „freiwilligen" Subsidien, aides oder Hilfen genugsam befestigt, um das öffentliche Steuerrecht weiterzubilden. Dieselbe hätte wohl auch den Kreuzzügen und selbst für den Fall, dass der eigene König nicht auszog, zu gute kommen können. In Deutschland war die territoriale Zersplitterung schon zu weit vorgeschritten. Die Geschichte der deutschen Steuern berichtet ausser von der oben erzählten „Almosensammlung" Philipps von Schwaben noch von Versuchen der Kaiser Heinrich IV., Heinrich V. und Otto IV. auf Einführung von bald so, bald anders gearteten Reichssteuern.[1]

1878) gibt S. 106 die Höhe der Steuer irrig mit „1 Münze vom Pfluge" und „1 Pfennig" für die Handeltreibenden, Hausbesitzer u. s. w. an.

[1] Für Heinrich IV. vgl. das „Fragment alter bairischer Annalen" bei Giesebrecht, Gesch. der d. Kaiserzeit IV. 513 ff; Zeumer a. a. O.

Sie. sind alle an dem Widerstande der deutschen Fürsten gescheitert. Das Reich hat es überhaupt nur zu fixierten Jahres-
steuern der Mehrzahl der Reichsstädte gebracht. Nur den
Territorialherren und den Städten selbst ist es mit der Zeit
gelungen, ordentliche öffentliche Steuern zu entwickeln.
Auf Reichssteuern für Kreuzzugszwecke musste man also
verzichten. Höchstens England hätte bei genügend gutem
Willen und ohne die Kriege, denen es schon bald wieder mit
Frankreich und auf den britischen Inseln selbst entgegenging,
eine Wiederholung seines Saladinszehnten auf sich nehmen
können. Die Territorien oder kleineren Landesherr-
schaften aber konnten das Geldbedürfnis der Kreuzzugssache
unmöglich befriedigen. Wir sehen ab von der Thatsache, dass
die mittelalterlichen staatlichen Gebilde für gewöhnlich überhaupt nicht imstande waren, grosse Geldsummen in sicherer
Grössenbestimmung zu bestimmter Zeit zusammenzubringen,
dass der Ertrag der laufenden fürstlichen Einkünfte aus Landes-
hoheitsrechten, Eigengut, grundherrlichen und lehensrechtlichen
Abgaben kaum zur Bestreitung der nötigsten Ausgaben hin-
reichte. Nein, auch die in den folgenden Jahrhunderten allenthalben eingeführten Landessteuern, die von den Landständen
bewilligt wurden und allerdings öffentlichen Charakter hatten,
hätten für das Bedürfnis der Cruciata nicht genügt. Man
denke nur an die Schwierigkeiten ihrer Auflage, an die Ein-
bussen an fürstlichen Hoheitsrechten, welche vielfach damit
verbunden waren. Dadurch verbot sich von selbst eine öftere
Wiederholung. Für die Kreuzzüge bedurfte man der europäi-
schen Hilfe fast ununterbrochen. — Ferner: die Kreuzzüge
waren, in der Theorie wenigstens, Unternehmungen der Christenheit als Gesamtheit. Lässt sich aber annehmen, dass auch nur
ein Fürst, ein Land das Erträgnis seiner staatlichen Kreuzzugs-
Auflage, für den Fall, dass die Herren und Ritter des Landes
nicht selbst gen Palästina zogen, fremden Kreuzfahrern zur
Verfügung gestellt haben würde? Nein! Nun waren aber die
Christen in Syrien, die Könige von Jerusalem und die Fürsten

161. bez. Heinrichs V. s. Waitz. Deutsche Verfassungsgesch. VIII. 399 f.
Über Otto IV. s. Zeumer a. a. O. 106. — Die „Hofsteuer" Rudolfs von
Habsburg liegt später und war auch nur eine allgem. Städtesteuer.

der Kreuzfahrerstaaten und die Grossmeister der Ritterorden und die lateinischen Kaiser von Konstantinopel, ja auch europäische Fürsten selbst sehr oft in der Lage, Geld und Hilfe zum Kreuzeskampfe heischen zu müssen. Wenn da nicht eine Gemeinsamkeit der ganzen Christenheit bestanden hätte, wie würde das Kreuz dem Halbmonde, das Abendland dem feindlichen Osten so lange haben widerstehen können?

Der Träger jener Gemeinschaft war die Kirche. Die Kirche allein hielt, wenigstens ideell, an der Einheit der christlichen Völkerfamilie fest. Sie war auch der vorzüglichste Vertreter jener Kultur, die durch den Islam bedroht war. Da von staatlicher Seite ein genügender Schutz der Kreuzzugssache, insbesondere eine ständige und genügende Geldhilfe, nicht zu erhoffen war, so fiel die Sorge dafür nunmehr der Kirche zu.

Unter den positiven Gründen für diese Erscheinung, als da sind der religiöse Charakter der Kreuzzüge, das Vorhandensein eines die ganze Christenheit umspannenden kirchlichen Verwaltungsapparats, die wirtschaftlich überragende Bedeutung des kirchlichen Besitzes, — unter diesen Gründen erfordert der zuletzt genannte noch eine nähere Beleuchtung. Er ist für die Abladung der Kreuzzugskosten auf die Schultern der Kirche äusserlich vielleicht am bestimmendsten gewesen.

Es ist leider nicht möglich, die Grössenverhältnisse des kirchlichen Besitzes[1] und vor allem des Grundbesitzes im Mittelalter annähernd genau anzugeben. Man nimmt für die zweite Hälfte der mittelalterlichen Epoche, in der nur noch ein langsames Voranschreiten der kirchlichen Bodenerwerbung zu beobachten ist,[2] gewöhnlich ein Drittel des Gesamtbesitzes als Kirchenbesitz an.[3] In England soll derselbe

---

[1] Wir verstehen darunter hier alles Gut, von welchem die Kirche d. h. kirchliche Anstalten und Personen vermöge ihres kirchlichen Charakters den Nutzgenuss hatten. Von der Frage nach dem juristischen Eigentümer sehen wir vorläufig ab.

[2] Vgl. Lamprecht, Deutsches Wirtschaftsleben I. 657. 681. 711 f. 761 ff; v. Inama-Sternegg, Deutsche Wirtschaftsgeschichte II. 128 ff. 134 f.

[3] In der Chronik des Nikolaus v. Siegen (ed. Wegele, Thüring. Geschq. II. 7) wird sogar der Benediktiner-Besitz schon für die „tercia pars christianitatis" ausgegeben.

sogar die Hälfte des Bodens betragen haben.[1]) Matthäus Paris, der Chronist von S. Albans, gibt die Höhe des englischen Kirchenzehnten seiner Zeit, den die Geistlichen von ihren Einkünften bezahlen mussten, auf 600000 Mark für drei Jahre, für ein Jahr also auf 200000 Mark an.[2]) Dem würde also ein verzehnteter Betrag von 2 Millionen Mark als Gesamt-Einkommen des englischen Klerus entsprechen. Wir bemerken dabei, dass bei des Chronisten Angabe wohl nicht bloss die Einnahmen aus kirchlichem Grundbesitz, sondern auch die übrigen Einkünfte der Geistlichen in Rechnung gezogen sind. Jedoch dürfte das wieder aufgewogen werden durch die Thatsache, dass auf der andern Seite aus der Berechnung fortgeblieben sind alle jene Klöster und kirchlichen Anstalten, die von der Steuer befreit waren. Ein Einkommen von 2 Millionen Mark würde nach Lamprecht auf ein solches von 320 Millionen unseres Geldes hinauslaufen.[3]) Nach Cibrario würden 2 Millionen Mark Sterlinge des Jahres 1284 im J. 1842 (Erscheinen des Buches von Cibrario) eine Kaufkraft von 279232000 Franks gehabt haben.[4])

Für Frankreich haben wir ein ziemlich zuverlässiges Schätzungsmittel — zugleich einigermassen eine Kontrole jener englischen Schätzung des Matthäus Paris — in den Rechnungen über den kirchlichen Zehnt, die uns von dem Ende des 13. und Anfang des 14. Jahrhunderts erhalten sind. Auch da sind freilich die Spiritualien-Einkünfte[5]) für die Berechnung des Zehnten mit berücksichtigt worden. Das französische Bezehntungsgebiet mit Einschluss der zum Reiche gehörigen arelatischen und lothringischen Diöcesen brachte in den drei Jahren 1289 bis 1291 genau 793,192 Tourer Pfund 15 Soldi 9 Denare, in

---

[1]) Gneist, Englische Verfassungsgesch. 188.

[2]) Chron. maj. ed. Luard V. 282.

[3]) A. a. O. 1459: 3000 Mark = 480000 unseres Geldes. Kölner und englische Mark darf man nach Kruse, Kölnische Geldgeschichte: Westdeutsche Zeitschr. Ergänzungsheft IV. 21 (auch nach Lamprecht a. a. O. II. 479f.) gleichsetzen.

[4]) „Economia politica del medio evo" III. 247. Cibrario bestimmt die Wertverhältnisse, indem er die mittelalterlichen und modernen Getreidepreise vergleicht. — Die Wertschätzung der einzelnen Getreidearten gegen einander war im Mittelalter schon dieselbe wie jetzt: v. Inama St. a. a. O. 434.

[5]) qui „ex spirituali jure proveniunt": Rufinus ad c. XII. q. 2.

einem Jahre also rund 264,000 Pfund als Kirchenzehnten auf.[1]) Eine von der königlichen Rechnungskammer im ersten Viertel des 14. Jahrhunderts aufgestellte Rechnung ermittelt den Wert des Kirchenzehnten etwas höher. Sie sieht von den zum Reiche gehörigen Diöcesen ab, beschränkt sich vielmehr auf die wirklich unter französischer Hoheit stehenden Provinzen, und bringt doch ein Rechnungsresultat von 265,990 Pfund 14 Soldi 8 Denaren heraus.[2]) Einem Zehntergebnis von 260,000 Pfund[3]) würde ein verzehnteter Betrag von 2,600,000 Pfund als Einkommen des französischen Klerus entsprechen. Das würde nach Cibrario im Jahre 1842 eine (Getreide-) Kaufkraft von 1,362,296,000 Franks bedeutet haben.[4])

Für den weiteren Schritt, der zur Ermittelung des englischen und französischen Kirchenbesitzes noch zu thun übrig bliebe, die Taxierung des Grundvermögens aus dem Einkommen, steht uns leider kein wissenschaftlich begründeter Massstab zu Gebote.

Von den deutschen Zehnterträgen des 13. Jahrhunderts ist uns eine Gesamtsumme nicht überliefert. Eine Vorstellung von der Grösse auch des deutschen Kirchenvermögens können wir uns indes im allgemeinen bilden, wenn wir bedenken, dass der Besitz der meisten Stifter und Klöster nach Hunderten von Hufen[5]) zählte[6]), ja dass eigentlich alle derartigen kirchlichen Anstalten die Tendenz auf Grossgrundbesitz in sich hatten. Dazu kamen dann noch die zahlreichen Pfarrhufen und die

---

[1]) Recueil des hist. XXI. 545 ff.

[2]) Ebenda 562, K.

[3]) „Je crois qu'en adoptant le chiffre de 260,000 livres tournois, pour exprimer la moyenne du produit d'un décime, on est plutôt au—dessous qu'au—dessus della verité". So Boutaric, La France sous Philippe le Bel 296.

[4]) A. a. O. — Wir bemerken, dass die englische (und Kölner) Mark das ganze 13. Jahrhundert, die Touroneser Münzen bis zum Jahre 1295 in ihrem Feingewicht stabil waren: Kruse a. a. O. 36; Cibrario a. a. O. 212.

[5]) Man verstand unter Hufe ausser Hof und Garten und dem Nutzungsrecht an der Allmende das in Gewannlage befindliche, dem Flurzwang unterworfene Ackerland, meistens in einem Gesamtumfang von 30 Morgen: Schröder, deutsche Rechtsgesch. 409.

[6]) Vgl. die Beispiele bei v. Inama-St. a. a. O. 128. 136 f. 159 f.

kleineren Pfründen. Eine Hufe zum wenigsten, neben Kirche, Pfarrhof und Friedhof, war die Ausstattung jeder Pfarrei. Meist betrug das Pfarrvermögen jedoch auch 2, 3 und mehr Hufen.[1]

[1] Lamprecht a. a. O. I. 656. — Aus dem „Liber decimationis" von Constanz, 1275, herausgegeb. von Haid im Freiburger Diöcesan-Archiv I. (1865), 17 ff. lässt sich immerhin ein Bild von den wirtschaftlichen Verhältnissen des Kuratklerus wenigstens im südlichen Deutschland, speziell im Schwabenlande, gewinnen. Wir haben zu diesem Zwecke nach dem Heberegister des Domdekans Walko (dasselbe bildet den 1. Teil des genannten „Liber decimationis") die folgende Tabelle angefertigt. Dieselbe umfasst, wie jenes Heberegister, den nördlich des Rheins bezw. Bodensees gelegenen, östlich von der Illerlinie, westlich vom Kamme des Schwarzwaldes begrenzten, Teil der alten Diöcese Constanz. Um gerade die Lage des Weltklerus zu ersehen, haben wir die in dem Verzeichnis aufgeführten Ordensbeneficien unberücksichtigt gelassen. Bei Angabe des Wertes in Mark wurde die Mark zu 2¹/₂ Pfund (das Mittel zwischen Constanzer [2¹/₄] und Haller [3]) gerechnet. Alle Beneficien mit der unbestimmten Ertragsangabe „infra sex marcas" sind denen mit einem Einkommen von 1—10 Pfund zugerechnet worden. Die Tabelle umfasst 864 Pfarreien und Vikarien. Gegen 200 Beneficien mussten unberücksichtigt bleiben, weil deren Einschätzung noch nicht erfolgt war, oder weil sie nach auswärts cumulierten oder weil aus sonst einem Grunde die Angabe des Wertes fehlte. Von jenen 864 Pfründen hatten

329 einen Ertrag von 1— 10 lib. jährlich.
219 „ „ „ 11— 20 „ „
129 „ „ „ 21— 30 „ „
60 „ „ „ 31— 40 „ „
50 „ „ „ 41— 50 „ „
24 „ „ „ 51— 60 „ „
17 „ „ „ 61— 70 „ „
12 „ „ „ 71— 80 „ „
3 „ „ „ 81— 90 „ „
7 „ „ „ 91—100 „ „
9 „ „ „ mehr als 100 lib.
3 „ „ „ „ „ 200 lib.;

nämlich Canstatt 266 Pfund, Stuttgart „samt den Präbenden der Vikare" 276 Pfd., Pfullendorf 250 Pfd. — Die Pfarrei Esslingen trug dem Kapitel von Speier 370 und dem Pfarrer 400 Pfund. Der Pfarrer von Kirchheim (unter Teck) hette ebenfalls ein Einkommen von 400 Pfund. Die Pfarrei Freiburg im Breisgau — im Bezirk des Kollektors Heinrich von St. Stephan zu Constanz — brachte 325 Pfund ein. — Oft waren auch die Pfarren von ganz kleinen Orten sehr gut dotiert. Küssnacht z. B. trug 151 Pf. jährlich; der Pfarrer von Bettberg, jetzt Filiale von

Für ihren grossen gewaltigen Besitz nun, der sich über alle Länder Europas verteilte, beanspruchte die Kirche in gewissen Grenzen Steuer-Immunität. Alttestamentliche Vor_ bilder[1]), zugleich Steuerprivilegien Konstantins, die freilich vielfach verkehrt ausgelegt wurden oder längst aufgehoben waren,[2]) endlich die von merowingischen und karolingischen Königen erhaltenen Immunitäts-Verleihungen[3]) wurden zur Begründung angerufen. Inhaltlich sagt Rufinus in der um 1156 von ihm verfassten „Summa" zum Dekret Gratians: „Immunitas dicitur ecclesiae securitas, qua decursionibus et secularibus exactionibus et vexationibus debet esse libera".[4]) Thatsächlich hat die mittelalterliche Kirche jedoch die althergebrachten Leistungen für Heer und Hof des Königs, die vielfach sehr bedeutend und aus den grossen Vergabungen der Könige an die Bistümer und Klöster erwachsen waren,[5]) ferner alle lehnsrechtlichen und sonstigen Abgaben und Lasten (also auch die den Grundherren, Instituten und Privaten schuldigen), soweit sie auf den Kirchengütern schon bei dem Übergange dieser in den kirchlichen Besitz ruhten und soweit nicht inzwischen spezielle Befreiung eingetreten war, principiell stets anerkannt und geleistet.[6]) Selbst Papst Bonifaz VIII., der eifrige Vorkämpfer der geistlichen Steuerfreiheit, behauptete, dass seine Bulle „Clericis

Seefelden (obere Markgrafschaft), hatte 100 Pfund, der von Kilchbühl, jetzt Filiale von Sempach am Vierwaldstädter See, hatte 120 Pfund, der von Russwyl (bei Sursee) hatte 221 Pfund jährlich.

[1]) S. oben S. 4.

[2]) S. darüber Loening, Gesch. des deutschen Kirchenrechts I. 229, besonders auch Anmerkung 1, ferner 230 f. — Im Jahre 441 hob Valentinian III. alle Befreiungen von den auf Grund und Boden haftenden Lasten auf. (Ebenda 232).

[3]) S. Boretius, Capitularia regum Francorum I. 19 (Privileg Chlotars II.), 277 (Privil. Ludwigs d. Frommen: 1 mansus für jede Kirche abgabenfrei).

[4]) Die Summa magistri Rufini zum Decretum Grat. ed. Joh. Friedr. v. Schulte 289 (C. XII. q. 2).

[5]) Vgl. Waitz, Verfg. VIII. 227 ff. 378 ff. 405; Sugenheim, Staatsleistungen des Klerus 315, 352; Richter-Dove, Kirchenr. 8. Aufl. 374.

[6]) Vgl. Planck, Gesch. der christl.-kirchlichen Gesellschaftsverfassung IV. 2, 181.

laicos" die Leistungen von Lehen und Regalien nicht berühre.[1]
Er erkannte also noch am Ende des 13. Jahrhunderts und
mitten im Kampfe um die kirchlichen Immunitäts-Rechte die
vorstehend bezeichneten Steuerpflichten des Klerus an. Auf
welche Abgaben zielte denn aber praktisch die kirchliche Steuer-
Immunität ab? Zunächst offenbar auf alle neuen und willkürlichen königlichen Besteuerungen. Dann aber richtete sie
sich vor allem gegen die immer häufiger und infolge der
unaufhörlichen Kriege und Fehden immer drückender werdenden
Exactionen der Territorialherren und der Städte.[2]) Gerade
gegen diese ist der Kampf um die weltliche Abgabenfreiheit
des geistlichen Besitzes, der die zweite Hälfte des Mittelalters
erfüllt, gerichtet. Das dritte Lateran-Konzil erklärte im Jahre
1179 im 19. seiner Beschlüsse die eigenmächtige Besteuerung
der Kirchen- und Geistlichen-Güter[3]) geradezu für sündhaft.
Nur in Fällen der Not, wenn die Kräfte der Laien nicht ausreichten, und nur unter der ausdrücklichen Zustimmung „des
Bischofs" und des Klerus sollte eine Auflage auf den geistlichen
Besitz, jedoch mit Vermeidung jeden Zwanges, gestattet sein.[4])
Der Eingang des Dekrets spricht nur von den „in den verschiedenen Teilen der Welt" durch die „rectores et consules
civitatum, necnon et alii, qui potestatem habere videntur" den
Kirchen aufgelegten Lasten, und auch die Formel „ne de cetero
talia praesumant attentare, nisi episcopus (die Singularform!)
et clerus . . . existiment conferenda" — hat offenbar nur die
mehr oder weniger autonomen Gewalten localer Natur im Auge.
Das vierte Lateran-Konzil vom Jahre 1215 hat das Dekret vom

---

[1]) Raynald, Annales eccles. ad a. 1296,20; Hefele, Konziliengesch.
VI.² 300.

[2]) Planck a. a. O. 182 ff.

[3]) Kirchen- und Geistlichen-Güter werden in dem Dekret gleichgestellt: „Ille quidem (Pharao) . . . sacerdotes suos et eorum possessiones in pristina libertate dimisit . . . Isti vero (rectores civitatum
etc.) universa fere onera sua imponunt ecclesiis . . . bonis ecclesiarum, clericorum et pauperum Christi usibus deputatis" u. s. w.

[4]) Mansi, Concil. coll. XXII. 228. 456; Corp. jur. canon. c. 4. X. de
immunit. eccl.

Jahre 1179 im wesentlichen erneuert.') Da bald auch der Kaiser Friedrich II. ein Reichsgesetz gab, dass keine Gemeinde oder Person von Kirchen und Geistlichen Steuern erheben dürfe,²) — so hatten nunmehr die kirchlichen Immunitäts-Bestrebungen einen festen Boden. Es gelang in der Folge, die geistlichen Steuerprivilegien, wenngleich nicht von allen Landesherren und Städten, so doch vielfach und zeitweilig anerkannt zu sehen.³) Dass man nachher den Grundsatz der Lateran-Dekrete, nach welchem die Geistlichen nur mit ihrer Bewilligung zu neuen Steuern herangezogen werden konnten, nicht bloss den localen Gewalten, sondern auch allgemeinen Reichsauflagen, den königlichen Steuergeboten gegenüber geltend machte, das war eine durchaus natürliche Konsequenz.

Wenn wir nun die geistlichen Steuerprivilegien dem Geldbedürfnis der Kreuzzüge gegenüberstellen, war es möglich, dass dieselben auch da aufrecht erhalten würden? Waren nicht die Kirchengüter, da es sich um das Grab Christi, ihres „wahren Eigentümers", handelte, am ehesten berufen, für die Kreuzzugssache belastet zu werden? Ganz gewiss! Aber jene Privilegien schlossen nicht die Belastung an sich, sondern nur die willkürliche Belastung durch staatliche Gewalten aus. Die Auflegung von Steuern mit Zustimmung des Klerus oder die Auflegung derselben durch die kirchliche Obergewalt blieb offen. Was von der Zustimmung des Klerus zu Kreuzzugszehnten zu erwarten war, das haben wir beim Saladinszehnten gesehen. Der Weg war also, obgleich nicht ganz ungangbar und obgleich er auch in der That, besonders in Frankreich und England, noch manchmal eingeschlagen wurde, doch mit vielen Schwierigkeiten verknüpft. Viel empfehlenswerter musste die andere Alter-

---

¹) Mansi a. a. O. 1030 f.

²) Item nulla communitas vel persona, publica vel privata, collectas sive exactiones, angarias vel perangarias, ecclesiis aliisque piis locis aut ecclesiasticis personis imponant aut invadere ecclesiastica bona praesumant: MG. LL. II. 243; Regesten des Kaiserreichs (Neuausg. v. Ficker) 269 nr. 1203.

³) Die Steuergeschichte fast jeden Territoriums ist eine andere, deshalb diese allgemeine Ausdrucksweise. Zur Sache vergl. Gieseler, Kirchengesch. II. 2, 268 Anm. 18.

native erscheinen, die Auflegung von Kreuzzugssteuern durch die kirchliche Obergewalt. Die römische Kurie hat den hiermit angezeigten Weg, ergiebige Geldquellen für das Bedürfnis der Kreuzzüge zu erschliessen, anfangs zögernd betreten, dann aber mit Energie, Geschick und Ausdauer verfolgt. Neben den Ablässen und andern geistlichen Gnaden sind die vom Papste und von Konzilien aufgelegten Kirchensteuern das vorzüglichste Hilfsmittel geworden, um im ausgehenden Mittelalter, als die erste Kreuzzugs-Begeisterung verflogen war, den Kampf gegen die Moslems aufrecht zu erhalten. In allen Kreuzzugs- und Kriegsplänen wider die Ungläubigen in den drei letzten Jahrhunderten des Mittelalters und weit darüber hinaus spielt die Bezehntung der Kirchengüter eine wichtige Rolle. Wir bemerken dabei, dass der Name „Zehnt" lediglich das historische Ergebnis einer nicht einmal stetigen Entwickelung der Steuerquote ist. Wir sehen bald den Vierzigsten der geistlichen Einkünfte, bald den Zwanzigsten, bald den Zehnten, bald den Fünften, zwischendurch auch wohl einmal den Hundertsten gefordert, bis sich schliesslich der Zehnte fast ständig in Übung erhält und der Steuer überhaupt den Namen gibt. Sie heisst die Decima ecclesiasticorum, Decima cruciatae oder Terrae sanctae, auch D. papalis und zutreffendenfalls D. Decimarum — letzteres mit Bezug auf jene bereits in der Kapitularien-Gesetzgebung begründete[1]) und nach und nach allenthalben durchgeführte kirchliche Bodenbelastung, welche, wo nicht Verkauf, Verpfändung, Verlehnung oder sonstige Entfremdung eingetreten, von den Laien an die Geistlichen zu zahlen oder abzuliefern war, und welche man gewöhnlich unter dem Namen „Kirchenzehnt" begreift.[2]) Vom 15. Jahrhundert ab kommen für unsere Steuer auch die Bezeichnung „geistlicher Türkenzehnt", „Husitenzehnt" u. dergl. neben den alten Namen in Aufnahme. Der Zusatz „geistlicher" oder ein anderer desselben

---

[1]) Vgl. Waitz, Verfg. IV. 120, 192 ff. Oelsner, Jahrb. des fränk. Reichs unter Pipin 65, 298, 400; Abel, Jahrb. des fränk. R. unter Karl d. Gr. I. 405.

[2]) Die histor. Entwickelung s. b. Richter-Dove, L. d. Kirchenrechts § 309 ff; vgl. auch Waitz a. a. O. VIII. 347 ff.

Sinnes dient dann zur Unterscheidung von den nun auch auftretenden staatlichen allgemeinen Zehnten für den Türken- oder
Husitenkrieg.

Eine Jahrhunderte lang sich gleichbleibende und also vermutlich auch von eigenen geschichtlichen Folgen begleitete
Weise, öffentliche Geldmittel zu beschaffen, würde nun an sich
schon verdienen, zum Ausgangspunkte einer besonderen Betrachtung genommen zu werden. Sehen wir aber gar, dass
nicht bloss die Kreuz- und Türkenkriege, sondern auch päpstliche und überhaupt politische Unternehmungen mancherlei
Art aus dieser Quelle mit dem Nötigsten, dem „Nervus rerum",
versorgt wurden, dass die Päpste gerade aus der Kirchenbezehntung sich ein Machtmittel geschaffen haben, welches zunächst ihr politisches Übergewicht zu befestigen schien, dann
aber den Konflikt mit der erwachenden Staatsgewalt herbei-
führte, endlich gegen das Ende der Periode den politischen
Niedergang der kirchlichen Macht gleichsam reparierte, — dann
wird es geradezu Pflicht für den Historiker über diese geschicht-
liche Institution nach Begründung, Verwendung und Hand-
habungsweise sich Klarheit zu verschaffen. Damit ist zugleich
die Aufgabe der vorliegenden Schrift bezeichnet und der Versuch ihrer Lösung gerechtfertigt.

I.

Das päpstliche Recht der Kirchenbesteuerung.

1. Die Anfänge.
Die ersten päpstlichen Kreuzzugssteuern unter Innocenz III.

Wir haben in dem ersten Hauptteile unserer Arbeit zunächst das Recht des Papstes, Kirchensteuern aufzulegen, zu untersuchen. Diese Untersuchung wird sich also nur mit der prinzipiellen Seite des päpstlichen Rechts der Kirchenbezehntung beschäftigen. Wer ist der Träger der Bezehntungsbefugnis? Auf welche Gründe stützt sich dieselbe? Sind ihr aus sich selbst heraus oder vermöge jener Gründe Schranken gezogen, und welche? Das sind die Fragen, die wir vor allen andern beantworten müssen. Auch die Darstellung der ersten päpstlichen Besteuerungen für Kreuzzugszwecke, die wir den prinzipiellen Erörterungen vorausschicken, ist auf diese Fragen zu richten. Die positiven Bestimmungen über Erhebung und Verwaltung der Gelder haben wir dem dritten Teile unserer Schrift zugewiesen.

Die erste Nachricht von einer päpstlichen Geistlichenbesteuerung für Kreuzzugszwecke trifft auf die Jahre 1188 und 1189. Papst Clemens III. soll für den dritten Kreuzzug durch seinen Kardinallegaten in Polen, Johann Malabranka, den Bischöfen und Geistlichen daselbst den Zehnten aufgelegt haben. So erzählt Mansi[1]) unter Berufung auf die „Chronica Polonorum" des Mathias Michoviensis (Krakau 1521) und bezw. auf die „Epitome conciliorum" von Simon Starovolscius (Rom 1653). Auch Roepell, Geschichte Polens I. 399 hat die Nachricht nicht zurückgewiesen. Er gibt nur noch ~~zwei~~ weitere Gewährsmänner, den bekannten polnischen Geschichts-

---

[1]) A. a. O. 581—82, 589—90; auch Hefele V. 741.

schreiber des 15. Jahrhunderts Johann Dlugosz und die „Series archiepiscoporum Gnesnensium" von Damalewicz (Varsaviae 1649), an. Die Textvergleichung ergibt zunächst, dass Mathias von Mechow und Damalewicz ganz unzweifelhaft von Dlugosz abgeschrieben haben. Starovolscius weicht von diesem ab, indem er die Synode, auf welcher die Steuer aufgelegt sein soll, nach Lancicz statt nach Krakau verlegt, ferner durch den Zusatz, der Erzbischof habe zugestimmt, „Zdislao archiepiscopo concedente". Für die Verlegung der Synode nach Lancicz können wir keinen Grund angeben, die behauptete Zustimmung des Erzbischofs scheint uns bei Starovolscius nur auf Renommirsucht von der Wichtigkeit und Gesinnungstüchtigkeit der heimischen Kirchenfürsten zurückzuführen zu sein. — Wir glauben also, dass auch für diesen Schriftsteller des 17. Jahrhunderts Dlugosz die ursprüngliche Quelle ist. Woher hat Dlugosz seine Nachricht über die Sendung des Kardinals Malabranka? Semcowicz sagt in seiner gründlichen kritischen Untersuchung über Dlugosz' Quellen, dass die Sendung Malabrankas nirgends sonst bezeugt ist, ja dass man nicht einmal den Zweck derselben einsehen würde.[1]) Wir haben dann also auch kein Recht, an die Auflegung von Zehnten durch diesen Legaten zu glauben. In sich selbst ist der Satz des Dlugosz ad a. 1189: „tam episcopis quam universo clero pro recuperatione terrae sanctae decimam imposuit" unglaubwürdig aus zwei Gründen: der Zehnt als Steuerquote ist erst das Ergebnis der historischen Entwicklung. Innocenz III. legte 1199 zuerst den Vierzigsten, 1215 den Zwanzigsten auf. Erst nach und nach, wo dringende Not es erforderte und das eigene Interesse der besteuerten Geistlichen zu Hilfe kam, wie zuerst bei der Besteuerung der Geistlichen der Albigensergegenden 1209, konnte man zu höheren Steuersätzen schreiten. Nach Dlugosz hätte Clemens III. und zehn Jahre vor Innocenz III. gleich mit dem Zehnten begonnen! — Ferner ist das „imposuit", insofern es einen Befehl aus eigener oder päpstlicher Machtvollkommenheit ausdrückt, ein Kriterium für die Unglaubwürdigkeit der Nachricht. Clemens III. hat sonst immer nur

---

[1]) Semkowicz, Krytyczny rozbiór dziejów polskich Jana Dlugosza. Krakau 1887, p. 43. 196.

2*

ermahnt, dem heiligen Lande zu Hilfe zu eilen. An Zwang dachte er noch gar nicht.[1]) Erst Innocenz III. hielt sich für berechtigt, die Geistlichen wenn nötig zu zwingen, für das heilige Land ihren Teil zu opfern. — Aus allen diesen Gründen verwerfen wir also die Nachricht von einer päpstlichen Zehntauflage in Polen zum J. 1188/89 und glauben, dass die Anfänge der Begründung eines päpstlichen Rechts der allgemeinen Kirchenbesteuerung erst unter Innocenz III. zu suchen sind.

Papst Innocenz III. wurde von mehreren kirchlichen Würdenträgern des Orients, sowie von der Königin Isabella von Jerusalem und von dem Könige Leo von Armenien gedrängt und plante einen neuen Kreuzzug.[2]) Schon im ersten Jahre seiner Regierung, im August 1198, liess er an die Prälaten Frankreichs, des Arelats, Englands, Ungarns und Siciliens den Befehl ergehen, dass jeder von ihnen eine bestimmte Anzahl Krieger zum Kampfe gegen die Ungläubigen stelle, oder aber für jeden Krieger eine bestimmte Geldsumme erlege. Die niedern Kleriker sollten dazu nach Vermögen beitragen. Wer sich weigerte, sollte wie ein Übertreter der Kirchengesetze gestraft und, bis er Genugthuung leiste, suspendiert werden. Zur Rechtfertigung berief er sich auf das Beispiel der Apostel, die auch Sammlungen veranstaltet hätten, um den Brüdern in Jerusalem zu helfen.[3])

Die Aufstellung von Kriegern kann also durch Erlegung einer Geldsumme, gleichsam einer kirchlichen Heersteuer, ersetzt werden. Es kommt die Zeit, da dieses sogar noch lieber gesehen wird, als jene. Die Beschaffung der Söldner erweist sich leichter als die des Soldes. „Personae non deerunt, si expensae non desint" — so sagt Papst Innocenz III. selbst.[4]) Und es sind der Bedürfnisse noch mehr, als bloss die Mannen zu beschaffen. Wenn nun der Zwang für die Aufstellung von Kriegern gerechtfertigt ist, warum nicht auch für die einfache und ausschliessliche Geldauflage?

---

[1]) Jaffè—Löwenfeld, Reg. 16106. 16198. 16252. 16461.

[2]) Wilken Gesch. d. Kreuzz. V. 75 ff.

[3]) Roger de Hoveden: Recueil des hist. XVII. 592 und s. die Citate bei Potthast, Reg. Pontiff. 347.

[4]) Mansi a. a. O. XXII. 958.

Es hatte den Anschein, als würde der Papst auch bei einer solchen keinen Schwierigkeiten begegnen. Auf der am 6. Dezember 1199 zusammengetretenen grossen Synode zu Dijon, welche hauptsächlich die Ehesache des französischen Königs mit der Ingeburg zum Gegenstande hatte,[1]) versprachen die anwesenden Prälaten sogar eine feste Quote, den Dreissigsten ihrer Einkünfte, für den Kreuzzug zu opfern.[2]) Am 30. Dezember und an den folgenden Tagen erliess Innocenz dann eine Enzyklika, durch welche er die Lage des Orients in beweglichen Worten schilderte und zunächst bloss den vierzigsten Teil sämtlicher geistlicher Einkünfte zur Unterstützung des heiligen Landes bestimmte. Nur diejenigen Prälaten, welche in Dijon den Dreissigsten selbst versprochen hatten, sollten diesen bezahlen. Erst später, als es Schwierigkeiten gab, wurden sie den übrigen gleichgestellt.[3]) Den Geistlichen zum Troste ging Innocenz mit gutem Beispiele voran und überwies den zehnten Teil des Einkommens des heiligen Stuhles für denselben Zweck, nicht ohne zu betonen, dass diese Auflage ihn bei den erhöhten Anforderungen, welche an die päpstliche Kasse gestellt würden, erheblich belaste. Auch wurde sofort in dem Rundschreiben die Versicherung gegeben, die Geistlichen sollten nicht glauben, „dass wir beabsichtigen, Euch zu Eurem Schaden durch dieses „ein Gesetz aufzuerlegen, so dass auch in Zukunft der Vierzigste „gleichsam als schuldig und gewohnheitlich gefordert werden „könnte. Nein wir wollen im Gegenteil, dass Euch hieraus „kein Präjudiz erwachse, und es thut uns in der That leid, „dass diese Zwangslage über uns und Euch gekommen; wir „wünschen aber, dass das in Zukunft nicht noch einmal be- „gegnet."[4])

Wer möchte nach diesem Satze behaupten, Innocenz sei sich über die Bedeutung seiner Massregel für die Zukunft nicht

---

[1]) Hefele, Konziliengesch. 798.
[2]) Potth. 1045.
[3]) „Cum plures vestrum non solum quadragesimam juxta mandati nostri tenorem, sed tricesimam juxta promissionem suam factam in Divionensi Concilio in tam pium opus convertere tenerentur" u. s. w. Litterae de subsidio terrae sanctae bei Duchesne Hist. Francor. SS. V. 757 (Potth. 1045).
[4]) Recueil des hist. XVII. 601 f; XIX. 384 f. Potth. 915. 922. 923. 934.

klar gewesen? Und wer ahnt nicht die Erörterungen, die derselben im obersten Rate der Kirche über das Recht der Besteuerung der Kirchengüter und der Geistlichen vorausgegangen
sind? Die Abweisung des Präjudizes für die Zukunft mag
ehrlich gemeint gewesen sein; aber die leidige Notwendigkeit
wird schon die Wiederholung erzwingen. — Aus den übrigen
Bestimmungen des Rundschreibens bemerken wir hier noch die
Verleihung eines Ablasses für alle Kleriker und Prälaten, so
den Vierzigsten willig und getreu, ohne Betrug und in guter
Meinung bezahlen. Es wird ihnen dafür der vierte Teil der
verwirkten Poenitenz erlassen. Hingegen sollen diejenigen,
„welche diese kleine Hilfe in solcher Not ihrem Schöpfer und
Erlöser verweigern," sich schwerer Schuld teilhaftig fühlen. Von
Suspension u. dergl., wie in dem vorigjährigen Rundschreiben,
ist keine Rede. Vielleicht hat man an manchen Orten schon
schlechte Erfahrungen mit der kirchlichen Besteuerung gemacht.

Leider sind wir über die Aufnahme, welche der Vierzigste
bei der Geistlichkeit gefunden, schlecht unterrichtet. Aus den
Bemühungen der Orden für die Sicherung ihrer Steuerfreiheit,
sowie auch aus dem Neide, den diese hervorgerufen, ersehen
wir jedoch, dass von Kreuzzugsbegeisterung auch bei dem
Klerus keine Rede mehr war. Innocenz hatte gleich in seinem
Rundschreiben neben andern die Cistercienser und die Prämon-
stratenser von der Vierzigsten-Auflage ausgenommen. Trotz-
dem forderten die Bischöfe von ihnen sogar vielfach den
Zwanzigsten. Auch der Papst wurde für die Aufhebung der
Ordensvergünstigung gewonnen.[1]) Der Bischof von Trier ver-
wandte sich für die geängstigten Klosterbrüder.[2]) Die heilige
Jungfrau selbst soll ihnen zu Hilfe gekommen sein und den
Papst abgeschreckt haben, von ihnen etwas zu fordern![3])
Innocenz bat nun sowohl die Cistercienser als auch die Prä-
monstratenser um ein Almosen für den Kreuzzug. Er schlug

---

[1]) Recueil des hist. XIX. 386.
[2]) Gestor. Trevir. contin. IV: MG. SS. XXIV. 392,11—14; Hurter.
Innocenz III. I. 376, Anmerkung 306.
[3]) Math. Par. Chron. maj. ed. Luard II. 480 (auch MG. SS. XXVIII.
116—397); Annales Waverleienses: Recueil des hist. XVIII. 191 oder in
den „Annales monastici" ed. Luard II. 253.

ihnen den Fünfzigsten ihrer Einkünfte vor; aber etwas müssten sie geben, schon um das Ärgernis zu beseitigen, das sich aus ihrer Befreiung erhoben habe.[1]) Solcher eindringlichen Bitte scheinen die privilegienstolzen Äbte in der Mehrzahl dann nachgegeben zu haben. In Deutschland, Frankreich, England, Burgund, Lothringen, in der Normandie und Poitou, in Spanien und Gascogne, in Flandern und Brabant wurden je zwei Träger der Abtswürde mit der Überwachung des richtigen Einzugs der Abgabe von den Prämonstratenser-Klöstern beauftragt.[2]) In England erhob sich nun aber schon der Ruf von der Geldgier des Papstes.[3]) Von den französischen Prälaten berichtet Papst Innocenz selbst — allerdings in einer Strafpredigt —, dass sie den in Dijon versprochenen Dreissigsten nicht bezahlt haben, dass sie vom Erbteil Christi lieber weltlichen Vergnügungen[4]) opfern, als Christo, mehr auf Hunde und Falken verwenden, als zum heiligen Zuge.[5]) Der Bischof von Paris hat den Vierzigsten erst im Jahre 1208 bezahlt.[6])

Immerhin konnte Innocenz mit dem Erfolge seiner Massregel zufrieden sein. Dieselbe hatte wenigstens keinen allgemeinen und einmütigen Widerstand erfahren. Schon bald war es nötig, ein zweites Beispiel einer päpstlichen Kirchenbesteuerung zu setzen. Der Albigenserkrieg, eine Hauptsorge des Papstes, gab die Veranlassung. Im Jahre 1209 wurde der Kreuzzug gegen die Irrlehrer verkündigt,[7]) und am 27. Juli desselben Jahres gab Innocenz seinen Legaten Auftrag und Vollmacht, alle kirchlichen Personen jener Gebiete, deren Herren das Kreuz nahmen, für denselben Zweck in ihnen

---

[1]) Innocentii III. Epistolae ed. Baluzius I. 515.

[2]) Migne, Patrologia CCXIV. col. 934—936 nr. 168.

[3]) Math. Par. a. a. O. und Hist. Anglor. ed. Madden II. 91. 96.

[4]) „Histrionibus" nach Du Cange, Glossar. = praepositi meretricum. Man braucht indess nicht gerade an Unsittlichkeit zu denken. Denn histrio bedeutet auch fahrende Künstler, Sänger, Hofnarren u. dgl.; vgl. die von Wilmanns, Leben und Dichten Walthers v. d. Vogelweide 297 mitgeteilte Auseinandersetzung über das Histrionentum aus einer Summa de penitentia des 13. Jahrhunderts.

[5]) Potth. 1045.

[6]) Ebenda 3454.

[7]) Hurter a. a. O. II. 289 f.

gut dünkender Höhe, wenn nötig auch zwangsweise, zu
besteuern.[1]) Über den Verlauf dieser Besteuerung werden wir
leider aus den Quellen nicht unterrichtet. — Endlich war es
Innocenz III. vorbehalten, der von ihm in zwei Fällen durch-
geführten allgemeinen Kirchenbezehntung auch noch durch den
Beschluss eines ökumenischen Konzils eine kanonische Anerkennung zu verschaffen.

Die eigentlichen Beratungen des vierten Lateran-Konzils
vom Jahre 1215 sind leider in geschlossener Sitzung gehalten
worden.[2]) Wir sind daher, was die Erörterungen über die
Besteuerung des Klerus betrifft, nicht über Rede und Gegen-
rede unterrichtet. Es liegen uns nur die Beschlüsse vor.[3]) In
dem Dekret über den Kreuzzug, der im Juni des übernächsten
Jahres (1217) angetreten werden soll, heisst es:

„Wünschend, dass auch die andern Prälaten der Kirche,
sowie der gesamte Klerus sowohl an dem Verdienste als an
dem (künftigen) Lohne teilhaben und Genossen seien, bestimmen
wir mit allgemeiner Zustimmung des Konzils, dass alle
Kleriker, so die Untergebenen wie die Prälaten, den zwanzigsten
Teil ihrer kirchlichen Einkünfte drei Jahre lang zur Hilfe des
heiligen Landes beitragen zu Händen derjenigen, welche dazu
durch päpstliche Fürsehung geordnet sein werden. Bloss gewisse
Ordensleute sollen von dieser Abgabe nach Verdienst ausgenommen sein, wie auch jene, welche das Kreuz nehmen und
persönlich ausziehen werden. — Wir aber und unsere Brüder,
der heiligen Römischen Kirche Kardinäle, werden voll den
Zehnten bezahlen. Es sollen auch alle wissen, dass sie zur
treuen Erfüllung dieses bei Strafe der Exkommunikation verpflichtet sind, so dass also jene, welche darin wissentlich Betrug
begehen, der Exkommunikations-Sentenz verfallen."[4])

Damit war das dritte Beispiel einer Kirchenauflage für
Kreuzzugszwecke gegeben. Die Steuerpflicht des Klerus war
durch ein allgemeines Konzil anerkannt. Eine Wiederholung
stand also zu erwarten, so oft das Bedürfnis dazu führen würde.

---

[1]) Potth. 3785.
[2]) Hurter I. 640.
[3]) Mansi XXII. 981 ff; Hefele 878 ff.
[4]) Mansi XXII. 1059—1063; Hefele 900 f.

Die Steuerquote war jetzt schon der Zwanzigste, und die Kurie ging wieder mit dem Zehnten auf die eigenen Einkünfte voran. Dass dieser das eigentlich berechtigt erachtete und deshalb für die Zukunft zu erwartende Mass der Auflage war, das ersieht man an dem Wörtchen „voll" — „plenarie": „Wir aber und unsere Brüder, die Kardinäle, werden voll den Zehnten bezahlen." Als Träger des Besteuerungsrechtes erblicken wir einmal den Papst für sich allein, ein andermal den Papst in Verbindung mit dem Konzil. Er hat die erste Steuer, den Vierzigsten, sowie die Auflage für den Albigenserkrieg ganz eigenmächtig dekretiert. Die im ersten Falle geschehene, wie schon gesagt unwirksame, Abweisung des Präjudizes für die Zukunft bezog sich nicht darauf, dass eben er, der Papst, die Steuer forderte, sondern darauf, dass die Geistlichen überhaupt besteuert würden. Bei der Zwanzigsten-Auflage von 1215 war der Papst zugleich der Beauftragte des Konzils für die Erhebung und Verwendung der Steuer. Diese sollte zu Händen derer bezahlt werden, „welche dazu durch päpstliche Fürsehung geordnet sein werden." — Steuerträger war dreimal hintereinander allein und ausschliesslich der Klerus. Die Laien wurden nur zu freiwilligen Leistungen, deren Mass sie selbst bestimmen konnten, gleichzeitig aufgefordert. Es wurden ihnen dafür die geistlichen Gnaden des Ablasses verheissen. Wir haben nun unsere Aufmerksamkeit auf die inneren Gründe für die Steuerverpflichtung der Geistlichkeit und eben nur dieser und für das entsprechende Recht des Papstes, Kirchensteuern aufzulegen, — dann auch auf die Folgerungen, die sich daraus für die Grenzen dieses Rechtes ergeben, zu richten.

2. Die prinzipiellen Grundlagen des päpstlichen Rechts der Kirchenbesteuerung.

Die rechtliche Verpflichtung, für den Kreuzzugszweck zu steuern, bestand nach der Auffassung Innocenz' III. nur für den Klerus. Die Laien schloss er von dieser Verpflichtung aus-

drücklich aus.[1]) Er erkannte ihnen nur eine dahin gehende
moralische Pflicht zu. Wir ersehen das aus Folgendem: Der
Bischof von Riez und der Abt von Cisterz „und andere" er-
suchten im J. 1209 bei Gelegenheit der Auflage für den Albigenserkrieg den Papst wiederholt, in den Ländern, wo die
Geistlichensteuer erhoben würde, auch die Laien durch die
kirchlichen Zuchtmittel zur Abgabe eines Zehnten für den
Ketzerkrieg zu zwingen. Innocenz antwortete darauf, er habe
„mahnende Briefe" in der Angelegenheit abgehen lassen; „aber
dass die Leute zu etwas gezwungen werden sollen, zu welchem
sie nur durch Mahnungen und Aufforderungen bewogen werden
dürfen, das ist uns und unseren Brüdern — den Kardinälen —
doch zu hart erschienen."[2]) — Dem entsprechend wurden nach
dem Dekret des vierten Lateran-Konzils gleichzeitig mit der
zwangsweisen Besteuerung der Geistlichen „die Könige, Herzöge,
Fürsten, Markgrafen, Grafen und Barone und andere Magnaten,
auch die Kommunen der Städte, Dörfer und Burgen" durch
die Kreuzprediger nur ermahnt und „beschworen", dem heiligen
Lande zu Hilfe zu kommen.[3]) Auch in der Folge wurde dieser
Unterschied zwischen Geistlichen und Laien festgehalten. Honorius III. und Gregor IX., die unmittelbaren Nachfolger Innocenz' III., scheinen allerdings eine allgemeine Verpflichtung, für
die Kreuzzugssache zu steuern, angenommen zu haben. Honorius sagt, die Not des heiligen Landes berühre Alle insgesamt
und einzeln, die unter ihrem Fürsten Christus kämpfen; dem

---

[1]) Daraus folgt, dass wir in unserer historischen (nicht kano-
nistischen) Darlegung ganz absehen dürfen von der „prinzipiellen Fest-
stellung des Standpunktes", wie sie Phillips, Kirchenrecht V. § 235 p.
540 f. gibt, dass nämlich der Papst gleich jedem weltlichen Regenten das
Recht habe, nötigenfalls alle seine Untergebenen d. h. alle Mitglieder
der Kirche, Geistliche und Laien, zu besteuern. Diese Auffassung ent-
spricht den modernen steuerrechtlichen Theorien, die auf die soziale
Zweckmässigkeit oder Notwendigkeit zurückgehen (vgl. Bluntschli,
Lehre vom modernen Staate II. Allgemeines Staatsrecht 7. Buch, 5. Kap.
S. 530 ff.) Man argumentierte so nicht im Mittelalter. Hier stand immer
der Eigentumsgedanke oder sagen wir die privatrechtliche Auffassung
der Steuerpflicht im Vordergrunde. Ohne (irgendwie geartetes) Eigentum — oder Dispositionsbefugnis — kein Steuerrecht!
[2]) S. die Citate bei Potth. 3785; vgl. 3783.
[3]) Mansi XXII. 1059; Hefele 900.

allgemeinen Herrn müsse auch eine allgemeine Hilfe geleistet werden.[1]) Er forderte also im J. 1221 von den italienischen Kommunen,[2]) im J. 1222 von der Reichsversammlung in England[3]), im Frühjahr 1223 von den weltlichen Fürsten überhaupt[4]) allgemeine Kreuzzugsauflagen. Gregor IX. verlangte im J. 1229 von England den Zehnten aller beweglichen Habe von Geistlichen und Laien zum Kampfe gegen Kaiser Friedrich II.[5]) Dieser wurde von der Kurie bekanntlich ganz wie ein Kreuzzug behandelt. Übrigens mag Gregors Zehntforderung auch durch das englische Lehnsverhältnis zum heiligen Stuhle begründet worden sein, so dass dann nur Honorius III. als päpstlicher Vertreter einer allgemeinen Kreuzzugs-Steuerpflicht übrig bliebe. — Unseres Wissens haben nur Siena und Florenz und im J. 1222 zu Gunsten des Königs Johann von Jerusalem auch England dem Wunsche Honorius' willfahrt.[6]) Die Lombarden mit Mailand an der Spitze wollten von einer Steuerverpflichtung nichts wissen. Sie wollten

„ob reverentiam Dei omnipotentis, Sedis apostolicae et Domini imperatoris et in remissionem peccatorum suorum et de libera voluntate et gratia speciali"

bloss eine freiwillige Hilfe leisten, jedoch nicht in Geld, sondern auf Kosten der Gemeinde wollten sie eine bestimmte Anzahl Mannschaften stellen.[7]) — Gregors IX. Zehntforderung begegnete einer unbeugsamen Ablehnung bei den Grafen und Baronen; „sie wollten ihre Herrschaften und Besitzungen der römischen Kirche nicht verpflichten." Die Steuer blieb deshalb auf den

---

[1]) Rodenberg, Epistolae saeculi XIII. I. 151 nr. 224.

[2]) Levi, Registri de cardinali Ugolino d'Ostia e Ottaviano degli Ubaldini 7. 11 f. Vgl. desselben Documenti ad illustrazione del Registro del Card. Ugolino d'Ostia: Arch. della R. società Romana di storia patria XII. 249.

[3]) Annales Waverleienses ed. Luard 296; vgl. Pauli, Gesch. Englands, III. 532.

[4]) Rodenberg a. a. O. I. 151 nr. 224; 155 nr. 226.

[5]) Math. Paris. Chron. maj. III. 186; Hist. Anglor. II. 315f; MG. SS. XXVIII. 66.

[6]) Siena versprach eine Herdsteuer von 6 Soldi für jede Feuerstätte, Florenz eine solche von 20 Pisaner Soldi für jedes adlige, 16 für jedes bürgerliche Haus (Levi a. a. O.) vgl. im übrigen Winkelmann, Acta imperii inedita I. 237 nr. 261.

[7]) Mailand 25 milites, Lodi 4, Brescia 10, Padua 10 u. s. w. S. Levi, Registro etc. 19—24; Documenti 253.

Klerus, dem Bann und Interdikt angedroht waren, beschränkt.[1]) Im weiteren Verlaufe des Jahrhunderts begegnen wir keinem Versuche mehr, eine allgemeine d. h. auch auf die Laien ausgedehnte Kreuzzugs-Steuerpflicht zu begründen.[2]) Bei den erwähnten Bemühungen Honorius' III. und Gregors IX. um Laienauflagen ist auch noch hervorzuheben, dass dieselben nur staatliche Kreuzzugssteuern bezweckten. Ein Versuch, ein kirchliches auf die Laien ausgedehntes Steuerrecht zu setzen, liegt nicht vor.

Auf welchen Grund nun hat zuerst Innocenz III. ausdrücklich, dann die Kurie überhaupt auf das Recht, auch die Laien für den Kreuzzug zu besteuern, verzichtet? Wir glauben nicht, dass das bloss historisches Ergebnis war oder auf Opportunitäts-Gründe zurückzuführen ist. Die Antwort, zugleich die positive Begründung des päpstlichen Rechts, von den Geistlichen Steuern zu fordern, liegt in der besondern rechtlichen Stellung des Kirchengutes bezüglich des juristischen Eigentümers desselben. Darin den Grund für jene Unterscheidung zu suchen, darauf führt uns nicht bloss die mittelalterliche immer auf den Eigentumsgedanken zurückgreifende Anschauungsweise von der Steuerpflicht überhaupt, sondern auch die Unmöglichkeit, zwischen Geistlichen und Laien sonst noch ein verschiedenes Verhältnis zur Kreuzzugspflicht zu konstruieren. Die lehenrechtliche Auffassung, die wir in den Briefen Innocenz' III. und wohl auch sonst finden, und welche den Geistlichen als „homines" oder „Vassalen" eine besondere Pflichtstellung zu dem „Fürsten" Christus, als dem „Senior", zuschreibt, ist unseres Wissens nur vergleichsweise zum Ausdruck gekommen, nicht aber rechtwirkend gewesen.

Die Frage nach dem Eigentümer am Kirchengute ist im Mittelalter fast ebenso mannigfach beantwortet worden, wie in moderner Zeit.[3]) Es lässt sich aber das wenigstens zunächst

---

[1]) Math. Paris. a. a. O.; vgl. Weber, Über das Verhältnis Englands zu Rom während der Legation des Kardinals Otho (Berlin 1883) 109 f.

[2]) Die Behauptung des Trithemius, auf dem Konzil zu Lyon 1274 sei auch den Laien der Zehnte aufgelegt (ed. S. Galli 1690, II. 21), ist irrig.

[3]) S. darüber Hübler, der Eigentümer des Kirchenguts. Leipzig 1868; Meurer, der Begriff und Eigentümer der heiligen Sachen. Düsseldorf 1885.

behaupten, dass man sich stets bewusst gewesen, dass die Geistlichen nicht Eigentümer des Kirchenvermögens waren, dessen
Früchte sie genossen.[1]) Die damals mehr oder weniger geläu-
figen kirchlichen Theorien waren — wir gebrauchen die Termini von Hübler, auf dessen Schrift über den „Eigentümer
des Kirchenguts" wir auch bezüglich der Bedeutung derselben
verweisen, — folgende fünf: 1. Die Theorie der göttlichen
Proprietät.[2]) Sie stellt die volkstümliche Anschauung des
Mittelalters dar.[3]) Wissenschaftlich aufgestellt finden wir sie
im 13. Jahrhundert, dessen erste Jahrzehnte wir hier besonders
im Auge haben müssen, erst bei Thomas von Aquin.[4]) — 2. Die
Papaltheorie.[5]) Sie ist die naturgemässe Weiterbildung der
vorigen, begegnet im 13. Jahrhundert jedoch erst ganz vereinzelt. Zwei von den Kanonisten, soviel wir sehen, bisher
nicht beachtete Stellen haben wir auftreiben können, welche
immerhin ihr embryonenhaftes Vorhandensein bezeugen.[6]) —
3. Die Gesamtkirchentheorie. Sie begegnet, wenngleich
nicht konsequent festgehalten, in der Glosse, bei Innocenz IV.
und Bernardus Hispanus.[7]) — 4. Die Armentheorie. Sie ist
zwar juristisch vielleicht die schwächste, leitet aber ihren Ursprung bis in die ersten Jahrhunderte der christlichen Kirche
hinauf.[8]) Da sie ferner nachweisbar bei Begründung der Kreuzzugssteuern mit herangezogen wurde, so müssen wir sie ebenfalls berücksichtigen. — 5. Endlich die kirchliche Instituten-

---

[1]) S. die Belege bei Gierke, Deutsch. Genossenschaftsrecht II
532 f. 536 ff.

[2]) Hübler 4 ff.

[3]) Gierke 526 ff; besonders auch 528, 529 Anmerkungen.

[4]) Summa (Lugd. 1738) P. II. 2 q. 85,1. cit. nach Hübler 4.

[5]) Hübler 23 ff.

[6]) Die erste zum J. 1256 s. unten S. 33; die zweite der Brief
Clemens IV. an d. Bisch. von Beauvais: Martène et Durand, Thes.
anecdot. II. 357 nr. 316. Wie könne sich der Bischof über (zwei) päpstl.
Provisionen beklagen. Lieber möge er sich wundern, dass der Papst
nicht hundert Präbenden (seiner Diöcese) einfach verliehen habe: „De
roganti conqueris, qui suum a te quaerit, non tuum." Auch Scheffer-
Boichorst in den Mitteil. d. öst. Inst. VIII. (1887), 366, versteht die
Stelle von der Eigentumsfrage.

[7]) Hübler 88. 89 und Anmerkung 3.

[8]) Ebenda 17 ff.

theorie.[1]) In Bezug auf ihren Geltungsbereich kann man sagen, sie teilt sich mit der von der göttlichen Proprietät in die Herrschaft. Während die letztere für die öffentliche Meinung massgebend war, beherrschte jene die Praxis.[2]) Sie liegt auch dem geschriebenen kanonischen Recht zu Grunde.[3]) — Ausser den genannten fünf würde nur noch die klerikale Kollegialtheorie[4]) als mittelalterliche mit in Betracht kommen. Da sie indes erst in dem Streite zwischen Bonifaz VIII. und Philipp IV. von dem Dominikaner Johannes Parisiensis († 1306) aufgestellt wurde (in dem kirchenpolitischen Traktat: „De regia potestate et papali")[5]), so kann sie die Einführung der Kreuzzugssteuern nicht beeinflusst haben.

Es leuchtet ein, dass die Begründung dieser durch die vier erstgenannten Theorien leicht war. Unter Voraussetzung der göttlichen Proprietät forderte der Papst die Steuern als Statthalter Christi, als Stellvertreter Gottes. Nach der Papaltheorie forderte er sie als Selbsteigentümer. Nach der Gesamtkirchentheorie als Vertreter der Gesamtkirche, als Inhaber des obersten Verwaltungs- und Aufsichtsrechts in der Kirche. Dass dieses auch die oberste Leitung des Finanz- und Vermögenswesens der Kirche umfasse, also auch das Recht zu Kirchenauflagen im Interesse der Gesamtkirche gebe, konnte nach dem durch Innocenz III. vollendeten Begriff der dem Papste innewohnenden „plenitudo potestatis"[6]) nicht zweifelhaft sein. — Die Armentheorie gibt eigentlich keinen Eigentümer, sondern nur den Zweck der Verwendung an, die Kirchengüter sollen nach ihr neben dem Unterhalte der Geistlichen den Armen und Gefangenen zu gute kommen. Nun, welche ärmeren

---

[1]) Ebenda 111 ff.

[2]) Gierke a. a. O. 549.

[3]) Nachgewiesen von Schulte, de rerum ecclesiasticarum dominio. Berolin. 1851, 46 f; Gierke a. a. O.; vgl. auch Herzogs Real-Encyklopädie s. v. „Kirchengut" (S. 743).

[4]) Hübler 36 ff.

[5]) Vgl. Schulte, Gesch. der Quellen und Litteratur des kanon. Rechts II. 178. — Der Traktat ist gedruckt in (Schard) De jurisdictione, auctoritate et praeeminentia imperiali ac potestate ecclesiastica. Basil. (1566), p. 142 ff. und in Goldasti monarchia s. Romani Imperii II. 108 ff.

[6]) Vergl. Gierke III. 566 und Anmerkung 191.

Armen und Gefangenen gab es, als die Christen in Syrien, oder als die im Irrtum befangenen Albigenser u. s. w.? Dass man thatsächlich so argumentiert hat, werden wir sogleich sehen.

Eine Schwierigkeit konnte es nur in der Begründung der Kirchensteuern beim Ausgange von der Institutentheorie geben. Nach dem Papalsystem nur scheinbar; denn die Vielheit der juristischen Sonderpersönlichkeiten blieb immer von der Einheit der allgemeinen Kirche umschlossen. Es gab immer nur eine Quelle der Kirchengewalt und der Rechte in der Kirche. Was die einzelnen kirchlichen Anstalten besassen, besassen sie nur durch diese Quelle und verbunden mit dieser Quelle.[1]) Mochte man nun in Konsequenz dessen ein doppeltes Eigentum am Kirchengut konstruiren, eines der Gesamtkirche und eines der Einzelkirchen, oder mochte man die individuelle Vermögenssphäre der Einzelkirche überhaupt nur im Verhältnis zu andern Einzelkirchen, nicht gegenüber der Gesamtkirche, bestehen lassen,[2]) eine päpstliche Steuerforderung vom Kirchenvermögen erschien immer nur als das Zurückverlangen eines Teiles des von der kirchlichen Rechtsquelle erflossenen Besitzes.

Eine besondere Beachtung verdienen noch jene in geistlichen Händen befindlichen Besitzungen, welche selbst nach kanonistischer Auffassung überhaupt nicht als kirchliches Eigentum galten, königliche, landesherrliche und grundherrliche Kirchengüter, an bestimmte geistliche Stellen geknüpfte Baronien, Lehen u. s. w. Wir werden sehen, auch von den Einkünften dieses „Kirchenbesitzes" wurden die Kreuzzugssteuern erhoben. Es· erklärt sich das wohl auf die Weise, dass man in letzter Linie doch nur die Einkünfte der Kirchen und Geistlichen, nicht den liegenden Besitz, als das Besteuerungsobjekt ansah. In den Genuss jener Einkünfte aber kamen die Inhaber nur vermöge ihres kirchlichen Charakters, so dass immerhin die Kirche als die Quelle derselben angesehen werden konnte.

Es erübrigt nun noch der Nachweis, welche vermögensrechtlichen Theorien zur Begründung der päpstlichen Kreuz-

---

[1]) Gierke II. 547; III. 251.
[2]) Ebenda III. 293.

zugssteuern thatsächlich herangezogen worden sind. Leider haben die Quellen dafür uns nur ein dürftiges Material geliefert. Immerhin lassen einige Stellen den prinzipiellen Standpunkt der steuerfordernden Päpste erkennen. Am meisten scheint man die göttliche Proprietät zur Begründung der Steuermassregeln herangezogen zu haben. Gleich Papst Innocenz III., der Begründer unserer Steuern, beruft sich auf sie. Er schreibt unter dem 28. Juli 1209 an die Erzbischöfe, Bischöfe und Geistlichen, welche damals der Steuer für den Albigenserkrieg unterworfen wurden, ihnen sei das „patrimonium Christi" — das Kirchengut — anvertraut; dann zur Armentheorie übergehend: das Kirchengut sei im Falle der Not nach kanonischem Rechte für die Erlösung der Gefangenen auszusetzen, um so mehr für die Erlösung aus der geistigen Gefangenschaft der Irrlehre.[1] Am klarsten hat die göttliche Proprietät des Kirchengutes im Zusammenhalt mit dem Eigengut der (deshalb steuerfreien) Laien Papst Urban IV. ausgesprochen. Er hatte im J. 1263 gegenüber einem formellen Proteste des französischen Episkopates[2] die im Jahre zuvor geschehene Auflage eines Hundertsten für Palästina[3] zu verteidigen, und er ruft den Prälaten zu, sie sollten sich schämen, dass sie als Geistliche in der Kreuzzugssache sich von den Laien übertreffen liessen:

„Subventionem de ipsius Redemptoris patrimonio negaretis — — dum laici — — eos (scil. Saracenos) de bonis propriis, personarum non vitando pericula, persequuntur."[4]

In ähnlicher Lage schrieb Clemens IV. im J. 1267:

„Attendite, attendite, qualiter clericalis ordinis nostri temporis professores nomini rem conformant, si cum juxta debitum professionis hujusmodi pars Domini censeantur, partem etiam modicam in bonis, quae de patrimonio ipsius percipiunt, denegare nituntur eidem."[5]

---

[1] Recueil des hist. XIX. 517 (Potth. 3787).
[2] Visitationes Odonis Rigandi in Recueil XXI. 585—587.
[3] Die Auflegungsbulle selbst ist nicht bekannt. Die Thatsache ergibt sich aus Potth. 18375. 18461. 18564; Raynald 1263, 13—14.
[4] Raynald a. a. O.
[5] Raynald 1267, 59.

Die Papaltheorie vom Kircheneigentum begegnet uns in der Begründung der päpstlichen Steuern nur einmal. Als im J. 1256 auf der am 13. Januar abgehaltenen Bischofs- und Archidiakonen-Versammlung zu London der Sprecher des englischen Klerus, Magister Leonard, die Renitenz der Geistlichen gegen die päpstlichen Auflagen verteidigte, da erhob sich gegen ihn Rustand, der päpstliche Kollektor, „dicens, quod omnes ecclesiae sint domini papae." Leonard antwortete darauf: „Verum est, tuitione, non fruitione vel appropriatione; secundum quod dicimus, omnia esse principis, ac si diceretur, defensione non dispersione. Et haec intentio fundatorum."[1] Wir sehen also eine vollständige Disputation über das Eigentum des Papstes am Kirchengute und über sein darauf zu begründendes Recht der Besteuerung! Leider sind wir über den weiteren Verlauf des Wortstreites nicht unterrichtet.

Dass man zur Begründung der päpstlichen Kirchensteuern auch einmal den Umweg über die Gesamtkirchentheorie oder über die Institutentheorie genommen habe, lässt sich nicht nachweisen. Durch Proteste von Geistlichen, die sich durch die Auflagen beschwert fühlten, wurde man wohl darauf hingelenkt. So bringen beispielsweise die Pfarrer von Berkshire im Jahre 1240 unter andern Einwänden auch den, die Kirchengüter seien Eigentum der einzelnen Kirchen, wie ja auch die römische Kirche ihr eigenes Patrimonium habe[2] — aber wir wissen nicht, ob man sich seitens der Kurie mit diesen Leuten überhaupt in akademische Erörterungen über das päpstliche Steuerrecht eingelassen hat.

3. Prinzipielle Folgerungen.

1. Der Träger des kirchlichen Bezehntungsrechts war, durch welche Theorie vom kirchlichen Eigentümer auch immer die Steuerpflicht der Geistlichen begründet wurde, der Papst. Wir haben gesehen, auch thatsächlich ist Innocenz III. schon bei den ersten Kirchensteuern für Kreuzzugszwecke als solcher

---

[1]) Math. Par. Chron. maj. V. 539 f.
[2]) Ebenda IV. 38 f. (Art. 2).

Dr. Adolf Gottlob. Die päpstlichen Kreuzzugssteuern. 3

aufgetreten. Das Steuerrecht des Papstes war prinzipiell
ein vollständig unabhängiges. Man musste freilich neben
dem Papste auch den Konzilien das kirchliche Besteuerungsrecht zugestehen; aber die Kurie hat dieses niemals im Sinne
eines Steuerbewilligungsrechtes, an welches der Papst gebunden
sei und ohne welches er keine Kirchensteuern erheben dürfe,
aufgefasst. Dass die Päpste auf den drei grossen Konzilien des
13. Jahrhunderts selber Besteuerungsbeschlüsse herbeigeführt
haben, kann nur den Zweck gehabt haben, zunächst, was vor
allem nötig, die Steuerpflicht des Klerus zu befestigen und
zur allgemeinen Anerkennung zu bringen. Im übrigen haben
die Päpste Zehnten bald mit, bald ohne Konzil gefordert, je
nachdem Bedürfnis und Verhältnisse es ergaben. Ferner haben
sie auch mit den von den Konzilien befohlenen Steuern nachher nach Gutdünken verfahren, sie auf Gesuch hin erlassen,[1]
auch — so nach den beiden Kirchenversammlungen zu Lyon
— nachträglich noch eine Zweckänderung für die zusammengebrachten Gelder eintreten lassen. Rom erkannte also, so
lange es nicht durch äussere Verhältnisse gezwungen wurde,
für sein kirchliches Besteuerungsrecht weder subjektive noch
objektive Schranken an.

Zum Erweise des thatsächlich geübten selbständigen Be-
steuerungsrechts führen wir eine Reihe von Kirchenauflagen
an, welche ohne vorherige Befragung irgend welcher andern
Auktorität dekretiert worden sind: 1) der Vierzigste Innocenz' III.
1199[2]); 2) die Steuer für den Albigenserkrieg, 1209[3]); 3) die
staatliche Quintadecima, soweit sie die Kirchengüter betraf, in
England, 1225[4]); 4) Gregors IX. englische Zehntauflage, 1228[5]);
5) der Dritte für Konstantinopel von den Kirchen Griechenlands, 1238[6]); 6) der Dreissigste für Konstantinopel von den
Kirchen in Frankreich und England[7]); 7) Der Fünfte in England,

---

[1]) Vgl. Würdtwein, Nova subsidia XIII. 243; Potth. 6193 (Nachlass des Zwanzigsten für Strassburg, 1220).
[2]) Recueil des hist. XVII. 601 f; XIX. 384 f.
[3]) Potth. 3785.
[4]) Wendover ed. Hewlett II. 318; vgl. 282, 286.
[5]) Math. Paris. Chron. maj. III. 187.
[6]) Raynald ad 1238, 3.
[7]) Ebenda 23—24; Rymer, Foedera ad 1238. I. die Maii.

1240¹); 8) die Auflage von 10000 Hyperpern auf die Erzdiöcesen
Athen, Korinth, „Agiopelagos", Patras und Theben und alle
ihre Suffragane und Geistlichen, 1243²); 9) die Auflage eines
Drittels der Einkünfte auf die residierenden, zweier Drittel auf·
die nicht residierenden Geistlichen Griechenlands, 1243³); 10) der
Fünfte in den Provinzen Köln, Mainz und in der Diöcese Speier,
1244⁴); 11) der Dritte der Kirchenzehnten in Dänemark für
Erich VI., 1245⁵); 12) die Verlängerung des dreijährigen Kreuzzugszehnten in Frankreich auf fünf Jahre, 1248⁶); 13) der
Zwanzigste für Hako VI. von Norwegen, 1248⁷); 14) der dreijährige Zehnt in England, 1250⁸); u. s. w. Wir dürfen uns,
um nicht zu ermüden, auf die erste Hälfte des Jahrhunderts
beschränken. Allen diesen selbständig dekretierten Steuern,
die sich mit Leichtigkeit noch vermehren liessen, besonders
wenn wir die spanischen Kirchenzehnten für die Maurenkriege
hinzunehmen wollten,⁹) steht nun in demselben Zeitraume die
bloss zweimalige Thatsache der Konzilsbefragung vor der
Dekretur gegenüber, einmal im Jahre 1215 und einmal 1245!
Wir begegnen freilich sehr oft Verhandlungen über Kirchensteuern auf kirchlichen Synoden, die von päpstlichen Nuntien
geführt werden. Dieselben haben aber alle nach der Dekretur
stattgefunden, sie dienten also nur dazu, den Klerus gefügig
zu machen. Manchmal wurde wohl auch bei Zehntauflagen zu
Gunsten weltlicher Fürsten vom Papste selbst die Zustimmung
der zu besteuernden Prälaten vorbehalten. So geschah es 1250
in England.¹⁰) Es wurde das aber, und so gewöhnlich, durch
politische Gründe veranlasst.¹¹) Prinzipielle Bedenken sind mit

---

¹) Math. Par. a. a. O. IV. 9 ff.
²) Berger, Registres d'Innocent IV. 22.
³) Ebenda 707.
⁴) Ebenda 654.
⁵) Ebenda 1088.
⁶) Ebenda Bd. II. Einleitung.
⁷) Potth. 12760 f; Berger 3439 f. (Einleitung CLIX. ff.)
⁸) Rymer ad 1250, 2. Kal. Maii; Potth. 13966; vgl. 14704.
⁹) Vgl. Berger 2538, 4309, 4869 u. s. w.
¹⁰) Rymer ad 1250, VI. Kal. Maii; Potth. 13960.
¹¹) Vgl. für jenen Fall: Pauli a. a. O. 679.

Rück-icht auf die begründenden Theorien auf Seiten der Kurie nicht zu erwarten und von uns auch nicht gefunden worden. Ausserhalb der Kurie und ausserhalb der in den papalen Rechtsgedanken lebenden Kreise begegnete das absolute Steuerforderungsrecht, wie es Rom für sich in Anspruch nahm, naturgemäss vielfachem Widerspruch. Leider sind, wie schon gesagt, unsere Quellen, die auch im 13. Jahrhundert bereits so viel von Protesten und Widerstand gegen die päpstlichen Zehntforderungen erzählen, gerade in Bezug auf die prinzipielle Seite der Frage äusserst karg. Wir glauben aber zu erkennen, dass man Rom gegenüber gern die Donatoren, Patrone u. s. w. — meistens Kaiser, Könige, Landesherren, Grundherren — ihr ursprüngliches Eigentum behaupten liess.[1] Manchen Protesten lagen auch der Institutentheorie angehörige Ideen zu Grunde.[2] Von diesen aus hielt man den Consensus des zu besteuernden Klerus oder wenigstens der Prälaten für notwendig, um eine Auflage rechtsverbindlich zu machen. „Cum agitur de aliquo obligando, necessarius est ejus expressus consensus" — so lesen wir in einem Proteste des Klerus der Diöcese Lincoln vom Jahre 1255.[3] Und derselbe Gedanke ist in andern Protestschriften zwischen den Zeilen zu lesen.[4] Ja, man forderte die Zustimmung der Steuerträger sogar für eine Zweckänderung der gesammelten Gelder, oder man wollte den Papst

---

[1] Vgl. Art. 8 des Protestes der Bischöfe Englands (1240): „Die Abgabe sei den Patronen der Kirchen präjudizierlich" (Math. Paris. Chron. maj. IV. 37 f; Weber a. a. O. 106 ff.); ferner die Beschwerde der englischen Prälaten auf dem Konzil zu Lyon (1245); die Patrone würden in ihren Rechten gekränkt (Ebenda 441 ff. 478. 522); ferner die Drohung der englischen „proceres et magnates": „quod . . . ipsas ecclesias et alia beneficia in proprietatem suam juste poterunt revocare" 1246: Ebenda 532; derselbe Gedanke ebenda 619.

[2] S. oben S. 35.

[3] Annales Burtonenses in: Annal. monastici I. 360.

[4] Vgl. die „Littere capitulorum regni Francie" (1227) bei Auvray, Regesta Gregorii IX. 134; ferner die englischen Bischöfe 1229 und 1240 bei Math. Par. Chron. maj. IV. 37 f. (Art. 4); vgl. auch die Kölner Protestationen von 1372 und 1386: Lacomblet, Niederrhein. Urk. B. III. 627 ff.

an den von jenen beschlossenen Zweck gebunden wissen.[1]) —
In Rücksicht auf Ausdrücke, die wir bei gleichzeitigen Schrift-
stellern finden, wie „praelati consenserunt" oder „decimas con-
cesserunt" oder „legatus d. petivit" oder „d. obtinuit" u. ·dergl.[2])
möchten wir glauben, dass jene Termini nur die Thatsache des
friedsamen, den prinzipiellen Standpunkt verdeckenden Forderns
seitens der Legaten, des willigen oder unwilligen Gehorsams
seitens der Prälaten erzählen. Höchstens darf daraus noch geschlossen werden, dass der Autor ein Anhänger des Steuer-
bewilligungsrechts der Geistlichen gewesen. — Die Kurie selbst
hat zu jenen Beschränkungen ihrer „dispositio plenaria" sich
niemals im Prinzip verstanden. Wenn sie praktisch zu Verhandlungen mit dem zu besteuernden Klerus sich herbeiliess,
so geschah das, um Weiterungen zu entgehen; denn allerdings
konnten die nicht bewilligenden Geistlichen durch Appellation
und Proteste, diese in den vorgeschriebenen Rechtsformen ein-
gelegt, recht unbequem werden. Das Erhebungsgeschäft wurde
durch solche Rechtsanrufungen sehr oft aufgehalten, bis eben
der, gewöhnlich ablehnende, Bescheid von Rom zurückkam. —
Fühlte die Kurie die weltliche Gewalt hinter sich, dann halfen
auch dazu die Rechtsanrufungen nicht, sondern die ungehor-
samen Prälaten und Geistlichen, wenn nötig selbst ganzer
Provinzen, wurden trotz des Protestes ihrer offiziellen Ver-
tretungen, der Bischöfe, Kapitel u. s. w. zum Gehorsam gebracht, indem man die kirchlichen Censuren anwandte und
dann den weltlichen Arm zu Hilfe nahm. Solche Thatsachen beleuchten den prinzipiellen Standpunkt der Kurie
deutlicher, als alles. Der Kardinal Roman von S. Angelo, Legat

---

[1]) „Si (=etiamsi) concessa esset ab initio dicta decima de communi
consensu praelatorum et totius cleri, ad certum usum fuit concessa et
ob certam causam, unde: causa data, causa non secuta competit eis
repetitio, nec de jure de caetero poterunt compelli ad praestationem
dictae decimae": So zu lesen in dem Proteste von Lincoln; s. vorige S.
Anm. 3.

[2]) Vgl. Annales de Theokesberia: Annal. monast. I. 64: „vicesima
— datur" (1219); Annal. Dunstapl. MG. SS. XXVII. 507: „Gallicana ecclesia
— concessit" (1229); Joh. Longi Chronic. ebenda XXV. 842 f: „legatus
— vicesimam obtinuit" (1240); Annal. S. Pantaleonis ebenda XXII. 531:
„cardinalis—pecuniam—expetitam et obtentam—reportavit" (1239) u. s. f.

Gregors IX. in Frankreich. liess schon 1226—27 bei Gelegenheit
der Erhebung des Albigenserzehnt. entgegen den einmütigen
Protesten der Kapitel der drei Provinzen Reims. Tours und
Rouen, aber unter ausdrücklicher Billigung des Papstes[1]. alle
widerspenstigen und die Zahlung weigernden Kleriker durch
die königlichen Machtboten gefangen setzen. ihre Güter und
Pfründen einziehen, und er verbot zugleich unter Androhung
der strengsten Strafen. über die Beamten aus diesem Anlass
das Interdikt oder eine sonstige kirchliche Sentenz zu verhängen.[2]
— Auch Innocenz IV. schrieb im Jahre 1254 seinen Bevollmächtigten, welche eine Anleihe auf die englischen Kirchengüter bewirken sollten: „Wenn einige Erzbischöfe oder Bischöfe,
Prälaten oder Kleriker sich widersetzen, so schickt sie nach
Suspension von Amt und Pfründen zu uns. damit sie nach
Verdienst empfangen."[3] — Ähnlich drohte Clemens IV. im
Jahre 1267 den französischen Prälaten, die gegen die Zehntauflage für den zweiten Kreuzzug Ludwigs IX. Protest erhoben
hatten, sie sollten nicht glauben,

„abbreviatam [esse] adeo manum generalis vicarii Jesu Christi,
ut non post contemptas suas sententias habeat ultra quid
faciat, qui tamen et contemptores hujusmodi privare potest
habitis beneficiis et inhabiles reddere ad habenda,
deponere degradare et exequi quod statuit, invocato
brachio seculari."[4]

Die Unabhängigkeit des päpstlichen Rechts der
Kirchenbesteuerung scheint uns in der prinzipiellen Erörterung
ganz besonders deshalb betont werden zu müssen, weil im
Gegensatz dazu durch die Beschlüsse der Lateran-Konzilien
von 1179 und 1215 staatliche ausserordentliche Kirchensteuern
unbedingt an die Zustimmung des zu besteuernden Klerus gebunden waren.[5] Dass das auch in der Praxis so gehandhabt
wurde, dafür liefert Papst Innocenz IV. im Jahre 1247 bei Gelegenheit der französischen Kirchenbezehntung für den ersten Kreuzzug Ludwigs des Heiligen einen augenfälligen Beleg. Die

---

[1] Auvray. Reg. Gregor. IX. 155.
[2] Ebenda 134.
[3] Rymer, Foedera ad 1254. II. Id. Maii.
[4] Raynald ad 1267, 58.
[5] S. oben S. 13 f.

Erhebung des Zwanzigsten befahl er, der Papst, „non obstante
si dicant (praelati), se super hoc in generali concilio minime
consensisse".[1]) Als aber kurz vorher der König ein Zehntel
seinerseits und durch staatliche Steuerboten erheben lassen
wollte, da hatte der Papst die Zustimmung der Prälaten allerdings für nötig, die Auflage ohne diese Zustimmung für nicht
rechtsverbindlich erklärt:

„Consultationi archiepiscopi Narbonensis et suffraganeorum
ejus respondet, ipsos, nisi se quocumque modo ipsos obliga-
verint, ad solutionem decimae per alios regni Franciae praelatos, ipsis absentibus nec consentientibus, illustri regi Franciae
solvendae statutae, non teneri."[2])

2. Die prinzipielle Unabhängigkeit des päpstlichen Steuerrechts machte auch die Behinderung jeder anderen Auktorität an der Ausübung eines selbständigen Steuerrechts über die Kirchengüter wünschenswert. Wir sehen davon
ab, dass das papale Folgerungssystem aus den Theorien vom
kirchlichen Eigentümer sehr leicht eine prinzipielle Allein-
berechtigung der päpstlichen Kirchenbesteuerung ergab. Aber
ohne jene Behinderung wäre der Papst nicht mit Rücksicht
auf eine etwaige Erschöpfung der Steuerträger sehr leicht in
der freien Wahl der Bezehntungsperioden beschränkt gewesen?
Von anderen Auktoritäten kamen die staatlichen Gewalthaber und die Bischöfe in Betracht. Es galt beiden gegenüber, sie in der Benutzung der kirchlichen Steuerkraft der
Auktorität des Papstes zu unterwerfen. Was die Bischöfe
anbelangt, so hatte schon das dritte Laterankonzil 1179 der
willkürlichen Erhöhung der „Prokurationen" gesteuert, den
visitierenden Bischöfen „Tallien und dergleichen Abgaben" verboten, ausserdem aber den Prälaten ganz allgemein untersagt,
„den Kirchen neue Abgaben aufzulegen oder die alten zu vermehren".[3]) Es blieben also nur die althergebrachten regel-

---

[1]) Berger, Reg. 3055; ähnlich Alex. IV. 1257: Posse, Analecta
Vaticana 17021.

[2]) Berger 2492. — Aus dem Wortlaute erhellt, dass zu staatlichen
Besteuerungen nach kirchlicher Auffassung nicht einmal ein Majoritätsbeschluss genügte, sondern jeder konnte nur sich selbst verpflichten.

[3]) Art. 4. u. 7. der Dekrete; s. Mansi XXII. 228. 456; Hefele
V. 712 f.

mässigen bischöflichen Abgaben bestehen. Diese waren das
„Cathedraticum", eine jährliche allgemeine Steuer „pro res-
pectu sedis" oder „in signum subjectionis", auch „Synodaticum"
genannt, sofern sie bei Gelegenheit des bischöflichen Send oder
Synods gezahlt wurde. Ferner die „Procuratio" (mansio parata,
circada, circatura, comestio, albergaria u. s. w.), bei der Visitation oder auch ohne eine solche zu zahlen. Endlich in
manchen Gegenden das Mortuarium (Besthaupt) aus dem
Nachlass von Verstorbenen.[1]) Ausser diesen feststehenden
Geistlichen-Abgaben an die Bischöfe nun begegnen wir zuerst
im 12. Jahrhundert dem „Subsidium caritativum", der
freiwilligen Beisteuer der Diöcesan-Geistlichkeit, wenn der
Bischof sich in Geldnot befindet. Dasselbe entwickelte sich
mit dem „Subsidium" für staatliche Nöten. Da das letztere
durch die genannte Lateransynode ausdrücklich an die Zustimmung des zu besteuernden Klerus geknüpft wurde, und da
dasselbe Konzil, wie gesagt, den Prälaten verbot, „neue Abgaben
aufzulegen oder die alten zu vermehren", so konnten die
Bischöfe zu ausserordentlichen Steuern von ihrem Klerus nur
gelangen, wenn sie, wie die Fürsten, sich dieselben von den
Geistlichen bewilligen liessen. Das „Subsidium caritativum"
hing also von dem guten Willen der Diöcesangeistlichkeit ab.
Das war der Punkt, durch welchen die Abhängigkeit der
Bischöfe von Rom in Steuerangelegenheiten sich von selbst
entwickelte. Da war bald gegen widerspenstige Kleriker, Konvente, Stifter u. s. w. die römische Hilfe nötig, bald suchten
die Bischöfe durch eine päpstliche Zehntverleihungsbulle ihrem
Klerus den Weg der Appellation nach Rom zu verlegen.
Äusserst zahlreich sind die Fälle — die Register des Vatikan
sind dessen Zeuge —, dass ein Bischof oder Abt oder der
Prokurator eines Klosters, nachdem sie vielleicht durch zu
langen Aufenthalt an der Kurie in Geldnot geraten, von dem
obersten Pontifex die Erlaubnis zu einer Anleihe auf die
heimischen Kirchengüter oder die Auflage einer Steuer auf die

---

[1]) Über die gesetzlichen Abgaben der Geistlichen an die Bischöfe
s. Thomassin, vetus et nova ecclesiae disciplina P. III. 1. 2. c. 32. 33:
Phillips, Kirchenrecht VII. 2. § 438 S. 872 ff; Herzogs Realencyklopädie
2. Aufl. I. 76. 77.

untergebenen Geistlichen erbitten. Jedenfalls gab eine päpstliche Zehntbulle für die Prälaten den kürzesten Weg ab, um
zu Geld zu gelangen. Dass die Herren durch solche Gesuche
an die Kurie gleichzeitig auch ihre Abhängigkeit in der Kirchenbezehntung von dieser besiegelten und anerkannten, dürfte ein-
leuchtend sein. — Ganz ähnlich verlief der Prozess der Unter-
werfung der staatlichen Gewalten in der Kirchenbesteuerung
unter das Besteuerungsrecht des Papstes. Auch sie waren, wie
schon ausgeführt wurde, seit dem dritten Laterankonzil für
ausserordentliche Kirchenauflagen an die Zustimmung der
Geistlichen selbst gebunden. Das vierte Laterankonzil erneuerte im 46. seiner Dekrete im wesentlichen die Verbote gegen die willkürliche weltliche Besteuerung der Kirchengüter, jedoch mit dem Zusatze, dass in den für den
Fall der Not vom Klerus selbst zu beschliessenden Ausnahmen vorher der Papst zu Rate zu ziehen sei —
„consulatur“.[1] — Man hat sich zu entscheiden, ob dieses „consulatur“ im Sinne einer blossen Konsultation oder einer Bitte
um Genehmigung zu nehmen ist. Tosti, Bonifazio VIII. I. 175
übersetzt „(non) senza papale licenza“, entscheidet sich also
für das Letztere. Mit ihm alle diejenigen, welche in der Bulle
„Clericis laicos“ von Bonifaz VIII. d. h. in dem Verbote der
freiwilligen, aber „ohne die ausdrückliche Genehmigung des
apostolischen Stuhles“ geschehenden Leistungen der Geistlichen
an die weltliche Gewalt — keinen Fortschritt der kirchlichen
Gesetzgebung, sondern bloss eine „Wiedereinschärfung“ der
älteren kirchlichen Verordnungen sehen (vgl. Hergenröther,
Kirchengesch. II.³ 316). Ihnen gegenüber sieht z. B. Hefele
(Konzilgesch. VI.² 293) gerade darin den Unterschied zwischen
Bonifaz VIII. und Innocenz III., dass jener für die „dona
gratuita“ die Genehmigung, dieser früher bloss die Konsultation
des Papstes verlangt habe. Wir schliessen uns dieser Auffassung an, weil wir sehen, dass man im 13. Jahrhundert selbst
diesen Unterschied erkannt und sogar Bonifaz VIII. gegenüber
ausgesprochen hat. In der Beschwerde des französischen Klerus

---

[1] Mansi XXII. 981 ff; Hefele V. 894; Corp. jur. can. C. 7. X. De
immunit. eccl. (III. 49).

gegen die Bulle „Clericis laicos" heisst es mit offenbarer Anlehnung an das Dekret des vierten Laterankonzils:
„ipsi (scil. principes) humiliter et devote recipere debeant cum
gratiarum actione quae eis pro communi utilitate de bonis
Ecclesiae conferuntur, prius tamen interveniente romani
pontificis consilio, cujus interest communibus utilitatibus
providere".[1]

Nehmen wir also an, Innocenz III. habe mit jenem Zusatze
vorerst nur eine „Konsultation" des Papstes beabsichtigt. Wurde
nicht trotzdem dadurch der Weg eröffnet, um die staatlichen
Kirchensteuern, selbst wenn sie vom Klerus „freiwillig" geleistet
wurden, von einer römischen Erlaubnis abhängig zu machen? Auf
die Dauer war es ganz unmöglich, dass sich die „Konsultation"
nicht mit dem Begriffe Erlaubnis vermische. Setzen wir den
Fall, der konsultierte Papst habe seine Zustimmung oder, wie
eine spätere Kirchensynode sagt, sein „beneplacitum volun-
tarium" verweigert, wie würde dadurch der Widerstand gegen
die staatliche Auflage gewachsen sein! Von widerspänstigen Prälaten konnte die Steuer überhaupt nur unter Berufung auf
dieses „beneplacitum" beigetrieben werden. So verlangte es
unzweifelhaft die kirchliche Rechtsanschauung.[2] In solchem
Falle war also die Zustimmung des Papstes eine wirkliche
Erlaubnis, ja noch mehr, sie hatte die Wirkung eines Befehls. Die natürliche Entwickelung führte demnach dahin,
dass auch die Fürsten sich in Rom um die Kirchenauflagen
bewarben. Durch die Bulle „Clericis laicos" sollte dann der
faktische Zustand, der sich mit der Zeit herausgebildet hatte,
nur gesetzlich festgelegt und kodifiziert werden.

3. Das päpstliche Recht der allgemeinen Kirchenbesteuerung
war nach seiner Entstehung unzweifelhaft an die Bedingung
der Kreuzfahrt geknüpft. Ohne den Zweck des Kreuzzuges
würden die Zeitgenossen Innocenz' III. dessen Kirchenauflagen
sicherlich nicht für verbindlich gehalten haben. Kaiser Friedrich II.
protestierte gegen Gregors IX. politische Verwendung der Kreuzzugsgelder, der „pecunia Ecclesie, quam erogare tenetur

---

[1] Christophe, Histoire de la papauté au XIV. siècle — deutsch
von Ritter (Paderborn 1853) I. 325.

[2] S. oben S. 41 die Antwort Innocenz' IV. an den Erzb. von Narbonne.

(pontifex) in Christi servitium transituris".[1]) Dennoch war
von vorneherein anzunehmen, dass die Kurie zur freien Verwendung der Kirchensteuern schreiten werde. Nicht bloss
die Verwickelungen der Politik, sondern selbst eine Art logischer
Konsequenz führten darauf hin. Aus der göttlichen Proprietäts-,
der Papal- und der Gesamtkirchentheorie vom Kircheneigen-
tümer folgte die Berechtigung der freien Verwendung sofort.
Bedenken, die etwa aus der Armen- oder Institutentheorie her-
geleitet wurden, liessen sich durch Zuhilfenahme der „plenitudo
potestatis" des Papstes beseitigen. Ausserdem kam hier der
Kreuzzugsgedanke zu Hilfe. Dieser zielt auf die Verpflichtung
zur Verteidigung des „Erbes Christi". Dieser Verpflichtung
gab man gern eine erweiterte Auslegung: Wertvoller als der
Besitz der heiligen Orte war die Kirche, das geistige Erbe des
Erlösers. Diese gegen äussere und innere Feinde zu verteidigen war jeder Christ, erst recht also der Geistliche verpflichtet.
Daraus ergab sich zunächst die Bezehntung der geistlichen
Güter auch für die Bekämpfung der Ketzer. — Ferner: Die
papale Kirchenverfassung verlegt den Schwerpunkt der ganzen
Kirche in den Papst. Aus der Pflicht die Kirche zu verteidigen folgt also nach kirchlicher Auffassung auch eine Ver-
teidigungspflicht zu Gunsten des Papstes. Daher die Berechtigung der kirchlichen Bezehntung gegen alle Feinde des
Papstes, also auch gegen den Kaiser, gegen jeden christlichen Fürsten, der sich als Feind des Papstes erweist, vor
allem jene Berechtigung, im Falle der Kirchenstaat, das
„Patrimonium Petri", bedroht ist. Der Einwurf, wie ihn z. B.
der Klerus von Lichfield im Jahre 1255 erhob[2]), dass diese
Folgerungen nur gestattet seien, wenn es sich um eine „pia
causa" handele, wurde von der Kurie ganz folgerichtig dadurch
niedergeschlagen, dass man auch den Kampf gegen die politischen Gegner des Papsttums für eine „pia causa" erklärte.
Papst Innocenz IV. hat in mehreren Bullen den Grundsatz ausgesprochen, dass das „negotium Siciliae", die Niederwerfung
der Staufer in Italien und die Ersetzung derselben durch eine

---

[1]) Huillard-Bréholles, Hist. dipl. Friderici II. Bd. III. 71 f.

[2]) Annales Burtonenses: Annal. monastici I. 362.

papstfreundliche Dynastie in Sicilien, alle Werke der Frömmig-
keit übertreffe.[1]) Es ist dieselbe Logik, die wir auch für die
Verkündigung des Kreuzzuges, des Kreuzablasses, angewandt
finden. Man entdeckte, dass jeder Krieg der Päpste religiöser
Natur sei[2]), und so wurde die Cruciata gegen jeden gepredigt,
der dem Papste entgegen, seien es nun Moslems oder Tataren,
Albigenser oder die schismatischen Comnenen und Paläologen,
Sultan Saladin oder Kaiser Friedrich II., Bibars oder Manfred,
die Romagnolen oder Sicilianer. Auch ausserhalb der Kurie
und der kurialen Kreise wurde die Umdeutung des Kreuzzugs-
begriffes gehandhabt. In England bezeichnete man sich schon
1217 zum Nationalkampfe gegen die Franzosen mit dem Kreuze.[3])

Gelangte man so durch mehr oder weniger gepresste
Schlussfolgerungen zur absoluten Verfügungsfreiheit des Papstes
über die Kirchensteuern, so fällt es auf, dass Rom dennoch
eine Beschränkung sich gefallen und sogar zu einer gewohn-
heitsrechtlichen Bedeutung kommen liess. Es wurde Regel,
denjenigen Landes- oder Grundherren, welche gen Jerusalem
zogen, die Kreuzzugszehnten ihres Gebietes zu überlassen oder
sie auf andere Weise zu entschädigen. Die stets vom Papste
gewährte Zuweisung jener Gelder an die genannten Herren
oder die Entschädigung wurde fast wie ein Anspruch der bezeichneten Kreuzfahrer behandelt. Darin lag einesteils wohl
die Anerkennung der Entstehungsart und des ursprünglich
reinen Kreuzzugszweckes der päpstlichen Kirchensteuern, andernteils ein Ersatz für die in solchem Falle sonst schwer zu recht-
fertigende weltliche Subsidienfreiheit der Geistlichkeit. Auch
die Bischöfe, die den Kreuzzug mitmachten, Äbte u. s. w. erhielten vielfach die Erträge der Geistlichen-Zehnten in ihrem
Sprengel überwiesen. Das Vorbild für jene Vergünstigung der
Territorialherren aber hatte schon der staatliche Saladinszehnte
von 1187—88 gegeben. Die Bestimmungen über denselben,
besonders deutlich die französischen, enthalten den Grundsatz,

---

[1]) Rymer, Foedera ad 1254, 11. Kal. Junii: Regi Angliae und
Domino Petro de Sabaudia (beide von demselben Datum): „cum ipsius
negotii prosecutio superet omnia opera pietatis."

[2]) Lingard, History of England II. 414.

[3]) Annales Waverleienses: Annal. monast. II. 287.

dass der Feudalherr, der das Kreuz genommen, Anspruch auf
den Zehnten seiner Vassalen, Hintersassen, Eigenleute u. s. w.
hat.[1]) — Dass die Fürsten und geistliche und weltliche Grosse
den Anspruch, den sie durch die Kreuznahme auf die kirchlichen Kreuzzugsgelder ihres Gebietes erhielten, in nicht seltenen Fällen durch eine lügnerische Kreuznahme misbraucht
haben, dafür, wie für die vorstehenden Ausführungen überhaupt, werden die folgenden Teile unserer Schrift Beispiele
bezw. Belege bieten.

---

[1]) S. die Bestimmungen über den Saladinszehnten unten im dritten
Teile dieser Schrift zu Anfang des Kap. „Die partikularistische Diöcesan-
Verwaltung".

II.

Politische Geschichte der Kirchen-Besteuerungen des 13. Jahrhunderts.

1. Steuern für Kreuzzugszwecke.

Die Geschichte der päpstlichen Kreuzzugssteuern, in welche wir nach Darlegung der von der Kurie gehandhabten leitenden Prinzipien eintreten, hat einesteils uns mit den einzelnen Auflagen bekannt zu machen — wir müssen uns jedoch auf die für die allgemeine Geschichte wichtig gewordenen beschränken — andernteils hat sie die aus der historischen Entwickelung sich ergebende politische Bedeutung der Kirchenbesteuerung zu erweisen.

Schon die eigentlichen Kreuzzugssteuern[1]), die hier zunächst unsere Aufmerksamkeit fesseln, bedingten selbst bei ehrlicher Verwendung für die Zwecke der Cruciata einen grossen äussern Machtzuwachs für die römische Kurie. Sie versetzten die im Kampfe gegen Ungläubige oder Ketzer oder Schismatiker stehenden Länder, sowie die kreuzfahrenden oder auch nur einen Kreuzzug beabsichtigenden Fürsten und Ritter in ein bis dahin nicht gekanntes Abhängigkeits-Verhältnis zur Kirche. Es war das weniger der Fall bei den noch von Innocenz III., dem Gründer der allgemeinen Kirchenbesteuerung, ausgeschriebenen Auflagen. Damals kannte die Kirche die ihr

---

[1]) Wir würden zu diesen nicht bloss Steuern für das hl. Land rechnen, sondern auch solche zum Kampfe gegen die Mongolen oder Tataren, gegen die heidnischen Wenden, Preussen, Esthen u. s. w. Für diese Kämpfe, die insbesondere den Osten Deutschlands berührten, kamen in der Regel jedoch nur die Kreuzzugspredigten und die damit verbundenen Ablasssammlungen zur Anwendung.

aus der Kreuzzugsbesteuerung bald erwachsende politische Macht noch nicht, und die Wege, die zur Verstärkung dieser führten, mussten noch gefunden werden. Jene ersten Steuern, insbesondere der Zwanzigste des vierten Lateran-Konzils (1215), wie er anfangs zur Erhebung gekommen, wurden noch in partikularistischer Weise von eigenen für jede Diöcese ernannten Kommissionen unter Aufsicht des Bischofs verwaltet.[1]) Das Geld wurde von den Diöcesan-Verwaltungen ohne römische Vermittelung nach Palästina befördert. Allerdings stand der römischen Kurie eine gewisse Oberaufsicht über die ganze Einnahme- und Ausgabebewegung zu. Der dadurch bedingte Einfluss aber tritt doch weit zurück hinter jenen, der dem Papste nach der Zentralisierung des Einnahme- und Verwendungs-Geschäfts erwuchs. Erst durch die Entsendung päpstlicher Kollektoren, erst dadurch ferner, dass Rom die Zuweisung der Kreuzzugsgelder an die das Kreuz nehmenden Fürsten an sich zog, wurde das politische Übergewicht des Papsttums, wie es schien, dauernd begründet und zugleich auf das wirtschaftliche Gebiet übertragen.

Gleich der Pontifikat, in welchem zuerst nach den bereits erzählten Kreuzzugsauflagen Innocenz' III. wieder „eigentliche Kreuzzugssteuern" erhoben wurden, in welchem zuerst auch jene Zentralisierung vollendet erscheint, die Regierung Innocenz' IV. (1243—1254), bietet den augenfälligen Beleg für die politische Macht, die sich an das Recht der Kirchenbesteuerung knüpfte. Unter Innocenz IV. vermochte die Kirche nicht nur den kostspieligen Kampf gegen den Kaiser Friedrich II. zu führen und gleichzeitig den Kaiser des Ostens, Balduin II., mit vielleicht grossen, jedenfalls beträchtlichen Summen zu unterstützen, sondern es wurden zugleich auch in Frankreich und den von Frankreich rechtlich oder moralisch abhängigen Ländern im Auftrage des Papstes Millionen gesammelt, welche den Feldzug Ludwigs des Heiligen nach Ägypten ermöglichten.[2]) Zu derselben Zeit führten die Könige von Aragon und Kasti-

---

[1]) S. darüber und über das Folgende unsere Kapp. „Partikularistische Verwaltungsformen" und „Die zentralisierte Verwaltung" im 3. Teile dieser Schrift.

[2]) S. unten.

lien ihre Kriege gegen die Mauren mit kirchlichen Geldern[1]) und gleichzeitig wurden in Nordeuropa die heidnischen Sambiten und Esthen[2]) mit Unterstützung der Kirche bekämpft. Die für diese grossen Angelegenheiten erforderlichen Geldmittel wurden in der Hauptsache für Innocenz IV. bereitgestellt durch das Konzil von Lyon im Jahre 1245, das 13. ökumenische, welches auf Veranlassung des nicht lange vorher abgelegten Kreuzzugsgelübdes des Königs von Frankreich eine allgemeine Kreuzfahrt verkündigte, und welches, ähnlich dem vierten Laterankonzil von 1215, ja sogar mit fast wörtlicher Wiederholung des auf die Kreuzfahrt bezüglichen Kanon, wiederum seine Zustimmung zu einem Zwanzigsten auf die geistlichen Einkünfte gab. Die Steuer wurde auf drei Jahre ausgeschrieben. In Frankreich selbst trat nachher eine Verlängerung auf fünf Jahre ein.[3]) Der Papst und die Kardinäle versprachen ihrerseits wieder den Zehnten, wie zur Zeit Innocenz' III.[4])

Über den zahlenmässigen Erfolg der Steuer, insofern sie Kreuzzugszwecken zugute gekommen ist, sind wir nur in Bezug auf Frankreich etwas genauer unterrichtet. Nach der Berechnung eines zeitgenössischen Pariser Kodex betrug die Gesamtausgabe für den ersten Kreuzzug Ludwigs IX. 1537570 Turoneser Pfund, 10 Soldi und 10 Denare.[5]) Nach einer andern ins Einzelne gehenden Gesamtrechnung, die wahrscheinlich zu Anfang der achtziger Jahre unter Philipp III. für die da nötig gewordene Auseinandersetzung der königlichen und der päpstlichen Geldverwaltung[6]) aufgestellt wurde, die jedoch nur in einem Bruchstück bekannt geworden ist, welches die Jahre 1250—53 umfasst — machten die Kosten dieser drei Jahre allein schon 1053476 Pfund 17 Soldi und 3 Denare aus. Davon ent-

---

[1]) Raynald ad 1246. 40; Berger, Reg. 2538. 4309. 4869.
[2]) Verleihung kirchlicher Steuern an die Könige Erich von Dänemark und Hako von Norwegen: Potth. 12735. 12760. 12761; Berger, Reg. 3439 f; vgl. Einleitung zu Bd. II. CLIX ff.
[3]) Berger, Einleitung CCXLII.
[4]) Mansi XXIII. 628 ff., besonders 630.
[5]) Recueil des hist. XXI. 404.
[6]) S. unten das Kap. „Der Lyoner Zehnt und folgende Auflagen im Dienste der Politik".

fielen auf Sold und Geschenke für die 424 Köpfe zählende
Ritterschaft 243128 Pfund 4 Soldi; der Tagessold des einzelnen
Ritters ist zu nur 7 Soldi 6 Denaren angesetzt.[1]) Die übrigen
Kriegs- und Unterhaltungskosten betrugen im ersten der drei
Jahre mit Fortlassung der kleineren Münzbeträge 289361 Pfund,
im zweiten Jahre 265785 Pfund, im dritten 331226 Pfund.[2])
Sagen wir also, im Durchschnitt kostete ein Kreuzzugsjahr
80000 Pfund Sold und Geschenke für die Ritterschaft und im
übrigen rund 300000 Pfund. Nun erfahren wir von dem Sene-
schall Joinville, dem Getreuen und Vertrauten Ludwigs IX.,
aus einer Nachricht vom Juni 1250, der König habe bis dahin alle
Kosten seines ägyptischen Kreuzzuges allein von den Steuern
der Geistlichen bezahlt.[3]) Vorausgesetzt, dass die beiden ersten
Jahre des Unternehmens nicht wesentlich von unserer Durch-
schnitts-Kostenberechnung für ein Jahr abgewichen sind, hätte
also Ludwig bis dahin aus der Geistlichen-Steuer schon mindestens 760000 Tourer Pfund bezogen. Das würde nach De
Wailly einen Metallwert von 13657000 Franks[4]), nach Cibrario
einen solchen von 20118720 Franks[5]) darstellen. — Aus einer
spätern Nachricht des Jahres 1250 erfahren wir dann, dass
wiederum elf vierspännige Frachtwagen voll kirchlicher Gelder
nebst grossen Massen von allerhand Lebensmitteln an den König
nach Ägypten geschickt wurden.[6])

Ähnliche Hilfen für ihre Kriegsunternehmungen, sobald
diese letztern nur irgendwie unter den Begriff „Kreuzzug" gebracht werden konnten, kamen nun den Herrschern fast aller
Länder Europas und bis in den Orient hinein, sofern sie nur
nicht im Kampfe mit dem Papste lagen, zugute. Was Wunder,
dass derjenige, der über diese Geldhilfen verfügte, von allen
Seiten umworben wurde, dass sein politischer Einfluss eine
früher nicht geahnte Verstärkung und Festigung erfuhr!

[1]) Prutz, Kulturgesch. d. Kreuzz. 365 gibt den „gewöhnlichen Sold
des bannerführenden Ritters im 13. Jahrhundert" auf 20 Soldi an.
[2]) Recueil des hist. XXI. 513—515.
[3]) Vie de S. Louis éd. par de Wailly 134 f; Wilken VII. 270.
[4]) S. die Tafel in Recueil XXI. S. LXXIX.
[5]) Wir erinnern daran, dass die Tourer Münzen in ihrem Feingewicht vor 1295 keine Veränderung erlitten.
[6]) Math. Par. Chron. maj. V. 117.

Aber auch intensiv in das Innere der einzelnen Länder
erstreckte sich der Einfluss, den die Kreuzzugsbezehntung gewährte. Auch die geistlichen und weltlichen Grossen bis zu
dem selbständig ausziehenden Ritter herab[1]) wurden durch die
Wohlthat der Zuwendung von Kreuzzugsgeldern der Kirche
verpflichtet, ja schon durch den Wunsch, jene Wohlthat zu
erlangen, dem Interesse der Kirche zugewandt.[2]) Die Vor-
bereitungsgeschichte des ersten Kreuzzuges Ludwigs des Heiligen
bietet dafür die bequemsten Belege.[3]) Wir ersehen, dass nicht
bloss der König selbst, sondern auch alle seine Paladine, seine
Brüder Robert von Artois und Karl von Anjou, später auch
Alfons von Poitiers, ferner der Graf von Toulouse, der Graf
von Marche, der Herzog von Burgund, die Herren Archembold
von Bourbon, Walther von Châtillon, Walther von Joigny,
Peter von Courtenay, Gerold von Saint-Verain, Johann Graf
von Montfort u. s. w. im Solde der Kirche auszogen.[4]) Je
mächtiger der Herr war, je wertvoller sein Einfluss, je besser
gelitten sein Name an der Kurie, um so reichlicher flossen ihm,
sobald er das Kreuz nahm, die kirchlichen Geldquellen zu. In
der Regel sollte das Geld erst ausgehändigt werden, wenn die
„Fahrt über Meer" wirklich angetreten wurde; indes es gab
Ausnahmen von der Regel. Man nahm die Kreuzzugsgelder
als Darlehen gegen das billige Versprechen der Rückzahlung
im Falle der Nichtausführung der Kreuzfahrt.[5]) Aber selbst
wenn die Kreuzfahrts-Bedingung streng innegehalten wurde,
welch schätzenswerte Erleichterung bot die Unterstützung der

---

[1]) Vgl. die Kreuzfahrerrechnung des Kardinals Hugolin vom Jahre
1221: Registro del card. Ugolino d'Ostia 128 ff.

[2]) Vgl. bei Math. Paris. Chron. maj. IV. 629 f. die Erzählung über
Wilhelm Langschwert: „Willelmus autem Longa-spata, ut de cruce
signatis emolumentum „metens ubi non seminavit" . . . colligeret, Roma-
nam curiam adiit" u. s. w.

[3]) Berger, Einleitung CL ff. Um die Häufung der Citate zu vermeiden, sei für das Folgende hier allgemein auf die Ausführungen B.'s
verwiesen.

[4]) Vgl. ebenda die Einzelbelege.

[5]) Ein bemerkenswertes Beispiel das des Grafen von Flandern.
Vgl. die Mahnungen zur Rückzahlung bei Prou, Registres d'Honorius IV.
425. 753.

Kirche! Wieviele, die derselben entbehrten, gerieten gerade
durch die Teilnahme an einem Kreuzzuge in eine Verschuldung
ihres Besitzes, an der die Familie Generationen hindurch zu
tragen hatte! Ahnen wir also wohl, welche gewaltige Macht
der Kirche und zumal dem Papste durch die Finanzoperationen
für die Kreuzzüge erwuchs, welch ungeheueres Feld für diplomatische „Arbeit" durch Bethätigung von Wohlwollen und
Rancüne sich hier aufthat?

Die moralische Abhängigkeit, in welche die Fürsten durch
die Zuwendung der Kreuzzugsgelder der Kurie gegenüber gerieten, wurde erst recht fühlbar, wenn ihr Kreuzzugsversprechen
nicht ehrlich gemeint war, wenn das Vorgeben, dem heiligen
Lande helfen zu wollen, nur den Deckmantel bildete, um sich
den kirchlichen Zehnten zu verschaffen. Bann und Interdikt
schwebten über dem falschen Kreuzfahrer, wenn er nicht zu
Willen war, und in dem sich entspinnenden Wettspiel um den
Besitz der gesammelten Kreuzzugsgelder zeigt sich die römische
Diplomatie meistens überlegen. Ein geradezu groteskes Beispiel
dafür bietet die Geschichte Heinrichs III. von England.

Trotz Protesten, die er schon auf dem Konzil erhoben,[1]
und trotz Beschwerden, die er durch Briefe und Boten an die
Kurie richtete,[2] hatte der englische König die Verkündigung
der Cruciata in seinem Reiche, wie auch die Auflegung des
Zwanzigsten, den das Konzil ausgeschrieben, nicht hindern
können.[3] Die Bischöfe von Lincoln und Worcester, und für
seine Diöcese auch der Bischof von Hereford, hatten den Auftrag, alle Kreuzzugsgelder zu sammeln und für die Kreuzfahrer
zu verwenden, oder aber sie an sicherem Orte behufs solcher
Verwendung aus späterem päpstlichen Auftrage niederzulegen.[4]

---

[1] Potth. 11778; vgl. Math. Par. IV. 440 ff. 504.

[2] Rymer ad 1246, II. Id. Junii; Potth. 12559; vgl. Math. Par.
IV. 554 ff.

[3] Felten, Robert Grosseteste 47, berichtet zwar, dass der Papst
die Klagen als berechtigt anerkannt habe, aber er bringt nur „Privilegien",
keinen Erlass der Steuer bei. Die Wiederholung der Beschwerden s. S.
48 daselbst.

[4] Berger, Reg. 2238. 2759. 2843. — Die Sammelthätigkeit des
Bischofs Grosseteste war also keine „freiwillige", wie Felten a. a. O. 49
glaubt, sondern er war vom Papste beauftragt.

4*

So musste Heinrich III. sehen, wie eine ganze Schar seiner Ritterschaft mit kirchlicher Geldunterstützung[1]) sich an dem französischen Unternehmen beteiligte, wie das englische Geld teils mit den Kreuzfahrern, teils durch die päpstlichen Geldsammler ausser Landes ging, ja wie dasselbe von der Kurie auch zu politischen Zwecken verwandt wurde.[2]) Er selbst war in ewiger Geldnot.[3]) Die Reichsversammlungen wollten keine ausserordentliche Hilfe mehr bewilligen. Die regelmässigen Einnahmen der Krone aber waren immer unzulänglicher geworden. Die Domänen waren durch Verschleuderung vermindert und durch schlechte Verwaltung im Ertrage heruntergekommen, die Lehen-Dienste und Gefälle im Abnehmen, die Schildgelder bestritten, die Zölle unerheblich.[4])

Heinrich sah, wie andere zu Gelde kamen. Selbst für seinen Bruder Richard, den geldgierigen[5]) Grafen von Cornwall, der 1240 im heiligen Lande gewesen,[6]) fanden noch in den Jahren 1247—1250 kirchliche Geldsammlungen statt. Es wurden früher gewährte Zwanzigste, Dreissigste und Gelübdelösungsgelder für ihn erhoben.[7]) — Auch Heinrich that am 6. März 1250[8]) in der Halle von Westminster das feierliche

[1]) Berger, Einleitung CLVII.

[2]) S. unten unser Kap. „Steuern gegen die Staufer".

[3]) Math. Par. IV. 233; vgl. Koch, Richard v. Cornwall 42.

[4]) Vocke, Gesch. der Steuern des brit. Reichs 12.

[5]) Koch a. a. O. 44. 80.

[6]) Vgl. Röhricht, die Kreuzzüge des Grafen Theobald von Navarra und Richards von Cornwall: Forschungen z. d. Gesch. XXVI, (1886), 67 ff.

[7]) Berger, Reg. 3523; Math. Par. Chron. maj. V. 146: „Temporibus quoque sub eisdem (1250) Berardus de Nimpha clericus, papalibus armatus munimentis, . . . ad opus comitis Ricardi pecuniam collegit, ut potius rapina quam justitia videretur"; vgl. auch IV. 134 und 629, ferner „Additamenta" (Bd. VI.) 118. 134 ff; vgl. ferner Rymer, Foedera ad 1241. 23. die Aprilis; Berger 537. 713. 1967; Koch 78 f.

[8]) Nach Sweetman, Calendar of documents relating to Ireland II. 167 sollte man schliessen, Heinrich habe das Gelübde schon am Sonntag „Laetare" (14. März) 1249 gemacht, da er bereit ist, alle Kreuzzugsgelder, die vor diesem Datum gesammelt sind, an den Prokurator des Papstes auszuliefern als „money collected before the King assumed the Cross."

Gelübde eines Kreuzzuges.[1]) Böse Zungen verbreiteten sogleich, der König habe die Kreuznahme nur in Scene gesetzt, um einen Vorwand zu neuen Steuern zu haben.[2]) Aber schon am 11. April gab der Papst die Bewilligung eines dreijährigen Zehnten auf die Kirchengüter in England und den Nebenländern.[3]) Die Bulle zur Cruciatverkündigung datierte vom 26. April.[4]) Der Wortlaut der päpstlichen Schreiben war geeignet, die Zweifel an der Aufrichtigkeit der Absichten des Königs zu erhöhen. Der Papst riet geradezu von dem Kreuzzuge ab.[5]) Indes wurden die Erzbischöfe von Canterbury und York, die Bischöfe von Hareford, Ely und Durham angewiesen, den Zehnten, die Gelübdelösungsgelder, die Legate für das heilige Land u. s. w. zu sammeln und an sicheren Orten bis zum Beginn der Kreuzfahrt niederzulegen.[6]) Der König zögerte zunächst bis in das Jahr 1252 hinein. Da, nach wiederholten Aufforderungen des Papstes, sein Gelübde zu erfüllen,[7]) liess er sich am 8. April 1252 wenigstens zu einer Wiederholung des Kreuzzugsversprechens herbei. Er schwur, innerhalb drei Jahren aufbrechen zu wollen.[8]) Unter dem 6. Juni verkündigte er diesen seinen Entschluss in Ausschreiben an geistliche und weltliche Fürsten des Orients und an die Seestädte Italiens auch der weiteren Christenheit.[9]) Verdächtig nur, dass in diesen Ausschreiben der Termin des Aufbruches schon wieder um ein Jahr („in quatuor annos") verlängert war, und dass der Befehl an die Erzbischöfe von Cashel, Tuam und Dublin,

---

[1]) Math. Par. Chron. maj. V. 101; Hist. Anglor. III. 71; Annal. de Theokesb. 140; Annal. de Wintonia 92.

[2]) Math. Par. V. 102, vgl. 282; Wilken VII. 267.

[3]) Rymer ad 1250, 3. Jd. April. (Potth. 13950); Koch a. a. O. 105, Anmerkung 1 nimmt an, Richard von Cornwall habe die Zehntbulle in Lyon persönlich erwirkt.

[4]) Rymer ad 1250, VI. Kal. Maii (Potth. 13960).

[5]) Ebenda ad 3. Jd. April.; Annal. Theokesber. 141: „Passagium crucesignatorum impeditur per dominum Papam ad instantiam Regis;" vgl. auch Math. Par. V. 134 f.

[6]) Rymer ad 1250, 2. Kal. Maii; Potth. 13966, vgl. 14704.

[7]) Potth. 14410; Math. Par. V. 274; ferner Rymer 1252, Mart; Annal. de Burton 299.

[8]) Math. Par. V. 281 f; vgl. Annal. Theokesb. 148.

[9]) Rymer 1252, VI. die Junii.

den königlichen Kollektoren die Erhebung von Cruciat-Geldern
zu gestatten, fast unmittelbar hinterherfolgte.[1]) In einer ge-
meinsamen Antwort auf des Königs Steuerforderungen sprachen
die Bischöfe es offen aus, dass es nur auf das wenige Geld
abgesehen sei, welches noch in England vorhanden.[2]) Doch
Heinrich versicherte den Papst noch im Januar 1253, dass er
innerhalb des beschworenen Termines aufbrechen werde,[3]) und
dieser verdoppelte seinen Eifer, für die Kreuzfahrt des englischen Königs zu sorgen. Er gewährte ihm sogar noch für
fernere zwei Jahre den Zehnten der Kirchengüter in dem gesamten Reiche.[4]) Mit der Einsammlung wurde der Bischof
Walter von Norwich, neben ihm, jedoch mit Beschränkung auf
England, der Bischof von Chichester und der Abt Richard
von Westminster beauftragt.[5]) Die Erhebung sollte nach einer
neuen, möglichst genauen Abschätzung der einzelnen Einkommen vorgenommen werden, und bei diesem Geschäft sollten,
so war dem Könige versprochen worden, in zweifelhaften Fällen,
sogar die königlichen „satellites et extortores" den Ausschlag
geben.[6]) Die letztere Bestimmung scheint an dem Widerspruche
der Geistlichkeit, die übrigens von der ganzen Auflage nichts
wissen wollte, gescheitert zu sein; doch auch die geistliche
Einschätzung ging streng genug von statten. Den Widerspruch
der Prälaten gegen die Auflage selbst hatte man nach wieder-

---

[1]) Sweetman, Calendar II. 25; Bellesheim, Gesch. d. katho-
lischen Kirche in Irland I. 453.

[2]) Math. Par. V. 327: „Et jam ab omnibus creditur et dicitur, quod
non ob aliud, ut videtur, se cruce signavit, nisi ut hoc novo modo sub-
stantiolam in Anglia, quae remansit, valeat asportare". — Über des
Bischofs Grosseteste Oppositionsstellung s. Felten a. a. O. 62.

[3]) Pauli a. a. O. 687. — In ähnlichem Sinne schrieb Heinrich noch
am 9. Mai 1253 an die geistl. u. weltl. Grossen Irlands: Sweetman
II. 186.

[4]) Die Meinung des Math. Par. V. 452, diese Verlängerung sei durch
Betrug der päpstlichen Sammler in Übereinstimmung mit den königlichen Beamten „sed occulto" geschehen, wird widerlegt durch die in der
folgenden Anmerkung gegebenen Quellen.

[5]) Potth. 15383; Annal. de Burton 325 ff; Ann. de Theokesberia
150; vgl. Shirley, Royal etc. letters II. 103 nr. 500; auch Sweetman
II. 374.

[6]) Math. Par. V. 325.

holten und langen Verhandlungen, in denen jene ein Bewilligungsrecht in Anspruch nahmen, auf dem April-Parlament
zu London 1253 endlich dadurch zu beseitigen gesucht, dass
der König den geistlichen und weltlichen Grossen die Magna
Carta neu bestätigte.[1]) Die Geistlichen beschränkten sich der
kirchlichen Steuer gegenüber nun auf einen rein passiven
Widerstand. „Preces, monita et mandata nostra surdis auribus
praetereuntes hactenus id facere non curarunt" — so schreibt
Papst Innocenz am 12. September 1253, und er fordert die
Kollektoren auf, nunmehr mit den kirchlichen Censuren vorzugehen.[2])

Auch in Irland wurde der Kirchenzehnt für Heinrich die
gesamten fünf Jahre hindurch gesammelt.[3]) Der Erzbischof
Lukas von Dublin, der päpstliche Subdiakon Laurentius de
Sumercote und der Magister Johann de Frossinone[4]) waren
die Kollektoren.[5]) Dass auch dort die für den König aufgelegte
päpstliche „Kreuzzugssteuer" vielfachen Widerstand erfuhr, das
ersehen wir aus einer königlichen Urkunde, durch welche der
Erzbischof von Armagh, sowie die Bischöfe von Meath, Ossory
und Kildare ermahnt wurden, dass sie das Sammelgeschäft
nicht hinderten.[6])

In Schottland wurde nur der dreijährige Zwanzigste, den
das Konzil befohlen hatte, erhoben und anfangs dem Mandate
des Papstes vorbehalten.[7]) Gegen Ende 1254 erhielt der König
Heinrich von England jedoch auch diesen überwiesen. Politische
Rücksichten waren dafür geltend.[8]) Zum General-Kollektor in

---

[1]) Ebenda 373 ff.

[2]) Ebenda „Additamenta", Bd. VI., 296 nr. 147.

[3]) Rymer ad 1251, 4. Kal. Maii; Potth. 14220; Shirley a. a. O;
Sweetman, Calendar II. 25. 163. 242. 293. 374. 378. 435. 489. 550.

[4]) Er scheint erst kurz vor dem 13. September 1272 gestorben zu
sein. Es war da eine seiner Präbenden in Dublin vakant: Sweetman
II. 926.

[5]) Ebenda 374; vgl. Bellesheim a. a. O. 452 f.

[6]) Sweetman II. 242.

[7]) Potth. 15384.

[8]) S. unser Kap. „Steuern für den Kampf gegen die Staufer".

Schottland wurde der irische Zehntsammler Johann de Frossinone bestellt.[1])

Trotz allem, Heinrich hat den Kreuzzug nicht geleistet. Es lässt sich sogar bezweifeln, ob er jemals die ernstliche Absicht gehabt hat.[2]) Er stellte nachher wiederholt den Antrag bei der Kurie auf Entbindung von seinem Gelübde.[3]) Die päpstliche Diplomatie wusste ihn aber festzuhalten und in ihre eigenen politischen Interessen zu verwickeln. „Circumventa est regia simplicitas in quadam obligatione — — — in scandalum ecclesiae Romanae" u. s. w., so schrieben die Prokuratoren des Klerus von Lincoln in ihrem Proteste gegen die daraus folgenden päpstlichen Auflagen.[4]) Auch hat die Nichterfüllung des königlichen Gelübdes die Freundschaft zwischen König und Papst nicht getrübt.[5]) Es gelang, die schon gesammelten Kreuzzugsgelder dem Könige zum Teil wieder abzunehmen, ja auch noch zu neuen Auflagen seine Zustimmung und Beihilfe zu erhalten. Erst dann wurde er von dem Kreuzzugsgelübde gelöst.[6]) Noch ein ganzes Jahrzehnt war England das Hauptbezugsland für die Bedürfnisse der päpstlichen Kasse. In

---

[1]) Sweetman II. 414.

[2]) Vgl. Berger, Einleitung CCXLVII ff.

[3]) Potth. 15416. 15741.

[4]) Annales de Burton 361.

[5]) Wir ersehen das aus einem Scherzbriefe des Papstes an den König vom 18. Dezember 1253. in welchem die Frage launig behandelt wird, wer von beiden der ältere sei. S. Potth. 15181. — Wie lange Innocenz IV. an die Aufrichtigkeit des königlichen Gelübdes geglaubt hat, bzw. von welchem Zeitpunkte ab der Papst Mitschuldiger des Königs wurde, das lässt sich nicht bestimmen. Man sollte an den August 1252 denken, da damals zuerst Richard von Cornwall die Krone von Sicilien angetragen wurde; aber noch am 19. Oktober 1252 liess Innocenz an alle englischen, irischen und gascognischen Klöster Befehl ergehen, für den König und seine Kreuzzugsgenossen zu beten (Sweetman II. 101). Sollte das Heuchelei gewesen sein? — Wie das Volk dachte, das ersieht man aus den Annal. de Burton 323: „Cum inter dominum Innocentium summum Pontificem et dominum Henricum regem Angliae esset amor reciprocus. prout populus praedicabat, magis ob amorem pecuniae de Anglorum marsupiis utriusque videlicet populi exhauriendae sive extorquendae, quam propter patriae coelestis regnum et gloriam adquirendae" u. s. w.

[6]) Am 16. Mai 1255; Potth. 15865.

welcher Weise das der Fall war, das soll im Zusammenhang in unserm Kapitel „Steuern für den Kampf gegen die Staufer" zur Darstellung kommen.

In den 60er Jahren hat Heinrich III. von England noch einmal, wohl des Gelderwerbs wegen, ein Kreuzzugsgelübde gemacht. Er wurde am 8. Oktober 1268 davon entbunden.[1]) Die ihm zugesprochenen Kreuzzugsgelder trat er dieses Mal an seinen Sohn ab.[2])

Auch der König Hako VI. (Gamli) von Norwegen stand zur Zeit Innocenz' IV. in dem Konflikte zwischen Kreuzzugsversprechen und unwürdiger Habsucht. Er hatte jedoch das Spiel mit dem Kreuzzugsgelübde, um sich Geld zu verschaffen, schon einmal glücklich gespielt, indem Papst Gregor IX. ihm schon einmal die weite Meerfahrt nach dem Oriente erlassen und ihm gestattet hatte, statt dessen die Grenzen seines Reiches gegen die heidnischen Sambiten zu schützen.[3]) Da des weitern Hako wusste, dass Rom ihn gegen den Kaiser Friedrich auszuspielen suchte, ja sich vorübergehend sogar zu dem Gedanken verstieg, ihn als Gegenkaiser aufzustellen,[4]) so mochte er auch jetzt, nachdem er 1246 aufs neue das Kreuz genommen, auf die Milde der Kirche rechnen. Er schickte dem Papste 15000 Pfund Sterling[5]) und erlangte die Gnade der Entsendung eines Legaten, des Kardinals Wilhelm von Sabina, mit Auftrag und Vollmacht, den illegitim geborenen König für legitim zu erklären und dann zu krönen.[6]) Auch wurde Hako am 6. November 1246 als Kreuzfahrer mit Weib, Kindern und Besitz unter den besondern Schutz des heiligen Stuhles gestellt, und im folgenden Jahre erhielt er die Zusicherung des Zwanzigsten der kirchlichen Ein-

---

[1]) Posse, Analecta 621.
[2]) Rymer ad 1270, 4. Aug.
[3]) Raynald ad 1241, 41; Potth. 11045.
[4]) Munch, Det norske Folks Historie IV. 740 ff.
[5]) Math. Par. Chron. maj. IV. 651, V. 222. — Math. Paris. verdient hier Glauben, da er in jener Zeit als Visitator der Benediktinerklöster selbst in Norwegen war.
[6]) Vgl. im übrigen über diese für Norwegen wichtige Legation: Zorn, Staat und Kirche in Norwegen bis zum Schluss des dreizehnten Jahrhunderts 183 ff.

künfte[1]) im gesamten Umfang seines Reiches, ausgenommen nur die Diöcese Hamar. Der Bischof Paul von Hamar, seit lange im Streite mit dem Könige,[2]) hatte vorsorglich jetzt selbst das Kreuz genommen und durfte deshalb den Zwanzigsten seines Sprengels auf fünf Jahre für sich erheben.[3]) Den Kreuzzug hat auch Hako nicht geleistet. Es wurde ihm wiederum ein Zug gegen die heidnischen Nachbarn dafür gestattet, und das Empörendste ist, dass die ganze Komödie, die regelmässig mit dem feierlichen Schwure, eine Kreuzfahrt machen zu wollen, begann, in den 50er Jahren noch einmal aufgeführt wurde.[4]) Die Päpste Innocenz IV. (1243—1254) und Alexander IV. (1254—1261) haben das heilige Land, soweit ihre Initiative in Betracht kommt, ziemlich vernachlässigt.[5]) Erst in den Tagen Urbans IV. (1261—1264) schien die Kurie sich wieder mit mehr Energie Palästinas annehmen zu wollen. Die Christen der Levante waren in äusserster Not, da der Mameluken-Sultan Bibars I. sich eben anschickte, seine Herrschaft auch über Syrien auszudehnen.[6]) Papst Urban übertrug schon im Mai 1262 dem

---

[1]) Diplomatar. Norvegicum I. 40. — Was bei Zorn a. a. O. 188 der Zusatz „die Hälfte des an den Papst zu entrichtenden Saladinszehntes" (!) bedeutet, verstehe ich nicht.

[2]) Raynald ad 1234, 47; Potth. 9712 ff; 9718 ff; 9723 ff: vgl. Zorn 160 ff.

[3]) Potth. 12760 f; Berger 3439; Raynald ad 1246, 32—35. — Vielleicht bestand auch ein organisch-rechtlicher Grund für die Ausnehmung der Diöcese Hamar. Auch bei Ordnung der kirchl. (Feudal-) Zehntverhältnisse 1277 erfuhr dieselbe eine besondere Behandlung. S. Zorn 81.

[4]) Rymer ad 1255, 5. Id. Maii und 4. Id. Maii.

[5]) Über Innocenz IV. vgl. unser Kap. „Steuern für den Kampf gegen die Staufer". Alexander IV. unterhielt, wie es scheint, in Palästina in den Händen der Templer zu Accon einen ständigen Fond päpstlicher Kreuzzugsgelder. Im Jahre 1256 betrug derselbe 16000 „bisantini Saracenati" (Posse 95). Für den Wert der „Byzantii" werden von Du Cange Dissertatio de inferiosis saeculi numismatibus XC. (Glossar. Bd. X. p. 157) so verschiedene Zahlen angegeben, dass es fruchtlos erscheint, eine Relation zu unserm Gelde suchen zu wollen. — Nach den angiovinischen Registern des Jahres 1273 waren 10 migliaresi (Miliarenses in Tunis gebräuchlich) = 1 bizantino: Minieri Riccio in Arch. stor. Ital. III. 22 (1875), 29.

[6]) Weil, Gesch. der Chalifen IV. 19 f. 45 ff; Kugler, Gesch. der Kreuzz. 579 f. 384; Wilken VII. 422 ff. 447. 454 ff; Röhricht, Etudes sur les derniers temps du royaume de Jerusalem: Arch. de l'Orient latin II. 360 ff.

Franziskaner-Provinzial in Oberitalien die Verkündigung der Cruciata und liess zu derselben Zeit auch in Dänemark Geld erheben.[1]) Dann befahl er, einen Hundertsten von den Einkünften der Geistlichen in Deutschland drei Jahre, in den übrigen Reichen fünf Jahre lang zu ziehen.[2]) Für Deutschland wurden der Erzbischof Ruprecht von Magdeburg und der Elekt Engelbert (II.) von Köln, für Frankreich der Erzbischof Aegid von Tyrus, für England der Bischof Walter von Worcester, für Schottland der Bischof von S. Andrews, für Norwegen der Erzbischof von Nidaros (Drontheim), für Dänemark der Bischof Tucho von Aarhus, für Schweden der Bischof Ulf von Skalholt, für Ungarn der Erzbischof von Gran als General-Kollektoren bestellt.[3]) Dieselben hatten zugleich Auftrag zur Verkündigung des Kreuzablasses.[4]) Obgleich die Auflage in manchen Ländern, wie in Schweden und Norwegen der räumlichen Entfernungen und anderer Schwierigkeiten halber,[5]) nur teilweise zur Erhebung gekommen, obgleich sie ferner vielfach dem Widerstande des Klerus begegnete, dieses besonders heftig in Frankreich,[6]) aber auch in Kastilien und Leon,[7]) — so setzte sie die Kurie doch in den Stand, trotz kostspieliger Verwickelungen in Europa auch dem heiligen Lande Unterstützung zukommen zu lassen.[8])

Nachdem am 5. Februar 1265 Clemens IV. den Stuhl bestiegen hatte, richtete dieser vor allem an den französischen

---

[1]) Potth. 18314. 18321.

[2]) Ob Ludwig IX. um die Aufl. gebeten hat, darüber s. das „Examen critique" von Viollet in: Bibl. de l'école des chartes, 1870, 171.

[3]) Martène et Durand, Thesaurus II. 6; Raynald 1263, 13. 14; Liljegren. Svenskt Diplomatar. I. 413 f. nr. 488 (489. 490); Fejér, Cod. dipl. Hungar. VII. 5. 337; Theiner, Mon. Hung. I. 246; Potth. 18375. 18461. 18564. 18664. 18669. 18670. 18676; Posse 236. 242. 286 ff. 293. 295 f.

[4]) Potth. 18525. 18663 ff; Posse 236; Raynald a. a. O.

[5]) Munch, Pavelige Nuntiers Regnskabs — og Dagböger 140.

[6]) Raynald 1263, 13; Mansi, Concil. coll. XXIII. 1112 f; Visitationes Odonis Rigaudi 587 — 589; vgl. dazu Kaltenbrunner, Röm. Studien: Mitteilungen d. öst. Inst. VII. (1886), 558 nr. 30; 562 nr. 107.

[7]) Raynald a. a. O. 21; Posse 298.

[8]) Sendung des Bischofs Wilhelm von Agen als Patriarchen und apostol. Legaten nach Jerusalem: Raynald 14; Posse 226. 227 ff. 274.

Adel die Aufforderung zum Kreuzzuge.[1]) König Ludwig IX.,
der eifrigste Förderer des Cruciatgeschäfts,[2]) erhielt die Vergünstigung, dass die Verwendung der Erträge aus dem Hundertsten und den übrigen Kreuzzugsgeldern (Ablassalmosen,
Gelübdelösungsgelder, Legate) im Einvernehmen mit ihm zu
geschehen hatte.[3]) Da auch die in den Provinzen Mainz, Köln
und Trier für die Kreuzfahrer gesammelten Summen durch die
Hände des französischen Kollektors gingen,[4]) so war das ein
politisch nicht zu unterschätzendes Zugeständnis. Bald darauf
scheint es, dass überhaupt die ganze Einnahme aus dem
Hundertsten Ludwig IX. für Kreuzzugszwecke überwiesen oder
vielleicht verpfändet ist. Er erhielt sogar die Ermächtigung,
je nach Gutdünken einen oder mehrere zu ernennen, welche
statt der päpstlichen Boten das Geld von den Kollektoren in
Empfang nehmen sollten.[5])

Auch eine Reihe anderer Herren sehen wir wieder an
das Interesse der Kurie geknüpft. Der Graf Alfons von Poitiers
erhielt am 10. Juni 1267 von Clemens IV. 30000 Tourer Pfund
überwiesen.[6]) Der König Theobald von Navarra, Graf der
Champagne, erhielt zu derselben Zeit den dreijährigen Kirchenzehnt in seinen Besitzungen.[7]) Andere Unterstützungen gewährte der Papst dem Grafen Peter von der Bretagne,[8]) ferner
den Rittern Odo de Corpelay, Thomas de Cocy,[9]) Gottfried de
Sargines,[10]) Gottfried genannt Forrier de Verneuil,[11]) dem Herrn

---

[1]) Potth 19659. 19660.
[2]) Vgl. Scheffer-Boichorst, Kleinere Forschungen: Mitteilungen
VIII. (1887), 374 f.
[3]) Potth. 19851; Posse 329.
[4]) Potth. 19777.
[5]) Sbaralea, Bullar. Franciscan. II. 461 nr. 66.
[6]) Potth. 20041; bez. der vorausgehenden Korrespondenz vgl.
19606. 19774.
[7]) Ebenda 20033 f.
[8]) Ebenda 19785.
[9]) Martène et Durand a. a. O. 366 f. 384. 385.
[10]) Posse 652 f; Kaltenbrunner, Röm. Studien: Mitteilungen VII.
560 f. nr. 72. 94.
[11]) Potth. 19742. — Er war unter Philipp III. Marschall von Frankreich (Langlois 44).

„de Heufalise"[1]) u. a. Von den nichtfranzösischen Sammelerträgen der Diöcesen Cambray, Tournay und Arras wurden
20 000 Tourer Pfund dem Grafen Guido von Flandern überantwortet;[2]) ferner aus den deutschen Sammelgeldern 20 000
Tourer Pfund dem Grafen Otto von Geldern,[3]) 15 000 Tourer
Pfund dem Grafen Heinrich von Lützelburg[4]) und 10 000 Pariser
Pfund[5]) dem Grafen von Jülich.[6])

Am 25. März 1267 that der König Ludwig IX. zum
zweitenmale das Gelübde eines Kreuzzuges.[7]) Wieder sorgte
die Kirche auch für die Kreuzfahrtskosten. Papst Clemens IV.
legte nochmals einen dreijährigen Zehnten auf die französischen
Kirchengüter.[8]) Der französische Klerus erhob Protest,[9]) erfuhr
jedoch seitens des Papstes eine heftige Zurückweisung.[10]) Der
König selbst stachelte diesen gegen die Rebellen auf.[11]) Man
einigte sich schliesslich „ad cleri tollendum scandalum" dahin,
dass die „distributiones quotidianae" von der Steuer ausgenommen, dagegen diese um ein Jahr, also auf vier Jahre,
verlängert werden sollte.[12]) Nachher verlangte Ludwig dann,
dieser Verabredung entgegen, doch auch von den täglichen

---

[1]) Potth. 19781.

[2]) Ebenda 19769.

[3]) Ebenda.

[4]) Ebenda 19778.

[5]) Das Pariser Pfund ist das schwerere karoling. Pfund (von 367 gr.);
Verhältnis = 2 : 3 (Kruse, Geldgesch. Westd. Zeitschr. Ergzgsh. IV. 6).

[6]) Potth. 19780.

[7]) Schmidt I. 544; Wilken VII. 505 f.

[8]) Raynald ad 1267, 51 ff; Potth. 20015.

[9]) Im Wortlaut bei Duchesne, Hist. Normannor. SS. 1012 f. (Hier
irrtümlich zum Jahre 1254 gesetzt).

[10]) Raynald a. a. O. 55 ff. (Posse 587).

[11]) Chron. Normanniae: Recueil XXIII. 219: „Rex vero Ludovicus
contra praedictos ecclesiarum nuncios papam vehementer exasperavit.
Unde cum magna austeritate nuncios ecclesiarum suscepit, et dure locutus
ad eos, nihil acto de negotio ecclesiarum, absque honore remisit, decimam-
que dari regi per triennium (!) confirmavit magnisque minis et terroribus
rebelles compescuit". ·

[12]) Martène et Durand 557 nr. 574. 604 nr. 653 (Potth 20214.
20367 ungenau!).

„distributiones" den Zehnten. Der Papst stellte sich dem aber durch Brief vom 31. Mai 1268 entgegen. Er schrieb: „Petitionem hujusmodi noluimus exaudire. Non enim expedit Gallicanae ecclesiae successive tot scandala inferre".[1]

2. Steuern für die Lateiner in Konstantinopel.

Die Auflagen zu Gunsten der Lateinischen Herrschaft am Bosporus bilden das natürliche Mittelglied zwischen den eigentlichen Kreuzzugsteuern und jenen für politische Zwecke. Der erste, der sie ausgeschrieben hat, ist Papst Gregor IX., unter welchem sich, wie wir noch sehen werden, überhaupt der Übergang der Kreuzzugsbesteuerung in den Dienst der Politik vollzieht. Die Steuern für Konstantinopel richteten sich nicht gegen Mameluken und Sarazenen, sondern gegen die christlichen Kaiser von Nicäa, die legitimen Herren von Konstantinopel, die sich jener Zeit anschickten, ihr rechtmässiges Erbe zurückzuerobern. Der eigentliche Beweggrund, der den Papst dabei leitete, war sicherlich die seit dem abenteuerlichen Verlaufe des vierten Kreuzzugs erwachte Hoffnung der lateinischen Kirche auf Unterdrückung oder allmähliche Aufsaugung des Schisma.[2] So lange jedoch die Ausrottung der griechischen Kirche mit Feuer und Schwert nicht in das Programm der Kreuzzugs-Unternehmungen aufgenommen war und aufgenommen werden konnte, hatten Gregors IX. und der folgenden Päpste Steuermassregeln zu Gunsten des bedrängten lateinischen Kaiserthrones in der Konstantinsstadt auf die Rechtsverhältnisse der päpstlichen Kirchenbesteuerung keinen andern Effekt, als dass auf diese Weise der Weg eröffnet wurde, jedwedem Fürsten

---

[1] Ebenda 604 nr. 653.

[2] Vgl. die Briefe Innocenz' III. vom November 1204 an den Kaiser Balduin und die Bischöfe im Pilgerheere: Brequigny et La Porte du Teil II. lib. VII. 153. 201. — Über die äusserlich widerspruchsvolle Haltung Innocenz' III. zur Zeit der lateinischen Eroberung vgl. Wilken V. 357 ff. — Was Innocenz IV. 1245 sagt: „dum praedicto subvenitur imperio (Constantinopolitano), consequenter subsidium impenditur Terrae Sanctae" (Raynald ad 1245, 48), das ist nur ein Scheingrund.

in bedrängter Lage mit Kirchensteuern unter die Arme zu
greifen, falls das Interesse der Kirche d. h. die Politik der
Kurie seine Erhaltung bezw. Unterstützung forderte. Damit
wurde dann zugleich die Bahn für diplomatische Verwertung
des Kirchenbesteuerungsrechts frei.

Die finanzielle Thätigkeit der lateinischen Kirche für den
wankenden Kaiserthron am Bosporus hat auch noch deshalb
ein besonderes Interesse, weil sie zugleich zeigt, dass Rom selbst
das Verfügungsrecht über die ehemals der schismatischen Kirche
gehörigen Kirchengüter der Frankenstaaten in Griechenland
in Anspruch nahm. Nach der lateinischen Eroberung waren
auch die geistlichen Güter im gesamten Gebiete des griechischen Reiches von den erobernden Herren in Besitz genommen
worden. Papst Innocenz III. versuchte zuerst durch Androhung
der kirchlichen Censuren die Herausgabe zu erzwingen.[1]) Sein
Legat, der Kardinal Benedikt von S. Susanna, schloss dann im
Jahre 1206 mit dem Grafen Heinrich von Flandern als Reichs-
verweser und andern Vertretern des neugegründeten Kaiserreichs einen gütlichen Vergleich, durch welchen unter anderm
bestimmt wurde, dass zum Ersatz des konfiszierten Vermögens
von allen liegenden Gründen jeder Art, sowie von der Fischerei,
den Salzwerken, den Zöllen und allen übrigen Gefällen ein
Fünfzehntel an die Kirchen überwiesen werden solle.[2]) Die
Ausführung dieses Vertrages stiess anfangs auf Schwierigkeiten.
Es fand zunächst unsers Wissens nur in den Diöcesen des Erzbistums Patras, in Patras, Korinth, Lacedämon, Olina, Modon,
Coron, Argos und Nicli eine Zuteilung von liegendem Besitz
an die Kirchen seitens der neuen Landherren statt.[3]) Dagegen
ist noch zum Jahre 1218 in einer Bulle des Papstes Honorius III. zu lesen, der Patriarch und das Kapitel von Konstantinopel müssten sozusagen betteln gehen, weil ihre Besitzungen
vom Kaiser und dessen Baronen, sowie von der Venetianischen
Signorie festgehalten würden.[4]) Honorius beauftragte deshalb

[1]) Innoc. III. Epistolae ed. Baluzius II. 462 f. 486; ed. Brequigny
II. Lib. VII. 625 f.
[2]) Wilken V. 345.
[3]) Chronique de Morée publ. par Alfred Morel-Fatio, 30.
[4]) Pressutti, Regesta Honorii III. I. 236 nr. 1428.

nochmals einen Legaten mit der Ordnung der Angelegenheit.[1]) Da wir nun weder in den päpstlichen Registern der Folgezeit, noch in den gleichzeitigen Chroniken eine bezügliche Nachricht oder Klage finden, im Gegenteil schon bald wiederholte Besteuerungen der Kircheneinkünfte in den griechischen Ländern stattgefunden haben, so ist anzunehmen, dass dieser Legat des Honorius in irgend einer Weise die Erfüllung des Vertrages von 1206 erreicht hat.

Die erste päpstliche Besteuerung der griechischen Kirchen fand im Jahre 1238 statt.[2]) Sie war gegen Johann Vatazes, den Nicänischen Kaiser, und gegen den Bulgarenzar Johann Asan II., welche beide sich zur Vertreibung der Lateiner vom goldenen Horn vereinigt hatten, gerichtet. Gregor IX. sandte den Kleriker Philippus nach Griechenland, damit er dort einen Dritten von den kirchlichen Einkünften erhebe und zur Hilfe für Konstantinopel verwende.[3]) Eine umfassende Auflage verzeichnen die Register Innocenz' IV. ferner zum Jahre 1243. Der Papst befiehlt am 13. Juli den Erzbischöfen bezw. Kapiteln von Athen, Korinth, „Agiopelagus", Patras und Theben und allen ihren Suffraganen, allen Äbten, Prioren, Archidiakonen und Klerikern, von den kirchlichen Einkünften, mit Ausnahme jener, die zum Tischtitel des Patriarchen gehören, 10000 Hyperpern[4]) als Subsidium für das Reich aufzubringen. Zu Kollektoren sind der Dekan von Negroponte und der Propst von „Vierzig Heiligen" in Konstantinopel bestellt. Dieselben haben

---

[1]) Ebenda.

[2]) Raynald ad a. 1238. 3. 4. Das ist wohl der von Gregorovius, Gesch. der Stadt Athen I. 376 ohne Quellenangabe erwähnte „Kriegszehnt im Lande des Megaskyr, gemäss dem Gebote des Papstes."

[3]) Raynald a. a. O.

[4]) Hyperpern hat es vor den Kreuzzügen in der Levante nicht gegeben. Der Name von $\dot{v}\pi\acute{e}\varrho\pi v\varrho o\nu =$ „supra modum igni excalefactum", „aurum coctum"; denominationen: Ysperos, Yperperos, Perpera, Perpre (porpre, purpura): Eine Goldmünze im Werte von 20, nach anderer Angabe von 7 Soldi. Im Jahre 1274 wurde in Neapel eine „diligens extimatio" der damals kursierenden H. vorgenommen, und man fand, dass 1 H. den Wert von 19½ Sterlingen habe, oder dass 40 H. = 13 Turoneser Pfund seien: Minieri Riccio, Il regno di Carlo I. d'Angiò: Arch. stor. Ital. III. 22 (1875), p. 436. — In Cypern gab es auch silberne H. (Du Cange, Glossar. X. 157).

auch die Umlegung der Summe auf die einzelnen Sprengel nach Schätzung des Vermögens vorzunehmen. Der Papst gibt ihnen Vollmacht, wo nötig, die kirchlichen Zwangsmittel zu Hilfe zu nehmen, und es soll von ihren diesbezüglichen Massregeln keine Appellation geben. Das Geld soll ohne Verzug durch sichere Boten dem Kaiser (Balduin II.) übergeben werden.[1]) Schon am 30. Mai des folgenden Jahres fand eine neue Kirchenbesteuerung in den griechischen Ländern, und zwar sowohl der griechischen als auch der lateinischen Geistlichkeit, die päpstliche Dekretur. Innocenz IV. ernannte dafür einen seiner Scriptoren, Petrus de Supino, zum Kommissar. Wiederum nicht weniger als den dritten Teil des Einkommens sollten die residierenden Geistlichen, die nicht residierenden sogar zwei Drittel, und ausserdem die einen wie die andern die Hälfte des Wertes ihrer Pferde und ihres Geflügels als Hilfe für den Kaiser abgeben. Für die Einschätzung wurde die eidliche Deklaration befohlen.[2])

Die Geistlichkeit des Reiches Romania und der lehnsabhängigen Frankenstaaten hatte nun wenigstens, soweit es den lateinischen meist eingewanderten Klerus betraf, noch ein Interesse an der Dauer der neuen Verhältnisse. Aber nicht bloss sie, auch die abendländischen Geistlichen sollten dafür steuern. Sie wurden gleichzeitig mit jenen zu Abgaben für Konstantinopel herangezogen. Gregor IX. liess zuerst im Jahre 1237 in Frankreich und England zur Hilfe des lateinischen Kaisertums das Kreuz predigen[3]) und überwiess „zugleich fast alle aus Redemptionen und (andern) Kreuzzugssteuern einkommenden Summen dem gedachten Zwecke".[4]) Dann erging im folgenden Jahre an die französische Geistlichkeit die Forderung, zu derselben Bestimmung drei Jahre lang den dreissigsten Teil ihrer Einkünfte abzugeben.[5]) Auch in England wurde in jener Zeit

---

[1]) **Berger**, Reg. 22.
[2]) Ebenda 707.
[3]) **Raynald** ad 1237, 68; 1238, 22; **Potth.** 10065. 10072. 10080. 10272. In England scheint die Kreuzpredigt lässiger betrieben zu sein: **Math. Westmon.** ad. 1236.
[4]) **Röhricht**, die Kreuzpredigt des Grafen Theobald von Navarra und Richard von Cornwall: Forschungen XXVI. (1886), 69.
[5]) **Raynald** 1238, 23—24.

ein Dreissigster und, wie es scheint, unter Mitwirkung des
Königs, bezahlt.[1]) Auf dem Konzil von Lyon, 1245,- wurde auf
Bitten des persönlich anwesenden Kaisers Balduin ganz all-
gemein der Cruciat-Ablass verkündigt für alle, so jenem zu
Hilfe eilen würden, und alle Inhaber von kirchlichen Präbenden,
Personaten und Dignitäten, welche sechs Monate und darüber
nicht Residenz hielten, sollten nunmehr drei Jahre lang die
Hälfte (!) ihrer kirchlichen Einkünfte an die hierfür vom Papste
bestellten Sammler abliefern. Ausgenommen wurden nur diejenigen, welche sich mit Erlaubnis oder Auftrag der kirchlichen
Obern auf Schulen oder auf einer Wallfahrt befänden oder die
Geschäfte ihrer Kirchen wahrnähmen. Und auch diese mussten,
wenn ihre Einkünfte über 100 Mark Silber betrugen, ein Dritt-
teil abgeben. Ganz ausgenommen waren nur jene, so das Kreuz
genommen.[2]) Der Papst selbst versprach von den Einkünften
der römischen Kirche — nach Abzug eines Zehnten für Palästina — einen zweiten Zehnten für Konstantinopel.[3]) Für Deutschland wurde die Auflage mit Rücksicht auf den Kampf der Kirche
gegen Friedrich II. schon im September 1245 ausdrücklich, zugleich mit dem Zwanzigsten des Konzils für Palästina, suspendiert[4]) und gelangte dann, auch als der Zwanzigste später dennoch (gegen Friedrich II.) eingesammelt wurde, nicht zur Erhebung. In Portugal wurde die Auflage durch eigene päpstliche Kollektoren erhoben.[5]) In Frankreich standen die Erzbischöfe von Reims und Sens und ein päpstlicher Kapellanus,
im Süden der Erzbischof von Narbonne, in England die Bischöfe
von Lincoln und Hereford, in Irland der Erzbischof von
Dublin, in Schottland der von St. Andrews an der Spitze des
Sammelgeschäfts.[6]) In Polen wurden auch die „bona dece-

---

[1]) Vgl. Rymer ad 1238, primo die Maii.

[2]) Weitere Ausnahmen für Frankreich vom 3. Dez. 1247 s. Berger,
Reg. 3468.

[3]) Mansi a. a. O.; Raynald 1245, 48; Annales de Burton 277 f;
vgl. Math. Par. Chron. maj. IV. 580.

[4]) Mittelrhein. U.-B. III. 837; Korth, Liber privilegiorum majoris
ecclesiae Coloniensis: Westd. Ztschr., Ergänzungsheft III. 144.

[5]) Potth. 12006.

[6]) Berger, Reg. 2107. 2777. 3468.

dentium pro nullo altero usu testata" der Befreiung des östlichen Kaiserreichs überwiesen.[1]
Den heftigsten Widerstand gegen diese Teilbesteuerung
leistete England.[2] Derselbe richtete sich zugleich gegen den
Zwanzigsten des Konzils und, neben andern Beschwerden,
namentlich gegen eine Auflage von 6000 Mark, welche englische Prokuratoren in Lyon dem Papste Innocenz IV. für gewisse Beschränkungen des Visitationsrechts der Erzbischöfe versprochen hatten.[3] Auch der König Heinrich stand damals auf
Seite der Renitenten. Er liess den päpstlichen Kollektor, einen
Magister Martinus, der die 6000 Mark in Empfang nehmen
sollte, des Landes verweisen.[4] Zugleich verbot er durch Aus-
ruf in allen Grafschaften, in Städten und Dörfern, den päpstlichen Geldforderungen nachzukommen.[5] Der Papst drohte
Exkommunikation und Suspension an, ja er soll beabsichtigt
haben, ganz England mit dem Interdikte zu belegen.[6] Indessen
es gelang dem Grafen Richard von Cornwall, dem Bruder
Heinrichs, der an der Kurie gewesen und dort wohl um seine
Vermittelung angegangen war, die Schlichtung des Streites an-
zubahnen. Durch ihn bestimmt, zog sich der König von dem
Widerstande zurück.[7] Die Zwanzigsten-Auflage, deren prinzipielle Berechtigung übrigens nicht bestritten worden ist, scheint
aus der Verhandlung ausgeschieden zu sein. Sie ist auch zur
Erhebung gekommen.[8] Für die übrigen Forderungen einigte
man sich schliesslich auf eine Pauschsumme von 11000 Mark,
welche die Engländer, wenngleich widerwillig, bezahlen wollten.
Sie wurde auf die einzelnen Bistümer umgelegt.[9] Gegen die

---

[1] Cod. dipl. majoris Poloniae I. 208.
[2] S. die Proteste bei Math. Par. IV. 581 ff.
[3] Ebenda „Additamenta" (Bd. VI.) 232 f. nr. 117; vgl. Chron. maj.
IV. 555.
[4] Math. Par. IV. 420 f. 423.
[5] Ebenda 554 ff.
[6] Ebenda 578.
[7] Ebenda 561. 577.
[8] Das ist zu schliessen aus Berger, Reg. 2238. 2759. 2843; ferner
aus den Zwanzigsten-Überweisungen an die Ludwig dem Heiligen sich
anschliessenden englischen Kreuzfahrer (vgl. Berger, Einleitung CLVII.).
[9] Math. Westmon. ad. 1246—7; Math. Par. IV. 561. 577.

dennoch Renitenten kamen die kirchlichen Censuren zur Anwendung.[1]) Der Abt von S. Albans appellierte an die Kurie;
aber er verstand sich endlich doch dazu, für seinen Teil 300
Mark zu bezahlen.[2])

Die Schwierigkeiten, welchen die päpstlichen Steuern in
England und wohl auch anderwärts begegneten, mochten die
in Bezug auf das lateinische Kaiserreich gehegten Absichten
des Papstes schon teilweise vereiteln. So wie so aber konnte
die römische Kirche ihre ganze gewaltige Macht nicht auf die
Konstantinopolitanische Angelegenheit verwenden. Das Interesse Gregors IX., Innocenz' IV. und auch Alexanders IV.
(1254—1261) war durch den Kampf gegen den Kaiser Friedrich
und bezw. gegen dessen Söhne zu sehr gefangen gehalten, und
dieser, sowie zeitweilig der Kreuzzug Ludwig IX., nahm alle
persönlichen und finanziellen Hilfskräfte des Abendlandes in
Anspruch. Unter Urban IV. (1261—1264) war es zu spät.
Gleich in den ersten Tagen seiner Regierung kam die über-
raschende Kunde nach Europa, dass Michael VIII. Paläologus,
ein Verwandter und seit kurzem Regent und Mitkaiser des
unmündigen Comnenen Johann IV. von Nicäa, — Herr von
Konstantinopel sei. Sein Cäsar Alexius Melissenos hatte die
wehrlose Stadt in der Nacht des 25. Juli 1261 mit geringer
Mannschaft überrumpelt. Kaiser Balduin II. hatte an der Gegen-
wehr verzweifelt und auf einer venetianischen Galeere das
Weite gesucht. Das lateinische Kaisertum am Bosporus, diese
rechtswidrige Schöpfung des vierten Kreuzzugs, war damit zu
Ende. Urban IV. bat alle Fürsten und Gläubige, besonders in-
ständig den König Ludwig von Frankreich, um Hilfe für Balduin.[3]) Er schickte Franziskaner nach allen Richtungen aus,
um das Kreuz zu predigen; auch kirchliche Steuern wurden
aufgelegt[4]); doch die Hoffnungen des Exkaisers, sich oder
seinen Sohn auf den Thron der Konstantinsstadt zurückgebracht
zu sehen, haben sich nicht erfüllt.

---

[1]) Math. Par. a. a. O.
[2]) Ebenda 621.
[3]) Raynald, ad 1262, 39 ff.
[4]) Ebenda 33 ff.

3. Steuern zum Kampfe gegen die Staufer.

Der politische Charakter, den das Recht der päpstlichen Kirchenbesteuerung in ganz konsequenter Entwickelung angenommen, offenbart sich am entschiedensten in den Steuern für die Staufenkämpfe. In ihnen hat jenes Recht, insofern es von der göttlichen Proprietät, dem papalen oder gesamtkirchlichen Eigentum am Kirchenvermögen ausging oder in letzter Linie auf die innocentianische „plenitudo potestatis" des Papstes zurückgeführt wurde, sehr bald seinen logischen Zielpunkt, die freie päpstliche Verfügung über Verwendung und Zweckbestimmung, erreicht. In ihnen tritt uns auch die Gefahr, welche eine finanzielle Ergänzung der schon bestehenden politischen Übermacht des Papsttums in sich barg, zum erstenmale deutlich entgegen. Die aus den Kreuzzugssteuern erwachsenen politischen Kirchensteuern erweisen sich als einen gewaltigen Schritt voran auf der Bahn zur kirchlichen Universalmonarchie.

Wir sahen schon, dass sich der Übergang der Kirchenbesteuerung in den Dienst der Politik unter Gregor IX. vollzogen hat. Er war der erste, welcher die Kirchenbezehntung auch gegen politische Gegner des Papsttums eintreten liess. Für einen Kampf, wie er ihn gegen Friedrich II. zu führen hatte, war eine der ersten Bedingungen Geld. Nun war aber das ganze kuriale Finanzwesen, welches sich nachher so ergiebig gezeigt hat, erst im Entstehen begriffen. Die Einnahmen aus den Patrimonien, Domänen u. s. w. gingen teils durch den Krieg verloren, teils hielten sie nicht vor. Gregor stand also vor der Notwendigkeit, die allgemeine Kirche zu Beisteuern heranzuziehen.

Die politische Situation[1]) richtete seine Blicke zunächst auf **Frankreich** und **England**. In ersterem Lande war auf

---

[1]) Deutschland - Italien unter dem Einfluss des Kaisers; Aragon und Katalonien (Jaime I.) rüsten zum Kampfe gegen den Emir von Mallorca, Kastilien unter Ferdinand III. seit 1224 im Kriege mit den Mauren in Andalusien; dagegen in Frankreich die Albigenserkriege beendigt, der Graf von Toulouse unterworfen, die Hilfe der päpstlichen Legaten für die Beruhigung der Nordprovinzen und für ein Abkommen mit dem Grafen der Bretagne und erst recht mit England — nötig.

dem Nationalkonzil zu Bourges im Jahre 1225 ein fünfjähriger
Kirchenzehnt für den Albigenserkrieg zu Gunsten des Königs
Ludwig VIII. durch den päpstlichen Legaten Kardinal Romanus
aufgelegt und dann auch von den meisten Kapiteln gutwillig
angenommen worden. Nach dem Tode des Königs (1226,
8. November) hatten die Kapitel von Reims, Tours und Rouen
zwar Protest gegen die Weitererhebung des Zehnten erhoben;
aber sie waren mit Gewalt zum Schweigen gebracht,[1]) und
Gregor hatte am 13. November 1227 der regierenden Königin
Blanca und ihrem Sohne Ludwig IX. den Anspruch an dem
Zehnten zuerkannt.[2]) Nun trat im Jahre 1229 der Papst selber
als Bewerber um die Zehnterträgnisse des letzten, vielleicht der
zwei letzten jener bewilligten fünf Jahre auf. Der Friede mit
dem Grafen von Toulouse war geschlossen, es war zweifelhaft,
ob die Steuer noch unter dem alten Titel des Albigenserkrieges
erhoben werden konnte.[3]) Die Verhandlungen mit dem französischen Hofe und den Prälaten hatten das Ergebnis, dass die
Gallische Kirche den Zehnten der geistlichen Einkünfte, der
für den Albigenserkrieg bewilligt worden war, dem Papste zum
Kriege gegen den Kaiser Friedrich „gewährte".[4]) Obgleich die
Nord- und die Südprovinzen von der Bezehntung ausgenommen

---

[1]) S. oben S. 86.

[2]) A u v r a y, Reg. 155; P o t t h. 8053; F e l t e n, Gregor IX. 103.

[3]) Vgl. bei A u v r a y, Reg. 134 in der Beschwerde der Prälaten
die Worte: „nullam visum est eis subesse causam, quare quinque annorum decima solveretur."

[4]) Annales Dunstaplens. MG. SS. XXVII. 507. — Dieses „gewährte" beweist gar nichts gegen unsere Behauptung, dass Rom
selbst im P r i n z i p niemals ein Bewilligungsrecht des Klerus bezüglich der päpstlichen Kirchenzehnten anerkannt habe: a) Es ist der
Ausdruck eines Schriftstellers, nicht der eines offiziellen Aktenstückes;
b) der hier „gewährte" Zehnt war vorher vom Papste selbst schon ver-
geben gewesen; ganz natürlich also, dass er ihn nicht ohne weiteres für sich
erheben konnte. c) Der Papst hatte genug an der Feindschaft des
Kaisers, er durfte sich nicht auch noch mit Frankreich überwerfen. Im
Allgemeinen gilt die Regel, dass die innersten Prinzipien der Kurie betreffs der Kirchenzehnten, Pfründenverleihung u. s. w. nach ihrem Benehmen in den Umständen der Macht und der Möglichkeit zur Ausführung,
nicht nach ihrem Verhalten in der Zeit der Schwäche und eigenen Bedrängnis zu beurteilen sind.

waren,[1]) so wurde das Jahreserträgnis doch auf 100 000 Turoneser Pfund geschätzt.[2])

Auch in England erreichte die Kurie in der Hauptsache die Erfüllung ihrer Wünsche. Zwar wurde die gleichzeitig geforderte Laien-Steuer, wie wir oben gesehen haben, von den Grafen und Baronen abgelehnt;[3]) aber die Prälaten mussten sich, da sie mit den kirchlichen Strafen bedroht wurden, zu der Abgabe verstehen. Sie berieten und schimpften drei, vier Tage lang; aber was wollten sie machen? Bann und Interdikt schwebten über ihnen. So willigten sie denn darein, eine Pauschalsumme zu bezahlen, und erhoben gegen eine Wiederholung in der Zukunft Protest.[4]) Weder dieser, noch auch die Verabredung der Pauschalsumme hat ihnen etwas genützt; sie sind im Gegenteil in der Folgezeit noch oft genug mit päpstlichen Auflagen beschwert worden und haben auch dazumal den vollen Zehnten bezahlen müssen.[5]) Der päpstliche Kollektor, Magister Stephan von Anagni,[6]) verschaffte sich die Möglichkeit, ihn zu erheben, durch Bestechung eines königlichen Rates,[7]) so dass ihm dann der „weltliche Arm" zur Verfügung stand.

Damit waren die ersten Beispiele für die päpstliche Kirchenbesteuerung im politischen Interesse gegeben. Schon zehn Jahre später, als die beiden Häupter der Christenheit wieder hart an einander gerieten, diesesmal den Kampf auf des Gegners Vernichtung richtend, sehen wir die Wiederholung in Frankreich, England, Irland und Schottland. In Frankreich erreichte der

---

[1]) Vgl. Auvray a. a. O.
[2]) Felten a. a. O. Anmerkung 7.
[3]) S. oben S. 27 f.
[4]) Math. Paris. Chron. maj. III. 187; Hist. Anglor. II. 315 f. Die Protesterhebung ergibt sich aus Art. 4 der Gründe für die Ablehnung des Fünften durch die englischen Bischöfe im Jahre 1240: Weber, das Verhältnis Englands zu Rom während der Legation des Kardinals Otho, 109 f; vgl. auch Annales de Dunstaplia (Annal. mon. III.) 114 f.
[5]) „Decimam . . . districtissime colligi fecit et adunari": Annales Waverleienses (Ann. monast. II.) 305; vgl. Annal. de Theoskesberia (ebenda I.) 77.
[6]) Ein päpstl. Kapellan: Annales Oseneienses: MG. SS. XXVII. 489.
[7]) Durch Zusicherung von Vorteilen für den Sohn desselben: Math. Par. Hist. Anglor. II. 316.

Kardinalbischof von Palestrina, Jakob von Pecoraria, auf der Synode zu Senlis 1240 durch einige Zugeständnisse betreffs der Verwendung der Gelder, dass die Prälaten der Auflegung eines Zwanzigsten keinen Widerstand entgegensetzten. Die Zugeständnisse bestanden darin, dass ein Teil des Geldes zum Kampfe gegen die Ungläubigen, ein anderer zum Kriege des Königs Ludwig gegen den Grafen von Toulouse bezw. gegen die Albigenser verwandt werden solle.[1]) Papst Gregor übersandte dem Legaten auch eine Liste von Benediktiner- (wohl Cistercienser-), Cluniacenser- und Prämonstratenser-Äbten und Klöstern, die er, trotz ihrer schon seit dem ersten Vierzigsten Innocenz' III. üblichen Freiheit von kirchlichen Auflagen, um Hilfe in seinen Geldbedrängnissen angegangen hatte. Falls die Gläubiger, bei denen die Kirche Geld geliehen, nicht mit den von England kommenden Geldern früh genug befriedigt werden könnten, sollte der Legat nun eine erneute Aufforderung an jene richten.[2]) In England bestand der Kardinal Otho wegen der Besteuerung der Kirchen für den Krieg gegen den Kaiser einen harten Kampf mit den Prälaten und Geistlichen, dessen einzelne Phasen uns der Chronist von S. Albans mit der gewohnten Würze erzählt. Otho hatte einen Fünften der geistlichen Einkünfte verlangt, erfuhr aber wiederholte Zurückweisungen und Proteste.[3]) Es gelang ihm schliesslich, dass die Bischöfe einzeln mit ihm paktierten und die von jedem zu entrichtende Summe festsetzten,[4]) was freilich den Übelstand im Gefolge hatte, dass die einen viel, die andern wenig bezahlten. Der Bischof und Klerus von Worcester sahen sich dadurch später veranlasst, sich von dem Papste bescheinigen zu lassen, dass ihnen aus ihrer grösseren Summe kein Präjudiz

---

[1]) Johannis Longi Chronica S. Bertini: MG. SS. XXV. 22; Mansi XXIII. 524; vgl. Schmidt I. 517.

[2]) Höfler, Kaiser Friedr. II. 372 nr. 29; Potth. 10968.

[3]) Math. Par. Chron. maj. IV. 10 f. 15. 60 f; Weber a. a. O. 69—120.

[4]) Annal. Dunstapl. MG. SS. XXVII. 510. So erklärt sich auch der Widerspruch, dass die Annales de Theokesberia (Ann. monast. I. 116) nur von einem Zwölften, die Annales Wintoniens. (ebenda II. 88) nur von einem Fünfzehnten, der zur Erhebung gekommen, wissen.

für die Zukunft erwachsen solle.[1]) — In Schottland hielt der Kardinal Otho am 19. Oktober 1239 ein Konzil in Edinburg,[2]) auf welchem ohne Zweifel ebenfalls die Forderung der Kirchenbesteuerung für den Kampf gegen den Kaiser gestellt wurde. Wir sind über die Verhandlungen selbst nicht unterrichtet.[3]) Der Legat soll aber den Dreizehnten (Fünfzehnten?) der geistlichen Einkünfte verlangt haben.[4]) Im folgenden Jahre wurde in Schottland und Irland durch römische Magister ein Zwanzigster erhoben. Wir erfahren einmal von 3000 Pfund Silber, die dem Legaten aus Schottland zukamen.[5]) Nach anderm Bericht hat die Sammlung überhaupt nur so viel ergeben, während sie in Irland „über 1500 Mark" betragen haben soll.[6])

Welche politische Wichtigkeit diese kirchlichen Geldsammlungen für die Kurie hatten, darüber belehrt uns kein Geringerer als der Kaiser Friedrich II. selbst durch jene zwei berühmten Briefe an den König Heinrich von England und bezw. an die englischen Barone, in welchen er sich darüber beschwert, dass der Bruder seiner Gemahlin nicht bloss die Exkommunikations-Sentenz in seinen Landen ohne Einspruch verkündigen lasse, sondern auch „in thörichtem Gehorsam gegen des Kaisers Todfeind gestatte, dass von den Kirchen seines Reiches Gelder zur Bekämpfung des Verwandten eingezogen würden."[7]) „Eine grössere Hilfe, schreibt er, könne der König dem Papste gar nicht leisten, als wenn er zulasse, dass ihm aus seinem Reiche die Geldmittel zuflössen, mit welchen er den Mailändern und andern Verrätern Soldtruppen werbe."[8])

---

[1]) Berger, Reg. Innoc. IV. 277 nr. 1862.

[2]) Chron. de Mailros: Rer. Angl. SS. vet. (1684) I. 204.

[3]) Hefele a. a. O. V. 1084; vgl. Bellesheim, Gesch. der kathol. Kirche in Schottland I. 230.

[4]) Math. Westmonasteriensis, Flores historiarum ad a. 1239. — NB.! Da uns die neue von Luard besorgte Ausgabe der unter dem Namen „Matheus von Westminster" bekannten Kompilation noch nicht zu Gebote stand, so citieren wir das Werk nur nach den Jahresabschnitten.

[5]) Math. Par. Chron. maj. IV. 55.

[6]) Math. Westmonast. ad a. 1240.

[7]) Rymer, Foedera etc. ad 1238, IV. Kal. Nov.; Math. Par. a. a. O. 15 ff; auch Huillard-Bréholles, Hist. dipl. Friderici II. Bd. V. 464 ff.

[8]) Ebenda.

Auch der Pontifikat Innocenz' IV. (1243—1254) ist noch durch den Kampf gegen den Kaiser Friedrich II. zwar nicht ganz ausgefüllt, aber in der ganzen Haltung charakterisiert. Die Vernichtung des Staufers und seines Geschlechts — das war die Hauptsorge seines Lebens. Der Kreuzzug Ludwigs IX. und die Unterstützung der Lateiner in Konstantinopel standen ihm in zweiter Linie. — Innocenz begann die Handhabung der Kirchenbesteuerung im politischen Sinne, indem er zunächst drei einflussreiche geistliche Reichsfürsten durch Gewährung von Kirchensteuern an die Partei der Kirche zu fesseln suchte.[1]) Die Hirten von Köln, Mainz und Speier, an der Spitze der Kölner Erzbischof, der berühmte Konrad von Hochstaden, standen allen voran im Streite gegen den Kaiser auf päpstlicher Seite. Der Kölner und Mainzer sollen sogar dazu geraten haben, dass Innocenz IV. nicht erst das Lyoner Konzil abwartete, sondern schon am Gründonnerstage 13. April 1245 den Bann gegen den kaiserlichen Gegner erneuerte.[2]) Nachdem der Papst am 29. April 1244 dem Erzbischof Siegfried (III.) von Mainz das Amt eines Visitators in der Magdeburger Kirchenprovinz übertragen hatte,[3]) gewährte er ihm am 5. Mai desselben Jahres in der ganzen Provinz Mainz mit Ausnahme von Speier die Erhebung eines Fünften von den geistlichen Einkünften für ein Jahr. Dieselbe Gnade widerfuhr gleichzeitig für die Kölner Provinz dem Erzbischof von Köln und ebenso für seine Diöcese dem Bischofe von Speier.[4])

---

[1]) Sein Grundsatz, den er nicht bloss in der Verwertung seines Steuerrechts, sondern selbst bei Pfründenbesetzungen befolgte und wiederholt aussprach, war: „Hiis, qui Ecclesiae tempore adversitatis ipsius fideliter adhaeserunt et aliis, qui nostris et Apostolice Sedis obsequiis immorantur, quadam necessitate compellimur providere." (Rymer I. ad 1244, IV. Id. April. und 1246, II. Id. Junii.) — Wie sehr übrigens dieser Grundsatz an der Kurie anerkannt war, ist daraus zu ersehen, dass selbst noch im Jahre 1286, 36 Jahre nach Friedrichs II. Tode, dessen Gegner die Eppensteiner auf Grund dieser Gegnerschaft Beneficial-Vergünstigungen erhielten (Prou, Reg. Hon. IV. 457).

[2]) Annales Wormatienses: MG. SS. XVII. 49.

[3]) Berger 653.

[4]) Ebenda 654. -- Der Mainzer Kapitelsdekan bekam damals die Gnade, die bischöfliche Mitra tragen zu dürfen: Trithemius, Annal. Hirsaugiens. ed. S. Galli 1690, I. 577.

.Die Aufnahme, die diese Auflagen beim deutschen Klerus fanden, trotzdem die Erträge den Reichsfürsten selbst zufallen sollten, glich jener der päpstlichen Besteuerungen in den übrigen Ländern. Es regte sich allenthalben die heftigste Opposition, in der Kölner Diöcese um so mehr, als der Klerus derselben erst in den vorhergehenden Jahren dem Erzbischof Subsidien geleistet hatte, im Jahre 1243 den Zehnten, 1244 den Zwanzigsten.[1] Begreiflich also, dass noch im Spätjahr 1247 gegen viele Äbte und Geistliche, welche die Zahlung des Fünften rundweg verweigerten, die kirchlichen Censuren angerufen werden mussten.[2] Von den Suffragan-Kleriseien mochte am wenigsten die Lütticher mit ihrem mächtigen Bischof an der Spitze von dem Fünften für Köln etwas wissen wollen. Der Erzbischof ging aber gegen die widerspenstige Diöcese mit der Exkommunikation des Bischofs und der gesamten Geistlichkeit vor; er wusste, dass er an dem hl. Vater eine mächtige Rückendeckung habe. Der Streit kam an die Kurie und wurde, wohl mit Gutheissung des in Lyon persönlich anwesenden Erzbischofs, Anfang Februar 1245 dahin entschieden, dass der Lütticher Klerus in bestimmter Frist die Pauschsumme von 3000 Mark Silber (etwa 480000 Mark unserer Währung) bezahlen sollte; andernfalls würde die einstweilen aufgehobene Exkommunikation zu Recht bestehen und der Erzbischof das Recht, den vollen Fünften zu erhalten, zurückbekommen.[3] — In der Provinz Mainz scheint die Auflage des Fünften ebenfalls auf Widerstand gestossen zu sein. Es erging deshalb noch einmal am 9. Mai 1245 an die untergebenen Bischöfe und Kleriseien eine päpstliche Mahnung, dem Erzbischof Zahlung zu leisten.[4]

Auf dem Konzil zu Lyon, 1245, wurde, wie wir gesehen haben, aus Anlass des französischen Kreuzzugs ein dreijähriger

---

[1] Annales S. Pantaleonis Coloniens. MG. SS. XXII. 537; vgl. Lacomblet, Niedrrh. Ukb. II. 148 ff. nr. 285; Ennen, Quellen zur Gesch. der St. Köln II. 237 nr. 234; „de mera ipsorum liberalitate et voluntate spontanea" sagt der Erzbischof!

[2] Berger 3408.

[3] Ebenda 992.

[4] Ebenda 1244.

Zwanzigster für die ganze Christenheit ausgeschrieben.[1]) Der
Konzilsbeschluss bezog sich seinem Wortlaute nach „nur und
ausschliesslich auf die Kreuzfahrt ins heilige Land. Allein zu
der Befreiung dieses wurden jene Massregeln getroffen und
allen Völkern Europas der Zwanzigste aufgelegt". So schreibt
Innocenz IV. selbst dem Könige Heinrich von England.[2]) Trotzdem sind die Sammelerträge aus Deutschland und südlich bis
in das Herz von Italien hinein, abgesehen von den westlichen
Grenzprovinzen des Reiches, die für den Kreuzzug Ludwigs IX.
besteuert wurden, in der Hauptsache nicht dem heiligen Lande
zugute gekommen. Der Kampf zwischen Kaiser und Papst,
der nach dem Konzil heftiger denn je entbrannte, stand der
Kurie in erster Reihe. Zunächst wurde daher für Deutschland
von der Erhebung eines Zwanzigsten für Palästina abgesehen.[3])
Man mag dabei auch die noch in der Ausführung befindliche
und den grössten Teil Deutschlands umfassende Fünften-Auflage
für Köln, Mainz und Speier mitberücksichtigt haben. Der
Kreuzzug gegen die Saracenen wurde für die Deutschen, Nord-
länder und Italiener durch päpstliche Machtvollkommenheit in
einen solchen gegen Friedrich den Staufer und seine Anhänger
verwandelt.[4]) Dominikaner und Franziskaner wurden in alle
Gegenden des Reiches geschickt, um diesen Kreuzzug zu
predigen, und dieselben hatten Vollmacht, selbst die Kreuzzugsgelübde für Palästina zu Gunsten des Kampfes gegen Friedrich
zu lösen und umzuwandeln.[5])

---

[1]) S. oben S. 48.
[2]) Rymer ad a. 1247, II. Id. Junii; Potth. 12 559.
[3]) Mittelrh. Uk. B. III. 837; Potth. „Addenda" 11 878 a; Korth,
Liber privileg. Colon. 144.
[4]) An den Legaten für Frankreich, Odo de Châteauroux, zugleich
mitbevollmächtigt für Deutschland, England, Dänemark, schreibt Innocenz
am 5. Juli 1246, er solle auch die Kreuzpredigt (für Palästina) in Deutschland nicht fortsetzen lassen; da gleichzeitig der Kreuzzug gegen Friedrich
gepredigt werde, sei dieselbe doch wenig fruchtbar. „Wir wollen aber,
dass Du dieses geheim hälst und niemand Mitteilung davon machst"
(Berger, Reg. 2935). Besonders Ludwig IX. würde wohl durch die
Kenntnis solchen Befehles unangenehm berührt worden sein.
[5]) Berger 4065; vgl. Einleitung CLXIV; auch Eubel, Gesch. der
oberd. Min.-Provinz. 21.

Die Erhebung des Zwanzigsten in Deutschland wurde erst im Herbste 1248 ins Werk gesetzt. Zwei Dominikaner von Löwen und Antwerpen, dieselben, die in der Kölner Kirchenprovinz zugleich die geistlichen Kreuzzugsgelder einzuheben hatten, wurden damit beauftragt.[1]) Ihre Vollmacht erstreckte sich nominell auf ganz Deutschland. — Als dann aber wenige Monate nachher, am 9. Dezember 1248, auch der Erzbischof von Mainz und der erwählte Bischof von Speier dasselbe Geschäft übertragen erhielten und wiederum „per regnum Alamannie",[2]) wird wohl eine Teilung des Wirkungskreises stattgefunden haben. Sie sollten die eingezogenen Summen an sicheren Orten zur Verfügung des Papstes hinterlegen. Wir finden dann auch Aufträge zur Auszahlung bestimmter Gelder an die fürstlichen Parteigänger des Papstes.[3])

Neben dem allgemeinen Zwanzigsten lief auch noch eine besondere Auflage auf die italienischen Pfründenbesitzer, die im Interesse der päpstlichen Kasse gleichsam als stets heranziehbare Reserve-Steuerer möglichst in alle Diöcesen eingedrängt wurden.[4]) Die Auflage galt für Deutschland, England, Schottland, Irland,[5]) Frankreich, Spanien, Burgund, Provence und Gascogne. Sie erfolgte am 6. Mai 1247 und wurde geradezu damit begründet, dass zum Kampfe gegen den Kaiser Friedrich viel Geld nötig sei. Wer von den Italienern 100 Mark und darunter Einkommen hatte, sollte den vierten Teil, wer mehr hatte, ebenfalls dieses Viertel und dazu noch die Hälfte des Mehr an die Kirche abgeben. Die Ausführung der Steuer wurde schlichtweg den Bischöfen für je ihren Sprengel übertragen, eine Massregel, die bei den bekannten Gesinnungen der Ordi-

---

[1]) Berger 4166. 4508.
[2]) Ebenda 4238. 4269; Potth. 13111. 13149.
[3]) Berger 4510. 4525.
[4]) Vgl. Hinschius, System des kathol. Kirchenr. III. 118 f; auch Scheffer-Boichorst, Kleinere Forschungen: Mitteilungen VIII. (1887), 370 f.
[5]) Nach Schottland wurde für diese Steuer „Godefridus filius praefecti Romae (!), electus Bethlimitanus", nach Irland der Magister Johannes Rufus (Rufinus?) „cum potestatis plenitudine quasi legatus, non tamen insignibus legati redimitus" geschickt: Math. Par. IV. 602.

narien gegen die fremden Eindringlinge für die Besteuerten
vermutlich recht ungünstig gewesen ist.[1])
Ebenfalls mit der ausdrücklichen Bestimmung der Hilfe-
leistung gegen den Kaiser Friedrich wurden in jenen Jahren
die polnischen Gegenden besteuert. Im Frühjahr 1248 war
dort der päpstliche Kapellan und Poenitentiar Gotfried, ein
Dominikaner, derselbe, der 1246 eine antikaiserliche diplomatische Sendung in Böhmen ausführte,[2]) mit der Eisammlung
eines geistlichen Fünften von (den verflossenen?) zwei Jahren
beschäftigt.[3]) Im Oktober desselben Jahres (1248) hielt der
Legat Jakob Pantaleon, Archidiakon von Lüttich, der nachherige
Papst Urban IV., ein Provinzial-Konzil zu Breslau und erreichte,
unbekümmert um die Klagen und Beschwerden der Bischöfe,
die Zustimmung dieser zu einer ferneren Fünften-Auflage für
drei Jahre.[4]) Das Sammelgeschäft wurde durch denselben Bruder
Gotfried wahrgenommen.[5])
Leider ist es unmöglich, in Zahlen anzugeben, welche Geldmittel der Kirche im Kampfe gegen Friedrich zu Gebote standen.
Wir erfahren nur allgemein, z. B. der Kardinal Otho habe „unend-
liches Geld" aus England heimgebracht — „infinitam pecuniam
reportavit".[6]) Allein bis zum Jahre 1230 aber soll der Papst
schon 120000 librae denariorum Kriegskosten gehabt haben.[7])
Als im August des Jahres 1240 sich das Gerücht verbreitete,
der Papst habe mit dem Kaiser einen Waffenstillstand geschlossen, der Streit solle auf einem Konzil in Rom beigelegt

---

[1]) Berger, Reg. 2997.
[2]) Boczek, Cod. dipl. Moraviae III. 63 nr. 88.
[3]) Cod. dipl. majoris Poloniae I. 225 nr. 268.
[4]) Mansi XXIII. 778 f; Hefele V. 1026; zu den Klagen der BB.
vgl. Cod. dipl. Polon. a. a. O: „archiepiscopus Gneznensis . . . . multis
gravatus u. s. w.; vgl. auch Sommersberg, Silesiacar. rer. SS. II. 63. —
In Cod. dipl. maj. Polon. I. 227 nr. 270 bedeuten „subventio" und „subsidia" wohl beide unsere Fünften-Auflage. Der Papst fragt, ob die 20
Mark, die der Erzbischof geschickt, bestimmt seien „an pro subsidiis
ejusdem ecclesie, utrum etiam pro . . . sua et subditorum suorum
subventione communi." (Der Gegensatz liegt in den gesperrten Worten).
[5]) Annales capituli Cracoviensis: MG. SS. XIX. 599.
[6]) Annal. S. Pantaleon. Colonien. MG. SS. XXII. 531 (534 f; vgl.
„cum thesauro non modico": Annales de Wintonia 88.
[7]) Papencordt, Gesch. der Stadt Rom 288.

werden, da erhielt die Kurie aus Frankreich die Nachricht, dort allein sei schon so viel Geld für den Papst zusammengebracht, dass damit der Krieg gegen den Kaiser ein ganzes Jahr lang aufrecht erhalten werden könne.[1]) König Ludwig IX. stand der politischen Tendenz dieser Nachricht fern.[2]) — Aus der Folgezeit gelangen dann einige Teilsummen zu unserer Kenntnis, welche gegen Friedrich verwandt wurden. Dem Landgrafen von Thüringen, dem einjährigen Gegenkönige des Staufen, gingen einmal 10000 Mark Hilfsgelder von der Kurie zu, ein andermal wurden 15000 Mark für ihn in Lüttich hinterlegt,[3]) Er liess diese durch den Magister Hugo, Kantor zu Erfurt nach und nach abheben und an seine Parteigänger, wie auch für Hofhalt und „Gesinde" verwenden. Über 14000 Mark, die in drei Malen erhoben wurden, ist uns zufällig der Rechenzettel des Kantors Hugo erhalten, und wir ersehen daraus, dass der Erzbischof von Köln von den 14000 Mark nicht weniger als 3740 bekommen hat, der von Mainz 1200, der Burggraf von Nürnberg 300, der von Querfurt 100, u. s. w.[4]) — Des Landgrafen Nachfolger in der Rolle eines Gegenkaisers, Wilhelm von Holland, erhielt einmal 30000 Mark zugesandt.[5]) Friedrich suchte diese Sendungen zu verhindern oder abzufangen, indem er in allen Häfen, an den Übergängen über die grossen Flüsse, auf Gebirgspfaden u. s. w. Häscher aufstellte, die den päpstlichen Boten auflauern mussten;[6]) mit welchem Erfolge, das wissen wir nicht. Nikolaus de Curbio berechnet die Ausgaben der

---

[1]) Math. Paris. Chron. maj. IV. 58 f.

[2]) Vgl. Berger, Einleitung III. ff. CLXXIII; Schirrmacher, Kaiser Friedrich II. Bd. IV. 186 ff.

[3]) Annales S. Pantaleonis Coloniens. MG. SS. XXII. 541: „Dominus papa de camera sua misit decem milia marcarum novo regi assignandas ... Item post victoriam misit quindecim milia marcarum, que apud Leodium deposite sunt aliquanto tempore, ut inde rex largitiones faceret principibus et militibus et vires regni sui firmaret". — Nicolaus de Curbio in Muratori, Rer. Ital. SS. III. §. XXI: „Tunc temporis dominus papa per religiosum virum fratrem Bonvicinum cubicularium suum XV. milia marcarum argenti dicto regi transmisit."

[4]) Wattenbach, Erfurter Urkunden: Neues Arch. d. Ges. f. ä. d. Gesch. I. 197 f.

[5]) S. die Belegstellen bei Berger, CLXIII. Anmerkung.

[6]) Math. Paris. IV. 545. 551. 562.

päpstlichen Kasse für den Kampf gegen den Kaiser Friedrich in sieben Jahren auf 200000 Mark.[1]) Dass dieselben sehr hoch gewesen, lässt sich auch aus den Klagen Innocenz' IV. über die Geldnot der päpstlichen Kasse entnehmen. Er gibt die Schulden bei seinem Regierungsantritte auf 150000 Pfund an.[2]) Was neben den Ausgaben der päpstlichen Kammer im Auftrage oder Gehorsam der Kirche den Parteigängern des Papstes, sei es von den Kollektoren, sei es von den geistlichen und Laien- unterthanen, von Kirchen und Klöstern direkt zuging, das ent- zieht sich jeder Berechnung.

Der Kaiser Friedrich II. ist am 13. Dezember 1250 ge- storben. So lange die Kirche den Kampf gegen ihn zu führen hatte, konnte man annehmen, dass nur die Verteidigung gegen einen übermächtigen und tödlich hassenden Gegner die Verwendung der Cruciata und ihrer Fonds für politische Zwecke rechtfertige. Nach seinem Tode, jedenfalls aber nach dem Hinsterben seines Sohnes Konrad IV. (21. Mai 1254) kann von Verteidigung im allgemeinen keine Rede mehr sein.[3]) Als nun dennoch die Kirchenzehnten und Kreuzzugsfonds noch herhalten mussten, um dem Kirchenstaate im Süden eine sichere Rücken- deckung zu verschaffen und zu dem Ende einerseits das ganze Geschlecht der Staufer zu vernichten, andererseits in Neapel eine neue, dem heiligen Stuhle ergebene Dynastie zu begründen, — da war es offenbar, dass der Papst in jenen Steuern und kirchlichen Geldern ein politisches Mittel hatte, das unüber- trefflich war, das gegen jeden Feind und vorkommenden Falls auch zur Offensive verwandt werden konnte. Ja 1265 und die folgenden Jahre hat in England sogar eine Verwendung derselben zur Aufrechterhaltung der innerstaatlichen Macht des Königs gegen aufrührerische Barone und Prälaten. statt- gefunden.[4]) Der Papst vermochte mit ihrer Hilfe also auch in

---

[1]) A. a. O. § XXIX.
[2]) Matth. Paris. IV. 429.
[3]) Über die polit. Lage nach Friedrichs Tode vgl. De Saint-Priest, Histoire de la conquête de Naples I. 201—215, 222 ff.
[4]) Potth. 19124. 19140. (19338). 19679. 19680. 20278; Sweetman II. 811. Annales Winton. 104; vgl. Raynald ad 1265, 61; Pauli 801.816. — 60000 Pfund für Bezahlung der Schulden der Königin erst (1266) auf die schottischen, dann (1267) auf die englischen Zehnten angewiesen: Potth. 19707. 20080; Sweetman II. 825.

die inneren politischen Verhältnisse eines Landes einzugreifen, und das wirksamer und nachhaltiger, als es ihm durch seine Nuntien und Legaten möglich war. Welche Gefahr für die Kirche, welche Gefahr für Europa, wenn das Papsttum nicht auf andern Wegen zur politischen Ohnmacht und zu seiner rein geistlichen Mission zurückgeführt worden wäre!

Papst Innocenz IV. war es, der den Plan der Gründung einer neuen Dynastie in Unteritalien fasste. Er suchte dafür Anlehnung an eine andere Macht. Sein Auge richtete sich auf Karl von Anjou, den Bruder des Königs von Frankreich, und gleichzeitig auf Richard von Cornwall, den Bruder Heinrichs III. von England. In den ersten Augusttagen 1252 wurde beiden Prinzen die Krone von Sicilien angeboten. Die Verhandlungen mit dem Engländer zerschlugen sich sehr rasch, da derselbe Sicherheiten und Beihilfen haben wollte, die Innocenz nicht leisten konnte.[1] Mit dem Anjou wurde bis in den Herbst des folgenden Jahres verhandelt; dann scheiterte die Sache an den Bedingungen, die Innocenz stellte.[2] Und wieder wandte sich der Papst nach England. Diesmal aber wurde Edmund, der erst neun Jahre alte zweitgeborene Sohn des Königs, in Aussicht genommen. Heinrich ging mit Vergnügen auf den Plan ein, nahm die Schenkung des Lehen-Reiches für seinen Sohn an und nannte denselben sofort öffentlich König von Sicilien.[3] Es war anfangs März 1254, wenige Wochen vor dem Tode Konrads IV., des Staufers.

Weshalb wurde der kleine Edmund zum Könige von Sicilien gemacht? Der Papst hatte doch einen Kriegsmann nötig, der den Konrad und den Manfred und wie die Feinde der Kirche alle hiessen, niederschlüge, und weder von dem Kinde noch von dem Vater, von Heinrich III., war in dieser Beziehung etwas zu erwarten! Es ist nicht unwahrscheinlich, dass die Rücksicht einesteils auf die Erschöpfung des Klerus zumal in

---

[1] Rymer ad 1252, III. Non Aug.; Math. Par. Chron. maj V. 346 f., 361, 457; Hist. Anglor. III. 126 f, 132.

[2] Böhmer, Regg. Innoc. IV. 123; Lünig, Cod. dipl. Ital. II. 913; Raynald ad 1253,8

[3] Rymer ad 1254, pridie non. Mart.; Lünig a. a. O. 915 ff; Math. Par. V. 458; Raynald ad 1258, 8 f; Busson, die Doppelwahl d. J. 1257, 8 ff.

Italien „ex collectis impositis et propter multas alias afflictiones, adversitates et angustias"[1]), andernteils die Erinnerung an das in England noch vorhandene Kreuzzugsgeld, welches aus dem Zwanzigsten des Konzils von Lyon, sowie aus den zweimaligen Bewilligungen für Heinrichs in Aussicht gestellte Kreuzfahrt zusammengekommen, darin mitgespielt haben.[2]) Wie viel der Papst bis dahin aus dem englischen Zwanzigsten gezogen bezw. den kreuzfahrenden Rittern hatte zukommen lassen, lässt sich nicht mehr ermitteln. Von den fünfjährigen Zehnten für Heinrich waren in England, so viel wir wissen, erst nur die Erträgnisse der beiden ersten Jahre in des Königs Hände übergegangen.[3]) Über das Erträgnis des dritten Jahres (1252) wurde schon zur Zeit der Erhebung mit den Bischöfen verhandelt; wenigstens die Hälfte bat der König an ihn auszuliefern. Aber die Prälaten, die schon nicht mehr an seine Kreuzfahrt glaubten, wollten nichts davon wissen.[4]) Ob der König nachher noch seinen Willen bekommen hat, wissen wir nicht. — Die irischen Zehnten wurden schon im Jahre 1251 zum Teil an Heinrich auf besonderes Mandat des Papstes hin ausgeliefert.[5]) Noch am 3. Februar 1254 schickte der König an den päpstlichen Kollektor Johann de Frossinone den Befehl, „to deliver to John Fitz Geoffrey (den königl. Schatzmeister)

---

[1]) Guido Levi, il cardinale Ottaviano degli Ubaldini: Arch. della R. soc. Rom. di storia patria XIV 244, vgl. auch 256.

[2]) Bei der früheren Kandidatur des Richard von Cornwall behauptet Math. Par. V. 346 f. die päpstliche Geldspekulation direkt. Hier (V. 458) deutet er sie an, indem nach ihm der König sofort alles Geld, welches er irgendwie auftreiben konnte, dem Papste zukommen liess. Dass dieses einer Verabredung entsprach, ist nicht zu bezweifeln. — Im übrigen verweisen wir auf die urkundlich bezeugten, sofort in Scene gesetzten Geldanleihen auf die englischen Kirchen (Rymer ad 1254, II. Id. Maii; Potth. 15363).

[3]) Math. Par. V. 325: „soluta pecunia duorum annorum secundum papale mandatum".

[4]) Ebenda: „Argumentose igitur regii nuntii . . . vulpina calliditate exigebant, quod. . . . pecunia tertii anni ante peregrinationem, licet hoc in papali mandato autentico non contineatur . . totaliter . . solvatur peregrinaturo, vel saltem ejus pars dimidia regi", u. s. w.

[5]) Rymer ad 1251, IV. Kal. Martii: „Et ipse (nuntius noster) de pecunia in Iberniae partibus — collecta Tibi respondebit"; vgl. auch Sweetman II. 25, und 293, und Math. Par. „Additamenta" 296 nr. 147.

all the moneys of the Crusaders deposited in Ireland to be transmitted to the King in Gascony".[1]) Es waren aber auch später noch „moneys of the Pope", die der Kollektor Johann de Frossinone gesammelt hatte, in Irland vorhanden.[2]) — Die schottischen Zwanzigsten-Erträge wurden dem Könige Heinrich erst Ende 1254, also nachdem das „negotium Siciliae" zwischen Papst und König schon beschlossen war, überwiesen.[3])

Der König von England hatte sich auf den sicilischen Handel auch in der Hoffnung eingelassen, auf diese Weise in bequemer Art seines Gelübdes entledigt zu werden. Er stellte sofort die Bitte, „ut votum proficiscendi in Terrae sanctae subsidium commutaretur in auxilium ecclesiae pro negotio regni Siciliae". Der Papst Innocenz schlug ihm die Bitte ab.[4]) Man scheint sich über die Bedingungen noch nicht einig gewesen zu sein.[5]) Es gelang erst dem Nachfolger Innocenzens, Alexander IV., betreffs der von England zu übernehmenden Verpflichtungen für die sicilische Angelegenheit ein volles Einvernehmen mit dem Könige zu erzielen.[6]) Am 9. April 1255 schlossen dieselben ihren Vertrag. Die für uns wichtigste Bestimmung dieses besagt, dass König Heinrich dem heiligen Vater in bestimmten Fristen 135541 Mark Sterlinge[7]) zahlen, sowie gewisse Kosten decken und Hilfstruppen stellen solle; andernfalls droht ihm der Kirchenbann.[8]) 50000 Mark Sterlinge

---

[1]) Sweetman II. 313.

[2]) Ebenda 345. 357.

[3]) Ebenda 414.

[4]) Rymer ad a. 1254, II. Kal. Junii; Potth. 15416.

[5]) Am Schlusse des Absagebriefes stellt der Papst doch die Zustimmung zu der Gelübdeverwandlung in Aussicht; also kein prinzipielles Bedenken vorhanden.

[6]) König Heinrich war eben aus der Gascogne gekommen und hatte Geld nötig. Der Aufenthalt in Paris soll allein 300000 Mark gekostet haben (Math. Par. V. 484). Das Parlament wollte keine Steuer bewilligen (Ebenda 475 ff.).

[7]) Aus dem Mangel an Abrundung ist bei dieser Summe wohl zu schliessen, dass sie durch Berechnung entstanden. Sollte sie vielleicht die Hälfte der noch vorhandenen Kreuzzugsgelder sein, indem die beiden sich in diese geteilt hätten? — Die Annal. Dunstapl. a. a. O. 511 sprechen von 141000 Mark.

[8]) Rymer, ad a. 1255, V. Id. April. (NB.! In der Ausgabe Hagae Comitis 1745 steht die Bulle unter den „Omissa" I. II. 128).

soll Heinrich sofort nach Rom geschickt haben.[1]) — Alexander ergoss nun die Schale seiner Gnaden über den stets geldbedürftigen König. Er gewährte ihm zunächst „pro subsidio Terrae sanctae" — von neuem den Zehnten der Kirchengüter in allen englischen Reichen auf drei Jahre.[2]) Am 3. und nochmals am 7. Mai wurde dem päpstlichen Kapellan Magister Rustand aus Bordeaux[3]) im Verein mit dem Erzbischof von Canterbury Vollmacht erteilt, Heinrich von seinem Kreuzzugsgelübde loszusprechen und dieses in die Verpflichtung für das „negotium Siciliae" zu verwandeln.[4]) Eine andere Bulle vom 16. Mai löst besonders den Eid, den Heinrich inbetreff Palästinas geschworen.[5]) Die beiden Bevollmächtigten sollen ferner, und das war dem Könige die Hauptsache, alles Geld in England, Schottland und den Nebenländern, welches unter welchem Titel immer zur Hilfe für das heilige Land bestimmt war, ohne Abzug und Ausnahme erheben und dem Könige Heinrich „zur Ausführung der sicilischen Sache" übergeben.[6]) Es sind uns noch mehrere Erlasse Rustands zur Vollziehung dieses Mandats, Vollmachtsübertragungen, Geldeinforderungsbriefe, Bezehntungsbestimmungen, erhalten.[7]) Auch die Verkündigung der Cruciata gegen Manfred und seine Saracenen wurde den Bevollmächtigten aufgetragen,[8]) und sie hatten sogar das Recht, den Kreuzfahrern von Norwegen ihre Palästina-Gelübde zu lösen und die Hilfe für Sicilien aufzulegen, ja sie zu dieser durch die kirchlichen Censuren zu zwingen.[9])

---

[1]) Annal. Burton. 349. — Die 200000 M. Sterl. Gesamtsumme beruhen wohl nur auf Gerücht?

[2]) Theiner, Mon. Hiberniae 65 nr. 173 (Potth. 15768 15866); Annal. Burton. a. a. O.; Annal. Winton. 95.

[3]) Annal. de Burton. 350.

[4]) Rymer ad 1255, V. Non. Maii und Non. Maii; Potth. 15836. 15841; Annal. Burton. a. a. O.; Math. Par. V. 520.

[5]) Rymer ad 1255, 17. Kal. Junii; Potth. 15865.

[6]) Potth. 15863, 15867; vgl. Math. Par. V. 494: „Praelati ... absolute et serviliter, ancillante ecclesia, jam solvere cogebantur".

[7]) Annal. Burton. 350 ff.

[8]) Ebenda 352 f; Potth. 15864; vgl. Math. Par. V. 521: „Ipsisque quoque temporibus fecit magister Rustandus publice praedicari, ut crux assumeretur, Londoniis primo et postea alibi ... contra Manfredum" u. s. w.

[9]) Potth. 15874.

Eine zweite Reihe von Bullen fällt in den Herbst 1256. Rustand ist inzwischen aus Anlass des sehr heftigen Widerstandes, den die kirchlichen Steuern fanden, in Italien gewesen.[1]) Ob er Geld an die Kurie gebracht hat, ist ungewiss; aber er wird den Papst über die Verhältnisse aufgeklärt haben. Die Aufträge sind jetzt an ihn allein, nicht mehr zugleich an Canterbury gerichtet. Der Papst gab ihm Aufträge zur Bezahlung von Schulden aus den dem Könige gewährten Kirchenauflagen,[2]) zu Zwangsmassregeln gegen die renitenten Prälaten und Geistlichen[3]) und zu — neuen Steuern! Er wollte die Bezehntung um zwei Jahre verlängert wissen.[4]) Rustand sollte ferner die Einkünfte aller jener Dignitäten in England sammeln und „für den König" aufbewahren, welche so lange vakant seien, dass ihre Kollation dem heiligen Stuhle verfallen sei.[5]) Ebenso die Einkünfte der Stellen, deren Inhaber die Residenzpflicht nicht erfüllten.[6]) Endlich sollte der Kollektor die „mobilia" der ohne Testament Gestorbenen nach dem in England üblichen Prozentsatze besteuern[7]) und die Einkünfte, nach anderem Bericht nur die „fructus primi anni", aller Pfründen und Stellen einziehen, die in den nächsten fünf Jahren vakant würden.[8])

Bezüglich der Aufnahme, welche die sicilischen Auflagen in England gefunden, sind wir durch Proteste der Geistlichen, durch päpstliche und königliche Schreiben, durch die Berichte der zeitgenössischen Schriftsteller ziemlich genau unterrichtet. Eine eingehende Schilderung des Widerstandes würde uns jedoch zu weit führen. Wir beschränken uns deshalb auf einige Bemerkungen, welche mehr den prinzipiellen Gegensatz zwischen Kurie und Prälaten, oder welche die Energie des Widerstandes

---

[1]) Mit ihm der Mag. Gilo de Brideport, der Abt Richard von Westminster und Herr Heinrich de Mara: Annales Dunstapl. a. a. O. 511.

[2]) Ebenda 16431; vgl. 16540. 16620.

[3]) Ebenda 16537 f. 16553. 16557.

[4]) Annal. Burton. 389.

[5]) Potth. 16526.

[6]) Ebenda 16527.

[7]) Ebenda 16532; vgl. Annal. de Wintonia 96: „rex vendebat [res intestatorum] per literas domini Papae sibi super his concessas".

[8]) Potth. 16529; Sweetman II. 550; vgl. Annal. de Burton. 388.

beleuchten. Es wurden im Oktober 1255, im Januar 1256 und
um Ostern desselben Jahres eigene Klerus-Versammlungen zu
London gehalten,[1]) ebenso kamen die päpstlich-königlichen
Steuerforderungen auf dem Michaeli-Parlamente 1255 zu Westminster zur Sprache.[2]) Alle diese Versammlungen endigten
mit entschiedenen Protesten gegen jene Auflagen.[3]) Die weltlichen Barone, welche die Annahme des sicilischen Reiches
seitens des Königs missbilligten, standen den Prälaten bei und
ermutigten sie zum Widerstande.[4]) Der Bischof Fulco von
London sagte in öffentlicher Rede, er lasse sich lieber den
Kopf abschlagen, als dass er eine solche unerträgliche Be-
drückung der englischen Kirche dulde, und ähnlich wollte der
von Worcester sich lieber hängen lassen.[5]) Der päpstliche
Kollektor Rustand trat ganz offen mit dem Satze hervor: „Alle
Kirchen gehören dem Papste". Die Engländer hingegen wollten
ihm nur ein päpstliches Schutzverhältnis über die allgemeine
Kirche zugestehen[6]) und beanspruchten also auch dem Papste
gegenüber das Steuerbewilligungsrecht.[7]) Sie legten formelle
Appellation ein und schickten den Dekan von St. Paul in London
und andere Kleriker als Vertretung der englischen Kirche nach
Rom.[8]) Die Antwort des Papstes brachte Rustand ein halbes
Jahr später in Gestalt der Aufforderung, die kirchlichen Censuren
in Anwendung zu bringen.[9]) Die Prokuratoren von Lincoln
führten noch besondere Beschwerde gegen die profane Verwendung der Kreuzzugsgelder, insbesondere der Legate für das
heilige Land. Sie erhoben Klage, dass der Wille der Verstorbenen darin so wenig geachtet werde.[10]) Die von Lichfield
sagten geradezu, es sei eine „causa non pia", für welche die

---

[1]) Math. Par. V. 524 ff. 553.
[2]) Annal. Burton. 363.
[3]) Ebenda 360 ff; vgl. auch die Briefe Heinrichs vom März 1256 und
vom 28. Juni 1257 bei Rymer a. a. O.
[4]) Math. Par. V. 553.
[5]) Ebenda 524 ff.
[6]) S. oben S. 36.
[7]) S. oben S. 33.
[8]) Math. Par. 539 f.
[9]) Potth. 16537 f. 16553. 16557.
[10]) Annal. de Burton. 360 ff.

Kreuzzugsgelder hergegeben würden.[1]) Es half alles nichts! Die päpstlichen Bevollmächtigten bemühten sich, vor allem eine Spaltung im Klerus herbeizuführen und wenigstens einen oder anderen Bischof oder Abt zur Zahlung zu bewegen. Gegen andere gingen sie mit Suspension und Exkommunikation vor.[2]) Da in solchem Falle die weltliche Gewalt nach Verlauf von 40 Tagen mit der Beschlagnahme der Temporalien nachfolgte, so war die Spaltung bald erreicht. Jeder suchte sich zu retten, so gut er konnte. Die Zahlung erschien vielen als das kleinere Übel.[3])

Mehr Aussicht auf Erfolg erhielt der Widerstand der Geistlichen, als im Jahre 1257 ein Zwiespalt zwischen den beiden Steuerforderern selbst, zwischen Papst und König, auszubrechen schien. Bereits ein Jahr früher erscheint das Verhältnis der Beiden nicht mehr ganz ungetrübt. Heinrich kam seinen Verpflichtungen schlecht nach. Er nahm die Kollektorie-Erträgnisse aus den Händen der päpstlichen Sammler in Empfang,[4]) schickte aber zur Eroberung des sicilischen Reiches weder Soldaten noch Geld. Nur immer neue Versprechungen und Beteuerungen seines guten Willens waren von ihm zu haben.[5]) Er stellte dem Papste anheim, eine neue Anleihe zu machen und englische Zehnten zum Pfande zu setzen.[6]) Zur Aufrechterhaltung des Kredits war aber vor allem die Bezahlung der schon gemachten Schulden nötig. Wenn der Papst die Gläubiger, Sienesische und Florentiner Kaufleute[7]) an den König verwies, so scheint Heinrich dem schlecht Folge gegeben zu haben. Alexander erteilte endlich dem Rustand Befehl, aus

---

[1]) Ebenda.

[2]) S. Albans, S. Swithinus in Winchester u. a. wurden mit dem Interdikte belegt: Gesta abbatum monasterii S. Albani I. 384; Annales Winton. 98.

[3]) Math. Par. V. 532.

[4]) Vgl. die Beteiligung der königlichen Beamten an der Erhebung: Shirley, Royal letters II. 195 nr. 560, besonders 561; vgl. auch Sweetman I. 374.

[5]) Ebenda 114 f. nr. 507; Rymer, ad 1256: „Rex Willielmo Bonquer; vgl. Koch, Excurs II. 140—143; vgl. auch Rymer 1256. 27. Martii und 3. Id. Junii.

[6]) Shirley und Rymer a. a. O.

[7]) Ebenda und Potth. 16431. 16540. 16620.

den Sammelerträgen, bevor diese an den König ausgefolgt würden, zunächst die Schulden zu bezahlen.[1]) Das war der Streitfall! Heinrich war mit der selbständigen päpstlichen Verwendung der ihm zustehenden Summen mit nichten einverstanden. Er verbot jenes Vorgehen dem Kollektor und verlangte die unverkürzte Hinterlegung der Sammelergebnisse im „neuen Tempel" zu London, „bis er über den Erfolg der sicilischen Sache grössere Gewissheit habe." Der Papst widmete ihm darauf einen ernstlichen Klagebrief. Er beauftragte Rustand, dass er des königlichen Verbotes ungeachtet Zehnten, Gelübde-Lösungsgelder, überhaupt alles Geld, das ihm unter welchem Titel immer zu Händen komme, zur Bezahlung der für Sicilien gemachten Schulden aufwende.[2]) Der Kollektor schlug sich auf die Seite des Königs und soll mit dessen Hilfe sich bereichert haben.[3]) Inzwischen wurden von seiten der Magnaten Verhandlungen angeknüpft, um vorteilhaftere Bedingungen für den König zu bewirken oder aber, wenn es nur mit Beibehaltung „der vom Apostolischen Stuhle gewährten Gnaden" geschehen könnte, den ganzen Sicilischen Handel los zu werden. Heinrich schrieb im Februar 1258 an den Kardinal Ubaldini, er werde die Schuldenfrage in einer Weise lösen, dass die Kaufleute weder gegen die Kurie noch gegen ihn sich beschweren könnten. Der grösste Teil sei jetzt auch schon bezahlt.[4]) Es folgte das Osterparlament in Westminster, welches nochmals seinen Tadel über die Annahme der sicilischen „Schenkung" aussprach und sich über die päpstlichen Geldforderungen beschwerte.[5]) Im Herbste gingen die päpstlichen Agenten Arlot und Rustand nach Rom[6]) und überbrachten neue Beschwerden des Adels und des Klerus. Sie fanden kein

---

[1]) Potth. 16431. 16540. 16620. Dass man an der Kurie sich bereits rüstete, mit Heinrich in Konflikt zu kommen, beweist der Umstand, dass der Vertrag mit ihm jetzt noch einmal in die Register eingetragen wurde: Posse, Analecta 108.

[2]) Rymer ad 1257, 3. Non. Junii; Potth. 16865.

[3]) Math. Par. V. 666. 672 f.

[4]) Shirley II. 126 nr. 116.

[5]) Rymer 1258, II. Maii; Math. Par. V. 676. 680, auch „Additamenta" 400 nr. 205; Annal. de Burton. 457; vgl. Pauli 715.

[6]) Annal. Burton. 409 f.

Gehör.[1]) Rustand wurde seines Amtes als Nuntius und Kollektor entsetzt.[2]) An seiner Statt kam im Frühjahr 1259 ein Magister Harold mit Bullen und Briefen, in welchen der königlichen Kapelle und der gesamten englischen Kirche das Interdikt angedroht wurde.[3]) In welcher Erregung England sich damals befand, entnehmen wir daraus, dass der Konstabler und Hafenmeister von Dover durch den Justiziarius des Königreichs abgesetzt wurde, weil er dié päpstlichen Boten hatte landen lassen, dass ferner in London mehrere päpstliche Sendlinge, darunter ein „clericus nobilis" Johannes le Gras „im Angesichte des ganzen Volkes" niedergemacht wurden.[4]) Um die kirchlichen Censuren abzuwenden, gingen wiederum die Bischöfe von Bath, Ely und Rochester nach Rom, und sie verpflichteten sich an der Kurie, in bestimmter Frist 5500 Mark aufzubringen.[5]) Ob das die letzte Zahlung Englands für das „negotium Siciliae" gewesen, ist nicht zu ermitteln.

Am 25. Mai 1261 starb der Papst Alexander IV., und damit war für die englische Kirche die Zeit der Erlösung gekommen. Sein Nachfolger, Papst Urban IV., ein Franzose, sah bald[6]) und vielleicht gern ein, dass eine persönliche Hilfe für Sicilien von Heinrich III. nicht zu hoffen war, ebensowenig wie nach einer so langjährigen fast ununterbrochenen Bezehntung der Geistlichen noch ein genügender Geldfluss von dort erwartet werden durfte. Der Krieg mit Manfred, der nach der Schlacht von Montaperti (1260) recht bedrohliche Gestalt annahm, forderte aber Mannen und Kosten und vor allem das persönliche Eingreifen eines streitbaren Trägers der päpstlichen Rechte und Ansprüche. Bereits am 28. Juli 1263 stellte Urban, indem er sich auf die Nichterfüllung der vertragsmässigen

---

[1]) Vgl. die Ablehnung der Verantwortung für die beklagten Missstände bei Potth. 17 736; Pauli 728 f.

[2]) Math. Par. V. 666. 672 f.

[3]) Annal. de Theokesberia 130 (auch MG. SS. XXVII. 470); Annales Wigorniens. ed. Luard 445.

[4]) Math. Westmonast. 1259 und 1260; Annal. Wigorn. MG. SS. a. a. O. 470.

[5]) Math. Westm. ad 1259.

[6]) Schon am 25. Oktober 1262 gab er Auftrag zu Verhandlungen mit Karl von Anjou: Posse 205.

Pflichten seitens des Königs von England berief[1]), die Bulle aus, welche den Prinzen Edmund in freundlichen Worten der sicilischen Königskrone entlässt und ledig erklärt.[2]) Des Papsttums Gunst und Hoffnungen waren jetzt von neuem auf den Bruder des Königs von Frankreich, auf Karl von Anjou, gerichtet. Auch die päpstlichen Geldsammler wandten sich nun für einige Jahre hauptsächlich der französischen Kirche zu.

Urban IV. war mit dem ehrgeizigen Bruder des heiligen Ludwig auf der Grundlage eines demselben im Sommer 1263 vorgelegten Vertrages[3]) betreffs Siciliens handelseinig geworden und hatte ihm das süditalische Lehenreich übertragen. Um ihn gegen Manfred zu bewaffnen,[4]) befahl er nun am 3. Mai 1264, trotzdem die Prälaten nichts davon wissen wollten,[5]) einen dreijährigen Zehnten von allen Kirchengütern und geistlichen Einkünften in Frankreich, Flandern und Provence und in den Kirchenprovinzen Lyon, Vienne, Embrun, Tarentaise und Besançon.[6]) Es entsprach das so den Bedingungen, welche Karl

---

[1]) Vgl. Lünig, Cod. dipl. Ital. II. 942: „Rege ac Eadmundo ... omnino deficientibus, nec opem aut operam promotioni dicti negotii praebentibus opportunam, neque conditiones adimplentibus supradictas, ipsum negotium speratis suffragiis non adjutum ... profectum non habuit" — so Clem. IV. 4. Kal. Martii 1265.

[2]) Rymer ad 1263, V. Kal. Aug.; Lünig a. a. O. 930; Pauli 758. — Pauli a. a. O. glaubt, Heinrich III. sei im Einverständnis mit dem Papste gewesen. Wir lesen auch selbst bei Trivettus (D'Achery, Spicilegium III. 197): „impetratâ a Papa Urbano absolutione juramenti." Aus Posse, Analecta 251 geht das Gegenteil hervor: „Arguit (papa) eum (scil. regem Angliae), quod indebite conquestus sit, papam alteri illud (regnum Siciliae) tradere disposuisse." [d. d. 1263, Juli 25]. Vgl. auch den Brief Clemens' IV. d. d. Perusiae IV. Kal. Mart. a° I. bei Lünig a. a. O. 946. Richtig ist die Haltung Heinrichs dargestellt bei Gregorovius, Gesch. d. St. Rom V. 342.

[3]) Martene et Durand, Thesaur. anecdot. II. 9—19—21, nr. 7. 8.

[4]) Dass Karl aus eigenen Mitteln den Krieg nicht führen konnte, s. De Saint-Priest, Histoire de la conquête de Naples II. 120—125.

[5]) „sine consensu praelatorum": Majus Chronicon Lemovicense in Recueil des hist. XXI. 770; vgl. auch Clemens IV. an die Erzbb. von Rheims und Lyon: Martene et Durand II. 157. 159 nrr. 94. 95. — Andreae Ungari descriptio victoriae a Carolo com. reportatae c. 10: MG. SS. XXVI. 563 spricht von Auflehnungen eigenwilliger Prälaten.

[6]) Martene et Durand 54—59 nr. 26 (Posse 385 hat „Universis episcopis"; das ist aber nicht zur Ausführung gekommen).

gestellt hatte.[1]) — Zum General-Kollektor wurde der Kardinal
Simon de Brion vom Titel der heiligen Cäcilia, seit 1260 Kanzler
von Frankreich,[2]) bestellt, derselbe, der wenige Jahre nachher
auch die Einsammlung des Hundertsten für Palästina (als Nachfolger des Erzbischofs von Tyrus) erhielt.[3]) Es wurde ihm zugleich im gesamten Gebiete seiner Legation die Kreuzpredigt
gegen Manfred und seine Anhänger d. h. die Ernennung und
Bevollmächtigung von Kreuzpredigern mit der gesamten Reihe
der geistlichen Fakultäten übertragen, die für Legaten dieser
Art üblich geworden.[4]) — Den Fortgang des Zehnterhebungs-
geschäfts im einzelnen zu schildern, müssen wir uns versagen.
Wir bemerken nur noch, dass, um dasselbe zu fördern, die
Bischöfe ausgenommen wurden,[5]) sowie dass König Ludwig den
päpstlichen Kollektoren die Hilfe des weltlichen Armes lieh.[6])
— Der Ertrag scheint trotzdem nicht sehr gross gewesen zu
sein. Zwar konnte Urban IV. noch vor seinem am 2. Oktober
1264 erfolgten Tode 200000 Pfund für Söldnerwerbungen aufwenden.[7]) Aber sein Nachfolger Clemens IV. (seit 5. Febr. 1265)
musste sehr bald zu Anleihen seine Zuflucht nehmen. Er hat,
unter Verpfändung des Kirchenzehnten, nicht nur wiederholt

---

[1]) Ebenda 22. 34 f.

[2]) S. über ihn Duchesne, Histoire de tous les cardinaux franç. de
naissance (Paris 1660) I. 283 ff; ferner Hist. des chanceliers et gardes des
sceaus de France (Paris 1680) 254—6; vgl. auch Mas-Latri, Hist. de Chypre
I. 458; Busson in Kopp, Gesch. der eidgenöss. Bünde II. 3,200 Anm. 4.

[3]) Potth. 19607. 19770. 19772. 19779.

[4]) Ebenda 18871—18893, 18897 ff; Posse 386. 400. — Über die seit
den Kämpfen gegen Friedrich II. üblichen Fakultäten der Legati a latere
s. Guido Levi il card. Ottaviano degli Ubaldini in: Arch. della R. società
Rom. XIV 235 f. Eine, wie es scheint, nach der Kanzleiordnung in 7 naturgemässe Gruppen geteilte Zusammenstellung jener Fakultäten — allerdings
dings aus etwas späterer Zeit (von 1301) — s. Bibl. de l'école des chartes
XLVIII. (1887) 317 ff. — Die Kreuze, die Simon anheftete, waren weiss
und „vermeil": Chronique de S. Magloire: Recueil XXII. 84; vgl. ebenda
4 u. XXI. 771.

[5]) Majus Chron. Lemovicense: Recueil XXI. 770.

[6]) Ebenda: „per compulsionem regis."

[7]) Papencordt, Gesch. d. St. Rom 312.

den französischen König Ludwig,[1]) sondern auch eine Menge
Römische, Florentiner und Sieneser Bankiers, auch das Bankhaus Pierre de Cassilac in Montpellier, um solche angegangen.
Es war eine wahre Hochflut von Schulden, welche in den
Jahren 1265 und 1266 über die päpstliche Kasse hereinbrach.
Die Darlehen gehen von 1000, 2000, 3000, 7000, 9000, 11000
bis zu 20000, ja einmal bis 50000 und einmal bis 60500 Turo-
neser Pfund.[2]) Der Papst musste selbst goldene und silberne
Gefässe mit kostbaren Steinen, ja den gesamten Schatz des
heiligen Stuhles und, selbst damit nicht genug, auch die Güter
der römischen Kirchen, bloss St. Peter, den Lateran und einige
andere ausgenommen, verpfänden.[3]) Der Krieg verschlang alles
Geld mit mehr als erschreckender Gier. Die Ausgaben der
päpstlichen Kasse allein für den nach Italien gekommenen
Anjou und seine Franzosen beliefen sich täglich auf 1000—1200
Pfund.[4]) Der Papst war schliesslich den Kaufleuten völlig preis-
gegeben. Da Manfred dieselben zum Teil bestochen hatte,[5])
so musste er fürchten, dass sie zum Verkauf der verpfändeten
Kirchengüter übergingen.[6]) In einem Briefe an den Markgrafen
von Montferrat nennt er sich selbst so arm, dass er nicht einmal die Ausgaben für seinen Haushalt vollständig bezahlen
könne.[7]) Als der Graf von Anjou, der bekanntlich mit Geld
schlechterdings nicht umzugehen verstand, dennoch immer neue
Forderungen erhob, schrieb ihm Clemens: „Wir sind erschöpft

---

[1]) Lünig, Cod. dipl. Ital. II. 935; Del Giudice, Codice diplomatico
del regno di Carlo I. e II. d'Angiò I. 34 f. nr. IX. — Ludwig IX. verhielt
sich ablehnend: Del Giudice a. a. O. 37 nr. X. und 72 nr. XXVI.

[2]) Potth. 19040. 19104. 19112 19116 f 19178. 19246. 19352 19368.
19500. 19511. 19524. 19570. 19681 f. 19727.

[3]) Raynald ad 1165,22; Del Giudice 57 ff. nr. 20; Potth. 19570.

[4]) Papencordt 314.

[5]) Del Giudice I. 76: „Ille magnus Ecclesiae persecutor, ut pro
certo relatum est nobis, in Urbe .. auro sparso creditorum manus con-
tinuit" u. s. w.

[6]) Raynald ad a. 1265, 22.

[7]) Ebenda 29; vgl. über die Geldnot des Papstes Del Giudice
a. a. O. 36 Anmerk. 3; vgl. auch die Ermahnungen an Klerus, Kreuzprediger und Sammler: Potth. 19450 f; Raynald 1265, 27 f; Posse 421.
428 f. 436. 453. 455. 461 ff.

und die Kaufleute ermattet. Verlangst du etwa ein Wunder, dass wir Erde oder Steine in Gold verwandeln?"[1])

Glücklicherweise, vom Standpunkte der päpstlichen Kasse aus gesprochen, hatte Karl von Anjou im Felde einen raschen Erfolg. Die Schlacht bei Benevent am 26. Februar 1266,[2]) in welcher Manfred fiel, und infolge deren bald das ganze Reich Sicilien dem Franzosen zu Füssen lag, war eine wahre Erleichterung für die Römische Geldverwaltung.[3]) Schon am 14. April beauftragte der Papst den General-Kollektor, von der Cruciata für Sicilien abzulassen und seinen Schutz, Rat und Hilfe den Kreuzpredigern für das heilige Land zuzuwenden.[4])

— Erst zwei Jahre später, und jetzt zum letztenmale, haben wir in der Geschichte des päpstlichen Geldwesens unsern Blick wieder auf das „negotium Siciliae", auf den Kampf gegen die Staufer zu lenken. Wir erinnern an die tragische Heerfahrt Konradins nach Italien.[5]) Zum Jünglinge herangereift wollte der Enkel des Kaisers Sicilien, sein Erbe, zurückerobern. Sofort wurden gegen ihn und seine Anhänger, darunter auch Herzog Ludwig (II.) von Baiern, der Kreuzablass verkündigt und Exkommunikation und Interdikt verhängt.[6]) Zu eigenen Steuermassregeln für den letzten der Staufenkämpfe ist es indess nicht gekommen. Das schnelle blutige Ende des kühnen Unternehmens machte dieselben überflüssig.

---

[1]) Materne et Durand a. a. O. 274 nr. 225.

[2]) Vgl. De Saint-Priest II. 181 ff; Amari, La guerra del vespro Siciliano I. 31

[3]) S. den Freudenbrief des Papstes an Karl: Posse 530;

[4]) Martene et Durand 312 nr. 266; Potth. 19605.

[5]) Von den vielen Darstellungen sei nur auf die beiden gegensätzlichen von Amari, La guerra del vespro Sicil. I. 32 ff. und von De Saint-Priest a. a. O. III. 5—180 verwiesen.

[6]) Raynald ad 1268, 1. 12. 14; Potth. 20318; Posse 556. 559. 569. 591. 603. 639.

4. Der Lyoneser Zehnt von 1274 und seine Kreuzzugsbestimmung.

Der Lyoneser Zehnt von 1274, so genannt, weil er auf dem zweiten Konzil zu Lyon in jenem Jahre aufgelegt wurde, verdient eine eigene Behandlung, weil er zuerst die päpstliche Kirchenbesteuerung sowohl nach dem geographischen Umfange, als nach der technischen Seite in ihrer Vollendung erweist. Während die früheren Auflagen in der überwiegenden Mehrzahl — sei es von vorneherein, sei es in der Ausführung — sich auf dieses oder jenes Land beschränkten, oder nur bestimmte Klassen von Geistlichen, z. B. die italienischen Pfründenbesitzer, betrafen, oder technisch noch dem eigenen Ermessen der Kollektoren einen weiten Spielraum liessen, so sehen wir dagegen in dem Lyoneser Zehnten eine kirchliche Weltbesteuerung, die sich über ganz Europa, von Island und Grönland bis in den Orient, von Portugal bis nach Schweden und Polen erstreckt, eine Besteuerung, die — mit der gewöhnlichen Ausnahme einiger Orden — alle Kleriker gleichmässig heranzieht, die zugleich überall nach denselben feststehenden Grundsätzen erhoben und verwaltet wird. Wir bringen hier zunächst die äussere Geschichte zur Darstellung.

Die Konstitution, welche die Zehntsammlung anbefiehlt, ist uns im Wortlaut nicht erhalten. Wir wissen nur, dass der Papst Gregor X. zwischen der ersten und zweiten Konzilssitzung, also zwischen dem 7. und 18. Mai 1274, die Prälaten gruppenweise zu sich berufen und von ihnen die Einwilligung zu der Auflage verlangt und erhalten hat.[1]) Gregor erzählt in einem Schreiben an den Kardinal Simon de Brion, der Beschluss über den Zehnten sei von der Kirchenversammlung einhellig — „unanimiter" —[2]), in andern Briefen[3]), er sei „communi consensu" gefasst worden. Um so sicherer wurde der Zweck erreicht, den vom Standpunkte der Kurie die Befragung des Konzils überhaupt hatte, die zu fürchtende Opposition nämlich von vornherein lahmzulegen.

---

[1]) Mansi a. a. O. XXIV. 38. Raynald ad 1274, 3; vgl. dazu Kaltenbrunner, Mitteilungen aus dem Vatikan. Archive, Bd. I. 56*.

[2]) Raynald a. a. O. 35; Potth. 20884..

[3]) Liljegren, Svenskt Diplomatar. I. 482 nr. 583; Munch, Pavelige Nuntiers Regnskabs — og Dagbøger 138.

Gleichzeitig mit dem Zehnten der Geistlichen, der sofort
auf sechs Jahre aufgelegt worden, wurde die allgemeine Verkündigung der Cruciata für das heilige Land beschlossen.¹) Die
Kreuzzugsfonds hatten also auch von den Gläubigen, nicht bloss
vom Klerus, einen starken Geldzufluss zu erwarten. Die Kreuzpredigt wurde zunächst den Bischöfen,²) dann bald darauf den
Provinzialen der Dominikaner und Minoriten³) in allen Kirchenprovinzen übertragen. Für die Einsammlung des Zehnten und,
wie sich aus den uns teilweise vorliegenden Kollektorie-Ab-
rechnungen ergibt, gewöhnlich auch der übrigen geistlichen
Kreuzzugsgelder wurden mit Ausnahme von Norwegen und
Kreta, wo die Erzbischöfe von Drontheim und Kreta (letzterer
erst durch Ernennung Nikolaus' III, 1279.⁴) Ablass-Kommissare
und General-Kollektoren in einer Person waren,⁵) — durchweg
eigene Kollektoren ernannt. Diese Trennung des Geldgeschäfts
von der Thätigkeit der Ablassprediger erscheint hier zum
erstenmale sozusagen prinzipiell durchgeführt; leider nicht auch
in aller Zukunft.

Die Namen der für die einzelnen Länder ernannten General-Kollektoren sind folgende: 1. Albertus, magister scolarum
in Parma, für die Erzdiöcesen Köln, Bremen und Magdeburg
und das Bistum Kamin; 2. Rogerius de Merlomonte, Magister
und Kanonikus von Verdun, Kapellan des Bischofs Peter von
Ostia und Velletri,⁶) für die Erzdiöcesen Mainz, Trier und
Salzburg; 3. Berardus de Podio, Magister und Kanonikus
von Reate, Kapellan des Kardinals Ottoboni, für Rom,⁷) die

---

¹) Raynald a. a. O.
²) Potth. 20920. 20932; Kaltenbrunner, Mitteilungen aus dem
Vatikan. Arch. I, 55.
³) Potth. 20958. 20959; Raynald a. a. O. 40; vgl. Eubel a. a. O. 19.
⁴) Posse 962.
⁵) Potth. 20920; Lange og Unger, Diplomatar. Norvegic. VI.
36. 39; Munch a. a. O. 2. 4. 138 ff. 140.
⁶) Potth. 20947; Posse 857. — Der Kard. Peter de Tarantasia war
Dominikaner, Erzb. von Lyon, später (1276 Januar—Juni) Papst Innocenz V.
⁷) Bei Prou, Reg. Honorii IV. 50 ad 1285, 13. Juni heisst er: „olim
ecclesie Sancti Andree Tudertini rector, nuper vero in. abbatem ecclesie
S. Eleutherii—electus"; vgl. ebenda 55. — In dem von Munch a. a. O.
1 ff. mitgeteilten Verzeichnis des Kollektoren aus dem Jahre 1287 heisst

suburbicaren Bistümer, für Campanien und die Maritima; 4. Leonardus, Archidiakon von Spoleto und päpstlicher Kapellan, für die Marken von Spoleto und Ankona, das Patrimonium in Tuscien und die Romagna¹); 5. Petrus, Bischof von Sora, für das Königreich Sicilien mit Ausnahme von Sicilien und Kalabrien; 6. Markus, Bischof von Cassano, für Sicilien und Kalabrien; 7. Alcampus, Propst von Prato, Kapellan des Kardinals Ottoboni, für Toskana²); 8. Arditio, Magister und Dekan von Nikosia, für die Lombardei, die Mark Treviso, die Patriarchate Aquileja und Grado und für Genua³); 9. der Erzpriester von Terlizzi für Sardinien und Korsika⁴); 10. Pontius, Magister und Prior S. Petri de Burgo, für die Erzdiöcesen Vienne, Arles, Aix, Tarantaise, Besançon und Embrun⁵); 11. Benenatus, Kanonikus von Narbonne, für die Königreiche Aragon und Navarra; 12. Gerardus, Archidiakon von Prato, für Portugal⁶)

---

es gegenüber der obigen Ernennung: „Item in Urbe nullus nunquam (!) fuit institutus collector"! Ebenda wird Berardus, „domini pape cappellanus et nunc episcopus Anconitanus", als Kollektor für die Romagna und Reate genannt.

¹) 1287: „Item in patrimonio beati Petri, ducatu Spoletano, Marchia Anconitana, Romaniola et Massa-Trabatia (!) quondam dns Leonardus Archidiaconus Spoletanus, qui decessit in Urbe in primo anno pontificatus predicti dni Nicolai pape III. (scil. 1277), cui Archidiacono substitutus est frater Bevenutus (!) de Urbeveteri Episcopus Egubinus (!) et adhuc est"; vgl. auch Potth. 21483.

²) 1287: „et adhuc est ibidem".

³) 1287: „Magr. Arditio .. decessit Mediolani tempore vacancie Ecclesie per mortem dni Johannis pape XXI. (1277), et tempore dni Nicolai pape III. (1277—1280) substitutus est eidem in officio Magister Ventura Archipresbiter Clusinus domini pape scriptor, quo decedente fuit substitutus sibi Magister Benenatus de Lauania, qui parum exercuit officium morte preventus, cui fuit subrogatus dns Christoforus prior de Saltiano de Senis et nunc est ibi".

⁴) 1287: „qui decessit in e..... (sic; „eodem anno"?) in Urbe, cui fuit subrogatus Archiepiscopus Arboree (Oristano) et adhuc est ibi". — Die Abordnung des letzteren geschah erst am 9. August 1285: Prou, Reg. 95, vgl. 123. 125 f.

⁵) 1287: „prior de Gordanicis" statt Pontius.

⁶) 1287: „Item in omnibus partibus Regni Portugalie dns Geraldus Archidiaconus Bracarensis fuit collector deputatus et collegit ibi decimas tempore bo. me. dnorum Johannis pape XXI. et Nicolai pape III.

13. Raymundus de Nogeriis, päpstlicher Kapellan, und Johannes de Derlington, ein Dominikaner, für England[1]); 14. Bohemund de Vitia, Kanonikus von Asti, Kapellan des Kardinals Ubertus von S. Eustach, für Schottland[2]); 15. Johannes, Bischof von Clonfert, für Irland[3]); 16. Johannes, Erzbischof von Drontheim, für Norwegen (einschliesslich Island, Grönland und die Faroer[4]); 17. Bertrandus Amalrici, Magister und Kanonikus von Rheims, für Schweden und Dänemark[5]); 18. Gerardus de Mutina, Magister, Subdiakon und päpstlicher Skriptor, für Ungarn und Polen[6]); 19. Philipp, Dekan von Patras, für Achaia[7]); 20. Thomas, Patriarch von Jerusalem, für die transmarinen Gebiete (Syrien)[8].

Es fehlen in dieser Aufzählung, die wir nach Kaltenbrunners „Mitteilungen aus dem Vatikanischen Archive"[9]) gegeben, Kollektoren für Kastilien und Leon, für das Königreich Cypern und für Frankreich. In den genannten spanischen Ländern wird der Bischof „Offredus Episcopus Ovettensis" als „superintendens decimarum" genannt, in Cypern war es ein Bischof von Paphos.[10]) Papst Honorius IV. liess die von diesem gesammelten Gelder im Herbste 1285 und nochmals 1286 einfordern.[11]) Dass der Zehnt auch in Frankreich

---

Quo Archidiacono decedente frater Monaldus de Mathelica Camerinensis diocesis fuit missus ad recuperandum decimas, quas collegit predictus Archidiaconus et deponendum apud mercatores, qui eam solverent in Curia Romana."

[1]) S. unten S. 105 ff.

[2]) 1287: „et adhuc est" (scil. ibi); vgl. unten S. 107.

[3]) 1287: „et adhuc est ibi".

[4]) Lange og Unger, Dipl. Norv. VI. 36. 39. 46; Munch a. a. O. 143. 153. 155; vgl. unten S. 107 f.

[5]) S. unten S. 108 f.

[6]) S. unten S. 108 f.

[7]) 1287: „Item in Achaya Episcopus Olenensis et adhuc est ibi et fuit institutus tempore dni Johannis pape XXI. et tamen ibidem ante ipsum fuerat alius ut dicitur institutus, sed ipse debuit colligere de tempore preterito et de tempore subsequenti".

[8]) 1287: „Item in Regno Jerusalem nullus fuit institutus collector".

[9]) A. a. O. 56.

[10]) Munch a. a. O. 2. 4.

[11]) Prou, Reg. 184. 618.

erhoben worden, darüber besteht kein Zweifel. Er wurde dem Könige Philipp III., dem Sohne und Nachfolger Ludwigs des Heiligen, schon wenige Wochen nach dem Konzil von dem Papste verheissen.[1]) Wir haben auch noch Rechnungsfragmente über die Höhe der dem Könige ausgefolgten Summen.[2]) Und dass die Bezehntung alsbald nach dem Konzil begonnen haben muss, ist daraus zu entnehmen, dass dieselbe genau im Jahre 1280, wie es vorgesehen war, aufgehört hat.[3]) Die Befugnisse eines General-Kollektors in Frankreich wurden von dem Kardinal Simon von S. Cäcilia ausgeübt.[4]) Das Verzeichnis der Kollektoren, welches der päpstliche Kämmerer Berard von Neapel im Jahre 1287 zusammengestellt hat[5]), beginnt:

„Imprimis in toto Regno Francie et civitate ac diocesi Lugdunensi Reverendus pater dominus Symon tit. sancte Cicilie (!) presbiter cardinalis tunc apostolice sedis legatus, fuit superintendens et ipse posuit col[lectores] decimarum per singula loca et provincias ipsius Regni a tempore quo ordinatum fuit de decimis colligendis.“

Wir haben den Kardinal Simon de Brion bereits unter Urban IV. und Clemens IV. als Legaten und zugleich General-Kollektor für Frankreich kennen gelernt, und am 1. August 1274 war derselbe neuerdings von Gregor X. mit der französischen Legation betraut worden.[6])

Für Deutschland wurde am 27. Oktober 1275 zu den bereits am 20. September 1274 ernannten beiden Kollektoren Albertus von Parma und Roger von Merlomonte noch ein Ober-Kollektor, der Erzbischof Jakob (II.) von Embrun, mit derselben Oberaufsichts-Stellung, wie sie der Kardinallegat de Brion in Frankreich hatte, bestellt.[7]) Gregor X. verwandte ihn auch zu einigen diplomatischen Geschäften in Deutschland.[8])

---

[1]) Potth. 20875; Posse 801; Raynald ad 1274, 35.
[2]) Recueil des hist. XXI. 531 f; Langlois, Philippe III. 444 ff.
[3]) E chronico Rotomagensi: Recueil XXIII. 342.
[4]) Potth. 20904; Posse 801. 808 ff. Kaltenbr. 108. 225. 238; Raynald ad 1274, 3.
[5]) Munch a. a. O. 1 ff.
[6]) Kaltenbr. 225.*
[7]) Ebenda 92. 93. 94. 95.
[8]) Potth. 21085. 21090.

Innocenz V. rief ihn schon im März 1276 zurück.[1]) Von da ab gab es keine einheitliche Spitze für das deutsche Sammelgeschäft bis zum Jahre 1289 oder 1290.[2]) Das „regnum Alemanie" zerfiel vielmehr in zwei grosse Kollektoriebezirke, deren erste, übrigens nicht feststehende, Abgrenzung oben in der Kollektorenreihe angegeben wurde. Für den zum Reiche gehörigen Teil der Diöcese Cambray, sowie in den Territorien des Grafen von Flandern, wurden durch Johann XXI. besondere Kollektoren bestellt, die der päpstlichen Kammer direkt rechnungspflichtig waren. Es waren zwei Cistercienser-Äbte jener Gegend und der Cameracher Dekan, Johann de Brueriis.[3]) — Albertus von Parma, der Kollektor für Köln, Bremen, Magdeburg und Kamin, scheint sein Amt gar nicht angetreten zu haben. Aus welchem Grunde, wissen wir nicht.[4]) An seiner Stelle war schon im Jahre 1275 ein dritter Kapellan des Kardinals Ottobonus, Rayner de Orio, Propst von Chivasso[5]) in in der Diöcese Ivrea, als Kollektor im Meissenschen thätig.[6]) Derselbe hat das Sammelgeschäft in den norddeutschen Gegenden bis in das Jahr 1285 hinein, also etwa zehn Jahre lang, wahrgenommen.[7]) Im Jahre 1277 unter dem Papste Johann XXI., der seine Ernennung zum Kollektor am 25. Februar genannten Jahres erneuerte,[8]) erhielt er auch ein Kanonikat in Lüttich.[9]) Im übrigen war sein Amt ein recht saures. Gregor X. traf, wie wir noch sehen werden, mit dem Könige von Frankreich zu Nutzen des heil. Landes ein besonderes Abkommen und verhiess demselben die Deckung aller seiner Auslagen für das-

---

[1]) Potth. 21106; vgl. Kaltenbr. 95*; er erhob noch „in die Lucie virginis" (13. Dez.) Procurationen in Konstanz (Liber decimationis ed. Haid 169).
[2]) S. unten S. 104.
[3]) Munch a. a. O; Prou, Reg. Hon. IV. 423 ff. 753; Kaltenbr. 142. 143 liest „Bruneriis".
[4]) Der Bericht von 1287 (Munch 3) nennt ihn gar nicht.
[5]) Castrum Clavaxii (Clavasii) eine Besitzung der Markgrafen von Montferrat: Winkelmann, Acta imperii I. 527. nr. 661.
[6]) Gersdorf, Urk. B. d. Hochstifts Meissen I. 184 nr. 240.
[7]) Ebenda 208 nr. 268 u. s. die folgenden Anmerkungen.
[8]) Finke, Papsturkk. Westfalens I. 335 nr. 707; Kaltenbr. 102.
[9]) Finke a. a. O. und 333 nr. 708.

selbe aus dem gesamten Zehnten, wo auch immer derselbe gesammelt werde.[1]) Durch Johann XXI. wurde dann die erste
Jahresrate des Zehnten aus Deutschland zur Hälfte dem Könige
Philipp überwiesen.[2]) Das aber scheint bei der deutschen Geistlichkeit, welche wohl so wié so schon gegen die Bezehntung
eingenommen war, böses Blut gemacht zu haben. Der Erzbischof Konrad II. Sternberg von Magdeburg (1266—1277) hielt
ein Provinzial-Konzil, und auf den Beschluss dieses hin wurde
ganz allgemein für die gesamte Provinz die Leistung des
Zehnten verboten. Jeder Zahlende wurde mit dem Kirchenbanne und dem Verlust seiner Pfründe bedroht.[3]) Infolge dessen
weigerten sich die Bischöfe, Äbte, Geistlichen aller Orten, die
Steuer zu bezahlen. Der Kollektor ging den päpstlichen Weisungen gemäss mit Bann und Interdikt vor;[4]) aber das wird
nicht immer gefruchtet haben. Der Bischof Withego von
Meissen (1266—1293)[5]) wurde schon im Jahre 1277 wegen seines
Widerstandes gegen die Zehntsammlung exkommuniziert; doch
nicht bloss im Jahre 1279 musste die Verkündigung der Sentenz „wegen Verstocktheit" noch allgemein anbefohlen werden;[6])
nein, auch 1282, also im fünften Jahre, erging nochmals des
Papstes Befehl, den Bischof Withego und alle Prälaten seiner
Diöcese, „welche die Zehntzahlung trotz mehrfach an sie er-
gangener Aufforderung nicht leisten", nach fruchtloser Vor-
ladung zu exkommunizieren.[7]) Erst jetzt scheint Withego seinen
Frieden mit der Kurie gemacht zu haben. Er und der Bischof
von Naumburg wurden nämlich im Frühjahr 1283 mit der
Überreichung des Palliums an den neuen Erzbischof von Magdeburg betraut.[8]) Der Meissener Klerus liess sich aber auch jetzt
nur schwer zur Zahlung bewegen. Man schützte den „malus

[1]) Potth. 20875.
[2]) Kaltenbr. 108.
[3]) Ebenda 244; Posse 1078; Finke 729.
[4]) Kaltenbr. 238. 244—247. 502.*
[5]) S. über ihn Machatschek, Gesch. der Bischöfe des Hochstifts
Meissen (Dresden 1884) 200 f.
[6]) Gersdorf a. a. O. I. 192 nr. 249.
[7]) Finke a. a. O; Posse 1079; Kaltenbr. 245.
[8]) Posse 23 (Anhang); Lippert in den „Mitteilungen d. österreich.
Inst." X (1889) 581, Anmerkung 2, hat darauf aufmerksam gemacht.

status" des Landes vor. Über viele Geistliche mussten noch 1285 die Censuren verhängt werden.[1]

In schlimmerer Weise noch bewiesen die Bischöfe von Hildesheim, Osnabrück und Utrecht ihre üble Gesinnung gegen die Zehntsammlung. Der Hildesheimer, Siegfried von Querfurt, eignete sich die Deposita des Zehnten an und bezahlte Schulden damit.[2] Der Prälat von Osnabrück, Konrad von Rietberg, nahm den Subkollektoren seiner Diöcese die Zehntgelder ab und verwandte sie gleichfalls zu eigenen Zwecken.[3] Der von Utrecht, Johann von Nassau, ein Oheim des nachmaligen Königs Adolf, brach mit Bewaffneten in die Kirche der Dominikaner zu Utrecht, wo ein Teil der Sammelerträgnisse hinterlegt war, ein und raubte die Fonds.[4] Gegen den Utrechter sollte der Erzbischof von Köln, Siegfried von Westerburg (1275—1297), einschreiten.[5] Aber der nahm bald ein ganz ähnliches Verhalten an. Er gab die bei ihm selbst hinterlegten Zehntgelder trotz aller Mahnungen nicht heraus, wurde wie jene exkommuniziert, kehrte sich aber nicht daran, sondern hielt nach wie vor Gottesdienst.[6]

Der Kollektor Rayner de Orio ging im Herbste 1279 nach Viterbo,[7] wo damals die Kurie sich befand, vermutlich um über die Verhältnisse seines Kollektorie-Bezirkes Bericht zu erstatten und Verhaltungsmassregeln zu erbitten. Da er von dort aus den Dechanten und Pfarrern im Magdeburgischen die Verkündigung der Exkommunikation gegen den Bischof von Meissen anbefiehlt, so scheint man ihm die verschärfte Anwendung der kirchlichen Sentenzen empfohlen zu haben. — Nach Deutschland zurückgekehrt, ging Rayner erst recht widerlichem Geschicke entgegen. Er kam nach Westfalen und wurde hier durch den Edelherrn Simon zur Lippe im Jahre 1284 gefangen gesetzt. Er schreibt selbst von der schlechten Behandlung, die er in dem Gefängnisse erfahren. Die Freiheit erlangte er nur unter

---

[1]) Gersdorf I. 208 nr. 268.
[2]) Gesta praepositorum Stedernburgensium: MG. SS. XXV. 728.
[3]) Finke 728; Posse 2080; Kaltenbr. 246.
[4]) Kaltenbr. 130. 374; vgl. Raynald ad 1278, 81.
[5]) Ebenda.
[6]) Finke 730; Posse 1081; Kaltenbr. 237.
[7]) Gersdorf 249 (Datum!); vgl. Kaltenbr. 245*.

der Bedingung zurück, dass er dem Edelherrn „auf eigene
Kosten" Absolution vom Kirchenbanne verschaffe, andernfalls
hatte er demselben 1000 Mark zu zahlen. Zur Sicherheit über-
gab er seinen Bruder Wilhelm als Geisel. Dieser wurde erst
gegen Hinterlegung von 800 Lütticher Mark in Freiheit gesetzt.
Der Erzbischof von Köln hat nachher den Vertrag, welcher
Rayner verpflichtete, für nichtig erklärt und die 800 Mark, die
von den Zehntgeldern genommen waren, dem Kollektor zugesprochen; aber dieser hatte Mühe, sie zurückzuerhalten.[1]) Des
Sammelgeschäfts war er nun überdrüssig. Er bat um seine
Entlassung. An seiner Stelle wurde Theoderich, Abt von
S. Andreas zu Orvieto, zum Kollektor für Köln, Bremen,
Magdeburg und Kamin ernannt.[2]) Er konnte demselben aber
erst im Herbste 1285 das von ihm gesammelte Geld und alle
auf die Zehntsammlung bezüglichen Briefschaften übergeben.[3])

Nicht ganz so schwierig wie in Norddeutschland hatte sich
das Sammelgeschäft für den Magister Rogerius de Merlomonte in den Erzdiöcesen Mainz, Trier und Salzburg gestaltet.[4])
Wir lesen nur von einzelnen Strafen (Exkommunikation, Verpfändung) wegen Säumigkeit der Zahlung und dann von einem
Proteste der Domkapitel von Mainz, Worms, Speier, Strassburg,
Würzburg, Bamberg und Augsburg, welche Einsprache jedoch
Anfang 1278 durch den Papst Nikolaus III. niedergeschlagen
wurde.[5]) Die grosse Konstanzer Diöcese war in zwei Sammel-
bezirke geteilt, deren einer dem Domdechant Walko, der andere
dem Propst Heinrich von S. Stephan in Konstanz zugewiesen
wurde, und meistens haben dort die Landdechante die unmittelbare Einhebung besorgt. Die Abrechnung über den Konstanzer
Zehnt ist uns erhalten in dem von W. Haid herausgegebenen
„Liber decimationis cleri Constantiensis - de anno 1275.[6]) Ebenso

---

[1]) Finke 745.
[2]) Posse 1091. 1122 f. 1274; Kaltenbr. 263. 271. Theoderich war
schon am 13. Januar 1283 in Aussicht genommen: Posse 1122 und „Acta
Vaticana" 22.
[3]) Kaltenbr. 284. 285; Prou 158.
[4]) Die dem Rogerius von Gregor X. erteilte Instruktion s. Sudendorf, Registrum I. 115 nr. 63 und Hansiz, Germania sacra II. 373—378.
[5]) Kaltenbr. 107; Posse 902.
[6]) Freiburger Diöcesan-Archiv I. (1865) 1—303.

besitzen wir eine Abrechnung der beiden Trierschen Unter-
kollektoren aus dem Anfange des Jahres 1276, aus welcher
hervorzugehen scheint, dass auch dort die Bezehntung keinen
ausserordentlichen Schwierigkeiten begegnete.¹) — Zwischen
1278 und 1282 ist Rogerius gestorben.²) Sein Amtsbezirk wurde
nun geteilt. Die Erzdiöcesen Trier und Mainz mit Ausnahme
der zu letzterer gehörigen Diöcesen Prag, Olmütz, Eichstätt
und Bamberg wurden dem schon genannten Abte Theoderich
von Orvieto überwiesen, der drei Jahre später, gleichzeitig
mit seiner Neubestätigung für Mainz und Trier durch Honorius IV.
(1. Septembr. 1285)³), auch den norddeutschen Kollektoriebezirk
erhielt, und für die Erzdiöcese Salzburg einschliesslich der genannten Mainzer Sprengel wurde der Magister Aliro de Ri-
cardis, Kanonikus von S. Marco zu Venedig, zum Kollektor
bestellt.⁴)

Von dem letzteren ist uns ein Rechenschaftsbericht über
die Zehntsammlung in Steiermark und Kärnthen aus dem
Jahre 1285 erhalten. Der Herausgeber desselben, P. Willibald
Hauthaler,⁵) hat zugleich einige Mitteilungen über die Schick-
sale des Kollektors gegeben, aus welchen wir ersehen, dass
immerhin auch in den oberdeutschen Landen Schwierigkeiten
und Gefahren mit dem kirchlichen Sammelgeschäft verbunden
waren. Aliron hatte die Zehnterhebung in seinem Bezirk,
welche in den früheren Jahren wegen der Wirren zwischen
Rudolf von Habsburg und Ottokar von Böhmen allenthalben
unterblieben war, im Jahre 1283 ins Werk gebracht. Zu dem
Behufe hatte er die ihm zugewiesenen Länder Böhmen, Mähren,
Bayern, Franken und Österreich persönlich bereist und überall
Unterkollektoren eingesetzt. Für einen Teil der Diöcese Salzburg hatte er den Abt Friedrich von Moggio zum Kollektor
bestellt. Als dieser nun Rechnung legen und bezw. die ein-
gesammelten Erträge abliefern sollte, gab es Schwierigkeiten.

¹) Der Erzbischof selber und das Kapitel nahmen an der Abrechnung
teil: Lamprecht, deutsches Wirtschaftsleben III. 69 nr. 54.
²) Die letzte Urk. an ihn datiert vom 5. April 1278: Kaltenbr. 110.
³) Prou 114—116.
⁴) Finke 731 ff; Posse 1091. 1334 ff; Kaltenbr. 242.
⁵) „Libellus decimationis de anno 1285": Salzburger Gymnasial-
progr. 1887.

Abt Friedrich erschien erst nach wiederholten Vorladungen und
erklärte, „dass er das Geld nicht sogleich abliefern könne, weil
er es teilweise an verschiedenen Orten angelegt, teilweise von
der Not gedrängt für sein eigenes Kloster verwendet habe".
Da der päpstliche Legat ausser einem Rechnungsausweis vorläufig nichts anderes zu erhalten wusste, so liess er sich das
eidliche Versprechen beurkunden, „das gesamte hinterlegte und
verausgabte Sammelgeld, wann immer es durch den Legaten
oder jemand anderen im Namen der Römischen Kirche verlangt werden sollte, ganz und vollständig auf Kärntnerischem
Boden erlegen zu wollen". Auch dieses Versprechen wurde
nicht gehalten. Wiederholte Mahnungen blieben fruchtlos.
Aliron sprach schliesslich den Bann über den Abt aus. Auch
das war ohne Erfolg. Im Gegenteil! Der Abt rächte sich, indem er den Legaten, als dieser in Zehntangelegenheiten wieder
— vielleicht 1284 — durch Steiermark reiste, durch seinen
Verwandten, den Ritter Otto von Pernegg, überfallen und ein-
kerkern liess. Die Begleiter Alirons wurden beraubt und teilweise verwundet, Boten, welche er nach Rom schicken wollte,
abgefangen und eingesperrt, andere, die er in Zehntangelegenheiten hinausgeschickt hatte, ebenfalls abgefasst, der Briefschaften beraubt und gefangen gesetzt.[1]

Seit 1290, wahrscheinlich auch schon 1289, war Theoderich
von Orvieto als General-Kollektor für ganz Deutschland bevollmächtigt.[2] Wir dürfen das vielleicht zurückführen auf einen
für uns überaus wertvollen Brief des Dominikaner-Ordens-
generals Munio, der, auf einer Visitations-Reise in Deutschland
begriffen, im Jahre 1289 an Papst und Kardinäle über denselben sehr lobend berichtet hat. Wir lesen da, Theoderich
halte reine Hand von allen Geschenken, und sich Eingriffe in
die Sammelerträge zu gestatten, das betrachte er als Ent-
heiligung. Er sei nach dem Urteile vieler besonders geeignet,
die erkaltete Liebe des deutschen Klerus und Volkes (zur Kirche)
wieder anzufachen; denn er sei überall beliebt:

---

[1] S. die Urk. Honorius' IV. in den „Registres" von Prou, nr. 5,
und bei Hauthaler a. a. O. 26 f. Dazu dessen Vorbemerkungen S. 3—5,
auch Kaltenbr. 272.

[2] S. die Adresse bei Kaltenbr. 386. 387.

„Certe mirari poteram, cum cernerem Theutonicorum gentem rigidam sic ipsius affectione devinctam, ut eum veneraretur ut dominum, diligeret ut patronum. . . . Ipse enim noscit et noscitur, diligit et diligitur, et in cunctis, ad que mittetur, prosperabitur domino concedente"[1]).

Auf welche Weise Theoderich diese veränderte Stimmung der Deutschen bewirkt hat, das wird uns des näheren nicht berichtet. Aus den Aktiv-Formen des letzten Satzes kann man vielleicht auf eine gewisse Milde in der Einziehung der Zehntbeträge schliessen. Er ist in Deutschland nach der Verallgemeinerung seiner Vollmachten wohl nur noch kurze Zeit geblieben. Papst Nikolaus IV. hat am 13. November 1290 auf Ansuchen Rudolfs von Habsburg (!) seine Mission noch auf ein Jahr verlängert.[2]) Im letzten Jahre seiner Wirksamkeit trat ihm noch ein Protest des Klosters Melk entgegen, der auch durch die Äbte von Seitenstetten, Göttweig und Mariazell, sowie durch den Propst von S. Pölten mitbesiegelt war.[3])

Ein wiederholter Personenwechsel hat auch in der Kollektorie von England stattgefunden. Im Jahre 1274 wurden der päpstliche Kapellan Raymundus de Nogeriis und der Dominikaner Johannes de Derlington zu General-Kollektoren bestellt. Der erstere war schon 1272 in England als päpstlicher Kammerbevollmächtigter und Sammler thätig.[4]) John Derlington, zugleich als theologischer und philosophischer Schriftsteller bekannt,[5]) wurde 1279 von Nikolaus III. zum Erzbischof von Dublin berufen,[6]) blieb aber dabei Kollektor. Er starb vor dem 30. Mai 1286.[7]) An Stelle des Raymund erscheint neben ihm

---

[1]) Finke, Ungedruckte Dominikanerbriefe des 13. Jahrhunderts, 123.

[2]) Kaltenbr. 412.

[3]) Ebenda Anmerkung.

[4]) Potth. 20610 f. 20616. 20797; Posse 744 f; Kaltenbr., Römische Studien: Mitteil. d. öst. Inst. VII. (1886) 567 nr. 195 ff.

[5]) S. Quétif-Echard, SS. ordinis Praedicator. I. 396.

[6]) Theiner, Vetera Monum. Vaticana Hibernor. 118; Trivettus (D'Achery, Spicil. III.) 208. 210. -- Er war im Herbst 1278 als königl. Gesandter an der Kurie gewesen: Rymer ad 278, Kal. Aug.; Sweetman, Calendar II. 1477. — Bez. seiner Weihe s. Registrum epistolarum Joannis Peckham I. 36 nr. XXIX. und Sweetman II. 1550.

[7]) S. Sweetman III. 72.

im Februar 1277, ferner 1279 bis in den Februar 1282, der päpstliche Kapellan Magister Arditio, Primicerius von Mailand.[1]) Raymund wurde, nachdem er an die Kurie zur Rechnungslegung gekommen, mit „anderen Geschäften der Kirche" betraut.[2]) Am 7. März 1282 wurde der Magister Giffrid de Vezano, Kanonikus von Cambray und päpstlicher Kammerkleriker, der bereits seit 1276 kuriale Geldgeschäfte in England besorgte,[3]) mit der Kollektorie der geistlichen Kreuzzugsgelder, ausgenommen den Zehnten, in England, Wales, Schottland und Irland beauftragt,[4]) und am 7. Oktober 1283 wurde ihm an Stelle des Erzbischofs von Dublin auch die Zehntsammlung übergeben.[5]) Der Papst verwandte ihn zugleich zu hie und da vorkommenden kirchlichen Rechtsgeschäften. Aus diesem Anlass entwirft John Peckham, der Erzbischof von Canterbury, in einem an Papst Martin IV. gerichteten Briefe ein wenig günstiges Bild von ihm. Er soll dem Bestreben des Primas, die Kirche von den Laienpfründnern und nicht residierenden Benefiziaten zu säubern, entgegengearbeitet und in einem gegebenen Falle, dessen Entscheidung ihm der Papst übertragen, sich als „impar tanto negotio" erwiesen haben —
„sua contra leges, quas nescit, utens pro legibus voluntate, pro immundo sanguine hominis nisus est derogare sanguini Redemptoris."[6])
Ja, in einem gleichzeitigen Schreiben an den Kardinal-Bischof von Tusculum vergleicht ihn Peckham gar dem Wolfe, der zum Richter über den Hirten gesetzt sei.[7]) Nichtsdestoweniger

---

[1]) Potth. 21804. 21811; Posse 887; Reg. Joannis Peckham I. 28 nr. XXII., 45 nr. XL, 60 nr. LII., 292 nr. CCXXXV.

[2]) Munch a. a. O.: „Veniens ad curiam pro sua ratione reddenda fuit aliis servitiis Ecclesie deputatus."

[3]) Potth. 21204. 21781; Posse 1037. 1060; Sweetman I. 1309.

[4]) Potth. 21862.

[5]) Ebenda 22066. (22069). — In dem Berichte von 1287 heisst es, John Derlington sei 8 Jahre, Arditio 5 Jahre „continue" in der Kollektorie thätig gewesen: Munch a. a. O.

[6]) Reg. ep. Jo. Peckham II. 598 nr. 468.

[7]) Ebenda 600 nr. 469. Vgl. daselbst auch die merkwürdige Stelle: „— — — adversario nostro notorio Gyffredo de Vezano, qui, qualiter jura didicerit non tam in studiis quam in scriniis revolvendis, processus sui pravo et amfractuoso tramite indicavit."

blieb Giffred bis über den April 1288 hinaus als Kollektor in England.[1]) Unter Nikolaus IV. wurden dann die Bischöfe von Winchester und Lincoln bevollmächtigt.[2])

Der Verlauf der schottischen Zehntsammlung ist von besonderem Interesse, insofern wir von dort erfahren, wie gerade die Einschätzung „secundum verum valorem" den Widerstand des Klerus herausforderte. Bis dahin hatte eine „antiqua taxatio" in Schottland gegolten. Der Kollektor Bohemund oder Boiamund de Vitia aber, wie oben bemerkt, Domherr von Asti in Piemont, erachtete die Sätze dieser vielfach für zu niedrig und verlangte von den Geistlichen die eidliche Angabe des wirklichen Wertes ihrer Benefizien. Dagegen erhob dann eine Versammlung des Klerus zu Perth am 5. August 1275 Protest. Der Legat wurde zur Abreise nach Rom bewogen, um sowohl die Beibehaltung der alten Taxen, als auch sonstige Erleichterungen zu erwirken. Er kehrte unverrichteter Dinge zurück. Die Einsammlung nach dem wirklichen Werte musste nun wohl oder übel zugegeben werden. Die „Boiamund's Roll" blieb dann bis zum Untergange der alten Kirche in Schottland für alle nachfolgenden Kirchen-Besteuerungen in Kraft. Sie ist leider nur in einer unvollkommenen und späten Redaktion auf uns gekommen.[3])

In Norwegen hat der Erzbischof Jon von Drontheim, der seit 1268 den Stuhl von Nidaros inne hatte,[4]) die Kollektorie bis in das Jahr 1280 hinein verwaltet.[5]) Nachdem in diesem Jahre unter der Vormünderregierung des Königs Erich II. (1280—1299) die Kirchenstreitigkeiten um das Tunsberger Konkordat ausgebrochen, musste er mit den Bischöfen von Oslo und Hamar das Land verlassen,[6]) und es ruhten die Sammel-

---

[1]) Prou, Reg. 205. 306. 469. 513; Munch a. a. O. 2; Potth. 22688; Gesta abbatum S. Albani II. 28.

[2]) Potth. 23615. 23632. 23635.

[3]) Vgl. Robertson, Concilia Scotiae LXIX; Bellesheim, Gesch. der kath. Kirche in Sch. I. 241. — Theiner, vet. monum. Hibern. 109 gibt ein „Exemplum cujusdam libri de papiro, in quo continetur collectio decimae terrae sanctae ... pro tribus annis" u. s. w.

[4]) S. über ihn Munch, Historie V. 470.

[5]) Liljegren I. 598 nr. 743; Lange og Unger VI. 45. nr. 50.

[6]) S. darüber Zorn, Staat und Kirche in Norwegen 242 ff. 253.

geschäfte.[1]) Die Regierung Erichs verbot gerade mit Rücksicht auf die Zehntgelder jede Ausfuhr von Gold und Silber.[2]) Erst mit dem Nachlassen des kirchenpolitischen Kampfes scheint auch dieses Verbot aufgehoben oder ausser Acht gekommen zu sein. Papst Honorius IV. ernannte im November 1285 an Stelle des in der Verbannung gestorbenen Erzbischofs († 1282) den Huguitio, Pfarrer von Castellione, Diöcese Arezzo, zum Kollektor.[3])

Die dänisch-schwedische Zehntsammlung wurde zuerst 7 Jahre lang durch den Magister Bertrandus Amalrici geleitet.[4]) Dann wurde dieser im Jahre 1282 Erzbischof von Arles,[5]) und der Bischof von Aarhus erhielt die Kollektorie.[6]) Im Jahre 1285 ernannte Honorius IV. den Pfarrer Huguitio von Castellione, wie für Norwegen, so auch für Schweden-Dänemark zum Kollektor.[7]) Huguitio ist länger als zehn Jahre in den nordischen Reichen gewesen. Erst 1295 wurde er zur Rechnungsablage zurückgerufen.[8])

Der Kollektor für Ungarn und Polen „und anliegende Provinzen" (Slavonien u. s. w.) war eilf Jahre lang der Magister Gerard von Mutina (Modena).[9]) Er war durch Bulle vom 20. September 1275 ernannt worden.[10]) Johann XXI. und Nikolaus III. bestätigten ihn.[11]) Im Jahre 1283 wurde er Bischof von Caiazzo (1283—93). Da er als solcher wohl das Zehntgeschäft vernachlässigt hat — nach seinem Rechenschaftsbericht

---

[1]) Munch, Pavelige Nuntiers 13.
[2]) Potth. 22349. 22350; Prou, Regg. 221. 248 f.
[3]) Prou, Reg. 214 ff; Potth. 22311—22316. 22343. — Erzb. Jon starb zu Skara in Westergoetland: Zorn 254.
[4]) Sein Rechenschaftsbericht bei Munch a. a. O. und Liljegren a. a. O. Der letztere Druck ungenau, vielfach fehlerhaft. Vgl. auch Potth. 21593. 21595. 21602 ff.; Hasse, Schlesw.-Holstein. Regg. II. 552.
[5]) Potth. 21919
[6]) Ebenda 21934.
[7]) Ebenda 22310 f; Prou 217 ff. 355; Raynald ad 1286, 34.
[8]) Potth. 24146.
[9]) Sein Rechenschaftsbericht (die General-Abrechnung) in Monumenta Vaticana Hungariae, Serie 1, Bd. 1., S. 1—38; vgl. auch Theiner, Monum. Slavor. meridion. I. 136 ff. nr. 1941.
[10]) Theiner, Mon. Hung. I. 319.
[11]) Ebenda 323.

hat er überhaupt nur 6 Jahre und 5 Monate hintereinander in
den Donau- und Weichselgegenden zugebracht — so wurde
am 6. Februar 1287 der Kanonikus Adam de Polonia von
Krakau für ihn Kollektor.[1]) Dass auch dieser die Zehntsammlung noch nicht ganz zu Ende führte — die ungarischen Thron-
streitigkeiten mögen daran Schuld gewesen sein —, das ersehen
wir daraus, dass noch im Jahre 1301, 17. September, Bonifaz VIII.
seinen Skriptor Bonavitus de Casentino, Kanonikus von
Aquileja, „in negotio decimae pro Terrae sanctae subsidio in
concilio Lugdunensi deputatae"· nach Böhmen und Ungarn,
Polen und Mähren sandte.[2])

Indem wir uns nun der Verwendung der aus aller Welt
zusammengebrachten Kreuzzugsgelder zuwenden, müssen wir
zunächst anerkennen, dass ein sehr grosser Teil derselben teils
direkt von den Päpsten, teils durch Zuwendung an die Fürsten
und Herren, die das Kreuz nahmen, soweit es auf die Kurie ankam,
bestimmungsgemäss für Kreuzzugszwecke verwandt worden ist.
Der Eifer Gregors X. für die Rettung Palästinas ist bekannt.
Den diplomatischen Verhandlungen, welche er dieserhalb führte,
und in welchen er die bündigsten Versprechungen von dem deutschen Könige Rudolf,[3]) von den Herzogen von Lothringen und
Baiern, ferner von den Königen Philipp von Frankreich,[4]) Eduard
von England,[5]) Jakob von Aragon,[6]) Karl von Sicilien und Leo
von Armenien[7]) einheimste, Versprechungen, welche sämtlich nicht

---

[1]) Theiner, Monum. Poloniae I. 99; vgl. zu dem Ganzen Fejér-
pataky in den „Prolegomena ad rationes collectorum pontificiorum in
Hungaria": Mon. Vatic. Hung. I. 1. XX.

[2]) Potth. 25073. — Wir glauben aber nicht, dass es damals noch
grosse Summen („sommes importantes") in Ungarn zu heben gab, wie das
Grandjean annimmt in seinem „Benoît XI. avant son pontificat":
Mélanges d'archéologie et d'hist. VIII (1888), 273 Anmerkung 4.

[3]) Chron. Sampetrin. Erford: Mencken, SS. rer. Germanic. III. 285;
Chron. Salisburgense: Pez. SS. Austriac. I. 374; Raynald 1275, 42; vgl.
Lindner, deutsche Gesch. unter den Habsburgern und Luxemburgern I. 32.

[4]) Raynald a. a. O; Posse 801; Langlois 82 f.

[5]) Raynald a. a. O. 44; Sweetman, Calendar I. 923; Potth. 21086.

[6]) Raynald a. a. O. 42.

[7]) Ebenda.

gehalten wurden,[1]) — entsprach der Papst seinerseits durch Ausrüstung einer Flotte von 12 Triremen, die mit allem, was die damalige Schiffsbaukunst bot, aufs beste versehen waren;[2]) indem er ferner zuerst im Jahre 1272 den Oliverius de Termulis mit drei Galeeren und einem Lastschiffe,[3]) dann 1273 den Ritter Ägidius de Santi mit 400 und Petrus Domineis mit 300 Armbrustschützen, und wiederum 1275 den Wilhelm de Roussillon mit 40 Rittern, 60 andern Reitern und 400 Armbrustschützen „im Solde der Kirche" nach Accon schickte.[4]) Der alte Connétable der Champagne, Erhard de Valeri, ein Vertrauter des Karl von Anjou und des Königs Philipp III.,[5]) erhielt von Gregor ein Kreuzfahrts-Viaticum von 2000 Mark.[6]) Dass der Papst auf die französischen Sammelerträge zu Gunsten des Königs Philipp bezw. dessen in Aussicht gestellter Kreuzfahrt verzichtete, wurde bereits erwähnt; ebenso dass auch die Hälfte der Kreuzzugsgelder aus Deutschland im ersten Jahre dem Könige von Frankreich überwiesen wurde. Es hatte mit diesem folgende Bewandtnis:

Gregor X. hatte anfänglich, um den noch in den Händen der Christen befindlichen Besitz im heiligen Lande zum Nutzen eines demnächstigen grossen Kreuzzuges zu erhalten, bestimmt, dass auch vor dem allgemeinen Passagium schon Unterstützungen aus dem Lyoner Zehnten für Palästina gewährt werden sollten,

---

[1]) Johann XXI. sagte: „Der Teufel kam immer dazwischen: Raynald 1276, 47.

[2]) Raynald 1272, 4; Guglielmotti, storia della marina pontificia I. 438 f.; vgl. Posse 658 ff. 721.

[3]) Posse 690. 695 f 719. — In den von Minieri Riccio im Arch. stor. Italiano, Serie III. Tom. 22 (1875), 3 ff. veröffentlichten angiovinischen Registerauszügen finden wir S. 5 zum 26. Januar 1273: „Ordina (scil. il re Carlo I.) al Secreto di Sicilia di fare uscire dal regno senza alcuno impedimento il nobile Oliviero di Termoli suo diletto, il quale con tre galere ed una nave va alla spedizione di Terra Santa."

[4]) Sanuto, Secreta fidelium crucis: Bongars, Gesta Dei per Francos II. 225, c. XII; 226, c. XIV.

[5]) Er war der Ratgeber des Anjou in der Schlacht bei Alba-Tagliaczzo: Reumont, Gesch. d. St. Rom II. 577; Gregorovius V. 426 f. — S. über ihn auch De Saint-Priest II. 14 f, besonders aber Busson in Quiddes Zeitschr. IV. (1890) 309—319.

[6]) Campi, storia di Piacenza II. 483.

und zwar sollten die zu machenden Aufwendungen auf das Gesamt-Erträgnis gerechnet werden (damit nicht ein Land vor dem andern mehr belastet werde). Wie viel aus den Fonds eines jeden Landes zu entnehmen, das sollte nach Massgabe der Summe berechnet werden, die als Gesamt-Erträgnis jenes Landes einzuziehen war. Später hatte Gregor den König von Frankreich gebeten, er möge im Verein mit dem Kardinal de Brion, dem General-Kollektor, jene Ausgaben übernehmen, und er verpflichtete seinerseits den gesamten Zehnten als Gewähr: alle mit Wissen und Gutheissung des Legaten gemachten Ausgaben sollten aus den Zehnterträgnissen der ganzen Christenheit[1]) zurückerstattet werden. Der Papst selbst hatte bei Philipp III. 50000 Mark Silber für Kreuzzugszwecke geliehen.[2]) Auch diese Schuld wies er auf den Zehnten an. — Da sich bei der Berechnung der auf die einzelnen Länder bezw. Provinzen entfallenden Quoten Schwierigkeiten herausstellten, so bestimmte endlich Gregor, rundweg die Hälfte der gesamten Zehnteinnahme, die nach dem Ergebnis des ersten Jahres für die einzelnen Länder berechnet werden sollte, an Frankreich zu überweisen. Ein etwaiger Überschuss sollte ebenfalls dem heil. Lande zugute kommen.[3]) — Dass auch so noch Schwierigkeiten in den Rechnungs-Verhältnissen zwischen Frankreich und dem heil. Stuhle eintraten, werden wir bald zu berichten haben.

Auch Karl von Anjou erhielt gegen das Versprechen des Kreuzzuges den sechsjährigen Zehnten aus dem gesamten Reiche Sicilien und den Grafschaften Provence und Forcalquier schon von Gregor X. zugesichert. Dabei wurde im voraus ausbedungen, dass, im Falle der König selber den Kreuzzug nicht leisten

---

[1]) „pro rata quantitatis colligende in regnis seu provinciis singulis“: Kaltenbr. 238 (NB. Es tragen bei Kaltenbr. zwei Stücke die Nr. 238).

[2]) Philipp III. widmete — „deputavit“ — 25000 Mark Silber „pro subsidio terre sancte“ im J. 1272: Posse 716. — Im J. 1273 hat er ebensoviel hergeliehen — „mutuo tradidit“: ebenda 763. 771. 776; vgl. Langlois 64. — 1274 wurde er wieder angegangen: Posse 821. — Für 25000 Mark waren seit 1272 die Templer-Güter dem Könige verpfändet: Raynald 1272, 5—6.

[3]) S. die Expositio in der Bulle Martins IV. vom 19. Mai 1282 bei Kaltenbr. a. a. O. und vgl. die vom 21. Oktober 1283 bei Langlois 444 ff.

könne oder wolle, dann sein Thronerbe, der Prinz Karl von
Salerno, die Kreuzfahrt mache und dafür die Wohlthat der
Kreuzzugsgelder geniesse.[1]) Der König Eduard von England
ferner, der Nachfolger Heinrichs III., erhielt für sein Kreuzzugsversprechen die Zehntgelder von England, Wales und
Irland, und, für den Fall, dass der schottische König seine Einwilligung gebe, auch die von Schottland verheissen.[2]) Bezüglich der letztern Bestimmung, so scheint es, dass der Schotte
wohlweislich selbst die Kreuzfahrt versprach. Er erhielt den
Zehnten seines Reiches für sich durch Bulle Innocenz' V. (1276).[3])
Endlich ist die Überlassung der Sammelerträge von Kastilien
und Leon an den dortigen König Alfons, den deutschen
Interregnums-König, (für den Maurenkrieg) zu berichten. Alfons
musste dafür auf die deutsche Krone verzichten.[4])

Alle diese Zuwendungen schmälerten natürlich die Einnahmen der päpstlichen Kammer. Wo sie die Hoffnung derselben auf den Bezug der Sammelerträge nicht ganz vernichteten,
da verzögerten sie wenigstens die Einziehung auf lange Jahre
und verursachten von seiten der Fürsten Schwierigkeiten. Man
konnte deshalb zunächst von Rom kaum grössere Aufwendungen
für Palästina erwarten, als eben Gregor X. sie geleistet hat.
Seine Verabredungen mit Frankreich, durch welche in der
Hauptsache dieses die aus der Lyoner Kirchenbezehntung erwachsenen Verpflichtungen übernahm, sind auch für die Beur-
teilung der nächstfolgenden Päpste in Bezug auf ihre Kreuz-
zugsthätigkeit heranzuziehen. Auch nach dem Tode Gregors
sind sie massgebend geblieben. Johann XXI. überwies deshalb
eben an |Frankreich den halben Zehnt aus Deutschland. Die
französische Staatskasse hat auch in der That von 1270 bis
1283 nach Ausweis ihrer Rechnungen 216276 Pfund 2 Soldi
und 6 Denare[5]), und von 1283 bis zum Falle von S. Jean

---

[1]) Potth. 21082; Busson in Kopp, Gesch. der eidgenöss. Bünde II.
3, 236. — S. unten die Verlängerung des Zehnten.
[2]) Bulle an den Bischof v. Verdun d. d. 14. Nov. 1275: Raynald
1275, 44.
[3]) Rymer ad 1282: „Duae cedulae de bullis etc. inventis in Thesau-
raria Regis Scotiae apud Edenburgh.“
[4]) Kaltenbr. 48. 49. 88.
[5]) S. die Bulle Martins IV. bei Langlois 444 ff.

d'Acre (1291) nochmals 202208 Pfund 17 Soldi[1]) für Kreuzzugszwecke verausgabt. Die 700 Armbrustschützen, welche
Philipp III. kurz vor dem Konzil von Lyon nach Palästina
geschickt hat[2]), dürften mit den Kosten ihrer Expedition in
dieser Summe enthalten sein. Ob Frankreich und ob die Päpste
selbst, die nach Gregor X. meinen wir, nicht noch mehr hätten
leisten können oder müssen, das lässt sich schwer entscheiden.
Wir gewinnen erst wieder mit Martin IV., der 1281 zur
Regierung kam, sicheren historischen Boden für diese Frage,
und für ihn lautet das Urteil allerdings, wie wir des genauern
noch sehen werden, unzweifelhaft negativ. Er hat das heilige
Land, vielleicht mit Rücksicht auf Frankreichs Obliegenheiten (?),
arg vernachlässigt, die Kreuzzugsgelder für andere Zwecke
hinausgeworfen[3]) und ist also an erster Stelle dafür verantwortlich, dass die Katastrophe von S. Jean d'Acre schon so
bald eingetreten ist. Um nicht ungerecht zu sein, wollen wir
aber nicht unterlassen, hier anzumerken, dass Martin wenigstens
in seinem letzten Willen Palästinas gedacht und aus seinem
Eigenen, „de pecunia spectante ad se ratione persone sue",
2000 Tourer Groschen „in subsidium Terrae Sanctae" bestimmt
hat.[4])

Martins IV. unmittelbare Vorgänger, Innocenz V.,
Hadrian V. (beide 1276), Johann XXI. (1276—77) und
Nikolaus III. (1277—80), haben so kurz regiert, dass man
schon deshalb von ihnen nicht viel erwarten konnte. Hadrian V.,
der frühere Kardinal Ottoboni, hat in den neununddreissig
Tagen seiner Regierung immerhin sich Jerusalems erinnert.
Er schickte dem Patriarchen 12000 Turoneser Pfund, damit er
dieselben zur Erbauung von Schiffen oder auf andere dem
heiligen Lande nützliche Weise nach dem Rate einsichtsvoller
Männer verwende.[5]) Johann XXI. gewährte dem Könige
Peter III. von Aragonien (1276—85) den sechsjährigen Zehnten

---

[1]) Recueil des hist. XXI. 580, H.

[2]) Wilken a. a. O. 613.

[3]) S. das folgende Kapitel.

[4]) Prou, Registres d'Honorius IV. 471.

[5]) Posse 870; Prou 183; Sanuto a. a. O. 227 c. XV.

seiner Reiche zum Maurenkriege [1]) und dasselbe dem Grafen
Guido von Flandern zur Fahrt in den Orient. [2]) Gegen Nikolaus III., dem der Dichter der „göttlichen Komödie" das Mal
der Geldgier aufgedrückt hat, [3]) liegt ein Zeugnis der Chronik
des Franziskus Pipinus vor, laut welchem der Orsini die Zehnt-
einkünfte für seine vatikanischen Bauten verwandt hat. [4]) Im
übrigen wiederholte er dem Könige Eduard I., der die Ausfolgung der in seinen Reichen bis dahin gesammelten und
deponierten Kreuzzugszehnten verlangte, die Zusicherung, dass
der vollständige Betrag der Sammelergebnisse ihm überliefert
werden solle, sobald er die Meerfahrt antrete. Auf die Übergabe des Geldes längere Zeit vor Antritt des „passagium"
wollte Nikolaus nicht eingehen; dagegen gewährte er ihm „zur
Erleichterung seiner Rüstungen" die vorläufige Auszahlung von
25000 Mark. [5])

Ein umfassendes Urteil über Johanns XXI. und Nikolaus' III.
Verhalten zu der Kreuzzugsfrage wird auch ihre diplomatischen
Bemühungen um die Erhaltung des Friedens im Abendlande,
namentlich jene, um Frankreich und Kastilien von dem Kriege
um Navarra abzuhalten und die Mächte zur Ausführung des
Kreuzzugs zu bestimmen, in Rechnung ziehen müssen. — Auf
der andern Seite hinwiederum ist zu betonen, dass sich grössere
politische Aktionen, für welche die Kreuzzugsfonds in ausser-
ordentlicher Weise hätten herangezogen werden können, in
dem ganzen auf das Ende der Staufenkämpfe folgenden Jahr-

---

[1]) Raynald 1277, 7; Potth. 21242.

[2]) Prou 423. — Da die Kreuzfahrt nicht ausgeführt wurde, so sollte
der Graf später (1286) das Geld — es waren mehr als 40,000 Tourer Pfund
— wieder zurückerstatten: Prou 425.

[3]) „E veramente fui figliuol dell' orsa,
Cupido si per avanzar gli orsatti
Che su l'avere, e qui me misi in borsa". (L'inferno XIX. 70—73);
Palmieri, Introiti ed esiti di Papa Niccolo III., Proemio XXVIII, hat
dieses Zeugnis Dantes bestritten; aber mit Unrecht; s. meine Recens.
in der Litterar. Rundschau 1891, 280.

[4]) Muratori SS. rer. Ital. IX. 723 f; vgl. Tangl, Zur Baugesch. des
Vatikans: Mitteilungen des öst. Inst. X (1889), 430 f.

[5]) Raynald ad 1278, 82—84; Rymer ad 1278, Kal. Aug. und 2.
Id. Aug.

zehnt zunächst nicht darboten. Um die Frucht der politischen Arbeit des Jahrhunderts nicht zu gefährden und sich eine selbständige, in Italien gebietende Territorialmacht zu sichern, hatte das Papsttum für jetzt nur nötig, dafür zu sorgen, dass der Franzose in Neapel, die eigene Kreatur, nicht zu mächtig werde. Richtete derselbe, eine Gefahr für den Kirchenstaat, doch nicht nur seine politischen Bestrebungen auf das nördliche Reichsitalien, wo er in den Städten die Faktionen benutzte, um sich Anhänger zu verschaffen,[1]) — nein, auch dem Oriente waren seine Gedanken zugekehrt.[2]) Er war der erste, der die Idee einer französischen Weltherrschaft fasste. Ganz erklärlich also, dass die kuriale Politik der siebenziger Jahre eine gewisse Rückwärtsbewegung bedeutet.[3]) Diese führte im Oktober 1275 in Lausanne sogar zu dem seit langer Zeit ungewohnten Schauspiele, dass die beiden Häupter der Christenheit, Kaiser und Papst, wir meinen König Rudolf von Habsburg und Gregor X., in friedlichem Vereine beisammen waren, dass sie gemeinsam politische Pläne schmiedeten und dass einer des andern Hoffnung bildete.[4]) — Erst mit Martin IV. (1281—85), dem Franzosen, von dem man sagte, dass er die Deutschen hasse,[5]) und der die Ghibellinen in Italien verfolgte,[6]) nahm die Kurie den alten Kurs von Urban IV. und Clemens IV. wieder auf. Sie warf sich Frankreich wieder ganz in die Arme, erhielt auch bald Gelegenheit, für den Anjou von neuem eintreten zu

---

[1]) Busson in Kopp a. a. O. 35—144.

[2]) Ebenda 226 ff; Amari I. 77 ff; De Saint-Priest II. 223. 284 ff. III. 217 ff. 234. 289 ff. 331.

[3]) Vgl. Busson, besonders 161 ff; Hartwig, Florentiner Gesch.: Quiddes Zeitschr. II. 57 ff. 67 ff.

[4]) Die politische Vorgeschichte dieser Zusammenkunft in Lausanne s. bei Redlich, Die Anfänge König Rudolfs I.: Mitteilungen d. öst. Inst. X. (1889) 345. 356—67. — Rudolf selbst nannte Gregor X. „den Ankergrund seiner Hoffnung": Reumont a. a. O. II. 589; vgl. Gregorovius a. a. O. V. 455.

[5]) „Iste Teotonicos multum invidebat": „Annales Lubicenses" ad 1281: MG. SS. XVI. 415. — Hierher gehört auch die Anekdote, es sei Martins frommer Wunsch, die Deutschen möchten Frösche oder Fische sein und er ein Storch oder ein Raubfisch, damit er sie verschlingen könne: Contin. Vindob. ad 1281: MG. SS. IX. 712.

[6]) S. unten S. 118 f.

8*

müssen, und nun sollte es sich zeigen, dass auch jetzt noch
das oberste Gesetz für die Verwendung der Kreuzzugsgelder
— die Politik sei.

5. Der Lyoneser Zehnt und folgende Auflagen im Dienste der Politik.

Die berühmte „Sicilianische Vesper" vom 30. März 1282,
durch welche und in deren Folge die Insel Sicilien die unerträgliche Zwangsherrschaft der Franzosen abschüttelte, hätte
der Kurie in ihren Folgen für die politische Lage eigentlich
erwünscht kommen sollen. Wurde ihr doch auf diese Weise
eine Handhabe geboten, den Anjou in Neapel von zwei Seiten
her zu fassen, falls er fortfuhr, sich als so wenig folgsamen
Vassalen zu zeigen, wie er es bis dahin gethan hatte. Papst
Martin IV., der frühere Kardinal Simon de Brion vom Titel der
heil. Cäcilia, war jedoch persönlich zu sehr an Frankreich geknüpft, als dass er fähig gewesen wäre, die Wege seiner
nächsten Vorgänger weiter zu wandeln.

Er hatte schon vor jenem unerwarteten Ereignisse die
ehrgeizigen Pläne des Königs von Sicilien, die sich auf Vertreibung der Paläologen aus Konstantinopel und Erwerbung
des byzantinischen Kaiserthrones richteten, durch Verhängung
des Kirchenbannes über den Kaiser Michael[1]) und durch Verleihung eines sechsjährigen Zehnten in Sardinien und Ungarn[2])
in mehr als gebührender Weise begünstigt. Zur Bekämpfung
des Sicilianischen Aufstandes schloss er sich nun ganz an den
Anjou und infolge dessen auch an Frankreich an. Zunächst
erfolgte am 7. Mai 1282 die Verkündigung der Exkommunikation
und des Interdiktes über Palermo und alle Rebellen und ihre
Helfershelfer.[3]) Als dann offenbar wurde, dass der Aufstand

---

[1]) Potth. 21815; Busson 237.
[2]) Der letztere wurde nur unter der Bedingung der Einwilligung
des Königs Ladislaus (IV.) verliehen: Potth. 21873.
[3]) Ebenda 21895. 21907; Amari a. a. O. 1. 147 f.

von langer Hand angelegt war,[1]) und dass nicht nur der Kaiser von Konstantinopel, sondern auch der König Peter (III.) von Aragonien dahinterstecke,[2]) ja als der letztere gar auf Aufforderung der Sicilianer am 30. August 1282 mit grosser Armada an der Insel landete und als Gemahl Konstanzas, der Tochter Manfreds, den Titel eines Königs von Sicilien annahm, da kannte die Erbitterung des Papstes keine Grenzen mehr. Am 18. November wurde König Peter mit allen seinen Anhängern exkommuniziert und ihm die Führung des Sicilianischen Königstitels verboten.[3]) Gleichzeitig wurde der Bann gegen den byzantinischen Kaiser erneuert.[4]) Am 13. Januar 1283 folgte dann die Verkündigung des Palästina-Ablasses für alle, die an dem Kampfe gegen den Aragonier und die Sicilianer teilnähmen.[5]) Die Verkündigung der Cruciata in Unteritalien wurde dem Kardinal-Bischof Gerard von der Sabina übertragen, während etwas später der Kardinal Cholet (Colletus) zu demselben Zwecke nach Frankreich geschickt wurde.[6]) Der Papst erklärte ferner am 21. März 1283 den König von Aragon aller seiner Länder verlustig und verbot seinen Unterthanen, ihn als ihren König und Herrn zu betrachten.[7]) Dann bot er das Reich Aragon und die Grafschaft Barcelona dem Könige von

---

[1]) Dass eine wirkliche Verschwörung bestanden, was Amari bekanntlich leugnet, darüber s. Sanesi, Giovanni di Procida e il vespro Siciliano: Rivista stor. Ital. VII. 513 ff. Zu Sanesis Gründen für eine Verschwörung, die freilich nicht unmittelbar die Veranlassung der „Vesper" gegeben zu haben braucht, ist noch die in der folgenden Anmerkung mitgeteilte Stelle aus der Exkommunikations-Bulle gegen Peter von Aragon hinzuzufügen.

[2]) „ . . . turbinis gravioris tempestas apparuit: machinatis jamdudum, ut communis quasi fert opinio et subsecutorum consideratio satis indicat evidenter, dolis et insidiis revelatis. — Siquidem Petrus rex Aragonum" u. s. w.: Mansi, Concil. coll. XXIV. 479. 484.

[3]) Potth. 21947; vgl. Amari I. 167. 173 ff. 183.

[4]) Potth. 21948; Amari I. 234; De Saint-Priest IV. 132.

[5]) Potth. 21972. S. die Ablassformel, welche noch immer erst teilweise feststehende Phraseologie zeigt, bei Raynald ad 1283, 4.

[6]) Raynald ad 1284, 1. 4; Posse 1087. 1237. 1244.

[7]) Potth. 21998; Amari I. 235.

Frankreich für einen seiner Söhne zu eigen.[1]) König Philipp
nahm das Geschenk nach längeren Verhandlungen über die
ihm vom Papste zu gewährende Geldhilfe[2]) an und bestimmte
seinen zweiten Sohn Karl, den Grafen von Valois, zum Könige
des zu erobernden Reiches.[3]) Auf einem Konzil zu Paris, auf
welchem der Kardinal Cholet die Cruciata gegen Aragon predigte,
nahmen der König und seine Söhne das Kreuz,[4]) und im Früh-
linge 1285 trat dann auch Frankreich mit einem ansehnlichen
Heere und mit einer Flotte von 150 Galeeren in den Kampf
ein.[5]) So entzündete sich ein Krieg, dessen Ende nicht ab-
zusehen war. Unterlag der Aragonier, so wurde Frankreich
schon im Mittelalter gebietend auf den beiden südlichen Halb-
inseln und zugleich die Beherrscherin des Mittelmeeres.

Es ist nicht unsere Aufgabe, den sicilianischen Freiheits-
krieg hier weiter zu verfolgen. Wir hatten nur die Stellung
des Papstes zu demselben anzudeuten und haben nun noch
die Beteiligung der römischen Geldverwaltung auf der französischen Seite nachzuweisen. Voraus sei bemerkt, dass die
Kurie gleichzeitig einen sehr kostspieligen Kampf gegen die
Ghibellinen in der Romagna führte,[6]) und dass dieser zum
Ärgernis der Gläubigen ebenfalls hauptsächlich aus Kreuzzugsgeldern bezahlt wurde.[7]) Daraus leuchtet die politische Be-

---

[1]) Potth. 22061. — „Carolo regi Sicilie" bei Posse 1246 ist wohl
nur ein Schreibfehler? — Bez. des Rechtstitels vgl. Hergenröther,
Kath. Kirche u. christl. Staat 237 ff.

[2]) S. unten.

[3]) Rymer ad 1283, VI. Kal. Sept. und 4. Id. Januar.

[4]) Chron. Rotomagens. contin: Recueil des hist. XXIII. 345; Chronique anonyme: Ebenda XXI. 98; (Bulaeus, Hist. univers. Parisiens, III. 467).

[5]) Langlois 143 ff. 151 ff. — Über die Grösse des franz. Heeres
s. ebenda 154.

[6]) Die Ereignisse des Kampfes s. bei Busson a. a. O. 207 ff. Zu
der Erwerbung der Romagna bezw. der Bestätigung derselben s. jetzt
auch die Urkk. bei Kaltenbr. a. a. O. Register s. v. „Romagna". — Über
das Verhältnis Frankreichs zu dem Kampfe s. Langlois 136 ff.

[7]) Monumenta Parm. III. 223 (aus Salimbene): „in qua (Romagnola)
habenda expendit XIII. vicibus centum millia florenos aureos; et
in solo castro Meldulae ... expendit papa Martinus quartus CCC millia
librarum imperialium .... Haec fuit decima omnium ecclesiarum, quam
faciebat colligi papa Gregorius decimus pro terrae sanctae succursu."

deutung dieser für die Kurie um so deutlicher hervor. Für die Hilfe des Anjou hat sich die päpstliche Kasse schon im Jahre 1283 ausgegeben. Der Fürst von Salerno erhielt zur Vorbereitung einer Landung an der aufrührerischen Insel zuerst 5000 Unzen[1]) Gold, dann zum Ankauf oder Mieten von Schiffen

---

Ferner: Memoriale potest. Regiens: Muratori, Rer. Ital. SS. VIII. 1141: „Multas summas collegit (Nikolaus III.) pro succursu terrae sanctae, quas postea habuit papa Martinus IV. et eas expendit in guerris factis, maxime contra Romagnolos." — Petrus de Romanis erhielt zur Werbung französischer Söldner allein 1283: 76210 Goldgulden (Theiner, Cod. dipl. dominii temp. I. 279 d. d. 1285, 27. Jan.) Nach Busson a. a. O. 212, Anmerkung 2. — Dass auch auf andere Weise durch den päpstlichen Vikar Geld beschafft wurde, durch Drückung des Getreidepreises, s. daselbst. — 25 Jahre später reklamierte die französische Staatskasse noch 54352 Tourer Pfund 7 Soldi 6 Denare ausgelegten·Truppensold für „Ritter, Reiter und Fussgänger, geschickt auf Bitten Martins IV. (1282—1283) in die Romagna": Recueil des hist. XXI. 531; vgl. dazu Busson a. a. O. 219; Posse 1114 ff. — Hingegen verlangt Honorius IV. am 18. April 1285 4000 libr. turon. zurück, die französischen Truppen in der Romagna geliehen worden: Prou 470.

[1]) Zur Bestimmung des Wertes der Anjou-Neapolitanischen Münzen: Karl I. führte im Jahre 1273 an Stelle der bisherigen Augustalen (Friedrichs II.), deren 4 = 1 uncia, die Realen und halben Realen ein. Sie sollten „in tenuta et pondere" den Augustalen gleich sein, dagegen „in forma et cuneo — per nostram Curiam designandis" geschlagen werden. Die kleinere Goldmünze der Tari oder Tareni — 1 uncia = 7½ — ferner die Silberdenare blieben wie bisher. Das Gold zu den Unzen, Realen und Tarenen sollte in der Legierung sein, dass auf ein Pfund 8 Unzen 5 Tari gingen: S. das Dekret vom 21. Februar 1273 bei Minieri Riccio, Il regno di Carlo I. d'Angiò: Arch. stor. Ital., Serie III. Bd. 22, S. 10. — Wir finden ferner in den Angiovinischen Registern des Jahres 1273 die Wertrelationen: 1 augustale = 12½ soldi tornesi, 1 uncia = 50 tornesi grossi d'argento, 1 soldo = 12½ grani (ebenda 21. 29. 436). — Seit 1278 treten die Carlinen auf, eine Silbermünze, deren 15 den Wert einer Augustale oder Reale, also 60 den einer Unze erreichten. Nachher wurden die Goldrealen einfach carleni, die Silbermünzen carleni d'argento genannt. (S. über ihre Einführung und den ersten Münzmeister Franzesco Formica: Arch. stor. Ital. IV. 1. 229 f., zur Wertrelation vgl. auch Racioppi, geografia e demografia della provincia di Basilicata nei secoli XIII. e XIV: Arch. per le province Napoletane XV. 579. — Wir erhalten also folgende Scala :
1 libra = 8 unc. 5 tarl (8⅓ unc.) = 33⅓ augustali, (reali oder carleni aurei) = 62½ tarl.

in Venedig nochmals eine „weit grössere Summe".[1]) Ferner
wurden dem Prinzen in Rom von der Florentiner Kompagnie
Bonacorsi nochmals 15 000 Unzen Gold auf Rechnung des
Papstes ausgezahlt. Die Kompagnie bekam dafür von Martin IV.
eine Anweisung auf die Kirchenzehnten.[2]) Durch Quittung vom
13. Februar 1284 bekennt der Prinz des weiteren den Empfang
von 10 000 Unzen, die ihm jedoch nur geliehen sein sollen
gemäss der Vollmacht, welche ihm sein Vater gegeben, bis zu
100 000 Unzen aufzunehmen und dafür die Krongüter zum
Pfande zu setzen. In den Rechnungen des königlichen Schatz-
meisters Adam de Dussiaco vom 1. September 1283 bis Ende
Februar 1284 finden sich 16 319 Unzen Zehntgelder vereinnahmt vom Papste „und" (?) von Kaufleuten aus Lucca.[3]) Unter
dem darauffolgenden 23. April kündigt Martin IV. seinem Legaten
die Sendung einer „ingens pecunie quantitas" an, welche er
dem Fürsten von Salerno als von dem Papste geliehen übergeben
soll.[4]) Am 26. April quittiert der Prinz, von den Luccheser

---

1 uncia = 4 august. (reali, oder carleni aurei) = 7¹/₂ tarl = 60 carleni d'argento = 625 grani.
1 augustale oder carleno aureo = 15 carleni d'argento.
8 augustali oder carleni aurei = 15 tarl.
1 tareno = 8 carleni d'argento.
1 uncia = 50 tornesi grossi (soldi) (= 5 floreni aurei).
1 august. = 12¹/₂ tornesi grossi.
3 tareni = 20 tornesi grossi.
12¹/₂ grani = 1 soldo tornese. — Andere Wertrelationen s. in unserer
2. Beilage. — Wir bemerken noch, dass der Magister Tommaso aus Florenz,
Professor der Medizin in Neapel, 1273 ein Jahresgehalt von 12 Unzen
bezog: Minieri Riccio a. a. O. 33. Louis Blancard berechnet im
Jahre 1869 die sicilianische Goldunze auf 62,5 Franks Metallwert und
1000 Franks Kaufkraft: Bibl. de l'école des chartes 6. serie, Bd. 5, S. 561.

[1]) Raynald ad 1283, 10. — Venedig verbot für seine Werften die
Anwerbung von Schiffen zum Kriege gegen den Aragonier und wurde
dafür in den Bann gethan; diesen hat erst Honorius IV. aufgehoben:
Potth. 22278; Prou, Reg. 479 f.; Amari I. 253.

[2]) Amari a. a. O. 255, Anmerkung 2.

[3]) Ebenda 256.

[4]) Posse 1240 f.

Kaufleuten Bullono und Vermiglietto[1]) 15608 Unzen Gold
Kirchenzehnten empfangen zu haben, und ersucht den Papst,
diese Summe jenen gutzuschreiben.[2]) Es lässt sich annehmen,
dass das dieselbe Zahlung gewesen, wie jene von 15608 Unzen
18 Tarenen und 2 Gran, welche nach dem Rechenschaftsbericht des ungarischen Kollektors Gerard von Modena „auf
Befehl des Papstes — per manus Balionis Roscilionis de Luca"
an den Prinzen geleistet wurde, und zu welcher das Florentiner Haus Alfani aus der ungarisch-slavonischen Zehnteinnahme
400 Mark „gute Sterlinge" zugeschossen hat.[3]) — Es ist uns
ferner ein päpstliches Breve vom 25. Juli 1284 erhalten, welches
dem „Präfekten des apostolischen Ärariums", Berardus, befiehlt,
15600 Unzen Gold den Zehntdepositen aus Schottland, Dänemark, Schweden, Ungarn, Slavonien und Polen zu entnehmen
und dem Johann de Tomasis Spiliati und Genossen für den
König Karl von Sicilien „ad defensionem ac custodiam regni"
zu übergeben.[4]) Dass dieses Mandat in der Hauptsache zur
Ausführung gekommen, geht sowohl aus der General-Abrechnung des genannten Gerard von Modena, als auch aus der des
dänisch-schwedischen Zehntsammlers, des Erzbischofs Bertrand
Amalrich von Arles, hervor. Beide haben zu der sicilischen
„Anleihe" bedeutende Beiträge geleistet.[5]) In Schottland hingegen stiess die Ausführung des päpstlichen Befehls auf
Schwierigkeiten; die königlichen Beamten verhinderten die
Ausfuhr des Geldes. Papst Honorius IV. musste noch im
Jahre 1285 dieserhalb sich bei dem Könige Alexander verwenden.[6]) — In der ungarischen Kollektorie-Rechnung lesen
wir auch nochmals von einem Darlehen von 16000 Unzen Gold,

---

[1]) Gegen andere Luccheser Kaufleute, darunter ein „Bonavursus (!),
qui citati, ut pape presentie se presentarent, reddituri rationem de decimis
terre sancte, comparere contempserant", — wurde am 11. Juni 1284 dem
Bischof von Lucca Auftrag gegeben: Posse 1262. Ähnlich gegen Pisaner
in demselben Jahre: Ebenda 1292.

[2]) Amari a. a. O.

[3]) Mon. Vatic. Hung. I. 1. 11.

[4]) Raynald ad a. 1283, 41; Posse 1289 f. (?); Potth. 22168 (ungenau).

[5]) Mon. Vatic. Hung. a. a. O. und Munch, Pavelige Nuntiers 12.

[6]) Prou, Reg. 66; Potth. 22252.

welches die Römische Kirche dem Prinzen von Salerno gewährt habe, und zu welchem die „societas Alfanorum" aus dem ungarischen Kirchenzehnten abermals 900 Unzen Gold in Goldflorenen zugeschossen hat. Ausserdem sind von der ungarischen Kollektorie noch 732 Unzen 26 Taren Gold und noch einmal 53 Unzen 28 Taren für Sicilien gezahlt worden.[1] — König Karl selbst soll von der Kurie schon im Jahre 1283 28 393 Unzen 14 Gran Gold erhalten haben.[2] Als päpstliche Unterstützung für ihn ist auch die im Jahre 1284 geschehene zweijährige Verlängerung des schon von Gregor X. gewährten Zehnten für das Königreich und die Provence — zu berichten.[3] — Dem Grafen von Artois, dem Regenten Siciliens (des Festlandes) in Abwesenheit und nach dem Tode Karls, gewährte Martin IV. im Beginne des Jahres 1285 ein Subsidium von 100 000 Turoneser Pfund.[4] Ob dasselbe geliehen oder geschenkt wurde, lässt sich nicht feststellen. Wir wissen nur, dass in der Zeit der Regentschaft die Sicilische Krone vom heiligen Stuhle Darlehen erhalten hat, deren Gesamtsumme im Jahre 1306 auf 366 000 Unzen Gold angegeben wird. Nach Blancard bedeutete das einen Metallwert von 2 379 000 Franks, oder (im Jahre 1869) eine Kaufkraft von 366 Millionen. Clemens V. hat die Schuld im genannten Jahre um ein Drittel erlassen, für die übrigen zwei Drittel den König Karl II. und seine nächsten Nachfolger zu einem Kreuzzuge oder „necessitate urgente" zur Verteidigung des Kirchenstaates verpflichtet.[5]

Der Papst Martin IV. seinerseits verschaffte sich Geld teils durch Anleihen, teils durch Einforderung der Zehntdeposita. Schon im Jahre 1282 hatte Martin IV. für die Anwerbung französischer Söldner für den Krieg in der Romagna eine Anleihe bei den im Tempel zu Paris hinterlegten Fonds der dem französischen Könige „für den Kreuzzug" überwiesenen

---

[1] Mon. Vatic. Hung. a. a. O.
[2] Raynald a. a. O. 40.
[3] Posse 1257 ff; Amari 257, Anmerk. 2. — Der Erzb. von Arles war Kollektor: Prou 186.
[4] S. die Citate bei Amari I. 303; Posse 1309. — Auch Wilh. von Nangis spricht von einer „grossen Summe".
[5] Baluzius, vitae pap. Avenion. II. 158 nr. 25.

Kirchenzehnten machen müssen. Er liess sich durch den König Philipp einen Kredit bis zu 100000 Turoneser Pfund eröffnen und sofort 20000 Pfund durch seine Bankiers abheben.[1]) Gleichzeitig wurden die Kollektoren des Lyoner Zehnten und in Polen auch die des Peterspfennigs zu energischer Förderung der Geldsammlungen und schleuniger Einsendung der Erträge angegangen.[2]) Selbst aus „ultramarinen" Ländern wurden die „decimae terrae sanctae" herbeigeschafft.[3]) Die deutschen Zehntgelder wurden unter dem Vorgeben, dass sie in Deutschland nicht sicher seien, zur Übergabe an „vertrauenswürdige" italienische Kaufleute eingefordert.[4]) Dabei protestierte Martin dagegen, dass „listige Zungen und giftige Lippen" in Deutschland die Meinung verbreiteten, als ob „die Römische Kirche" den Zehnten, der für das heilige Land bestimmt sei, zu anderen Zwecken verwende.[5])

Die französische Staatskasse hatte die Summen, die ihr aus dem Lyoner Zehnten zuflossen, noch nicht ganz vereinnahmt.[6]) König Philipp III. stellte aber schon im Jahre 1282, als er aufgefordert wurde, dem Könige Karl zu helfen, zugleich mit der Erklärung seiner Bereitwilligkeit, das Verlangen, dass ihm nochmals für drei Jahre der Kirchenzehnt in seinem Reiche gewährt werde.[7]) Die Kurie machte damals noch Schwierigkeiten. Es hiess, wenn der König seinem Oheim gegen

---

[1]) Theiner, Cod. dipl. dominii temp. I. 262 nr. 418; Delisle, les operations financiers des Templiers: Mémoires de l'institut national XXXIII. (1889), Appendice nr. XX. p. 114.

[2]) Kaltenbr. 243 ff; Potth. 21943. 22114. 22191; Posse 1070 ff. 1165 ff. 1224. 1294 f. 1323 ff. 1333 ff. 1338.

[3]) Posse 1297; vgl. Munch, Pavelige Nuntiers 4: „Item in insula Cretensi Archiepiscopus Cretensis . . . Item in Achaya Episcopus Olenensis . . . Item in Regno Jerusalem nullus fuit institutus collector . . . Item in regno Cypri . . Episcopus Paphensis.

[4]) Kaltenbr. 250; vgl. auch ebenda 258 Rüge an den Kollektor Raynerius (10. Nov. 1283), dass er erst 8000 Mark eingeliefert habe.

[5]) Kaltenbr. 250; Finke 733. S. auch das Facsimile in: Specimina palaeogr. Vaticana (1888) Tab. XXXVI.

[6]) Z. B. in Cambray noch nicht: Kaltenbr. 262.*

[7]) Papst Martin IV. erzählt uns die Verhandlungen in der Bulle vom 28. März 1284: Amari a. a. O. II. 320—327; vgl. Kaltenbr. a. a. O. und Heller, Deutschland und Frankreich 134 f.

aufrührerische Unterthanen beistehen wolle, so sei das kein
genügender Grund, ihm eine Kreuzzugssteuer zuzuerkennen.
Gleichzeitig wurde ihm aber im Vertrauen („familiariter et
confidenter") mitgeteilt, dass der Papst beabsichtige, dem König
Peter von Aragon, falls derselbe auf seiner Verbindung mit
den Sicilianern beharre, den Prozess zu machen und über das
Reich Aragon anders, vielleicht zu Gunsten eines der königlichen Prinzen von Frankreich, den dann Philipp selbst bestimmen
möge, zu verfügen. „Wenn Königliche Herrlichkeit zur Ausführung dieser Pläne sich erbiete, . . . dann könnten Zehnt-
gesuch und Verleihung gegründeter und mit besserem Anscheine
— „magis racionabiliter et colorate" — statthaben, und dann
sei gerechterer und augenscheinlicherer Grund vorhanden, auch
noch andere Subsidien zu fordern und zu gewähren." Das
schien den französischen Gesandten — es waren der Bischof
von Dol und Raoul d'Estrées, der Marschall von Frankreich —
in der That „nützlicher, ehrenvoller und vorteilhafter", und
indem man das Einverständnis des Königs voraussetzte, beschloss
man, diesen Weg zu gehen. Das Verfahren gegen den Aragonier
wurde beschleunigt, er wurde abgesetzt; Karl von Valois
war nun der „rechtmässige" König von Aragon. Obschon
Valencia dem Papste nicht lehnspflichtig war,[1]) wurde auf
Bitten Philipps auch dieses dem Valois zugesprochen. Ehe der
König aber etwas thun, nach aussen hervortreten wollte, forderte
er immer wieder erst den Kirchenzehnten. Der Papst war sehr
unwillig darüber; er betrachtete es als ein Misstrauensvotum.
Vermutlich jetzt war es, wo die päpstliche Kammerverwaltung
ihre Forderung nach einer General-Abrechnung mit der französischen Staatskasse durchsetzte. Es gab verschiedene Differenzen zu begleichen, und ehe neue Rechnungsverhältnisse
eingeleitet wurden, mochte es wünschenswert erscheinen, über
den Stand des Soll und Haben Klarheit zu erhalten. Alles,
was Frankreich zum Nutzen des heiligen Landes oder auf
Veranlassung des Papstes auch für andere Zwecke verausgabt

---

[1]) S. den Lehnseid des Königs Peter II. vom Jahre 1204, durch
welchen Aragonien dem hl. Stuhle lehnspflichtig wurde, bei Duchesne,
Hist. Franciae SS. V. 808 f; vgl. Çurita, Annales de Aragon ad 1204 p. 91;
Raynald, ad a. 1204, 72.

hatte, fiel nämlich der päpstlichen Kammer zur Last, wogegen
die Einnahmen aus den Kirchenzehnten und aus den geistlichen
Kreuzzugsgeldern, einerlei ob aus Frankreich selbst oder aus
andern Ländern, ihr gutgeschrieben wurden.

Der Papst liess sich im Jahre 1283 sowohl durch den
Schatzmeister des Tempels in Paris, Bruder Jean de Tour,[1])
einen Rechenschaftsbericht über die bei ihm hinterlegten Gelder
erstatten,[2]) als auch veranlasste er die Entsendung eines königlichen Rechnungsrats, des Magisters Geoffroy du Temple, an
die Kurie.[3]) Der letztere war, nebenbei bemerkt, einer der drei
königlichen Räte, welchen zu der Zeit, als Martin IV. noch als
Kardinal von S. Cäcilia in Frankreich General-Kollektor war,
die Rechnungsregister, „rotuli computorum", der Provinzial-
Kollektoren zur Überprüfung vorgelegt wurden.[4]) Er muss dem
Könige Ludwig IX. nahegestanden haben, da er in dem Heilig-
sprechungsprozesse über denselben zu Verhör kam.[5]) Von
seiten der Kurie scheint der Papst selber, da er als ehemaliger
General-Kollektor in den Rechnungen am besten Bescheid
wusste,[6]) die Abrechnung geleitet zu haben.[7]) Diese erstreckte
sich vom Tode Ludwigs des Heiligen bis Johanni 1283.

Von den Differenzen, die zu begleichen waren, waren
einige im Prinzip schon unter dem 19. Mai 1282 entschieden
worden. Das war jetzt zu berücksichtigen. Es handelte sich
um Folgendes:

Papst Gregor X. hatte, wie oben berichtet, einmal die
Hälfte des gesamten Lyoneser Zehnten dem Könige von Frank-

---

[1]) S. über ihn Delisle, Les operations finançières des Templiers
a. a. O. 68—70.

[2]) Langlois, le règne de Philippe le Hardi 447.

[3]) Mignon, Tabula computorum: Recueil des hist. XXI. 524; s. auch
das Mémoire „De annualibus et decimis" ebenda 530.

[4]) Ebenda 524, B. und E.

[5]) Langlois 40; vgl. 42, Anmerkung 3.

[6]) „lequel scavoit mieus les circonstances de la besoigne que nul
autre: car luy même en avoit été exéquuteur": Memoire von 1307—1314:
Recueil des hist. XXI. 530, G.

[7]) In der darüber ausgefertigten Bulle heisst es: „cum pred[icto]
magistro Gaufrido computavimus in hunc modum": Langlois a. a. O.
Appendices nr. XXVI. S. 445.

reich für dessen Aufwendungen zu Gunsten Palästinas zugesprochen, dann aber ohne Vorbehalt und Abzug den Königen
von Kastilien, England, Sicilien, Aragon aus Anlass ihrer
Kreuzzugsversprechungen, Maurenkriege u. s. w. den ganzen
Zehntertrag ihrer Länder überwiesen. Ferner hatte Gregor
dem Könige Philipp zuerst den ganzen Zehnten von Frankreich,
dann auch die Hälfte des Zehnten der gesamten Christenheit
verheissen, endlich die Deckung einer Schuld von 50000 Mark
auf den Zehnten der gesamten Christenheit angewiesen. Da
man über dasselbe Objekt nicht zweimal oder gar dreimal
verfügen kann, so beanspruchten die französischen Staatsrechner
die besondere Begleichung jener Schuldsumme durch die päpstliche Kasse. Die römischen Beamten dagegen wollten die
Schuld gegen die Hälfte des französischen Zehnten aufrechnen;
sie sollte als eine der Aufwendungen für Kreuzzugszwecke
gelten. Philipp III. selber hatte hiergegen Einsprache erhoben.[1]
Martin IV., Papst geworden, obgleich er früher den römischen
Standpunkt vertreten, entschied im Sinne des Königs. Der
Rest der Schuldsumme, der noch das päpstliche Konto belaste,
sollte ohne Aufrechnung der dem Könige Philipp überwiesenen
Zehntgelder von der päpstlichen Kasse gedeckt werden. Frankreich scheint dagegen seinen Anspruch an den Zehnterträgen
der übrigen Länder, die ja wohl ohnedies nicht beizutreiben
waren, fallen gelassen zu haben.

. Bei der ziffernmässigen Abrechnung trat nun nochmals
ein Anstand hervor, der die beiderseitigen Rechnungsbevoll-
mächtigten ebenfalls schon früher, namentlich im Jahre 1281,
als Martin IV. die General-Kollektorie von Frankreich verliess
und über die Zeit seiner Wirksamkeit abrechnete, beschäftigt
hatte. Es handelte sich um eine Summe von 32600 Turoneser
Pfund, welche französischerseits als „in terrae sanctae custodiam"
verwandt geltend gemacht wurden. Es fehlte dafür aber die
Zustimmung des General-Kollektors. Nach der Bestimmung
Gregors X., dass alle mit Wissen und Gutheissung des Legaten
für Kreuzzugszwecke gemachten Ausgaben Philipps III. aus

---

[1] „Tibi, quamquam in hoc non consentienti sed potius reclamanti"
u. s. w.: Kaltenbr. a. a. O. S. 270.

den Kirchenzehnten zurückerstattet werden sollten, folgerte Martin früher als Kardinal, dass jene Zustimmung unentbehrlich sei, und er verweigerte bei der früheren Abrechnung die Zulassung der in Rede stehenden Summe auf das päpstliche Konto. Jetzt als Papst, der Frankreich für seine politischen Pläne nötig hatte, liess er sie zu, wie er sich überhaupt als nachsichtiger Rechner erwies.

Es stand fest, dass Philipp III. beim Tempel in Paris Depositen aus dem Hundertsten des Jahres 1263 erhoben hatte, die ihm nicht zustanden. Wie viel es gewesen, wusste Martin nicht. Er verzichtete darauf, es jetzt dem Könige anzurechnen. Ferner hatte Frankreich den ganzen Zehnten eingenommen auch von jenen Diöcesen, die nur zu einem Teile innerhalb der französischen Landesgrenzen lagen. Auf die Erträge der ausserhalb dieser liegenden Teile hatte die französische Staatskasse aber höchstens zur Hälfte Anspruch. Auch hier war nicht sogleich zu ermitteln, wie hoch die Übereinnahme Frankreichs war — der königliche Vertreter Geoffroy sagte, er wisse es nicht —, also unterblieb der Abzug, der Frankreich hätte gemacht werden sollen, auch hier. Des weiteren wurde der französischen Staatskasse nicht angerechnet die Summe von 75740 Pfund 13 Soldi 4 Denaren, mit welcher Geoffroy du Temple die Höhe der Eingänge angab, die noch aus dem alten, dem Könige Ludwig IX. gewährten, Zehnten vom Abscheiden des Königs bis zu Allerheiligen 1276 eingekommen waren. Ebenso unterblieb die Belastung der französischen Rechnung mit der beim Tempel zu Paris nach Ludwigs Tode noch bewirkten Einnahme aller Rückstände von dem ehemaligen Zwanzigsten seines ersten Kreuzzuges, des Hundertsten von 1263, sowie der Legate, Gelübdelösungsgelder und anderer geistlicher Fonds, was nach Geoffroys Angabe auch noch 26744 Pfund 13 Soldi und 9 Denare ausmachte. Die letzten beiden Posten allein bildeten ein Geschenk an Frankreich, das sich auf zusammen 102485 Pfund 7 Soldi 1 Denar belief.

Von den Posten, die Frankreich wirklich zur Last gestellt wurden, heben wir die beiden Summen hervor, welche aus der dem Könige Philipp überwiesenen Hälfte des „ausserfranzösischen" Zehntgeldes beim Tempel in Paris eingingen. Es

waren einmal 40661 Pfund 7 Soldi 8 Denare[1]) und das andere-
mal 21589 Pfund 4 Soldi 8 Denare. Die Übermittelung geschah
in beiden Fällen durch das Bankhaus Thomas Spiliati aus
Florenz und Genossen. Wir vermuten, dass es ganz oder zu
grösstem Teile deutsche Gelder gewesen.[2])

Die Schlussrechnung ergab für Frankreich ein Guthaben
von 216,276 Pfund 2 Soldi und 6 Denaren. Dem stand, nach
Beiseitelassung aller jener durch die Staatskasse bewirkten Einnahmen, die in das Debet derselben gehörten, ein Soll von
95120 Pfund 36 Soldi 1 Denar gegenüber. Die päpstliche Verwaltung schuldete also nach diesem jener noch 121154 Pfund
6 Soldi 5 Denare! — Martin IV. erkannte Rechnung und Schuld
unter dem Vorbehalte der Ratifikation durch den König Philipp
an durch die unter dem Fischerringe gegebene Bulle vom
21. Oktober 1283.[3])

Die in dieser Weise zu Ende geführte päpstlich-fran-
zösische Rechnungsbegleichung war ein schwerer politischer
Fehler Martins IV. Er hätte die Forderungen seines Partners
„totrechnen" können. Statt dessen liess er die eigene Seite
mit einer Schuld von 121,154 Pfund belasten! Dazu kam unter
ihm gegenüber Frankreich noch eine Schuld von 54352 Pfund
7 Soldi 6 Denaren für Ritter- und Truppensold aus den Kämpfen
gegen die aufrührerischen Romagnolen[4]), ferner jene Anleihe
von 100,000 Turoneser Pfund aus derselben Veranlassung.[5])
Auch blieb die Kirche nach der Rechnungsbegleichung von 1283
noch einmal im Rückstande mit 129077 Pfund 6 Soldi 2 Denaren
für Rüstungen zu Gunsten des heiligen Landes.[6]) In diesem
Schuldverhältnis des heil. Stuhles zu Frankreich, das durch

---

[1]) Ob die Quittung Philipps III. über 40000 Pfund, die er vom
Templerorden empfangen, bei Prutz Malteser Urkk. 24 sich auf diese
Summe bezieht, lässt sich nicht ermitteln, ist aber wahrscheinlich.

[2]) Über die englischen Gelder führte König Eduard noch lange
Verhandlungen; die schottischen und norwegischen Könige hatten Geld-
ausfuhr-Verbote erlassen; die ungarischen und polnischen Gelder kamen
nach Rom oder Sicilien.

[3]) Langlois 444 ff.

[4]) Recueil des hist. XXI. 531, A.

[5]) Ebenda.

[6]) Ebenda 530, J.

Martin IV. begründet wurde und bis in das folgende Jahrhundert hinein bestand,[1]) ist ein psychologisches Moment gegeben für die Rücksichtslosigkeit, mit welcher Philipp der
Schöne nachher mit den kirchlichen Steuern und — da nach
den Anschauungen der Zeit solche Beziehungen persönlich von
Herrscher zu Herrscher gingen — auch mit der Person des
ihm gegenüberstehenden Papstes verfuhr.

Welche Forderungen stellte nun (1283) König Philipp III.
für sein Eingreifen in die sicilischen Händel und namentlich
für den gegen Aragon zu unternehmenden Krieg? Er verlangte nicht nur von neuem den Zehnten aus Frankreich, nein,
auch aus den andern Reichen und Ländern der Christenheit.
Diese Forderung wurde an der Kurie als „absurd" verworfen.
Die französischen Königsboten formulierten den Antrag dann
dahin, dass ein wenigstens vierjähriger Zehnt in Frankreich und
ausserdem überall da genehmigt werden möge, wo er einst —
1264 bis 1267 nämlich — dem Könige von Sicilien gewährt gewesen sei: in den Diöcesen Cambray, Lüttich, Metz, Toul,
Verdun, ferner in den Kirchenprovinzen . Besançon, Lyon,
Vienne, Arles und Aix. Bezüglich der Diöcese Cambray hiess
es, dass dort die Erhebung des Lyoner Zehnten noch nicht
vollendet sei, und es würde zu hart sein, zwei Auflagen zu
gleicher Zeit einzutreiben. Ferner wurden die Provinzen Arles
und Aix ausgeschieden, weil sie zum Gebiete des Königs von
Sicilien gehörten. Für diese Ausnahmen wurden aber die Provinzen Tarentaise und der Teil von Embrun, der ausserhalb
der Provence und der Grafschaft Forcalquier lag, dem Bezehntungsgebiete zugeschlagen. In dieser Umgrenzung wollte
Martin IV. den Zehnten im Herbste 1283 gewähren, jedoch nur
auf drei Jahre.[2]) Nach abermaligen Verhandlungen gab er
dann am 28. März 1284 auch zu vier Jahren seine Einwilligung.
Die Ausschreibung erfolgte am 5. Mai.[3]) Am 26. Mai gewährte

---

[1]) Erst durch die Erträge des sechsjährigen Zehnten des Konzils
von Vienne, die der französische König in Frankreich einnahm, erscheint
es ausgeglichen. Beim Tode Clemens V. war der König umgekehrt wieder
der Kurie 100000 floren schuldig: Ehrle, Prozess über den Nachlass
Clemens' V.: Archiv für Litt.- u. Kirchengesch. V. 5 f.

[2]) Kaltenbr. 262*; Posse 1181 f.

[3]) Kaltenbr. 262.

der Papst dem Könige ferner alle Legate („indistincte relicta"?),
die innerhalb der nächsten vier Jahre in dem Bezehntungsgebiete eintreten würden. Honorius IV. erweiterte diese Vergünstigung ein Jahr darauf auch auf jene Legate, die schon
früher errichtet, aber bis dahin noch nicht erhoben und verwandt waren.[1]) Auch die Kreuzpredigt und die Verkündigung
des Palästina-Ablasses wurde aufs neue für alle, so gegen den
Aragonier helfen würden, zugestanden. Jene Geistlichen,
welche die ganze Summe der sie innerhalb des Quadrienniums
treffenden Steuern schon im ersten Jahre bezahlten, sollten ebenfalls den Palästina-Ablass verdienen.[2]) Zum General-Kommissar
der Cruciata und General-Kollektor der Zehnten, Legate und
Gelübdelösungen wurde der Kardinal Johann Cholet bestellt.
Derselbe hatte zugleich Vollmacht zu Anleihen und zu Verpfändung der Kirchenzehnten.[3])

Mochte auch den beiden Königen Karl von Sicilien und
Philipp von Frankreich das erste und notwendigste zum
Kriege, das baare Geld, offenbar in Fülle zur Verfügung stehen,
ihre Waffen waren dennoch nicht glücklich. Der Aragonier
blieb überall im Vorteil. Namentlich im Seekriege bewiesen
die Katalanen im Verein mit den freiheitsbegeisterten Sicilianern
eine Überlegenheit, welche für die Beherrschung des Mittelmeeres bestimmend werden musste. Das Jahr 1285 rief alle
handelnden Hauptpersonen dieses Kampfes durch den Tod vom
Schauplatze ab, zuerst Karl von Anjou am 7. Januar, dann den
Papst Martin IV. am 29. März, endlich im Herbste auch die
beiden Könige von Frankreich und Aragonien.[4]) Die Lage
wurde dadurch nicht wesentlich geändert. Der Erbe der Rechte
und Ansprüche des Hauses Anjou war der Prinz von Salerno,
Karl II. von Sicilien, der sich zur Zeit aber in aragonischer
Gefangenschaft befand. An Stelle Martins wurde der Kardinal
Jakob Savelli, ein Römer, als Honorius IV. auf den Stuhl er-

---

[1]) Prou, Reg. 484; Tabula (computorum) Roberti Mignon: Recueil
XXI. 524, G.
[2]) Prou, Reg. 395.
[3]) Amari II. 320—327; vgl. Langlois 147 f.
[4]) Philipp III. am 5. Oktober, Peter III. am 11. November.

hoben.[1]) Er hatte vor seinem Vorgänger den Vorzug grösserer Umsicht und Mässigung; in der sicilischen Angelegenheit setzte er jedoch, wie auch seine nächsten Nachfolger, die angiovinische Politik fort.[2]) Den französischen Thron hatte nun der herrschsüchtige hochbegabte Philipp IV. der Schöne inne. Aragon endlich mit Katalonien und Valencia hatte der König Peter seinem ältesten Sohne Alfons III. hinterlassen, das neuerworbene Sicilien aber dem zweitgeborenen Jakob bestimmt. Nach Alfons' Tode 1291 erfolgte für kurze Zeit die Vereinigung der beiden Reiche, indem Jakob als König von Aragon auch Sicilien beibehielt. Sein jüngerer Bruder Friedrich war vorläufig nur Statthalter auf der Insel. Als dann aber im Jahre 1295 Jakob, dem Drucke der päpstlichen Diplomatie und der französischen Waffen nachgebend, Sicilien im Stiche lassen wollte, indem er mit Karl II. Anjou Frieden schloss und in diesem für die Aussicht, Sardinien und Korsika zu bekommen, jenes an den Papst abtrat, — da wurde Friedrich von Aragon von den Inselbewohnern zum Könige ausgerufen.[3]) Er hat sich als solcher auch trotz aller Anstrengungen der Kurie, Neapels und Frankreichs, ja obgleich selbst sein Bruder Jakob gegen ihn gehetzt wurde,[4]) behauptet.

Die Nüchternheit unseres Themas ruft uns abermals von der Verfolgung des sicilischen Freiheitskampfes zu der Geschichte unserer Kirchensteuern zurück. Papst Martin IV. hatte schon dem Könige Karl I. den Zehnten aller Kirchen Italiens für drei Jahre versprochen. Nachdem beide gestorben, setzte Honorius IV. die Sammlung auf eigene Rechnung „pro negotio regni Siciliae" ins Werk. Er bestimmte den 24. Juni (Johann Bapt.) 1285 als den Anfangstermin des Trienniums, teilte Italien in mehrere grosse Erhebungsbezirke, an deren Spitze ein General-Kollektor gestellt wurde, und gab eingehende Vorschriften für das ganze

---

[1]) S. über ihn Maurice Prou in der „Introduction" zu den „Registres".

[2]) Villani behauptet merkwürdigerweise das Gegenteil: Muratori XIII. 314.

[3]) S. das Kap. XIV. bei Amari II. 44 ff; vgl. auch Tosti, storia di Bonifacio VIII. I. 145 ff. 157 ff.

[4]) Vgl. Potth. 24460. 24464.

9*

Erhebungsgeschäft.[1]) Dieselben werden uns weiter unten beschäftigen. Gleichzeitig war dem Könige Jakob von Mallorca,
der, obwohl ein Oheim des Aragoniers, dennoch die französische
Partei ergriffen hatte, und dessen Grafschaft Roussillon als
Durchzugsland für Frankreich von Wichtigkeit war, der Zehnte
seines Inselreiches und der Grafschaften Roussillon, Conflens
und Serritana verliehen worden.[2]) Auch wurden schon im
Jahre 1286 Verhandlungen über die Verlängerung der französischen Kirchenbezehntung eingeleitet.[3]) Da Honorius schon
am 3. April 1287 mit Tode abging, so blieb es seinem Nachfolger Nikolaus IV. vorbehalten, das Verlängerungsdekret zu
erlassen. Es geschah am 13. September 1288 und zunächst
nur auf zwei Jahre, die dann aber nicht lange nachher in drei
Jahre umgewandelt wurden.[4]) Dieser dreijährige Zehnt, dessen
Erhebung im Jahre 1289 begann, ist von den französischen
Kirchen-Besteuerungen die erste, von welcher die General-
Abrechnung in Vollständigkeit gedruckt vorliegt.[5]) Die Schluss-
summe derselben ergibt eine Einnahme von 793192 Pfund
15 Soldi 9 Denaren. Die Kosten der Erhebung (für die
Kollektoren u. s. w.) betrugen rund 23000 Pfund. Ferner fielen
dem Vertrage gemäss von dem Reingewinn 200000 Pfund der
römischen Kirche zu.[6]) Es blieb also für Frankreich ein Reingewinn von rund 570000 Pfund. Das Memoire von 1307—1314
behauptet aber, die Kosten des Aragonischen Krieges hätten
alle Einnahmen der Staatskasse bei weitem übertroffen.[7]) Frankreich soll nicht weniger als 1200000 Pfund dafür ausgegeben
haben.[8])

[1]) Prou a. a. O. XXIII. ff.
[2]) Raynald 1285, 25; Potth. 22208; Posse 1293; vgl. Langlois
155 ff. — Jakob. der jüngere Sohn Jakobs I. von Aragon und der Yolande
König von Mallorca seit 1263: L'art de verifier etc. II. 6. 555.
[3]) Raynald 1286, 28; Posse 1360.
[4]) Raynald 1288, 15; Potth. 22971; Kaltenbr. 349; Mignon
a. a. O. 520. 524; den königlichen Auftrag zu den voraufgehenden Verhandlungen s. Baluzius, vitae pap. Aven. II. 11 nr. IV.
[5]) Recueil des hist. XXI. 545 ff.
[6]) So das Memoire von 1307—1314 a. a. O. 531.
[7]) Ebenda 530.
[8]) Langlois 351.

Die zweite Zehntperiode war noch nicht abgelaufen, da
verlangte gegen Ende des Jahres 1291 der König Philipp IV.
von Frankreich bereits wieder die Verlängerung und diesesmal
sofort auf sechs Jahre.[1]) Zugleich wünschte er, dass der Kreuz-
zugsablass gegen Aragon aufs neue verkündigt werde. Nikolaus IV.
stand damals noch unter dem frischen Eindrucke der Eroberung
von Accon durch den Sultan Aschraf, und er dachte ernstlich
daran, Palästina Hilfe zu bringen. Deshalb „verschob" er zunächst seine Zustimmung zu des Königs Begehren.[2]) Über den
sich entspinnenden Verhandlungen ist er gestorben (4. April
1292). In der 27 Monate dauernden Sedisvakanz schickten die
Kardinäle Kollektoren nach Frankreich. Der König verbot
jedoch die verlangten Subsidien auszufolgen.[3]) Papst Coelestin V.
erneuerte dann 1294 die Zehntausschreibung für den König
Karl von Sicilien in dem französischen Bezehntungsgebiete auf
vier Jahre. In England sollte gleichzeitig ein einjähriger Zehnt
erhoben werden.[4]) Auch Bonifaz VIII. befahl 1295 die Zehnterhebung für Sicilien in Frankreich und Italien.[5]) Er musste
schon deshalb für Geld sorgen, weil er damals noch hoffte, den
Friedrich von Aragon von den Sicilianern trennen und im
Oriente beschäftigen zu können. Friedrich sollte die Katharina
von Courtenay, die Enkelin des vertriebenen Kaisers Balduin II.
heiraten, sich so einen Rechtstitel auf Byzanz erwerben und
dann zur Eroberung des griechischen Reiches ausziehen. Der
Papst stellte dazu nicht nur ein Kreuzheer, sondern auch eine
Geldhilfe von 130000 Unzen Gold in Aussicht.[6]) Doch ebensowenig wie diese Pläne kam auch die französische Zehntsammlung zur Ausführung.

---

[1]) Raynald 1291, 56.

[2]) Ebenda 57; Potth. 23874.

[3]) Ordonnances de Rois de France XI. 372.

[4]) Raynald ad 1294, 15; Potth. 23985; Schipa, Carlo Martello:
Arch. per le province Napoletane XV. 90.

[5]) Raynald 1295, 24; Potth. 24208. — Bonifaz hat allein durch
die Kaufmanns-Societät Spini in Florenz „in prosecutione regni Sicilie"
84400 fl. auri und 4 Tourer Groschen aufwenden lassen: Registrum Clementis papae V. 1152.

[6]) Amari a. a. O. II. 65.

Der Friedensschluss von Anagni im Jahre 1295, in welchem
Karl von Valois seinen durch päpstliche Schenkung entstandenen
Rechten auf Aragon entsagte[1]), schied Frankreich von dem
Interesse an der Rückgewinnung der Insel Sicilien aus. Der
Krieg mit England erforderte nun nicht nur seine ganze Auf-
merksamkeit, sondern auch — die Steuern der Geistlichen.
Diese hatten gegen Aragon Subsidien geleistet, warum sollten
sie es nicht gegen England? Da König Philipp an Stelle der
seit Philipp August üblichen „aydes de l'ost"[2]) eine allgemein
giltige und feststehende Kriegstaxe, zuerst den hundertsten,
dann den fünfzigsten Teil des Besitzes (die berühmte Maltôte[3]),
festsetzte, nahm er auch die Geistlichen nicht aus.[4]) Bald liefen
Klagen und Beschwerden beim Papste ein.[5]) Da erschien die
Bulle „Clericis laicos", welche ganz allgemein dem Klerus verbot, an die Fürsten ohne Erlaubnis des apostolischen Stuhles
zu steuern.[6]) So wurde also die Frage, die vor 80 und vor
117 Jahren die beiden Lateran-Konzilien beschäftigt hatte, die
nach dem staatlichen Besteuerungsrechte über die Kirchengüter
von neuem auf die Tagesordnung gesetzt. Sie hatte durch die
päpstlichen Kirchenbesteuerungen des 13. Jahrhunderts die
Form erhalten, ob bloss der Papst das Recht der Geistlichen-Besteuerung habe, oder ob dieses Recht auch
dem Landesherrn zustehe. Wenn man erwägt, was auf
der einen Seite ein unabhängiges Steuerrecht für den eben sich
erhebenden Staat, was auf der andern die päpstlichen Besteuerungen für die lange geübte politische Hegemonie der Kurie
bedeuteten, so ist offenbar: es stand eine weltgeschichtliche Entscheidung bevor.

---

[1]) Schmidt a. a. O. I. 642.

[2]) Callery in der Revue des questions historiques XXVI. 437 ff.
fasst die aydes de l'ost auf als Loskaufgelder zum Ersatze des persönlichen Kriegsdienstes für die dazu Verpflichteten, also nicht die Geistlichen.

[3]) Die Worterklärung gibt du Cange s. v. „Tolta": mala tolta, malum
vel indebitum tributum.

[4]) S. darüber Callery a. a. O.

[5]) Christophe, Hist. de la papauté au XIV. siècle — deutsch von
Ritter I. 324, Doc. 3.

[6]) S. die Citate bei Potth. 24291.

6. Die Reaktion der Staatsgewalt und die Bulle „Clericis laicos."

Wir haben aus einigen gelegentlichen Rechnungsresultaten gesehen, welche Summen den Gegenstand des päpstlichen Rechts der Kirchenbezehntung bildeten. Das französische Bezehntungsgebiet allein brachte im letzten Viertel des 13. Jahrhunderts in einem Jahre rund 264 000 Pfund auf.[1]) Der englische Zehntbetrag wurde auf 200 000 Pfund geschätzt.[2]) Nehmen wir dazu die Erträge aus den übrigen Ländern der Christenheit, vornehmlich aus Deutschland, Italien, Ungarn und Polen, Schweden, Norwegen und Dänemark, so dürfte der Gesamtwert des Zehnten aus der ganzen Christenheit mit 800 000 Pfund[3]) nicht zu hoch veranschlagt sein. Durch strenge Eintreibung und Herbeiziehung der steuerfreien Orden konnte derselbe sicherlich auf eine Million gebracht werden. Die französischen ordentlichen Staatsrevenuen zur Zeit Philipps des Schönen — wohl nach Abzug der Kosten (der „dépenses")[4]) — werden auf 240 000 Pfund angegeben.[5]) Nach mittelalterlichen Verhältnissen gemessen, stellen jene beiden kirchlichen Zehntwerte also ungeheure Summen dar. Zwar standen diese dem Papste nicht alljährlich zur Verfügung, sondern nur periodisch, dann aber gewöhnlich mehrere Jahre hindurch, und der Eintritt der Zehntperioden hing in der Hauptsache doch auch von dem Willen des Papstes ab. Das Geld floss ferner nicht in barer Münze oder blankem Golde in die päpstliche Kasse, nur ein verhältnismässig kleiner Teil davon kam überhaupt nach Rom; aber der Papst disponierte doch über die in aller Welt zerstreut, hauptsächlich in Paris, London und Venedig hinterlegten Summen. Das Dispositionsrecht des Papstes war endlich nur prinzipiell,

---

[1]) S. oben S. 11, vgl. auch S. 132.

[2]) S. oben S. 10.

[3]) Nach de Wailly = 14 375 000 Frks., nach Cibrario mehr als 20 000 000 Frks. Metallwert.

[4]) Den Bruttoertrag der Normandie allein schätzte Philippe le Bel selber 1314 auf 100 000 Pfund: Rapports à Philippe VI. sur l'état de ses finances: Bibl. de l'école des chartes 48 (1887). 382, Anmerkung 3.

[5]) Tableau du revenu public etc. par. J. Cohen in: Leber, Collection des meilleures dissertations, notices etc. relatifs à l'hist. de France, Bd. VII. 466.

nicht thatsächlich ein freies und unbeschränktes. Er musste,
wenn er nicht Unannehmlichkeiten haben wollte, die Fürsten,
manchmal auch die Bischöfe berücksichtigen, ihnen bald den
ganzen Gewinn, bald einen grossen Teil desselben zukommen
lassen; immerhin war er aber der rechtmässige Herr der Deposita,
und Fürsten und Bischöfe mussten bei ihm.betteln gehen, wenn
sie an denselben teilhaben wollten. Wir glauben, auch mit all
diesen Beschränkungen gab das Recht der Kirchenbezehntung
dem heiligen Stuhle eine Macht, die ganz abgesehen von seinen
geistlichen Prärogativen, von der Herrschaft, welche die Schlüssel-
gewalt mit sich brachte, hinreichend war, um auf den Gang
der öffentlichen Dinge in Europa einen bestimmenden Einfluss
zu üben.

Es war unausbleiblich, dass gegen solches Resultat der
„Kreuzzugsbesteuerung" eine Reaktion eintrat, nicht bloss bei
dem zunächst betroffenen Klerus, auch bei den Vertretern der
Staatsgewalt. Die Opposition des Klerus war ohnmächtig, so
lange die Fürsten ein Interesse an der päpstlichen Bezehntung
hatten, so lange Rom sie die Wohlthaten derselben mitgeniessen
liess und sie also den römischen Zehntsammlern und Beauftragten die Hilfe des weltlichen Armes liehen. In der vollen
ersten Hälfte des Jahrhunderts und darüber hinaus haben in
der That gerade die Fürsten an der Begründung der allgemein-
kirchlichen Steuerpflicht des Klerus, und dadurch, dass sie sich
nach Rom wandten, um für sich Kirchensteuern zu erwirken,
auch an der Vorbereitung einer ausschliesslich päpstlichen
Kirchenbesteuerung teilgenommen.[1] Selbst Kaiser Friedrich II.
war kein prinzipieller Gegner dieser. Wenn er Frieden mit
dem Papste hatte, liess auch er sich die Wohlthaten der päpstlichen Kreuzzugsgelder gern gefallen.[2] — In der zweiten Hälfte
des Jahrhunderts kündigt sich die künftige Opposition der

---

[1] S. oben S. 47 ff.

[2] Vgl. z. B. Winkelmann. Acta imperii ined. I. 237 nr. 261:
Friedrich an Honorius III.: — „Dotes vero ab ecclesia, vestri videlicet et
fratrum vestrorum continui et indeficientis auxilii, super terre sancte
negotio coram cunctis astantibus compromissas, non duximus omittendas,
quas velut necessarias et oportunas exigimus et vos tamquam actorem et
coadjutorem precipuum in iis exposcimus confidenter." . .

Staatsgewalt zunächst in den Gewissenskonflikten an, in welche
diejenigen Fürsten gerieten, die aus Geldnot das Gelübde eines
Kreuzzugs machten, ohne dass sie die ernstliche Absicht hatten,
dasselbe zu erfüllen. König Heinrich III. von England und
Hako der Alte von Norwegen sind klassische Typen dieses
Abschnittes der Geschichte der päpstlichen Kreuzzugssteuern.
Es liess sich erwarten, dass solch unsittliche Art, den Reichtum
der Kirche für staatliche Zwecke flüssig zu machen, nicht auf
die Dauer eingebürgert werde. Lieber dann in offenem Kampfe
die geistlichen Steuerprivilegien zu Falle gebracht!

Weitere Anzeichen des kommenden Konfliktes sehen wir
in der Geschichte des Lyoner Zehnten von 1274 und der darauffolgenden Auflagen. Da den germanischen Ländern hier hauptsächlich die Aufgabe des Gebens zugedacht war, während die
romanischen (Frankreich, Neapel-Provence, Kastilien, zeitweilig
auch Aragon) wenigstens ihre Könige in der Rolle des Empfängers
sahen, so trat der Widerstreit naturgemäss mehr in den ersteren
hervor. Wie die deutschen Bischöfe, die Erzbischöfe von
Magdeburg und Köln voran, sich dem Lyoner Zehnten gegenüber stellten, ist bereits erzählt worden.[1] Bei den deutschen
Verhältnissen ist es gestattet, jene in diesem Falle auch in
ihrer Eigenschaft als Reichsfürsten zu betrachten. König
Rudolf, der erste Habsburger, war schon wegen seiner Hoffnungen auf die Kaiserkrone wenig geeignet, die diesbezüglichen
Reichsinteressen zu vertreten. Aber dass auch er im Gegen-
satze zu dem politisch verwerteten päpstlichen Bezehntungs-
rechte sich befand, und dass er darin die übrigen Reichsfürsten
zur Seite hatte, das zeigen seine wiederholten Proteste gegen
die Heranziehung der westlichen Grenzprovinzen zu dem französischen Bezehntungsgebiete aus Anlass der Auflagen zum
Kriege gegen Aragon.[2] Rudolf hat sowohl gegen die vier-
jährige Auflage Martins IV., als auch gegen die Verlängerung
derselben auf drei Jahre durch Nikolaus IV., soweit sie die
lothringischen Bistümer (und Basel) betrafen, Einsprache erhoben.[3]

---

[1] S. oben S. 100.
[2] S. oben S. 129.
[3] Kaltenbr. 262. 349 und Noten; vgl. Hüffer, die Stadt Lyon
und die Westhälfte des Erzbistums 117.

In dem zweiten Proteste schrieb er dem Papste, die Fürsten, Magnaten und Barone des Reiches murrten gegen die königliche Excellenz, dass sie das Reich nicht schütze, sondern geduldig die unwürdige Zumutung einer Bezehntung für den König von Frankreich hinnehme.[1]) Er nahm sie, den beide Male eingetroffenen päpstlichen Beschwichtigungsbriefen nachgebend,[2]) dennoch hin.[3]) Es lässt sich vermuten, dass auch „klingende Gründe" dazu mitgewirkt haben. Nach der ersten Beschwerde wurde bald darauf, am 31. Mai 1286, „ad regiae petitionis instantiam" der Legat Johann Boccamazzi, Kardinalbischof von Tusculum, nach Deutschland abgeordnet,[4]) und derselbe forderte, angeblich für König Rudolfs Romfahrt, von den deutschen Geistlichen den vierten, nach anderer Angabe den fünften Teil der Kircheneinkünfte für vier bezw. fünf Jahre.[5]) Obgleich er überall, selbst bis nach Polen hinein,[6]) den Klerus zur Opposition, und auf dem Nationalkonzil zu Würzburg 1287 einen wahren Sturm der Entrüstung veranlasste, wird uns doch selbst von dem habsburgisch gesinnten Meister Ellenhard von Strassburg bezeugt, dass er sich überall der schützenden Fürsorge des Königs Rudolf zu erfreuen hatte.[7]) — Nach dem zweiten Rudolfinischen Proteste und bezw. dem darauf gefolgten päpstlichen Beschwichtigungsbriefe, im Jahre

---

[1]) S. Nikolaus' IV. Antwort vom 3. Juli 1290: . . „quod principum magnatum et baronum imperii adversus excellentiam regiam murmura succrescebant, quasi dictum imperium minime tueatur, patienter et indigne ferendo, ut charissimus in Christo filius noster Philippus rex Francorum illustris excedat limites regni sui.": Raynald ad 1290, 21.

[2]) Raynald 1285, 23. 24; 1290, 21; Potth. 22276 (Prou, Reg. 476), 23306.

[3]) Vgl. Busson a. a. O. 264.

[4]) Potth. 22446 ff; Prou, Reg. 551 und 771 ff; Kaltenbr. 507. — Rudolf hatte den Papst um ein „Subsidium pecuniarium" gebeten (!): Theiner, Cod dipl. dom. temp. I. 286.

[5]) Das erstere berichtet Joh. v. Winterthur (und Trithemius), das letztere die Continuatio vindobon. S. darüber Hefele, Konzilgesch. VI. 251 ff; Busson a. a O. 273—279, auch Eubel, die Minoriten Heinrich Knoderer und Konrad Probus; Hist. Jahrb. IX. (1888), 661 f.

[6]) Cod. dipl. majoris Poloniae I. 534 nr. 575. Dass er auch für die slavischen und nordischen Länder bevollmächtigt war, s. Kaltenbr. 307.

[7]) MG. SS. XVII. 130.

1290, lesen wir, dass Rudolf den päpstlichen Kollektor Theoderich von Orvieto veranlasst habe, noch ein Jahr länger in Deutschland zu bleiben.[1]) Hatte der Habsburger also auch an den Geldsammlungen dieses ein Interesse?

Die erste entschiedene Opposition gegen die päpstlichen Zehntsammlungen ist dann von der Vormünderregierung des Königs Erik II. von Norwegen (1280—1299) zu berichten. Wir haben schon in der Geschichte des Lyoneser Zehnt von 1274 erwähnt, dass dieselbe jede Ausfuhr von Geld aus dem Reiche verbot.[2]) Sie erliess zugleich den Befehl, dass überhaupt kein Silber, besonders Sterlinge, von Laien an Geistliche ausgefolgt werden dürfe![3]) Zwar waren das nur Kampfmassregeln in dem 1280 ausgebrochenen Streite um die Geltung des drei Jahre zuvor geschlossenen Tunsberger Konkordates und der in demselben ausgesprochenen geistlichen Privilegien. Da man jedoch auch um die Steuer-Immunität des kirchlichen Besitzes stritt, indem die Regierung gleichmässig Geistliche und Laien zu Kriegssteuern („leid-angr")[4]) verpflichtet erklärte,[5]) so wurden doch schon hier die prinzipiellen Grundfragen des Kirchenbesteuerungsrechts berührt, ganz ähnlich wie in dem drei Lustren später ausbrechenden Konflikte Bonifaz' VIII. mit Frankreich. Eine grundsätzliche Entscheidung ist nicht erfolgt. Seit dem Jahre 1286 wurden die kirchlichen Verhältnisse wieder in Ordnung gebracht, ohne die Prinzipienfragen zu erledigen. Thatsächlich aber blieb der Klerus im Besitz seiner Vorrechte.[6])

Auch König Eduard I. von England (1272—1307) erliess am 24. Mai 1282 ein Verbot, „die zur Hilfe des heiligen Landes gesammelten Gelder" des Lyoneser Zehnten aus dem Königreiche auszuführen. Alle Kaufleute und Kaufmannskompagnien wurden mit dem Verluste ihrer Güter und sogar mit Lebens- und Leibesstrafen bedroht, falls sie diesem Verbote entgegen-

---

[1]) Kaltenbr. 412.
[2]) S. oben S. 107.
[3]) Potth. 22349; Munch 163; Prou, Reg. 221, 248 f.
[4]) leid-angr (masculinum) = „Ausrüstung eines Kriegsheeres, die vom Volke vorzunehmen ist". So: Möbius, Altnordisches Glossar, Leipzig 1866, 261.
[5]) Zorn a. a. O. 248 f.
[6]) Ebenda 255 ff.

handelten. Der Major und die Vizekomites von London, der
Kustos der fünf Häfen und andere Beamte erhielten den Befehl,
auf Übertreter des Verbots zu fahnden und dieselben in sicheres
Gewahrsam zu bringen.[1]) Die Veranlassung zu diesen Massregeln dürfte das Erscheinen des päpstlichen Kammerklerikers
Giffrid de Vezano gegeben haben, der von Martin IV. beauftragt war, in den britischen Reichen Kreuzzugsdeposita zu erheben und an die Kurie abzuführen.[2]) — Eduard ging noch
weiter. Nicht lange nach dem Geldausfuhrverbote liess er in
die Klöster, Sakristeien und wo sonst das kirchliche Zehntgeld
hinterlegt war, mit bewaffneter Hand einbrechen; die Siegel an
den Geldtruhen und Säcken wurden erbrochen, die Proteste der
Kustoden, die für die Deposita verantwortlich waren, bei Seite
geschoben, und alles Geld wurde zur Verfügung des Königs an
einen Ort zusammengebracht.[3])

Was bedeuteten diese Vorgänge? Bereitete sich auch in
England ein Kampf grundsätzlicher Natur vor, oder war hier
blosse Habsucht im Spiele, Geldgier, die mit der Hingabe eines
mehr oder minder grossen Teiles der kirchlichen Schätze befriedigt werden konnte? Zu einer grundsätzlichen Auseinandersetzung war in England weniger Veranlassung vorhanden, als
in den übrigen Ländern. Die Prälaten nahmen dort an den
Steuerbewilligungen denselben oder noch grösseren Anteil als
der Adel; sie liessen sich wie dieser dafür auch Privilegien von
der Krone zugestehen. Auch aus der nachherigen Haltung des
Königs in der Kreuzzugsfrage, aus seinem ganzen Benehmen
gegen die Kurie ist zu ersehen, dass er an einen Kampf um
Prinzipienfragen, um staatliche und kirchliche Steuerrechte gar
nicht dachte. Er wollte von den kirchlichen Geldern nur für
sich retten, was noch übrig war, wollte vor allem nichts mehr
ausser Landes gehen lassen. Dabei sollte die Kurie bei guter
Stimmung erhalten werden.

---

[1]) Rymer ad a. 1282, 24. die Maii.

[2]) S. oben S. 106.

[3]) Rymer ad 1283, tertio Non Julii; Raynald 1283, 67—69. (Potth.
22 047 f); Henricus de Knyghton de eventibus Angliae: Histor. Angl. SS.,
London 1652, lib. 3, c. 3.

Eduard hatte, wie wir wissen,[1]) bald nach seiner Kreuzfahrt, die er als Prinz unternommen und von welcher er als
König zurückkehrte, wieder das Kreuz genommen. Man sah
allgemein in ihm den Helden, der Jerusalem wieder gewinnen
werde.[2]) Das erleichterte ihm die Rolle, die er in der Kreuzzugsfrage der ·Kurie gegenüber gespielt hat, und die genau
jener Heinrichs III. glich. Nach dem Geldausfuhrverbote schickte
er alsbald Gesandte nach Rom, welche ihn entschuldigen und
die Zuwendung der in England hinterlegten Kreuzzugsfonds
an seinen Bruder Edmund, behufs einer Kreuzfahrt dieses, bewirken sollten.[3]) Nach dem Raube der Gelder gingen die königlichen Boten abermals mit Entschuldigungsbriefen an die Kurie.
Martin IV. verlangte natürlich vor allem die Rückgabe des ge-
stohlenen Gutes.[4]) Eduard verstand sich auch dazu, obgleich
bei den Kustoden allerdings alsbald der Verdacht rege geworden
ist, dass trotz der gleichen Säcke und Siegel und trotz der
äusserlich gleichen Grösse der ersteren dennoch die zurück-
gebrachten Deposita einen verminderten Inhalt hätten.[5]) Das
Benehmen Eduards in dem folgenden Jahrzehnt bis ins Jahr 1296
hinein dürfen wir kurz zusammenfassen. Er nährte den Glauben,
dass er zur Erfüllung seines Gelübdes doch noch nach dem
Oriente gehen werde. Er erneuerte durch häufige Gesandt-
schaften an die Kurie seine Kreuzzugsversprechungen,, wiederholte im Jahre 1288 gar zum drittenmale die Kreuznahme[6]), für
alle diese Demonstrationen aber tauschte er immer wieder Aus-
standsbewilligungen für die Ausführung der Kreuzfahrt, daneben
Zehntbewilligungen, Zehntverlängerungen und Zehntüberwei-
sungen ein. Die schnellen Pontifikatswechsel unter den Nach-

---

[1]) S. oben S. 109.
[2]) Pauli IV. 52. 189.
[3]) Rymer ad 1283, 6. Id. Januar; Raynald 1283, 62—66 (Potth
21 967.). Die Bitte, Edmund die Kreuzzugsgelder zuzuwenden, wurde auch
schon im September 1280 und nochmals am 2. April 1281 gestellt: Registr.
Jo. Peckham I. 140 nr. 118; 190 nr. 159.
[4]) Raynald a. a. O. 69.
[5]) Reg. Jo. Peckham II. 638 nr. 496.
[6]) Trivettus, Chronicon: d'Achery, Spicilegium Scriptor. III. 211,
col. 1; Math. Westmonast. ad a. 1287. Bemerkenswert ist des letztern
Zusatz „post convalescentiam de gravi infirmitate".

folgern Gregors X. kamen ihm dabei ungemein zu statten. Dadurch wurden die Verhandlungen über die Kreuzzugs-Angelegenheit immer wieder abgebrochen. Dass die bewilligten Zehnterhebungen aber ihren ungestörten Fortgang nahmen, dafür sorgte der König selbst. Im Jahre 1296, in welchem die Bulle „Clericis laicos" eine vorübergehende Unterbrechung und den Konflikt bewirkte, konnten die Geistlichen der britischen Reiche bereits auf 18 Jahre ununterbrochener päpstlicher Besteuerung für den in Aussicht gestellten Kreuzzug ihres Königs zurückblicken.[1])

Der prinzipielle Konflikt, der für das kirchliche Steuerwesen entscheidend geworden ist, wurde durch die mehr genannte Bulle „Clericis laicos" herbeigeführt. Die Veranlassung haben gleichmässig Eduard von England und Philipp IV. von Frankreich gegeben. Der erstere war mit den Summen, die er durch seine falschen Kreuzzugsversprechungen einheimste, und mit jenen (staatlichen) Besteuerungen, welche neben den päpstlichen die Prälaten von Zeit zu Zeit bewilligten, noch nicht zufrieden. Er schritt, wenn beide Quellen versiegten, auch zu eigenmächtiger Besteuerung. Im Jahre 1294 zog er also gewaltthätig sogar die Hälfte der geistlichen Einkünfte ein, nachdem er eben erst, wie die Wolle der Kaufleute, so auch die Kostbarkeiten der Kirche mit Beschlag belegt hatte.[2])

---

[1]) Vgl. Rymer 1284, septimo Kal. Junii; Raynald 1284, 36 ff; Rymer 1285, duodecimo Kal. Maii: quinta Kal. Augusti; Non. Augusti; Prou, Reg. 14. 478. 843 (Potth. 22230. 22274. 22277); Rymer, 1286. 15. Kal. Julii; Sweetman, Calendar III. 249 (Potth. 22486); Rymer 1287, Id. Martii; Sweetman III. 301 (Potth. 22592. 22596); Rymer 1288, Kal. Maii (Potth. 22698); Rymer 1289, 3. die Febr.; Sweetm. III. 529. 562. 580. 650. 873. 1055. 1143; Rymer 1289, Non. Oktob.; Raynald 1290, 15—16; 1291, 5. 29. 31; 1292, 6. 7; Potth. 23604. 23606. 23631. 23756. 23921 u. s. f. Für die Verwendung der geistlichen Gelder zu Zwecken der königlichen Politik vgl. Gesta abbatum S. Albani II. 28 (ad 1287): „Aliud tamen actum fuit et aliud scriptum ... Dominus Edwardus Rex totam illam pecuniam recepit ad expeditionem suam, quondo ivit in Aragoniam" ...

[2]) Math. Westmonast. ad a. 1294; Trivettus a. a. O. 214, col. 2; Gneist, Verfg. 365.

Der Erzbischof von Canterbury, Robert Winchelsea, erhob über die Bedrückungen des Königs Klage beim Papste.[1]) In derselben Zeit trafen an der Kurie Klagen ein über die „Maltôte" des Königs von Frankreich.[2]) Auch die diesem bereits im Jahre 1294 von den französischen Prälaten „sua propria auctoritate" oder, wie der König selbst bezeugte, „ex sola gratia et mera liberalitate" bewilligten[3]) zweijährigen Kirchenzehnten erregten den Unwillen mancher Geistlichen.[4]) Für diese Selbstbesteuerung hatten die bewilligenden Bischöfe, soviel wenigstens aus den Akten des einen Provinzialkonzils zu Aurillac geschlossen werden darf, ausdrücklich die Genehmigung des Papstes vorbehalten. „Hoc autem facimus et concedimus — so lautet die Klausel — salvo in his domini nostri summi pontificis beneplacito voluntario, nisi forte tanta et tam evidens regni ejusdem immineret necessitas, quod absque grandi ipsius periculo non posset voluntas ipsius summi pontificis expectari."[5])
Es ist zweifelhaft, ob König Philipp die Zustimmung des Papstes wirklich eingeholt hat. Papst Bonifaz VIII., der auch sonst Veranlassung hatte, mit den beiden Königen unzufrieden zu sein, ergriff die ihm durch das eigenmächtige Vorgehen derselben, insbesondere durch die Beschwerden der Geistlichen gebotene Gelegenheit, um die kirchlichen Immunitätsrechte von neuem einzuschärfen. Er erliess am 25. Februar 1296 jene Bulle, welche den Prälaten und Geistlichen verbot, ohne Erlaubnis des hl. Stuhles, (ausserordentliche) Steuern — „collectas vel tallias" — sei es die Hälfte, den Zehnten, Zwanzigsten oder Hundersten, oder welche „quantitatem portionem aut quotam" auch immer von ihren und ihrer Kirchen Einkünften oder Gütern an Laien zu zahlen, zu versprechen oder zu bewilligen, geschehe die Bestimmung der Steuer-Quote durch Abschätzung

---

[1]) Annales Regis Edwardi Primi: Chronica S. Albani ed. Riley 473 f.

[2]) S. oben S. 134.

[3]) Mansi XXIV. 1122; Mignon Tabula computorum: Recueil des hist. XXI. 525, vgl. Boutaric, La France sous Philippe le Bel 280 ff; Hefele VI.[2] 281.

[4]) Z. B. protestierte das Kap. zu Laon: Boutaric a. a. O. 282, Anmerk. 2.

[5]) Mansi a. a. O. 1117.

oder nach dem wahren Werte und gehe die Besteuerung unter
dem Namen einer Hilfe, eines Darlehens, einer Unterstützung,
eines Geschenkes oder unter irgend einem andern Titel. Den
Kaisern, Königen, Fürsten u. s. w., Podestas, Stadthäuptern,
Offizialen u. s. w. wurde gleicherweise verboten, jene Steuern
zu fordern. Zuwiderhandelnde und alle, welche Rat und Hilfe
zur Übertretung des päpstlichen Verbotes leisteten, wurden mit
der Exkommunikation, „universitates" mit dem Interdikte bedroht.[1])

---

[1]) S. die Citate bei Potth. 24291: Die Bulle lautet in den Haupt-
stellen: „Clericis laicos infestos oppido tradit antiquitas . . . imponunt
onera gravia, ipsosque (scil. clericos) talliant et eis collectas imponunt: ab ipsis suorum proventuum vel bonorum dimidium, decimam,
seu vicesimam vel quamvis aliam portionem aut quotam exigunt et extor-
quent . . . Praelati ecclesiasticaeque personae . . . talium abusibus . .
acquiescunt, Sedis apostolicae auctoritate seu licentia non
obtenta. || Nos igitur . . . statuimus, quod quicumque praelati ecclesiasti-
caeque personae . . . collectas vel tallias: dimidium, decimam, vicesimam seu centesimam suorum et ecclesiarum proventuum vel bonorum
laicis solverint vel promiserint vel se soluturos concesserint, aut quamvis
aliam quantitatem, portionem aut quotam (das allein kann die richtige
Lesart sein, nicht „quicquam") ipsorum proventuum vel bonorum, aesti-
mationis vel valoris ipsorum, sub adjutorii mutui, subventionis, subsidii
vel doni nomine, seu quovis alio titulo, modo vel quaesito colore,
absque auctoritate sedis ejusdem. || Necnon Imperatores,
reges, seu Principes, Duces, comites vel barones, potestates, capi-
tanei vel officiales vel rectores, quocumque nomine censeantur, civitatum,
castrorum . . , qui talia imposuerint, exegerint vel receperint, aut
apud aedes sacras deposita ecclesiarum . . . arrestaverint, saisi-
verint, seu occupare praesumpserint . . . || Eo ipso sententiam ex-
communicationis incurrant; universitates quoque quae in his culpa-
biles fuerint, ecclesiastico supponimus interdicto, Praelatis et personis
ecclesiasticis in virtute obedientie et sub depositionis poena, districte
mandates, ut talibus absque expressa licentia dictae Sedis nullatenus acquiescant" . . . .
Bezüglich der Einleitungsworte der Bulle bemerkt Hefele, Konzilgesch VI². 292, schon die Synoden von Ruffec und Nantes 1258 und
Chateau-Gontier 1268 hätten die Klage: Laici clericis oppido sunt infesti.
Wir können sie noch weiter zurückdatieren. Schon in dem englischen
Proteste gegen die Auflagen des ersten Konzils von Lyon (1245) zu
Gunsten des Reiches Romania heisst es mit interessanter Umkehrung
der Subjekte und Objekte des Hasses: „quibus (laicis) clerici oppido infesti
esse consueverunt"; vgl. Math Paris Chron. maj ed. Luard VI. 582

Aus dem Wortlaute der Bulle geht unzweifelhaft und so klar, dass es ungerechtfertigt ist, grössere Deutlichkeit zu verlangen, hervor: 1. dass Bonifaz **nur die ausserordentlichen weltlichen Auflagen, nicht althergebrachte und lehnsrechtliche Abgaben im Auge hatte.** Es ist nur die Rede von „Collectae vel talliae". Sowohl in der Dispositio, wie vorher in der Expositio folgt die Erklärung, was darunter zu verstehen: Die Abgabe des „dimidium" (mit Rücksicht auf die englische Besteuerung im Jahre 1294 — s. oben S. 142), des Zehnten, Zwanzigsten u. s. w. Nur für diese Abgaben wurde von den Fürsten gewöhnlich die Zustimmung der Prälaten vorher eingeholt, nur bezüglich ihrer konnte diesen also ein Vorwurf gemacht werden, dass sie dazu ihre Zustimmung gäben, und konnte ihnen nunmehr verboten werden, sie zu versprechen oder zu bewilligen. Nur für diese Abgaben passen auch die Ausdrücke „adjutorium, mutuum, subventio, subsidium, donum". Nur an diese erinnert auch die Erwähnung der „deposita apud aedes sacras", die nebenbei bemerkt für den König Eduard von England wohl eine Erinnerung an sein Handeln im Jahre 1282 sein sollte. Nur für diese Auflagen bestand endlich seither, seit Innocenz III., die Pflicht, vorher den Papst zu Rate zu ziehen, und Bonifaz behauptet doch in der Bulle „Ineffabilis", die Bulle „Clericis" setze nur fest „quod alias per sanctiones canonicas est statutum".[1]) Obgleich das Letztere nicht ganz genau zutrifft — wir werden sogleich darauf zurückkommen —, so wäre diese Behauptung ganz unmöglich gewesen, hätte der Papst plötzlich die Neuerung getroffen, auch für althergebrachte und lehensrechtliche kirchliche Abgaben die päpstliche Erlaubnis vorzuschreiben. Zu alledem gibt nun der Autor der Bulle „Clericis" in derselben Bulle „Ineffabilis" noch die Erklärung ab, es sei eine arglistige Auslegung, eine Fälschung, wenn man behaupte, die Prälaten und kirchlichen Personen dürften nun auch jene Dienste und Abgaben nicht mehr leisten, zu denen sie lehnsrechtlich verpflichtet seien:

„maligne surrepunt dicentes: Jam non poterunt praelati et personae ecclesiasticae regni tui servire de feudis vel

---

[1]) Raynald ad 1296. 28.

subventiones facere, in quibus feudorum ratione
tenentur".[1])

Da kein Ausdruck der Bulle die hier genannten Abgaben
wirklich bezeichnet oder an sie auch nur erinnert, so haben wir
folglich nicht das Recht, zu glauben, auch sie seien in der
Bulle „Clericis" verboten gewesen und dann erst durch das
Zurückweichen vor der Staatsgewalt wieder freigegeben worden.

2. Eine ebenso verkehrte Meinung ist es auf der andern
Seite, Bonifaz habe in der Bulle „Clericis" einen Unterschied
zwischen dem „eigentlichen Kirchengut" und den in Händen
von Geistlichen befindlichen Lehen machen wollen, er habe
nur die „Kirchengüter im engeren Sinne" (!), nicht auch die
Lehen im Auge gehabt.[2]) Wir sagen: die willkürlichen
Auflagen[3]) hat Bonifaz auch für die in geistlichen
Händen befindlichen Lehen verboten; selbstverständlich
ist es ihm aber nicht in den Sinn gekommen, die althergebrachten Lehensabgaben zu verbieten oder unter seine Autorität zu stellen. Beweis: In der Bulle selbst steht nichts
davon, dass die Lehengüter ausgenommen, also der willkürlichen
Besteuerung der weltlichen Herren überlassen seien. Hätte
Bonifaz diese Ausnahme gewollt, so hätte er es sagen müssen.
Da auch in der Bulle „Ineffabilis" keine Rede davon ist, so
hat sie auch nicht bestanden. Ferner: Wir haben schon bei
Untersuchung der den Kreuzzugssteuern zu Grunde liegenden
kirchlichen Eigentumstheorien[4]) darauf hingewiesen und werden
in unserm Kapitel über „die Objekte der Besteuerung" nochmals darauf zurückkommen müssen,[5]) dass auch von königlichen,
landesherrlichen und grundherrlichen Kirchengütern, von Baro-

---

[1]) Ebenda 30.

[2]) So Hefele-Knöpfler, Konziliengesch. VI. 291 f. Auch Küpper
sagt im „Kirchenlexikon" Bd. II. 1044: „Darnach findet dieselbe keine
Anwendung auf die in den Händen des Klerus befindlichen Lehens-
güter" u. s. w.

[3]) Wir dürfen hier nicht „ausserordentliche Auflagen" sagen, weil
es solche auch nach Lehenrecht für gewisse Fälle gab, die althergebracht
und geregelt waren. Auch diese blieben von der Bulle „Clericis" un-
berührt.

[4]) S. oben S. 31.

[5]) S. Teil III.

nieen in geistlichen Händen, Lehen u. s. w. die päpstlichen Kirchensteuern erhoben wurden. Die geistlichen Einkünfte aus diesen Besitzungen unterlagen also der kirchlichen Steuerpflicht, sie wenigstens wurden als Kirchengut betrachtet; es lässt sich also nicht annehmen, dass der Papst selbst den weltlichen Herren ein willkürliches Steuerrecht neben dem seinen in Bezug auf diese Einkünfte zugestanden habe. Das um so weniger, da die kirchliche Gesetzgebung bekanntlich seit langem darauf ausging, die Rechte der Laien am Kirchenbesitz in jeder Weise zu beschränken. Wir brauchen in dieser Beziehung nur auf den für unsern Fall einschlagenden Kanon XII. des zweiten Konzils von Lyon zu erinnern,[1]) in welchem es heisst:

„Qui autem ab ipsarum ecclesiarum ceterorumque locorum fundatione, vel ex antiqua consuetudine jura sibi hujusmodi vindicant, ab illorum abusu sic prudenter abstineant et suos ministros in eis solicite faciant abstinere, quod ea quae non pertinent ad fructus sive reditus provenientes vacationis tempore non usurpent".

Nach diesem Gesetz durften die „Patrone" von „ihren" Kirchengütern also nichts ansprechen, ausser zur Zeit der Stellen-Erledigung. Glauben wir wirklich, gerade Bonifaz VIII. habe darin eine laxere Auffassung gehabt?

Worin bestand denn nun die Neuerung, welche von der Bulle „Clericis" beabsichtigt war? Dieselbe erstreckte sich im allgemeinen zunächst nur auf das geschriebene Recht; auf die Praxis nur insofern, als dieses dann auch überall durchgeführt werden sollte. Die päpstliche Alleinherrschaft über die kirchliche Steuerkraft, die abgesehen von England, thatsächlich geübt wurde, sollte gesetzlich festgelegt werden. Die positive kirchliche Gesetzgebung verlangte, wie wir uns erinnern, seit dem dritten Laterankonzil (1179) für ausserordentliche Auflagen die Zustimmung des zu besteuernden Klerus selbst, seit dem vierten Laterankonzil (1215) auch dazu noch die „Konsultation" des Papstes.[2]) Seither hatte nur noch Alexander IV. im Jahre 1260 eine bezügliche gesetzliche Bestimmung getroffen,

---

[1]) Mansi XXIV. 90.
[2]) S. oben S. 14. 41.

die ebenfalls in das kanonische Recht übergegangen ist,[1]) dass
unter die Freiheit von. willkürlichen ausserordentlichen Auflagen auch diejenigen Kirchengüter, Häuser, praedia etc. fielen,
welche erst (seit dem vierten Laterankonzil?) neu erworben
worden seien. Nach einer Äusserung des Erzbischofs Jon von
Drontheim soll auch Gregor X. auf dem zweiten Konzil von
Lyon (1274) eine „Anordnung" getroffen haben, dass die Besitzungen und Güter der Kirche nicht mit Steuern und Abgaben beschwert würden;[2]) unter den 31 Konstitutionen des
Konzils, welche uns im Wortlaut erhalten sind, ist aber keine,
welche diese Anordnung sein könnte. Kaltenbrunner ver-
mutet unter der uns nur dem „Incipit" nach bekannten Konstitution „Cum sacrosancta", die ebenfalls nicht unter den
proklamierten zu finden ist, das Dekret über den Lyoneser
Zehnten.[3]) Vielleicht enthielt dieses auch einen Satz, der sich
gegen die willkürliche staatliche Belastung der Kirchengüter
richtete. — Wir haben nun früher[4]) schon gezeigt, dass die
von Innocenz III. geforderte „Konsultation" des Papstes in
der Praxis auf eine römische Erlaubnis hinauslief. Das be-
griffliche Zwischenglied war, um den Terminus der Synode von
Aurillac zu wiederholen, das päpstliche „beneplacitum volun-
tarium". Aus ihm machte Bonifaz in der Bulle selbst zuerst
die „sedis apostolicae auctoritas", die Auflagen sollten nicht
ohne diese geschehen, dann sagte er geradezu: „absque expressa licentia dictae Sedis". Damit war die Praxis in die
Gesetzgebung übertragen, und nur in diesem Sinne konnte er
nachher sagen, die Bulle „Clericis" setze nur fest, was sonst
schon durch kanonische Vorschriften festgesetzt sei.[5])

---

[1]) Lib. VI. Decret. De immunit. eccles. III. tit. 23, c. 1. — Wo steht
darin etwas von einem Verbot der vom Klerus geforderten Abgaben?
Vgl. Hefele-Knöpfler a. a. O. 293.

[2]) Zorn, Staat und Kirche in Norwegen, 251.

[3]) Mitteilungen aus dem Vatikan. Archiv I. 56 Anmerkung.

[4]) S. oben S. 42.

[5]) Die von Hefele-Knöpfler a. a. O. 293 aufgeführten „grossen
Unterschiede zwischen Bonifaz und seinen Vorgängern" berühren abgesehen von b) nicht das Wesen der Sache und sind zudem nur teilweise
berechtigt: a) ist falsch, c) und d) nicht richtig.

Was England betrifft, so hätte da die Bulle „Clericis",
wenn sie zur Durchführung gekommen wäre, allerdings auch
die bisherige Praxis stark berührt. Hier konnte man sagen, sie
bedeutete nichts mehr und nichts weniger als einen Einbruch
in die staatliche Verfassung. In England war nämlich die „Konsultation" des Papstes bei der Auflegung staatlicher Kirchensteuern bis dahin im allgemeinen nicht üblich gewesen. Man
betrachtete die Zustimmung der Prälaten zu solchen Auflagen
für genügend. Zu päpstlichen Steuern griffen die Könige erst,
wenn sie von den Prälaten nichts erlangen konnten. Die geistlichen Herren nun bildeten neben den Kronvassalen, den
Baronen, den Hauptfaktor des Parlaments, ja sie betrachteten
sich als den ersten Reichsstand. Das Parlament aber hat sich
seine Einbürgerung in die englische Staatsverfassung durch die
Steuerbewilligungen erzwungen.[1]) Schon lange vor Eduard I.,
der im übrigen das Konzilium der Prälaten und Barone auch
als verfassungsmässiges Glied der Reichsverwaltung aner-
kannte, lag das Steuerbewilligungsrecht bei demselben.[2]) Auf
was anderes konnte sich nun die Zugehörigkeit der Geistlichen
zum Parlamente stützen, als eben auf die Anteilnahme nicht
nur am Steuerbewilligen, sondern auch am Steuerbezahlen!
Durch die Bulle Bonifaz VIII. wurde beides, wenn der Papst
wollte, unmöglich gemacht. Welche Folgen daraus für die
staatsrechtliche Stellung des geistlichen Standes erwachsen
mussten, liegt auf der Hand.

Die politische Würdigung des Schrittes Bonifaz' VIII.
ergibt folgender Gedankengang: Die Bulle „Clericis" war, abgesehen von dem soeben erörterten Eingriff in die englischen
Verhältnisse, der Staatsgewalt gegenüber nicht direkt aggressiv.
Wenn der König oder Fürst, der eine Auflage auf die Kirchengüter beabsichtigte, sich mit dem obersten Chef der Christenheit gut zu stellen wusste, so hatte er nach wie vor Aussicht

---

[1]) Wir haben hier nur die Landesvertretung im allgemeinen, nicht
im besondern das Unterhaus im Auge. Deshalb trifft unser obiger Satz
nicht die Kontroverse Gneist-Riess über den Ursprung des englischen
Unterhauses; vgl. Sybels Hist. Zeitschr. 1888 1 ff.

[2]) Vgl. Stubbs, Const. History III. 320 ff. 332. 337 ff; Gneist
a. a. O. 339 ff. 343. 348. 365 f.

auf die finanzielle Unterstützung der Kirche. Ja, insofern die päpstliche Erlaubnis zu den Steuerauflagen als Befehl ausgegeben werden konnte, war Aussicht vorhanden, dass man der meist lästig zu erlangenden Zustimmung der Prälaten auch für staatliche Profanauflagen entraten könne, wie diese Zustimmung ja für die rein päpstlichen Steuern nach kurialer Auffassung überflüssig war. Darin aber lag eine offenbare staatliche Gefahr. Die aus blosser päpstlicher Autorität aufgelegten Staatssteuern wurden damit eben päpstliche Steuern; der Papst, nicht der Inhaber der Staatsgewalt, war der Steuerherr. Die politische Kraft, die jedes Steuerrecht dem Besitzer desselben einbringt, wäre also dem Papste, nicht dem Fürsten zugute gekommen. — Wenn nun schon bei Voraussetzung eines friedlichen Verhältnisses zwischen den beiden Gewalten solche Gefahr bevorstand, wie erst wenn Unfrieden herrschte! Für diesen Fall genügte schon die gesetzliche Festlegung der Notwendigkeit der päpstlichen Erlaubnis zu ausserordentlichen staatlichen Kirchensteuern, um dem staatlichen Gewalthaber die Aussicht auf eine Steuer-Unterstützung von seiten der Kirche zu benehmen. Darin lag für jenen eine Verminderung, für die Kurie ein Übermass der politischen Bewegungsfreiheit.

Die Aufnahme, welche die an erster Stelle betroffenen beiden Könige der Bulle „Clericis laicos" bereiteten, ist bekannt. Der König von Frankreich antwortete,[1] mit einem Eingriff in das päpstliche Finanzwesen, der von England richtete seine Massregeln weniger gegen den Papst, als gegen die eigenen Prälaten, insoweit diese sich mit dem päpstlichen Steuerverbote decken und ihm die Abgaben verweigern wollten. Verweilen wir zunächst bei jenem.

Philipp IV. erliess am 17. August 1296 ein Dekret, das jede Geldausfuhr, die Ausführung von Gold oder Silber in Barren oder als Schmuck, den Export von Edelsteinen, Lebensmitteln, Pferden, Wagen u. s. w., ferner allen Wechselverkehr mit dem Auslande, soweit nicht durch königliche Erlaubnis

---

[1] Dass Boutaric u. a. behaupten, Philipps Ordonnance sei noch vor dem Bekanntwerden der Bulle „Clericis" erschienen, dazu s. Schottmüller, Untergang des Templerordens 23, Anmerkung 1.

gestattet, verbot.[1]) Ungehorsam wurde mit Einziehung der
Güter und Wegnahme der betreffenden Gegenstände bedroht.
Obgleich die Ordonnance ganz allgemein gehalten war und
allgemeine Geltung hatte, so wurden in erster Linie doch die
Kurie und die päpstliche Kammerverwaltung von ihr getroffen.
Die Kurialen, Kardinäle u. s. w. verloren die Einkünfte ihrer
in Frankreich liegenden Benefizien. Die päpstliche Kammer
musste nicht bloss auf das freie Verfügungsrecht über die in
Frankreich hinterlegten Kreuzzugsgelder verzichten, auch die
Census von exemten oder unter päpstlichen Schutz gestellten oder
sonst zinspflichtigen Kirchen und Klöstern,[2]) Geschenke, Vermächtnisse, Legate, Gebühren und Taxen aller Art — konnten
nicht eingezogen werden. Damit auch die Übermittler der an
die Kurie einzuliefernden Geldsendungen, die italienischen Kaufleute und Bankhalter, ferner die päpstlichen Legaten, Nuntien
und Kollektoren ferngehalten würden, untersagte ein zweites
königliches Edikt allen Fremden, sich in Frankreich aufzuhalten
und Handel zu treiben.[3])

Der Papst verriet in der nun folgenden Bulle „Ineffabilis"
vom 25. September 1296, wie tief ihn der Gegner getroffen.
Er hielt zwar die Grundsätze der Bulle „Clericis" noch durchaus
aufrecht; aber er wies die Behauptung, dass durch diese auch
die lehensrechtlichen Abgaben verboten seien, mit leidenschaft-
lichen Ausdrücken zurück,[4]) und er betonte zugleich, fast ver-
sprechend, dass der König trotz jener Bulle noch nach wie vor
Hoffnung auf die Unterstützung der Kirche habe: „Wenn, was
Gott verhüten wolle, eine grosse Not des Reiches einträte, so
würde Dir der apostolische Stuhl nicht nur solche Beiträge von
Prälaten und kirchlichen Personen gestatten und ihre Leistung
verordnen, sondern er würde die Hände sogar nach den Kelchen,

---

[1]) (Dupuy), Hist. du différend du Pape Boniface VIII. aveo Philippe
le Bel (Paris 1655), Actes et preuves, p. 13; Raynald 1296, 24; vgl.
Tosti, Storia di Bonifazio VIII. I. 176; Drumann, Gesch. Bonifatius' VIII.
(Königsberg 1852), I. 173 f; Hefele a. a. O. VI. 296.

[2]) Blumenstok, der päpstliche Schutz (Innsbruck 1890), besonders p. 89.

[3]) Drumann a. a. O. 174.

[4]) Vgl. oben S. 145.

Kreuzen und heiligen Gefässen ausstrecken, ehe er dieses herrliche Reich, das dem apostolischen Stuhle so lieb, ja das liebste ist, zu Schaden kommen liesse".[1]) — Prinzipielle Zugeständnisse folgten erst, als Bonifaz sah, dass er in der Verteidigung der kirchlichen Freiheit, wie er sie verstand, nicht einmal den französischen Klerus zur Seite hatte. Aus Anlass des um die Jahreswende 1296—97 drohenden flandrisch-englisch-deutschen Krieges gegen Frankreich wandte sich der Erzbischof von Rheims mit seinen Suffraganen und Äbten „auf Philipps Betrieb" (?)[2]) an den Papst, um demselben vorzustellen, dass die Bulle „Clericis" in ganz Frankreich einen ungünstigen Eindruck gemacht habe. Das Parlament rufe eben jetzt alle Franzosen ohne Ausnahme zur Verteidigung des Vaterlandes auf. Ohne den Schutz der Krone und ohne Zusammenstehen mit den weltlichen Grossen könne der Klerus nicht bestehen. Der Papst möge daher seine Bulle zurücknehmen oder durch eine milde Auslegung den König und die gallikanische Kirche beruhigen.[3]) So viel uns überliefert ist, nahmen bloss die Cistercienser eine abweichende Haltung ein. Sie wollten von Kriegssteuern nichts wissen und protestierten gegen den König und gegen die Bischöfe.[4]) Der Papst begann den Rückzug. Er schrieb dem Könige am 7. Februar 1297[5]): „Du klagst, dass Dir zu dem bevorstehenden Kriege die Subsidien des Klerus entzogen seien. Da es nun Sache dessen, der das Recht hat, ein Gesetz zu geben, dasselbe auch auszulegen, so bestimmen wir (decernimus) in milder Erklärung zu Deiner und Deines Reiches Sicherung: „wenn ein Prälat oder irgend eine andere kirchliche Person Deines Reiches („praelatus aliquis vel quaevis alia persona ecclesiastica regni tui) ohne offenen oder versteckten Zwang Dir ein Geschenk oder ein

---

[1]) Raynald 1296, 28; Hefele VI.[2] 299.

[2]) Drumann 178; Hefele 302: „sicher mit Wissen des Königs"; Hergenröther. Kirchengesch. II.[3] 317: „Philipp liess . . . höfliche Vorstellungen machen." (!)

[3]) Dupuy 26; Raynald 1297, 44.

[4]) Kervyn de Lettenhove, Recherches sur la part de l'ordre de Citeaux au proces de Boniface VIII. 22.

[5]) Wir machen darauf aufmerksam, dass die Übersetzungen dieser Bulle von Drumann und Hefele-Knöpfler nicht zu gebrauchen sind.

Darlehen geben will, wenn das nur nicht allgemein
unter dem Namen einer Besteuerung geschieht („dum
tamen sub exactionis nomine vel tailliae aut cujuslibet supra-
dicti muneris (?) aut sub quota hoc non fiat generaliter"), wenn
auch vielleicht von Dir oder Deinen Beamten eine freundschaft-
liche Aufforderung erfolgt, so soll jene Konstitution Dich, Deine
Beamten und jene Prälaten und kirchlichen Personen nicht
treffen. Ferner berührt diese nicht jene Abgaben und Leistungen,
welche Prälaten und Geistliche Dir für Lehen und für Regalien
schulden. Auch auf verheiratete Kleriker und solche, die be-
trügerisch, bloss um den Abgaben zu entgehen, den geistlichen
Stand annehmen, findet sie keine Anwendung. Endlich im
Falle der Not — Not im juristischen Sinne genommen — wo
Gefahr im Verzuge wäre und deshalb durch Dich oder
Deine Nuntien nicht mehr der heilige Stuhl angegangen
werden kann, wenn Du in solchem Falle selbst oder
durch Deine Beamten von den Prälaten und kirchlichen Personen ein entsprechendes Subsidium verlangst und erhälst,
so erklären wir, dass jene Konstitution Dich und jene nicht
trifft".[1] — In einem zweiten Briefe von demselben Tage machte
Bonifaz dem Könige neue Vorstellungen über sein Geldausfuhrverbot, dessen Aufhebung er ihm nahelegte.[2] Ferner schrieb
er am 28. Februar den Prälaten, die ihn um Aufhebung der
Bulle „Clericis" gebeten hatten. Auch in diesem Schreiben
gestand er zu, wenn die von ihnen als bevorstehend geschilderten
Umstände eintreten und der König ihre Mitwirkung bei der
Verteidigung des Reiches verlange, so solle „jene Konstitution"
sie nicht hindern, angemessene freiwillige Beiträge zu leisten,
wie es ihnen oder dem grössern Teile von ihnen gut
dünke; jedoch seien dieselben ohne jeden von weltlicher oder
Laien-Seite geübten Zwang zu erheben.[3]

Es war vorerst nur ein teilweises Zurückweichen, welches
in diesen Zugeständnissen zu erkennen ist. Unbedingt aufrecht
erhalten blieb die Freiwilligkeit der kirchlichen Staatsleistungen.

---

[1] Raynald 1297, 49: „Romana mater".
[2] Ebenda 46—47; Dupuy 24; Hefele 302 f: „Exiit a te."
[3] Raynald 45; Baillet, Histoire des demêlez du pape Boniface VIII. avec Philippe le Bel, 324 nr. 4.

Eine gemeinsame Selbstbesteuerung des Klerus — durch Majoritätsbeschluss — für staatliche Zwecke wurde nur für den „Notfall" in Aussicht genommen. Die Befragung Roms bei solchen Besteuerungen wurde im Prinzip und als Regel aufrecht erhalten, jedoch war dieselbe im Falle der „Not" nicht erforderlich. Ob die Befragung eine blosse Konsultation oder eine Bitte um Genehmigung sein sollte, das wurde nicht berührt.

Bonifaz kam dem Könige Philipp noch einen weiteren Schritt entgegen. Er schrieb die Zugeständnisse, die er demselben gemacht hatte, wohl auf Wunsch Philipps, nun auch öffentlich aus in einer Bulle vom 22. Juli 1297, die an den gesamten Klerus und Adel Frankreichs gerichtet ist.[1]) Zugleich traf er Abhilfe für die wohl aufgeworfene Frage, wer darüber zu entscheiden habe, wann ein die Kirchenbesteuerung ohne Zuratziehung der Kurie rechtfertigender „Notfall" vorliege. Er bestimmte, dass dem gegenwärtigen Könige von Frankreich und seinem jeweiligen Nachfolger, wenn derselbe wenigstens das zwanzigste Lebensjahr zurückgelegt habe, diese Entscheidung selbst zustehen solle. Im Falle der Minderjährigkeit des Königs sollte der königliche Rat entscheiden. Bonifaz belastete jetzt nur noch das Gewissen des Königs und bezw. seiner Räte mit der Verantwortlichkeit, dass darin kein Unrecht geschehe.

Erst dieses neue Zugeständnis in Verbindung mit der früheren Konzession, dass die Befragung Roms „im Notfalle" nicht erforderlich sei, begründete Philipps Sieg, Bonifazens Niederlage. Es war nunmehr dem Ermessen des Königs und seiner Räte anheimgestellt, eine staatliche „Notlage" festzustellen und die Prälaten um kirchliche Auflagen anzugehen. Dass die

---

[1]) S. die Citate und die Begründung unseres Datums bei Potth. 24549. Raynald 1297, 50 hat den 27. Juli; vgl. Boutaric, a. a. O. 285. — Funke, Papst Benedikt XI. in „Kirchengeschichtliche Studien" von Knöpfler, Schrörs, Sdralek I. 1 p. 74, Anmerkung 1 hält diese Bulle für unächt, ohne einen andern Grund anzugeben als den, dass auch Baillet die Ächtheit bezweifele. Das letztere kann ich nicht finden. Baillet schreibt S. 52—53 (nicht 70—72!): „Quelques auteurs ont soupçonné cette Bulle de fausseté ... Mais elle fut confirmée huit jours après" u. s. w.

Klerusversammlungen zu diesen ihre Zustimmung gäben, dafür hatten die französischen Gewalthaber sicher wirkende Mittel. Das kuriale Prinzip der päpstlichen Alleinherrschaft über die kirchliche Steuerkraft war vernichtet. Für die Begründung eines allgemeinen staatlichen Steuerrechts war die Bahn frei. Die übrigen Konzessionen, die Bonifaz VIII. dem französischen Könige damals machte, haben nur geringere Bedeutung für uns. Sie dienen nur zur Beleuchtung der Stimmung, die beim Papste eingetreten sein muss. Wir führen sie kurz an: Bonifaz überwies dem Könige für ein Jahr die Einkünfte aller erledigten französischen Präbenden, Propsteien, Archidiakonate und sonstigen Benefizien, bloss erzbischöfliche und bischöfliche Einkommen und solche von Abteien und Klöstern ausgenommen;[1] ferner die Früchte des ersten Jahres der neubesetzten Pfründen für drei Jahre;[2] endlich die „Hälfte der Vermächtnisse, mit welchen die Kirche im allgemeinen oder zum Behufe eines Kreuzzuges bedacht wurde".[3] Gefälligkeiten auf andern Gebieten übergehen wir. — Auf einer Versammlung der Prälaten zu Paris wurden die päpstlichen Licenzen vorgelesen, und jene bewilligten nun, der Forderung des Königs gemäss, einen drei-, nach anderer Angabe zweijährigen Kirchenzehnten. Derselbe wurde in vier Jahresterminen erhoben.[4] Philipp nahm dann auch sein Geldausfuhrverbot zurück.[5] Schon nach wenigen Jahren, als der zweite grössere Kampf um die Grenzen der Staats- und Kirchengewalt zwischen den beiden Mächtigen entbrannt war, sehen wir es wieder erneuert.

Auch König Eduard von England hatte inzwischen den Kampf um die Bulle „Clericis laicos" in der Hauptsache siegreich geführt. In England begann der Streit, als auf dem Parlamente zu S. Edmunds im November 1296, während der Adel einen Zwölften, die Bürger einen Achten bewilligten, die

[1] Guillelm. de Nangiaco: Recueil des hist. XX. 580; Chroniques de S. Denis: ebenda 665.

[2] Ferretus Vicentinus: Muratori IX. 1000: „primitias omnes frugum"; vgl. dazu Mignon, Tabula comp. 523.

[3] Drumann 182.

[4] Mignon, Tabula computorum 525.

[5] Baillet 56; Raynald a. a. O.; vgl. Hefele VI. 304.

Prälaten unter Berufung auf jene päpstliche Bulle den von ihnen geforderten Zehnten verweigerten. Eduard vertagte die Versammlung zunächst bis zum 14. Januar 1297 nach Westminster.[1]) Als dann auch hier der Kirchenzehnt verweigert wurde, da brach der verhaltene Ingrimm des Königs hervor.[2]) Er erliess sofort den Befehl, die Steuer dennoch einzuziehen. Wer sich widersetzte wurde für vogelfrei und aller weltlichen Lehen verlustig erklärt. Man kündigte ihm den gerichtlichen Schutz auf. Es heisst sogar, der König selbst habe zu Feindseligkeiten und Chikanen gegen die widerspenstige Geistlichkeit aufgefordert.[3]) Solche Zustände benahmen den meisten Prälaten nun doch den Mut, ihren Widerstand fortzusetzen. Der Erzbischof von York, die Bischöfe von Ely, Salisbury und viele andere gingen einzeln zu Hofe und machten ihren Frieden mit dem Könige. Die Zurückbleibenden erhielten vermutlich einen um so schwereren Stand, als die Zugeständnisse der Kurie an Frankreich bekannt wurden. Sie wurden nun auf gleichem Fusse mit dem rebellischen Adel behandelt. Der Prinz Eduard, der den inzwischen in den Feldzug nach Flandern gegangenen König in der Regierung vertrat, schloss endlich mit den missvergnügten Grossen eine Einigung, welche den Prälaten, Baronen und Bürgern von neuem das absolute Steuerbewilligungsrecht sicherte. König Eduard bestätigte dieses Abkommen am 5. November 1297 zu Gent.[4]) Damit trat also die Geistlichkeit in der Gesamtheit in den verfassungsmässigen Zustand vor der Bulle „Clericis laicos" zurück. Sie blieb ein Hauptfaktor des englischen Verfassungslebens. Praktisch kam die Bewilligung der kirchlichen Staatsleistungen in England in der Weise zur Ausführung, dass man einen Unterschied zwischen den lehnbaren Baronieen und den sonstigen Einkünften der Geistlichen machte. Für die Besteuerung der ersteren traten die Prälaten

---

[1]) Pauli IV. 110 ff; Hefele VI. 294.

[2]) „Incanduit indignatio ejus ad modum leonis raptis catulis": Annales Edwardi Primi a. a. O.

[3]) Ebenda; Pauli 112.

[4]) Vgl. zu dem Vorhergehenden Raynald 1296, 23 ff; Mansi XXIV, 1171 ff; Pauli a. a. O. und ff bis 129; Hefele a. a. O; ferner: Math. Westmon. ad 1297; Raynald 1298,¹; Henricus de Kuyghton lib. 3 c. 12.

im Oberhause mit den weltlichen Lords zusammen als „Repräsentation der geistlichen Kriegslehen". Für den übrigen Kirchenbesitz, dessen Einkünfte nach einer Taxe vom Jahre 1291 aber auch noch 199311 Pfund betrugen — wurde in einer besondern Konvokation des Klerus verhandelt und beschlossen. In dieser letztern nun finden wir immerhin auch nachher noch Spuren der Bulle „Clericis laicos". Man wollte nicht unter der Auktorität des Königs berufen werden und beschliessen, sondern machte die Bewilligungen von einem vorgängigen Gestattungsmandat des Papstes abhängig. Auch die Freiwilligkeit der Leistungen wird immer wieder betont. Die Könige scheinen sich um solchen Prinzipienstreit wenig gekümmert zu haben. Es genügte ihnen die Zahlung.[1])

Der Stand des kirchlichen Bezehntungsrechts, wie er sich nach dem Streite über die Bulle „Clericis laicos" — sagen wir in den Jahren 1298, 1299 und 1300 — darstellte, wie ihn Frankreich errungen und England verteidigt hatte, konnte den Papst Bonifaz VIII. unmöglich befriedigen. Eines der stolzesten Privilegien des Klerus, die Freiheit von öffentlichen Umlagen, war dahin. Dafür hatte er nur ein vielleicht zweifelhaftes Steuerbewilligungsrecht behauptet. Sich selbst sah Bonifaz in seinem eigensten Gebiete, in der Herrschaft über den Kirchenbesitz, ja über den Klerus, bedroht. Was Frankreich und England zugestanden war, konnte auf die Dauer den übrigen Staaten nicht verweigert werden. Dass in diesen der Konflikt nicht ebenfalls sofort ausgebrochen, lag bloss an ihrer staatlichen Unfertigkeit oder daran, dass Bonifaz den kräftiger entwickelten alsbald nach Erlass der fatalen Bulle Ausnahmen von derselben oder Kreuzzugszehnten gewährte. So geschah es mit Aragon,[2]) mit Sicilien,[3]) mit Böhmen,[4]) auch mit Pisa[5])' u. s. w. In Deutschland war kein einheitlicher Repräsentant der Staatsgewalt, die Entwickelung des Steuerrechts war in der Hauptsache den Territorialherrschaften anheimgefallen, die aber zu

---

[1]) Gneist, Verfg. 393. 400; Stubbs 320. 337 f.
[2]) Potth. 24460. 24464. 24832.
[3]) Potth. 24935. 24992.
[4]) Potth. 24492 f.
[5]) Raynald 1299, 29.

grossem Teile geistliche Herren waren. So wurde also der Konflikt hier eher vermieden. Wir wissen jedoch, wie heftig der Streit um die geistlichen Steuerprivilegien in der Folgezeit in den deutschen Kommunitäten, den damals vorzüglichen Trägern des nationalen Lebens, namentlich in den Bischofsstädten am Rhein, entbrannt ist. — Obgleich der geistig bedeutende Papst die Kämpfe voraussehen mochte, welche der Kirche aus dem Verluste ihrer Steuerfreiheit in Frankreich erwuchsen, obgleich er also geneigt sein musste, das, was er gewollt, nochmals zu versuchen, dafür nochmals in die Schranken zu treten, so ist für den Wiederausbruch des Streites mit Philipp IV. doch dieser allein verantwortlich zu machen. Seine für den Papst, den Schiedsrichter, demütigende Haltung in den Ausgleichsverhandlungen mit England, die unbegründete Anklage auf Parteilichkeit, seine Aufnahme und Begünstigung der vom Papste verfolgten Colonnas, die Verschlechterung der Münze, die den Geldwert — auch zum Schaden der apostolischen Kammer und der Kurie — auf ein Drittel des früheren reduzierte, vor allem aber die despotische Willkür, mit welcher er die französische Kirche ausbeutete, Steuern erhob, die Einkünfte der erledigten Bistümer einzog, ja deren Grundvermögen angriff,[1]) — dann die Streitigkeiten wegen Lyons und Pamiers, endlich die Quasi-Gefangenschaft des päpstlichen Nuntius Bernhard Saisset, die freilich nicht unverdient war — das alles versetzte den Papst in eine unerträgliche Lage. Klagen und Beschwerden liefen aus Frankreich ein und nährten den Entschluss, den Kampf wieder aufzunehmen, um so mehr, als alle Bitten, Ermahnungen, Warnungen[2]) bei Philipp die Wirkung verfehlten. In der Bulle „Ausculta fili"[3]) vom 5. Dezember 1301 hielt der Papst dem Könige sein Schuldregister vor und schrieb u. a. auf unser Thema bezüglich: „Die Kirchen Frankreichs, die bisher in Freiheit und Ruhe blühten, sind tributpflichtig geworden, wie ihr Jammerruf unter unerträglicher Verfolgung bezeugt. Du weisst, dass wir wegen dieser Dinge uns oft an Gott und an Dich selbst gewandt haben, in Hoffnung, Du

---

[1]) S. hierüber Boutaric 69 ff.
[2]) Potth. 24772. 24817.
[3]) S. die Citate bei Potth. 25097.

werdest Dich bessern; aber Du hast wie eine taube Natter Deine
Ohren verhärtet" u. s. w.

Gleichzeitig mit diesem erging die vom Tage vorher, vom
4. Dezember 1301, datierte Bulle „Salvator mundi",[1]) durch welche
Bonifaz alle Zugeständnisse, die er dem französischen Könige
namentlich betreffs der Kirchensteuern gemacht hatte, wieder
aufhob. „Was auch die Geistlichen und Mönche als Zehnten
oder unter einem andern Namen zu geben sich verpflichtet
haben, das sollen sie ohne unsere ausdrückliche Erlaubnis nicht
ferner zahlen." Er begründete diese Anordnung damit, dass
Philipp Frieden mit England geschlossen habe, weshalb er
„einer so bedeutenden Unterstützung" nicht länger bedürfe.
Der Statthalter Christi könne nach Verschiedenheit der Zeiten
Personen und Örter Vergünstigungen, zu welchen er unter
dringenden Umständen oder des öffentlichen Nutzens wegen
sich herbeigelassen habe, für einige Zeit zurücknehmen oder
widerrufen und verändern.

Bonifaz VIII. beanspruchte also nach wie vor die Alleinherrschaft über die kirchliche Steuerkraft! Das Steuerverbot
war für Philipp um so einschneidender, als es direkt in die
Erhebung eines zweijährigen Zehnten eingriff, der ihm im
Jahre 1299 von einer geistlichen Synode zu Lyon gestattet
war, und der um Himmelfahrt und Allerheiligen 1300 und 1301
fällig geworden. Es waren aber in einigen Provinzen erst zwei,
in andern erst drei Termine eingezogen worden. Nun musste
das Erhebungsgeschäft ganz eingestellt werden.[2]) Der König
konnte das desto herber empfinden, weil sein Nebenbuhler
Eduard von England eben in jenen Jahren aufs neue die
finanziellen Wohlthaten Roms erfuhr. Durch Bulle vom 12. März
1301 hatte ihm Bonifaz sogar General-Absolution gegeben für
alle Zehnten und Kreuzzugsgelder, die Eduard „in welchen
Reichen, Orten und Zeiten auch immer" unter dem Titel „zur
Unterstützung des heiligen Landes" bis auf diesen Tag empfangen hatte, und ebenso Nachlass, Gewährung und Absolution

---

[1]) Potth. 25096; Drumann II. 17 f; vgl. Hefele VI. 324 Anmerkung 2.
[2]) Mignon, Tabula computorum 525.

für alle Auflagen und Erpressungen, mit welchen er Kirchen
und kirchliche Personen jemals beschwert haben mochte.')
Ferner liess Bonifaz damals in ganz England und Irland einen
dreijährigen päpstlichen Zehnten „für die Lasten und Nöten
der römischen Kirche" erheben;²) auch von diesem wurde die
Hälfte dem Könige Eduard „liberaliter" überwiesen.³) Das
geschah am 10. April 1302, an demselben Tage — der Gegensatz ist bemerkenswert —, an welchem in Notre-Dame in Paris
das für den neuen Streit zwischen Bonifaz VIII. und Philipp
dem Schönen entscheidende Parlament gehalten wurde, das
erste, bei welchem auch der dritte Stand vertreten war. Die
französischen Stände, den Klerus eingeschlossen, stellten sich
vollständig auf die Seite ihres Königs, man hatte nicht mehr
den Mut, dem persönlichen Regimente desselben zu wider-
sprechen.⁴) Philipp erneuerte bald nachher, diesesmal aber
mit ausdrücklicher Beziehung auf Rom, das Verbot der Ausfuhr
von Gold, Silber und wertvollen Gegenständen ohne königliche
Erlaubnis. Auf die Übertretung wurde abermals die Strafe der
Güterbeschlagnahme und andere Busse gesetzt. Die Grenzen,
Pässe, Häfen u. s. w. liess der König bewachen, damit nicht
„Fremde mit Geld durch das Land nach Italien gingen oder
Sendlinge mit päpstlichen Briefen sich einschlichen".⁵)

Man war also in bezug auf die praktischen Kampfmassregeln
wieder auf dem alten Standpunkte angelangt. Der prinzipielle
Streit war diesmal gewaltiger und von höherer Bedeutung. Es
handelte sich um das gesamte Verhältnis zwischen Staat und
Kirche. Macht stand gegen Macht, ein Übermass von For-
derungen, von Herrschsucht und Leidenschaft auf beiden Seiten.
Wie der Konflikt geendet, ist bekannt. Der Überfall des
Nogaret und seiner Genossen in Anagni kostete dem greisen
Papste sehr bald das Leben. Bonifaz VIII. starb am 11. Oktober
1303. Sein Nachfolger Benedikt XI. (1303—1304) sprach den

---

¹) Rymer 1301, 4. Id. Martii (Potth. 25027).
²) Potth. 25143.
³) Potth. 25143.
⁴) Den letztern Eindruck erhält man, wenn man das Schreiben des
Klerus an den Papst liest: Hefele VI. 334 ff.
⁵) Raynald 1302, 11; Baillet 124; Drumann II. 29.

König Philipp am 13. Mai zu Perugia von den kirchlichen
Censuren, in die er durch sein Ausfuhrverbot und andere Massregeln ipso facto verfallen war, frei[1]) und erneuerte ihm die
früheren Privilegien. In bezug auf die Bulle „Clericis laicos"
verordnete Benedikt, dass die darin ausgesprochenen Strafen
nur die Forderung und Eintreibung, nicht die Entrichtung von
kirchlichen Abgaben an Laien treffen sollten. Im übrigen sollten
gemäss dem Dekret der Lateransynode „im Falle der Not oder
des gemeinen Nutzens, wenn die Kräfte der Laien nicht ausreichten", Beiträge der Geistlichen gestattet sein; die Zurateziehung des Papstes wurde dabei besonders betont:
„etiam in hoc casu Romanum Pontificem primitus consu-
lendum."[2])
Clemens V. hat dann am 1. Februar 1306 durch die Bulle
„Quoniam" die Bulle „Clericis laicos" und alle ihre spätern
„Deklarationen", „weil sie Anstoss gegeben, grosse Gefahren und
Nachteile zur Folge gehabt und noch grössere zu erwarten
seien", gänzlich zurückgenommen und einfach den Stand der
Laterangesetze wiederhergestellt.[3]) Damit war die Notwendigkeit der römischen Erlaubnis für die staatlichen Kirchenauflagen endgiltig beseitigt und die „Konsultation" des Papstes
nunmehr ausdrücklich als solche bestimmt. Nach dem Streite
über die Bulle „Clericis" war es auch der Praxis nicht mehr
gut möglich, in diesen Terminus mehr hineinzudeuten, als nach
dem Erweise der geschichtlichen Thatsachen darin enthaltsn
war. Dass nun eine ihres Kernes und ursprünglichen Zweckes
beraubte „Konsultation" sehr bald überhaupt in Wegfall kam,
das konnte der natürlichen Entwickelung getrost überlassen
werden.

---

[1]) Die Behauptung, es sei das schon am 25. März und dem Könige
„absenti et non petenti" geschehen, beruht auf französischer Fälschung.
S. darüber die etwas weitläufig angelegte und unklar gehaltene, in diesem
Punkte aber unbedingt zu berücksichtigende Schrift von Funke, Papst
Benedikt XI. 71 ff.

[2]) Grandjean, Registr. Bened. XI., 1269 und Corpus jur. can., c. un.
Extrav. comm. III. 12 de immunitate eccles.; Raynald 1304, 12; Funke 74.

[3]) Raynald 1306, 1; Corpus jur. canon., c. un. Clementin. III. 17
de immunit. eccl.

Es bleibt uns noch die Frage zu erörtern, welchen Einfluss die offenbare Niederlage der Kurie in dem Streite zwischen Bonifaz VIII. und Philipp IV. auf das päpstliche Kirchenbezehntungsrecht gehabt hat. Auf den ersten Blick, scheint es, gar keinen! Das Recht des Papstes, die Kirchengüter zu besteuern, blieb nach wie vor bestehen, nur hatte man in Frankreich und England nun auch ein Recht der weltlichen Gewalt auf Kirchensteuern anerkennen müssen. Die Geistlichen der beiden Reiche besassen nun auch rechtlich anerkannt zwei Steuerherren. Dennoch ist in dem päpstlichen Steuerwesen infolge jenes Ausganges des Streites um die Bulle „Clericis" eine bemerkenswerte Änderung vor sich gegangen: Der Papst hatte früher das kirchliche Besteuerungsrecht immer nur unter dem Kreuzzugstitel, nur für Unternehmungen geübt, die direkt oder durch Umdeutung unter den Begriff eines Kreuzzugs gebracht werden konnten. Nachdem nunmehr Kirchensteuern für staatliche Profanzwecke auch kirchenrechtlich anerkannt waren, war der Kreuzzugstitel nicht mehr nötig; es konnte das nach kurialer Auffassung so wie so prinzipiell unbeschränkte päpstliche Recht der Kirchenbesteuerung auch praktisch in die Erscheinung treten. Hatte der staatliche Gewalthaber das Recht, für seine weltlichen Zwecke Steuern zu fordern, so erst recht sicherlich der Papst, der Inhaber oder Verwalter des allgemein kirchlichen Eigentumsrechts. — Dass Bonifaz VIII. zur Zeit des zweiten Konfliktes mit Frankreich schon einen dreijährigen Zehnt in England und Irland „für die Lasten und Nöten der römischen Kirche" erheben liess, wurde bereits berichtet. Der Kardinal Le Moine, der im Februar 1303 mit Friedensanerbietungen nach Paris kam, verlangte sogar die königliche Anerkennung dafür, dass der Papst das Recht habe, ohne jemandes Zustimmung über die kirchlichen Güter und Einkünfte zu verfügen und den Hundertsten, Zehnten oder eine andere Quote zu fordern, wie es ihm nützlich scheine.[1]) Benedikt XI. liess

---

[1]) Artikel 4 der Friedensbedingungen: „. . . . quod summa potestas administrationis et dispensationis eorum (scil. ecclesiasticorum bonorum et proventuum) ad Apostolicam Sedem spectat; et quod ipsa Sedes, nullorum requisitis assensibus, de illis disponere potest, et nunc centesimam nunc decimam seu quamvis quotam imponere, petere, exigere, prout viderit expedire": Raynald 1303, 34.

den von seinem Vorgänger aufgelegten Zehnten „pro oneribus
et necessitatibus Ecclesie" ausser in England, Schottland und
Irland auch in den burgundischen und lothringischen Diöcesen,
in den deutschen, ungarischen und polnischen Kirchenprovinzen
sammeln.[1]) — Als Clemens V. für den Unterhalt der Kurie,
weil keine Geldsendungen von der Camera in Rom kamen, die
französischen Kirchen belastete, so dass die Prälaten im
Jahre 1306 verschiedene Synoden hielten, um sich gegen die
päpstlichen Geldforderungen zu schützen, da beschwerte sich
der König Philipp nur über das Übermass der Forderungen und
über die Geldgier der Nuntien und Kurialen, aber er bestritt
dem Papste nicht das Recht, Steuern für die „necessitates" der
Kurie zu erheben.[2]) Auf dem Konzil zu Vienne (1311 f) gab
auch der gesamte französische hohe Klerus, bloss zwei Bischöfe
ausgenommen, seinerseits Zustimmung und Versprechen, dass
Clemens Zehnten erheben dürfe „in relevationem onerum expen-
sarum, quas nos oportet subire continue".[3])

Es lag in diesem neuen Titel der päpstlichen Auflagen, die
sich in der Folge gehäuft haben, ein nicht zu unterschätzender
sittlicher Fortschritt gegenüber der früher gewohnheitsmässigen
Ausbeutung der „Kreuzzugs"-Zehnten. Leider hörte dieselbe
jedoch auch jetzt noch nicht ganz auf. Teilweise glaubte man
trotz allem noch an das Zustandekommen einer grossen Unter-
nehmung gegen die Ungläubigen, teilweise mochten die unter
dem Titel „für die Nöten der römischen Kirche" gehenden
Besteuerungen grössere Misshelligkeiten und geringere Erträge
bieten. Deshalb sehen wir auch die politische Verwertung der
Kreuzzugszehnten — und selbstverständlich gern im französischen
Interesse — bis tief in das 14. Jahrhundert hinein geübt.[4])

---

[1]) Vgl. Funke, Benedikt XI. 56.

[2]) Baluzius, vitae papar. Aven. I. 3 ff; II. 58. — Dass die Beschwerden des französischen Klerus zum Teil übertrieben waren, s. Schottmüller, Untergang des Templer-Ordens I. 579.

[3]) Regestum Clementis papae V., 8781.

[4]) 1305: Dem Herzog Robert von Burgund ein „Subsidium" „pro
liberatione Terrae Sanctae et pro universali utilitate ducatus sui" (Reg.
Clem. pap. V., 29); dem Könige Jakob von Aragon ein vierjähriger Zehnt
zur Eroberung von Sardinien und Korsika, die ihm Bonif. VIII. zu Lehen

Dass nachher durch die Türken- und Hussitenkriege noch eine Nachblüte der päpstlichen „Kreuzzugssteuern" eintrat, wurde schon früher angedeutet.

Eine indirekte Folge des auch von der weltlichen Gewalt geltend gemachten Anspruchs auf kirchliche Umlagen war die, dass die Päpste im 14. und 15. Jahrhundert sich mehr und mehr bequemen mussten, die Bischöfe und die Fürsten selbst, die nun ein Interesse an der Aufrechterhaltung der Steuerkraft ihrer Kirchen hatten, vor der Dekretur einer Auflage um ihre Zustimmung anzugehen. Im 13. Jahrhundert, als, abgesehen von England, die Fürsten nur auf dem Umwege über Rom und durch die Täuschung mit dem Kreuzzugsversprechen den Reichtum der Kirche für sich flüssig machen konnten, standen das fürstliche und das päpstliche Interesse näher zusammen. Jetzt machten kirchliche Auflagen, welche nicht wenigstens teilweise den Fürsten oder den territorialen Gewalten zugute

------

gegeben (ebenda 225. 357. 3819); dem Könige von England ein zweijähriger Zehnt „pro negotio Terrae sanctae — sed tamen versus alios expendebantur" (Will. Rishanger Chron. 228). — 1306: Cruciata und Zehnt in Sicilien u. s. w. für Karl von Anjou „ad expugnandum imperium Constantinopolitanum" (Reg. Clem. V., 243. 247. 248; 244. 1755 ff.) — 1307: Dieselbe Cruciata im Venetianischen (Diplomatar. Veneto-Levantinum a. 1300 bis 1350, nr. 28); dieselbe Cruciata in Ravenna und Romagna (Reg. Clem. V., 1768); zweijähriger Zehnt für Philipp von Achaia (Tarent) im Fürstentum Achaia und „in partibus Romanie", ferner in den Provinzen Arles, Aix, Embrun, Vienne, Lyon (nichtfranzös. Teil) „pro recuperatione terrarum, quas in principatu et partibus antedictis tenent Greci" (ebenda 1604. 1605; vgl. 7759 ff. 7893. 8863). — 1308—9: Allgemeine Cruciata für das „passagium particulare" der Johanniter (ebenda 2988 ff; Liljegren, Svenskt Dipl. II. 2, 534 ff; vgl. Les grandes chroniques de France publ par Paulin Paris V. 182; Cont. Guill. Nangis: Recueil XX. 599; Raynald 1308, 32; auch Joh. Vitodur. ed. Wyss 52 f; Detmar ed. Grautoff 192; Meklenburg. U. B. V. 3279. Fejér, Cod. dipl. Hung. VIII. 1, 372). — 1311 ff: Cruciata und sechsjähriger allgemeiner Kirchenzehnt für den König von Frankreich (Raynald 1312, 22. 50.; 1313, 1 ff; D'Achery, Spicil. III 65; Detmar 229). — 1326: Überweisung der Hälfte des Norweg.-Schwed. sechsjährigen Zehnten (von Vienne) an den König Magnus (Lange og Unger, Diplom. Norveg. VI. 113); Quittung des Magnus: Liljegren IV. 1, 2675. — 1328: Cruciata gegen Ludwig den Baier (Raynald 1328, 4. 5). — 1336: Widerruf des Frankreich gewährten Zehnten; der französische König von der Rückzahlung entbunden (Heinr. Dießenhoven 25) u. s. w.

kamen, sondern entweder ausgesprochen der päpstlichen Geld-
bedrängnis abhelfen oder doch dem ausschliesslichen Verfügungs-
rechte des Papstes für einen bestimmten Zweck unterstellt sein
sollten, meistens erst lange dauernde Verhandlungen um die
Einwilligung der Territorialherren nötig, und dieselben führten
überdies des öftern erst durch Überlassung eines Teiles der
erwarteten Summen an die Fürsten und kommunalen Behörden
zum Ziele.[1])

Der Umstand, dass die weltlichen Gewalten, zunächst in
England und Frankreich, nach und nach aber auch in den
andern Ländern und Territorien, nun auch ihrerseits Kirchensteuern bewirkten, d. h. die Prälaten- und Klerusversammlungen
zu Kirchenauflagen veranlassten, dürfte ferner eine ziffermässige
Verminderung der päpstlichen Zehnterträge herbeigeführt haben.
Boutaric berechnet z. B. die vom französischen Klerus innerhalb zehn Jahren von Philipp IV. erhobenen Zehnten auf
400 Millionen. Da war doch unmöglich für die römischen
Kollektoren noch viel zu holen! Auf diese von uns vermutete
Verminderung der Erträge, wie auch auf die nun im allgemeinen
weniger freundliche Stellung der Fürsten zu den päpstlichen
Geldsammlungen, auf die ewigen Plackereien, die von denselben
im Bunde mit den Prälaten verursacht wurden, ist denn die
Erscheinung zurückzuführen, dass die Kurie sich jetzt mit
wahrer Energie andere Einnahmequellen, Titel und Rechte er-
schliesst. Das wunderbare System der Taxen und Gebühren,
das seine kräftigsten Wurzeln allerdings schon im 13. Jahrhundert angesetzt hat, tritt mehr und mehr in die Erscheinung
und wird ein weiterer Grund für die fortschreitende moralische
Degenerierung der letzten mittelalterlichen Jahrhunderte.

Endlich ist noch als eine entferntere Folge des in Frankreich und England befestigten staatlichen Eindringens in das
päpstliche Kirchen-Besteuerungswesen erwähnenswert eine gewisse geographische Verschiebung des Hauptbezugsfeldes der
päpstlichen Einnahmen nach Osten. Im 13. Jahrhundert er-
flossen die meisten Erträge aus den beiden westlichen Ländern

---

[1]) Vgl. meine Schrift „Aus der Camera apostolica des 15. Jahrhunderts", 207—209, dazu Stubbs, Constit. History III. 335.

bezw. Reichen, während insbesondere Deutschland geringere Beteiligung zeigt.[1]) Der Grund hierfür lag in den politischen Vorgängen und Verhältnissen.[2]) Im 14. und noch mehr im 15. Jahrhundert wurden die reichen deutschen und auch die nordischen Kirchen in stärkerem Masse sowohl für die Bedürfnisse der päpstlichen Kasse, als auch für die Hussiten- und Türkenkriege herangezogen. Da das nun aber schon unter veränderten religiösen, wissenschaftlichen, socialen und nationalen Verhältnissen geschah, da ferner das System vielfach zu wirklich gehässigen Formen sich auswuchs, da Druck und Missbrauch sich häuften, so bereitete sich hier eine mächtigere, tiefergehende Gährung vor, als sie die päpstlichen Kreuzzugssteuern des 13. Jahrhunderts erzeugt hatten. Rom verscherzte sich im allgemeinen die Liebe seiner eigenen Geistlichkeit, und deshalb stand es der Revolution nachher ohnmächtig gegenüber.

---

[1]) Deshalb klagen die Prokuratoren der drei französischen Kirchenprovinzen in ihrem Gesuche um Zehntbefreiung 1267: „(Ecclesia Gallicana) princeps provinciarum facta est sub tributo, cum ceteris regiuis (!) (regionibus) mundi tantae servitutis jugum nusquam imponatur."

[2]) Die Meinung von (H o r i x) in den „Concordata nationis Germanicae" II. 185 ff. das Recht der päpstlichen Kirchenbezehntung habe in Deutschland überhaupt keine Geltung erlangt (auch beim Zehnten von Lyon 1274 nicht), sei nur als Antiquität hier erwähnt.

III.

Die Verwaltung.

1. Partikularistische Verwaltungsformen.

1. Die anfänglichen Formen der Verwaltung der Kreuzzugssteuern lassen sich in den Grundzügen ihrer Entwickelung
ziemlich genau zeichnen. Sie führen zunächst in mancher Hinsicht auf die Bestimmungen für den Saladinszehnten des
Jahres 1187—88 zurück.[1]) Diesen entnehmen wir das Folgende:
Besteuert wurden sowohl in Frankreich als in England alle
Unterthanen, geistliche und weltliche ohne Unterschied, auch
die abhängigen Leute, Hintersassen u. s. w. Bloss die Kleriker
und Ritter, die sich mit dem Kreuze bezeichnen liessen, waren
ausgenommen, jedoch wurde die Steuer auch von ihnen zunächst
erhoben, ihnen dann aber — nach Antritt der Kreuzfahrt —
ohne Abzug zurückgegeben. Gänzlich befreit waren in Frankreich die Cistercienser, Karthäuser, der Orden von Fontevrauld
und die Leprosenhäuser. — Die Steuer wurde von allen. Einkünften und der beweglichen Habe erhoben. Rücksichtlich
der letzteren waren nur die Waffen, Pferde und Kleider der
Ritter und ebenso die Pferde, Bücher und Kleider der Geistlichen, auch Edelsteine von Geistlichen und Laien, ausge-

---

[1]) S. die französischen bei: Rigordus, Gesta Philippi Augusti Francorum regis ad a. 1188: Recueil XVIII. 26; die englischen in den Gesta
Heinrici II., die früher irrtümlich dem Benedictus Petroburgensis zugeschrieben wurden: ebenda 478. Mansi, Concil. coll. XXII. 577—580 bietet
sie bequem hintereinander folgend. Er schreibt die englischen dem
Rogerius Hovedenus zu, aber dieser hat sie den Gestis Henrici entlehnt;
vgl. zum Inhalt Hefele, Konziliengesch. V. 789 und Röhricht, die
Rüstungen des Abendlandes zum dritten Kreuzzuge: Sybels Hist.
Ztschrft. 34 (1875), 18.

nommen.[1]) — Als Steuererheber wird in den französischen
Bestimmungen der baro, der Grund- bezw. Gerichtsherr gesetzt,
und dieser allein hat auch das Recht, gegen widerspenstige
Steuerpflichtige mit Gefängnis u. s. w. vorzugehen. Gegen den
Klerus ist das weltliche Zwangsverfahren ausdrücklich aus-
geschlossen, das Vorgehen gegen Zehntverweigerung bei Geist-
lichen vielmehr den kirchlichen Obern vorbehalten.[2]) Zu den
Steuerstrafen tritt in England, wie in Frankreich noch der
Kirchenbann. Die Steuerquote ist in beiden Ländern der
Zehnte. — Die englischen Bestimmungen enthalten über die
Steuererheber und die Art der Einziehung das Folgende: „Die
Erzbischöfe und Bischöfe und die einzelnen Erzpriester haben
in den einzelnen Pfarrkirchen in Gegenwart und Beisein aller,
die es angeht, den Kirchenbann anzudrohen über einen jeden,
welcher den voraus angegebenen Zehnten nicht richtig
bezahlt — „qui decimam praetaxatam legitime non dederit.“
Das Geld soll in den einzelnen Pfarreien in Gegenwart des
Pfarrers und des Erzpriesters, sowie eines Templers und eines
Hospitaliters, ferner eines königlichen Sergeants und eines
königlichen Sekretärs (Klerikers), eines Sergeanten und Sekretärs
(Klerikers) des Grundherrn („baronis“) und eines Sekretärs des
Bischofs eingesammelt werden. Wenn jemand nach der Über-
zeugung dieser weniger bezahlt hat, als er schuldig war, so

---

[1]) Der Grund für diese Ausnahmen war wohl bei diesen Gegenständen die Unproduktivität, bei jenen die Notwendigkeit für den Beruf.
Dass Kleider — besonders die feineren Gewebe der Ritter und Geistlichen — und Bücher hohe Werte darstellten (für ein gebundenes Buch
z. B. wurden im Jahre 1120 Wiesen und Wald gegeben!), dafür s. Inama-
Sternegg, Wirtschaftsgesch. II. 439 und die Tafel ebenda 514.

[2]) Der Auffassung von Clamageran, Histoire de l'impot en France I.
279: „La dîme sera levée — sur les églises et les biens ecclésiastiques,
par les archevêques, évêques et chapitres“ steht m. E. die hypothetische
Form des Satzes „Si episcopi colligent inde decimas, et ea dabunt, quibus
dare debuerint“ — vor allem aber dieses „quibus dare debuerint“ entgegen. Ich lasse deshalb das Verbot: „in res archiepiscoporum etc. —
non mittet aliquis manum“ nur im Falle der Steuerverweigerung gelten,
wie das auch der Zusammenhang rechtfertigt. Es sollte der Zwang gegen
Geistliche und durch Geistliche geübt werden. Auch der von Clamageran
benutzte französische Wortlaut bei Rigord in Collection des mémoires
par Guizot Bd. XI. p. 78 verträgt sich durchaus mit meiner Auslegung.

sollen aus der Pfarrei vier oder sechs rechtschaffene Männer
bestimmt werden, welche auf ihren Eid („jurati") angeben
sollen, wieviel jener hätte zahlen müssen, und dann soll derselbe das Fehlende nachzahlen. ... Die Bischöfe sollen durch
Rundschreiben in den einzelnen Pfarreien ihrer Sprengel am
ersten und zweiten Weihnachtstage und zu Johanni verkündigen
lassen, dass ein jeder den „voraus angegebenen" Zehnten noch
vor Mariä Lichtmess in Bereitschaft macht („ut unusquisque
decimam praetaxatam infra purificationem beatae Mariae
penes se colligat") und dann am Tage darauf der Kommission
an dem von dieser bestimmten Orte übergibt.

Wir ersehen, dass die Steuererhebung mit einer Selbst-
Einschätzung verbunden war. So war es in beiden Ländern.
In Frankreich bestand sogar für alle Laien die eidliche De-
klarationspflicht, den Geistlichen war bloss die Exkommunikation
angedroht:

„Universi laici — so lautet der Artikel 4 der französischen
Bestimmungen — tam milites quam alii, praestito juramento sub anathemate, clerici excommunicatione astricti,
suas dabunt decimas." —
Betreffs der ausgenommenen Crucesignati heisst es in den
englischen Bestimmungen, der Zehnte solle von ihrem Do-
minium[1] samt dem, was ihre Hintersassen zu leisten
haben, für sie („ad opus illorum") erhoben und ihnen von der
Erhebungskommission zurückerstattet werden. Diese Zurück-
erstattung der Zehntgelder an die Grundherren, welche das
Kreuz nahmen und selbst gen Jerusalem zogen, beruht auf dem
Grundsatze, dass .die Kreuzfahrer die Zehnten ihrer Vassalen
und Eigenleute zu beanspruchen haben. Wir finden diesen
Grundsatz sowohl in den englischen als in den französischen Bestimmungen niedergelegt.[2] Jener Grundsatz ist, wie schon

---

[1]) Der Vorschlag von Mansi a. a. O. „de proprio suo Dominio"
statt: „de proprio suo et Dominico" zu lesen, dürfte doch wohl keinen
Widerspruch erfahren.

[2]) Französ. Art. 5: „Miles crucem non habens domino suo crucem
habenti, ei ejus erit homo ligius, dabit decimam de suo proprio mobili et
de feudo" u. s. w. — Engl. Art. 4: „Dispositum est etiam, quod omnes
clerici, milites et servientes, qui hoc iter arripient, decimas terrarum
suarum et hominum suorum habeant, et pro se nihil dabunt."

früher erwähnt worden, auch für die nachfolgenden kirchlichen Bezehntungen rücksichtlich der Territorialherren und bezw. der Kirchen und Geistlichen ihres Gebietes massgebend geblieben. In den französischen Verordnungen für den Saladinszehnten griff man noch weiter selbst in die privaten Verwandtschaftsverhältnisse hinüber. Es wurde sogar dem Sohne und Schwiegersohne zuerkannt, dass er von dem Vater, der das Kreuz nicht genommen, und von der verwitweten Mutter den Zehnten für die Fahrt in das heilige Land empfange.[1]

2. Nachdem die Beschränkung der Steuerpflicht auf die Geistlichen und zugleich die rein kirchliche Handhabung derselben eingetreten, griffen, zunächst für die erste Vierzigsten-Auflage Innocenz' III.,[2] folgende Bestimmungen Platz: Die Erzbischöfe und Bischöfe sollen unverzüglich in der Metropolitankirche oder, wenn das unmöglich, an zwei oder drei Orten der betreffenden Kirchenprovinz Zusammenkünfte veranstalten und die Weise, wie die päpstliche Auflage auszuführen, verabreden. Dann soll jeder Bischof, ebenfalls ohne Verzug, eine Diöcesansynode ansagen und kraft päpstlicher Auktorität den Äbten und Prioren, exemten und anderen Archidiakonen und Dechanten und überhaupt allen Klerikern seiner Diöcese befehlen, dass sie in richtiger Schätzung ihre Einkünfte angeben und unter Bescheinigung des Bischofs und einiger religiösen Männer, unter denen auch mehrere Laien sein sollen, innerhalb drei Monaten den vierzigsten Teil ihres Einkommens an passendem Orte erlegen. Dasselbe sollen die Erzbischöfe und Bischöfe selbst thun. Bloss die Cistercienser, Prämonstratenser, Karthäuser und die Eremiten von Grandmont[3] sind ausgenommen. Das auf diese Weise zusammengebrachte Geld sollen die Erzbischöfe und Bischöfe an einem sichern Orte niederlegen und zugleich möglichst schnell durch eigene Briefe und Boten den Papst über die Gesamtsumme benachrichtigen.

[1] Art. 7: „Miles crucem habens qui sit haeres legitimus filius vel gener militis crucem non habentis vel alicujus viduae habebit decimam patris vel matris suae.“

[2] S. oben S. 21.

[3] S. über die Schreibweise dieses Namens den Eingang des Artikels in der Encyklopädie von Ersch und Gruber.

Es folgen noch Anordnungen behufs Aufstellung von Opferstöcken in den Kirchen für die gleichzeitige Sammlung von
Ablassalmosen von den Gläubigen. Dieselben haben jedoch
mit der Zwangssteuer der Geistlichen nichts zu thun, sondern
gehören in das Kapitel der kirchlichen Finanzgeschichte, welches
von der finanziellen Verwertung des Ablasses handelt. Dagegen
ist bezüglich der Verwendung der aus dem Vierzigsten und
den Ablassgeldern einkommenden Summen eine Vorschrift gegeben, die hierher gehört. Die Bischöfe sollen, wo es geht,
zwei Ordensritter, wenn möglich, einen Hospitaliter und einen
Templer, sowie rechtschaffene und angesehene Laien und Ritter
zuziehen und solchen, die das Kreuz genommen, aber auf eigene
Kosten die Kreuzfahrt nicht machen können, von jenem Gelde
ein angemessenes Stipendium zuweisen. Jedoch sollen sie sich
vorher genügende Sicherheit verschaffen, dass der Betreffende
auch wenigstens ein Jahr oder, je nach der Höhe des Stipendiums,
länger der Verteidigung des heiligen Landes obliege, dass ferner
das Geld, falls der Kreuzfahrer auf dem Wege umkommen sollte,
nicht anderen Zwecken anheimfalle, vielmehr der Unterstützung
der Kreuzfahrt verbleibe. Jene Sicherheit soll dem aus dem
Oriente heimkehrenden Stipendiaten nicht eher wieder ausgefolgt
werden, bis derselbe von dem Könige (von Jerusalem), oder
von dem Patriarchen oder von einem der beiden Ordensmeister,
der Johanniter oder Templer, oder auch vom päpstlichen Legaten ein Zeugnis über seinen Aufenthalt im heiligen Lande
beigebracht hat.[1])

Aus diesen Bestimmungen für die erste päpstliche Kreuzzugssteuer tritt hier der Papst als Träger des Steuerrechts, dort der
Bischof als die ausführende Stelle klar hervor. Kraft päpstlicher Auktorität wird die Steuer aufgelegt, und an den Papst
ist über das in jeder Diöcese erzielte Gesamtergebnis zu berichten.
Die Art und Weise der Auflage ist Sache des Bischofs. Um
wenigstens innerhalb der Kirchenprovinzen einigermassen Gleich-
förmigkeit zu erzielen, ist den Bischöfen nur die Direktive
gegeben, sich mit ihren Metropoliten und Consuffraganen zu
beraten und die Weise, wie die päpstliche Auflage auszuführen,

---

[1]) Recueil des hist. XVII. 601 f.

zu verabreden. Auch für die richtige Einziehung der Steuer,[1]) für die sichere Aufbewahrung der Gelder, endlich für die zweckdienliche Verwendung ist der Bischof verantwortlich. Er hat unter Hinzuziehung „einiger religiöser Männer", darunter auch Laien, den Steuerpflichtigen Quittung über die geleistete Zahlung zu erteilen, er ist dem Papste berichtpflichtig bezüglich des Ertrages, er hat auch die Stipendienzuweisung an die Kreuzfahrer zu überwachen. Für die letztere Thätigkeit sind ihm im Interesse des heiligen Landes besonders ausführliche Weisungen gegeben.

Wir heben noch einige Vergleichungspunkte dem Saladinszehnten gegenüber, ferner diejenigen Verordnungen hervor, welche sich in der Folge, wenngleich mehr oder weniger verändert, als dauernd erweisen. Als Steuerträger waren abgesehen von den Leprosenhäusern bei dem französischen Saladinszehnten ausgenommen die Cistercienser, Karthäuser und der Orden von Fontevrauld. Bei der Vierzigsten-Auflage Innocenz' III. sind es die Cistercienser, Prämonstratenser, Karthäuser und die Eremiten von Grandmont. Die Vergünstigung für Fontevrauld und Grandmont kehrt bei den folgenden Auflagen nicht wieder. Jene war ·sicherlich nur eine Gefälligkeit des französischen Königs gegen Heinrich II. von England, der Fontevrauld aus Verehrung für seine Muhme, die zweite Äbtissin Mathilde, in jeder Weise begünstigte und daselbst sogar seine Grabstätte wählte.[2]) Der Orden von Grandmont war ursprünglich ein Armenorden und hatte als solcher Anspruch auf Steuerbefreiung. Um die Wende des 12. zum 13. Jahrhundert und besonders bei Innocenz III. stand er in besonderm Ansehen, wie das auch aus der kurz vorher vollzogenen Kanonisation seines Stifters, des Ritters Etienne, zu ersehen ist.[3]) — Die

---

[1]) Vgl. auch Recueil des hist. XIX. 386: Innocent. III. ad abbates etc. in provincia Rotomagen.: „... mandamus, quatenus ad citationem dioecesanorum episcoporum, quam per eos .. fieri mandamus, ... quadragesimam .. convertatis."

[2]) S. den Artikel von Stramberg in Ersch und Grubers Allgemeiner Encyklopädie s. v. Fontevrault; zur Gesch. des Ordens s. Histoire des ordres monastiques, religieux et militaires, Bd. VI. 83—108.

[3]) S. Hasemann in Ersch und Gruber s. v. Grandm.

Vergünstigung der Cistercienser und Prämonstratenser beruhte einesteils auf dem Ansehen, welches diese Orden insbesondere wegen ihrer Bedeutung für die Kultivierung des Landes genossen, andernteils aber auch auf älteren Privilegien. Schon Papst Innocenz II.[1]) hatte ihnen 1132 Zehntfreiheit von ihren „eigenen Arbeiten" zugesichert.[2]) Das wurde nun auch auf die Kreuzzugszehnten angewandt. Innocenz III. hatte freilich es anders beabsichtigt. Er liess bei seiner Vierzigsten-Auflage 1199—1200 allen Äbten und Prioren die Weisung zugehen, dass bei Erhebung jener ausserordentlichen Abgabe auch sie der Aufforderung der Bischöfe Folge zu leisten und „mindestens" den vierzigsten Teil der kirchlichen Einkünfte zur Hilfe des heiligen Landes zu entrichten hätten.[3]) Das erregte dann aber jene Agitationsthätigkeit, von welcher wir oben in unserm Kapitel über die ersten päpstlichen Kreuzzugssteuern (S. 22.) erzählt haben, und in welcher selbst die heilige Jungfrau den steuerbedrohten Klöstern zu Hilfe gekommen sein soll. Der Papst scheint sich endlich mit einem „Almosen" begnügt zu haben, welches die Äbte versprachen,[4]) d. h. er erkannte ihre Steuerfreiheit im Prinzip an. Dieser Stand ist bezüglich der Kreuzzugssteuern geblieben bis in die zweite Hälfte des Jahrhunderts. Auch Gregor IX. ging 1229 die Äbte nur um „Geschenke" an.[5]) Alexander IV. erneuerte 1255 das Steuerprivileg der Cistercienser in umfassender Weise.[6]) Clemens IV. schrieb noch am 16. März 1265 an den General-Kollektor des Anjou-Sicilianischen Zehnten, er möge den Karl von Anjou

---

[1]) Nicht erst Hadrian IV., wie Winter, die Cistercienser des nordöstl. Deutschlands I. 92 behauptet.

[2]) S. die Citate bei Jaffé-Löwenfeld, Reg. 7537, wo noch beizufügen: Privilèges de l'ordre de Cisteaux recueillis et compilez de l' autorité du chapitre general et par son ordre exprés. Paris 1713, S. 25.

[3]) Recueil des hist. XIX. 386; Potth. 936.

[4]) Potth. 3454: „ut eleemosynam Cisterciensis ordinis . . . accipiant".

[5]) S. oben S. 72.

[6]) d. d. Anagniae, Non. Oktobr. a°. I: Henriguez, Regula, constitutiones et privilegia ordinis Cisterc. 59; Privilèges de l'ordre de Cisteaux. 2) (Die Bulle fehlt bei Potthast!); die entsprechende Bitte an den König Heinrich von England von demselben Tage bei Potth. 15884. Dass Heinrich der Bitte Folge gab s. Sweetman I. 516.

für die Wahrung der Ordensprivilegien gewinnen.[1]) Schon am
folgenden 30. März aber war er es zufrieden, dass der Zehnt
auch von den exemten Orden, insbesondere von den reichen
Cisterciensern, wie selbst von den Templern und Hospitalitern,
erhoben werde.[2]) Von dem dreijährigen Zehnten für den zweiten
Kreuzzug Ludwigs IX. (1267—1270) wurden nur noch die
Ritterorden ausgenommen.[3]) Bezüglich des Lyoneser Zehnten
von 1174 hatte Gregor X. mit den Cisterciensern eine Pauschsumme von 80 000 Mark für die gesamten sechs Jahre ver-
abredet, welche Summe durch die Äbte dann auf die einzelnen
Klöster umgelegt wurde.[4]) Die Prämonstratenser dagegen
haben den Zehnten wie die Weltgeistlichen bezahlt.[5]) In
der Folge gelang es den Cisterciensern und Prämonstra-
tensern nur noch selten, ihre Steuerfreiheit anerkannt zu sehen.
Sie waren inzwischen durch die neuen Bettelorden mehr und
mehr aus der öffentlichen Gunst verdrängt worden. Ihr ge-
häufter Reichtum liess zugleich die Steuervergünstigungen
schwer gerechtfertigt erscheinen. Nikolaus IV. befahl bei der
Auflage des sechsjährigen englischen Zehnten von 1291 ausdrücklich, dass nur die Templer und Hospitaliter, nicht aber
die Cistercienser, Prämonstratenser u. s. w. von der Steuer ausgenommen sein sollten.[6]) Ähnlich verfuhr Bonifaz VIII. 1295
bezüglich des von ihm in Frankreich und Italien aufgelegten
Zehnten für Sicilien.[7]) Immerhin wurden auch im 14. und 15.
Jahrhundert die alten Privilegien immer wieder hervorgeholt
und es gelang auch wiederholt (durch Erlegung einer hohen
Taxe), sie bei der Kurie anerkannt und erneuert zu sehen.[8]) —
Bezüglich der Privilegien der Ritterorden dürfen wir uns kurz
fassen, obgleich für sie eine sehr grosse Anzahl Exemtions-
bullen vorliegt. Da die Ritter die Kreuzfahrt alle persönlich

[1]) Potth. 19057.
[2]) Ebenda 19082.
[3]) Raynald 1267, 51.
[4]) Annales Halesbrunnenses majores: MG. SS. XXIV. 44.
[5]) Liber decimationis Constantiensis 74: „Praepositus in Madelberg"
u. s. w.; vgl. auch S. 88—89 „Marchthal".
[6]) Sweetman, Calendar III. 873.
[7]) Potth. 24208.
[8]) Vgl. Erler, der Libor cancellariae vom Jahre 1380 46 ff; 53 f.

auf sich nahmen, so wurde ihnen die Steuerbefreiung nie bestritten. Schon Papst Alexander III. befreite sie 1166 von den Geldleistungen an die päpstlichen Legaten, und dieses Privileg wurde von Alexander selbst wiederholt 1172, ferner erneuert von Innocenz III. 1198, von Honorius III. 1219 und 1220, von Gregor IX. 1227, von Innocenz IV. 1244, von Clemens IV. 1265 und von Bonifaz VIII. 1295.[1]) Die Freiheit der Ritter von Zehnten und Abgaben überhaupt erklärten Bullen Alexanders III. (1166), Lucius' III. (1182), Innocenz' III. (1198, 1199, 1204, 1205), Honorius' III. (1216, 1217, 1220), Gregors IX. (1227, 1228, 1236, 1237), Innocenz' IV. (1244, 1245, 1246, 1249), Alexanders IV. (1253, 1258)[2]) u. s. f.

Wir kehren zum Saladinszehnten vom Jahre 1187 und zu der ersten kirchlichen Steuer Innocenz' III. vom Jahre 1200 zurück. Der Saladinszehnt wurde von allen Einkünften und der beweglichen Habe erhoben, bei der Steuer des Jahres 1200 und so mit wenigen Ausnahmen auch bei den folgenden Kirchenbesteuerungen ist die Mobiliarsteuer fortgefallen und nur die Einkommensteuer geblieben. Die Selbsteinschätzung hat hier wie dort gegolten. — Wir machen ferner auf die verschiedene Zusammensetzung der bei beiden Auflagen in der Einziehung und Verwendung beteiligten Kommissionen aufmerksam. Der französische Saladinszehnt wurde nur durch staatliche Gewalthaber, Repräsentanten der königlichen oder der grundherrlichen Gewalt, eingezogen. In den englischen Erhebungs-Kommissionen hatten der König und der Grundherr, der Bischof und die Pfarrei ihre Vertreter. Ausserdem sahen die an dem Ergebnis der Kreuzzugs-Auflagen am meisten interessierten beiden Ritterorden, die Templer und die Johanniter, durch je eines ihrer Mitglieder ihre Interessen gewahrt. Bei der Geistlichen-Steuer steht der weltlichen Gewalt sofort gar keine Disposition mehr zu, sie tritt höchstens sukkursal mit dem „brachium saeculare" ein; der alleinige Inhaber aller dispositiven Befugnisse ist vor-

---

[1]) Prutz, Malteser-Urkunden 5. 16. 45. 137. 142. 181. 216. 218. 325. 339. 352.

[2]) Ebenda 10. 25. 54. 61. 86. 90. 106. 129. 143. 160. 166. 170. 202. 204. 233. 237. 297 u. s. f.

läufig der Bischof. Derselbe soll für die Entledigung der Steuerzahler nur „einige religiöse Männer, darunter auch Laien" hinzunehmen, und bezüglich der Verwendung der Gelder soll er, „wo es geht, zwei Ordensritter, wenn möglich einen Hospitaliter und einen Templer, sowie rechtschaffene und angesehene Laien und Ritter zuziehen." — Der Saladinszehnte wurde nach Pfarreien, die Vierzigsten-Auflage nach Diöcesen erhoben. Die oberste Aufsicht über den ganzen Geschäftsgang ist bei dieser bereits an die römische Kurie gefallen.

Von für die Folgezeit dauernden Einrichtungen ist noch zu erwähnen, zunächst in das Kapitel „Buchführung und Kontrolle" gehörend, die Aushändigung einer Quittung an den Steuerzahler, sowie der bischöfliche Rechenschaftsbericht nach Rom. Der letztere wurde später freilich nicht mehr von den Bischöfen, sondern von den päpstlichen General-Kollektoren erstattet. Auch die zerstreute Hinterlegung der aufgebrachten Steuersummen an „sicheren Orten", als in Abteien, Klöstern, in den Sakristeien grösserer Kirchen und dergl., ist selbst nachdem das ganze Steuergeschäft in kuriale Hände übergegangen, Regel geblieben. Wie lange die zur Kontrole der unterstützten Kreuzfahrer vorgeschriebenen Massregeln in Übung gewesen, darüber haben wir keine Auskunft erhalten.[1]

3. Papst Innocenz III. selber scheint schon bei seiner ersten allgemeinen Geistlichen-Besteuerung die Nachteile der partikularistischen Verwaltung empfunden zu haben. Bereits bei der Albigenser-Auflage von 1209 ging er an die Centralisierung des Erhebungsgeschäfts. Er ernannte den Bischof von Riez, den Abt von Cisterz und seinen Notar Magister Milo zu seinen Legaten und übertrug ihnen seine Vollmachten, „vices nostras". Er gab ihnen zugleich, für uns ein Hinweis auf die Beweggründe, die ihn leiteten, besondern Auftrag, gegen die widerspenstigen Prälaten mit den kirchlichen Censuren ein-

---

[1] Von Interesse ist es, dass selbst dem Kaiser Friedrich im Jahre 1226 von Honorius III. eine ähnliche Kontrolle vermittelst „testimonium et consilium Regis Jerosolymitani et patriarchae et magistri hospitalis Teutonicorum et aliorum ibidem famulantium" zugemutet wurde: Chron. Turonens. auctore anonymo: Recueil XVIII. 312.

zuschreiten.[1]) — Für den Zwanzigsten des vierten Lateran-
Konzils (1215) heisst es in dem bezüglichen Dekrete vorläufig
ganz unbestimmt, der Zwanzigste solle drei Jahre lang bezahlt
werden „zu Händen derjenigen, welche dazu durch
päpstliche Fürsehung geordnet sein werden".[2]) Welche
Absichten, vielleicht sogar Differenzen mit den Konzilsvätern,
sich hinter dieser allgemeinen Ausdrucksweise verstecken, lässt
sich vermuten. Innocenz hat kaum Zeit gehabt, deutlicher und
entschiedener hervorzutreten. Er wurde Mitte Juli 1216 durch
den Tod hinweggenommen. Die Ausführung der Zwanzigsten-
Auflage fiel nun dem milden und bereits hochbetagten, im
übrigen als ehemaligem Kamerar des heiligen Kollegiums sicherlich geschäftsgewandten Kardinal Cencius Savelli, als Papst
Honorius III., zu.

Anfangs schien es, als ob die Zentralisierung der Kirchenbesteuerung unter Honorius III. keine Fortschritte machen
werde. Die Ratschläge der Kardinäle, die er über den modus
procedendi befragte, widersprachen sich.[3]) Honorius lenkte dann
sein Augenmerk vor allem darauf, Verdächtigungen und Ver-
leumdungen von sich fernzuhalten. Er folgte dem Rate des
scharfsichtigen gebieterischen Kardinals Pelagius Galvani, Bischofs
von Albano, eines Spaniers[4]), und blieb in der Verwaltung der
Kreuzzugsgelder bei dem partikularistischen Grundprinzip stehen.
In seine bezw. der Kurie Hände sollte nichts gelangen.[5]) Freilich auch den Bischöfen und Metropoliten sollte wenigstens
in bezug auf das Sammelgeschäft ihr früherer überwiegender
Einfluss nicht wieder gegeben werden. Sie gerade hatten
Schwierigkeiten verursacht, aber auch gefunden. In letzterer
Beziehung ist die Bitte des Bischofs von Padua an den Kar-
dinal Hugolin, den für Oberitalien beauftragten Kreuzzugs-

---

[1]) Recueil des hist. XIX. 518; Potth. 3783. 3785. 3787.
[2]) Mansi XXII. 1059 f: „qui ad hoc Apostolica fuerint providentia
ordinati".
[3]) Würdtwein, Nova subsidia diplom. III. 49.
[4]) S. über denselben Hoogeweg, der Kreuzzug von Damiette:
Mitteilungen VIII (1887), 205 f. 208. 212 f., auch IX. (1888), 249 ff.
[5]) Rodenberg, Epistolae saeculi XIII. I. 89 nr. 124: „fuit — —
statutum, ut ad omnem suspitionem vitandam de vicesima vel redemptione votorum ad manus nostras nichil penitus deveniret."

Kommissar, sehr lehrreich. Der Bischof ersucht diesen, er möge einigen Kanonikern, Äbten, Archipresbytern und dem Primicerius der Kapellani die Umlegung der Auflage auf die einzelnen Kirchen übertragen, „nam si ego solus hoc facerem, magnum scandalum contra me oriretur".[1]) — Auf ein Provinzial-Konzil, welches über die Ausführung der Zwanzigsten-Auflage verhandelt, treffen wir jetzt nur in Salzburg.[2]) Sonst wurde die Einsammlung, wo es möglich war, je einem Ordensmeister der beiden Ritterorden und dem Dekan und Archidiakon, in den ungarischen Kirchenprovinzen dem Kantor und Thesaurar des Metropolitan-Kapitels übertragen. Diese General-Kollektoren zusammen hatten ihrerseits Vollmacht und Auftrag, zwei oder mehr Kleriker und je einen Templer und einen Johanniter-Ritter zu Unter-Kollektoren für die Diöcesen zu ernennen.[3]) In jedem Bistum sollte der Zwanzigste zunächst zu einer Gesamtsumme vereinigt werden. Was in Naturalien gegeben worden, war durch Verkauf in Geld zu verwandeln.[4]) Der Bischof und die Kollektoren waren gemeinsam bevollmächtigt, unter den „crucesignatis" des Bistums vier, fünf oder mehr tüchtige Männer eines guten Leumundes, und nicht nur Kleriker, sondern auch Laien auszuwählen — hatte der Bischof selber das Kreuz genommen, so gehörte er ohne weiteres dazu, — und diese sollten das Geld direkt nach Palästina überbringen. Sie erhielten es überantwortet mit einem öffentlich beglaubigten und von den Kollektoren, sowie andern glaubwürdigen Männern unterschriebenen Ausweis; zugleich war dies mit Angabe der Höhe der Summe nach Rom anzuzeigen. Im Oriente angekommen, fiel ihnen selbst, jedoch mit Vorwissen des dort befindlichen päpstlichen Legaten, die Verteilung an die der Unterstützung bedürftigen Kreuzfahrer zu, und es sollten hierbei die Landsleute aus der eigenen Diöcese den Vorzug haben. Auch hatten die Verwalter des Diöcesan-Kreuz-

---

[1]) Registro del cardinale Ugolino d'Ostia 111.

[2]) Hansiz, Germania sacra II. 322. 324 f.

[3]) Pressutti a. a. O. I. 19 nr. 111; für die Mainzer Provinz siehe Würdtwein a. a. O; für Mainz und Köln: Finke, Papsturkk. Westf. I. 119 nr. 251; für Ungarn: Theiner, Mon. Hung. I. 3 nr. 2.

[4]) Vgl. Theiner, Mon. Hung. I. 6 nr. 8 und den besonderen Auftrag an den Bischof von Skalholt: Potth. 6402.

fahrt-Schatzes dem genannten päpstlichen Legaten und den Grossmeistern der beiden Ritterorden, der Templer und der Johanniter, aufs genaueste Rechenschaft zu legen und sich Quittung ausstellen zu lassen. In dieser Bescheinigung sollte namentlich bezeugt werden, dass das Geld, welches jene laut Angabe ihres Ausweises zu Hause empfangen, ehrlich und zu Nutzen an die Kreuzfahrer verteilt sei. Beide Aktenstücke, Ausweis und Quittung, waren sorgfältig aufzubewahren, um jeder Verdächtigung entgegentreten zu können. Dieselben Vorschriften galten bezüglich der in den Opferstöcken der Kirchen aus den Ablass-Almosen gesammelten Gelder. Ausserdem konnte bedürftigen Kreuzfahrern auch schon vor der Seereise, beim Aufbruch aus der Heimat oder in dem Hafen, von welchem aus die Überfahrt angetreten wurde, ein Stipendium gewährt werden. Auch darüber war Rechenschaft zu geben. Die Verwalter des Schatzes hatten sich also unter Zeugnis glaubwürdiger Männer mit Quittung zu versehen.[1]

Diese sehr eingehenden und, indem sie die Kurie vor dem Verdachte des Missbrauchs der Kreuzzugsgelder schützten, sehr weisen Vorschriften wurden am 28. Februar 1217 gegeben und galten im allgemeinen für Deutschland, Ungarn, Polen und den skandinavischen Norden, für ganz Italien, Dalmatien, Frankreich, die arelatischen Lande, England, Irland und Schottland.[2] Dass wir nachher dennoch vielfach die Bischöfe als die eigentlichen Leiter des Sammelgeschäfts finden,[3] mag auf Schwierigkeiten in der Bestellung der Kollektorie-Kommissionen zurückzuführen sein. Für Frankreich sind die Bullen zunächst nicht expediert worden. Es bestanden dort noch Schwierigkeiten wegen des Albigenserkrieges, für welchen der König die Zwanzigsten-Erträgnisse forderte. Sie wurden ihm zur Hälfte zugestanden, ausgenommen von jenen Diöcesen, deren Bischöfe selbst die Kreuzfahrt über das Meer machen wollten. Mit der Einsammlung und Verteilung der Gelder wurden dann für ganz

---

[1] Würdtwein a. a. O. III. 43 ff; Liljegren, Svenskt Diplomatar. I. 193 nr. 171; Theiner, Monum. Polon. I. 4 nr. 8.
[2] Pressutti I. 67 ff. nr. 381; Finke, a. a. O.; Potth. 5475. 5477. 5478.
[3] Registro del card. Ugolino 101. 111. 113; Potth. 5479. 5858. 5956. 5959. 5963.

Frankreich, mit Ausnahme der Grafschaft Nevers,[1]) zwei Bischöfe und der Abt von Cisterz, in Nevers schlichtweg die Ordinarien der Diöcesen beauftragt.[2])

Bezüglich der Behandlung des gesammelten Geldes vor der Übertragung nach Palästina mögen die Kollektorie-Verordnungen Honorius' III. vom Jahre 1217 noch ergänzt werden durch den Rat, welchen der gelehrte Gervasius, Abt des Prämonstratenser-Klosters St. Just in der Normandie, dem damals die Angelegenheiten des heiligen Landes in Frankreich betreibenden Erzbischof Simon von Tyrus gegenüber aussprach: „Um Vertrauen zu erwecken und Verdacht zu meiden, halte ich es für das Beste, dass das Geld der einzelnen Diöcesen je an einem religiösen Orte niedergelegt werde und zugleich damit Urkunden der Kollektoren, enthaltend, was und wie viel und von welchen — mit Namen und einzeln angeführten — Personen sie in den einzelnen Dekanaten und wiederum in den einzelnen Pfarreien der Dekanate empfangen haben.[3]) Es ist nicht unmöglich, dass dieser Rat den Ursprung der „Registra decimarum" oder „R. collectorum" bezeichnet oder wenigstens eine Verbesserung ihrer inneren Einrichtung herbeigeführt hat.

Honorius hat schon nach kaum zwei Jahren, seit Ende 1218, Anfang 1219, Veranlassung gefunden, auf der einen Seite die Leitung des Sammelgeschäfts auch in jenen Provinzen, in welchen Templer- und Johanniter-Meister dafür bestellt waren, doch wieder den Metropoliten und bezw. Bischöfen zu übertragen,[4]) auf der andern Seite in die selbständige Diöcesan-Verwendung der gesammelten Kreuzzugsgelder einzugreifen. Er schickte zuerst an den spanischen Episkopat, dann an den Erzbischof von Mainz und an die übrigen Erzbischöfe und Bischöfe Deutschlands, auch an den Prälaten von Riga und an den ungarischen Episkopat eigene Gesandte, welche die Diöcesan-Erträgnisse von den Bischöfen einfordern und die

---

[1]) Der Graf Herveus hatte selbst das Kreuz genommen: Recueil XIX. 661, vgl. 677.

[2]) Ebenda und Duchesne, Hist. Franc. SS. V. 855 nr. 10.

[3]) Wilken a. a. O. VI. 122, Anmerkung 14.

[4]) Lappenberg, Hamburg. Urk.-B. I. 367 nr. 421; Würdtwein a. a. O. III. 76; Potth. 5956. 5959. 5963.

einen nach Rom abholen, andere an sicherem Orte hinterlegen sollten.[1]) Nach Deutschland gingen im Januar 1219 als päpstliche Beauftragte ein Hospitaliter, Bruder Johann, und ein Templer, Bruder Martin.[2]) Auch 1221 wurden nochmals zwei, nebenbei gesagt deutsche Kleriker beauftragt, die in den Kölner und Bremer Kirchenprovinzen noch nicht gesammelten Gelübdelösungsgelder für den Kreuzzug zu erheben und zur Erwerbung von Schiffen für die Hilfe des heiligen Landes zu verwenden.[3]) Im übrigen wurden die deutschen Zwanzigsten-Erträgnisse in demselben Jahre 1221 zuerst dem Kardinal Hugolin, dem nachherigen Papste Gregor IX., für seine Massnahmen zu Gunsten des heiligen Landes zugewiesen[4]) und dann dem Markgrafen Wilhelm von Montfort für die Übernahme der italienischen Kreuzfahrt verheissen.[5]) Unglücklicherweise hatte der Erzbischof von Köln, als die Weisung zur Ausfolgung der in seinem Bezitz befindlichen Summen an die päpstlichen Beauftragten an ihn gelangte, das Geld „der Sicherheit halber" bereits nach Paris geschickt und dort wohl bei den Templern deponieren lassen.[6]) Für Toskana, Romagna und Lombardei, sowie für die Patriarchate von Grado und Aquileja war der Kardinal Hugolin als Kreuzzugs-Kommissar beauftragt.[7]) Derselbe erhob auch die Kreuzzugsgelder in jenen Gegenden.[8]) Auch die französischen, englischen, schottischen, genuesischen u. a. Sammelerträgnisse gingen nunmehr durch die Hände päpstlicher Kommissare.[9])

4. Was ist der Grund dieser veränderten Haltung? Der Papst selbst teilt ihn uns mit in einem Briefe und zugleich

---

[1]) Ebenda und Potth. 5906; Pressutti 1634. 1783. 1808.
[2]) Lappenberg und Würdtwein a. a. O.
[3]) Rodenberg a. a. O. 116 nr. 166; Pressutti I. 513 nr. 3135; Finke 140 nr. 289.
[4]) Pressutti I. 518 nr. 3173.
[5]) Derselbe hatte als erste Bedingung seines Zuges die Forderung von 15 000 Mark Silber gestellt: s. die folgende N.
[6]) Levi, Documenti ad illustrazione del Registro del Card. Ugolino: Archivio della R. Società Romana di storia patria XII. 256. 257.
[7]) Ebenda 247; vgl. Registro 8; Pressutti I. 519. nr. 3178.
[8]) Registro 8. 9. 52; Levi, Documenti 310 nr. X.
[9]) Rodenberg 89 nr. 124; Duchesne a. a. O. 855, 10; für Schottland s. Bellesheim I. 223.

Rechnungsnachweise an den Kardinal Pelagius, denselben, der
jüngst darauf gedrungen hatte, dass die Kurie bei der Erhebung und Verwendung des Kreuzzugsgeldes nicht direkt
beteiligt sein dürfe. Er weilte jetzt (seit Herbst 1218) als
päpstlicher Legat im Oriente. Honorius schreibt ihm am
24. Juli 1220,[1]) die Ausführung des Statuts, dass von dem
Zwanzigsten und den Gelübdelösungsgeldern nichts durch die
Hände des Papstes gehen, sondern dass das Geld (direkt) aus
den einzelnen Diöcesen oder Provinzen durch geeignete Männer
und vor allen die Bischöfe über Meer gebracht werden solle,
sei auf Schwierigkeiten gestossen. Es hätten sich viele Magnaten
und Mächtige gemeldet, die das Kreuz genommen und also,
weil ihre eigenen Kräfte zur Erfüllung der Kreuzfahrt nicht
ausreichten, Anspruch auf den Zwanzigsten ihres Gebietes erhoben. Derselbe sei ihnen auch von ihm, dem Papste, in
Übereinstimmung mit den Kardinälen zugesprochen worden.[2])
„Jedoch sehend, wenngleich zu spät, dass auf diese Weise der
Zwanzigste wenig nützlich verwandt werde, haben wir dann,
damit nicht das heilige Land gänzlich den Schaden davon hätte,
unsere Kapellani und Familiaren in die verschiedenen
Teile der Welt geschickt zur Einsammlung dessen, was vom
Zwanzigsten noch übrig war, und was wir noch erreichen
konnten, und haben das dann mit dem, was noch in unserer
Kämmerei verblieben war, dir zu übermitteln gesorgt." Es
folgen dann die einzelnen und recht bedeutende Summen, die
auf diese Weise in päpstlichem Auftrage an den Kardinal-

---

[1]) Pressutti I. 427 nr. 2574; Potth. 6310. — Ein Facsimile dieser
für uns wichtigen Urkunde s. Specimina palaeographica regestorum Romanorum pontificum ab Innocentio III. ad Urbanum V. Romae ex archivo
Vaticano 1888, Tab. XI.

[2]) Wir können das zum Teil kontrollieren: Die Kreuzfahrt der
Römer (1218) kostete 20000 Mark (Pressutti 1634. 2575); Salzburger und
Berchtesgadener Sammelgelder wurden schon 1216 zwei dortigen Pröpsten
überlassen (Ebenda 137); die holländischen, friesischen und seeländischen
Erträge erhielt der Graf Wilhelm von Holland (Ebenda 1359; Rodenberg 68); die französischen zur Hälfte, mit Ausnahme jener Diöcesen,
deren Bischöfe selbst das Kreuz genommen, erhielt der König von Frankreich (Potth. 5901 ff); die Erträge aus dem Arelat und Languedoc
wurden dem „negotium Tolosanum" überwiesen (Potth. 5902)

Legaten geschickt wurden, samt den Namen der mit der
Überbringung Beauftragten der Reihe nach aufgezählt. Da wir
jedoch daraus kein Gesamtresultat über das Zwanzigsten-Er-
trägnis gewinnen können, so haben diese Teilsummen geringe
Bedeutung für uns. Der Papst teilt sie der Kontrolle halber
mit. Der Legat soll ihm sobald als möglich.Nachricht geben,
ob er auch alles richtig empfangen habe.

Das also ist der Anfang des nachher so grosse Bedeutung
erlangenden päpstlichen Kollektorie-Wesens. Die gewohnheits-
mässige Notwendigkeit, den Grund- und Territorialherren,
sobald sie sich dem Kreuzzuge versprachen, die Erträgnisse der
kirchlichen Steuern ihres Gebietes vorzubehalten oder zu überweisen, ein Übelstand, durch welchen aus vielen Landschaften
kein Pfennig in die Hände des päpstlichen Legaten im Oriente
gelangte, gab den Grund ab für die Zentralisierung der kirchlichen Steuer-Verwaltung in päpstlichen Händen. Für den
frommen Honorius III. ist das auch wohl der einzige ausschlag-
gebende Grund gewesen. Unter den folgenden Päpsten, und
zwar sofort mit Honorius' Nachfolger, Gregor IX., tritt jedoch
die Verwendung der Kirchensteuern zu profanpolitischen
Zwecken und damit dann auch der gesteigerte Widerstreit der
Prälaten und des Klerus gegen jene Steuern hinzu. Nun war
die Handhabung der kirchlichen Bezehntung durch päpstliche
Kurialen oder wenigstens besonders Beauftragte geradezu eine
Notwendigkeit.

Dass insbesondere die bei der Verteidigung Palästinas so
hervorragend beteiligten beiden Ritterorden, soweit es sich um
dispositive Befugnisse handelt, aus der Verwaltung der Kirchensteuern ausgeschieden erscheinen, für diese Wandlung, die in
der Folge und selbst bei den eigentlichen Kreuzzugsauflagen
dauernd geblieben, glauben wir in demselben Briefe des Papstes
Honorius an den Kardinal Galvani wenigstens andeutungsweise
die Erklärung zu finden. Der Papst entschuldigt sich nämlich,
dass die Überbringer jener Summen meist Templer und Hospitaliter seien; es seien vertrauenswürdigere Leute dafür nicht
zu beschaffen. „Es war aber, so fährt er fort, und ist unsere
Willensmeinung, und wir haben es jenen noch besonders befohlen, dass sie alles ohne Verminderung Dir einhändigen".

Honorius will über die Ausführung dieses Befehles durch den Legaten selber benachrichtigt werden. — Wir ersehen also, dass der Kardinal-Legat schon früher sein Missfallen über die Verwendung der Templer und Hospitaliter zur Übermittelung und wohl auch Sammlung der Kreuzzugsgelder ausgedrückt hat. Die Ordensritter scheinen bei früheren Gelegenheiten einen Teil der Summen für sich zurückbehalten d. h. auf eigene Faust zur Verfügung ihres Grossmeisters gestellt zu haben. Abgesehen davon mochte es aber auch unbequem erscheinen, dass jene Orden überhaupt die Höhe der Geldmittel kannten, über die der Papst und bezw. der Legat des heiligen Landes verfügte.

2. Die zentralisierte Verwaltung. — Einheitliche Steuerbehörden.

Die unterscheidenden Merkmale der zentralisierten kirchlichen Steuerverwaltung sind die Bevollmächtigung der obern Kollektoren durch den Papst, die allein dem Papste und bezw. allein der Camera apostolica gegenüber bestehende Rechnungspflicht jener, endlich das ausschliessliche Bestimmungsrecht des Papstes bezüglich der Verwendung der Sammelerträge. Alle drei Erfordernisse wurden bereits erreicht, als Honorius III. um die Jahreswende 1218—19 zum erstenmale allgemein seine „Kapellani und Familiaren in die verschiedenen Teile der Welt hinausschickte", um die Steuererträge von den Bischöfen einzufordern und ihre Rechnung zu verlangen. Die Zentralisierung des kirchlichen Geldgeschäfts sollte indes noch weiter entwickelt werden. Wir unterscheiden zeitlich in der Kreuzzugssteuern-Verwaltung überhaupt vier Entwickelungsstufen: 1. Die erste Stufe (die partikularistische), die Zeit Innocenz' III. und Honorius' III. (bis 1218—19), zeigt in der Hauptsache die Bischöfe als oberste Kollektoren. Die Unter-Kollektorie wird nach verschiedenen Versuchen mit zum Teil ausserhalb der Diöcesan-Hierarchie stehenden Personen zuletzt naturgemäss von den Bischöfen den Archidiakonen und Dekanen übertragen: Es

besteht gegenüber dem Papste nur eine allgemeine Rechnungspflicht.[1]) — 2. Auf der zweiten Stufe der Entwickelung haben
die Bischöfe in den Legaten und Nuntien, welche Honorius III.
(nach 1218) und Gregor IX. ausschickten, übergeordnete Steuererheber erhalten; sie selbst sind auf eine Mittelstufe zwischen
diesen und den untern Kollektoren zurückgetreten.[2]) — 3. Auf
der dritten Stufe, die im Verlaufe des Pontifikates Innocenz' IV.
erreicht wird und hauptsächlich wegen der Feindseligkeit des
Episkopates gegen die sich zu rein päpstlichen Steuern ent-
wickelnden Kreuzzugszehnten erstrebt werden musste, verschwinden die Bischöfe als solche aus der Verwaltung der
Kreuzzugsgelder gänzlich, die Legaten und Nuntien werden zu

---

[1]) S. oben S. 178; ferner die Bulle Innocenz' III. „ad abbates,
priores etc. in provincia Rotomagensi": Recueil des hist. XIX. 386 (Potth.
936), besonders die Stelle: „quatenus ad citationem dioecesanorum
episcoporum... quadragesimam convertatis; vgl. dazu auch die Citate
der folgenden Anmerkung. — Bezüglich der Archidiakone ist die Stelle
in den Homilien des Caesarius von Heisterbach charakteristisch, in der es
heisst: „Die Archidiakonen sind heute sehr mächtig ... Sie sind wohl
darauf bedacht, die Seelsorgsgeistlichen kennen zu lernen, aber nicht um
zu wissen, wie sie ihre Schafe regieren, sondern wie viel jeglicher
zahlen kann". (Unkel, die Homilien des Cäs. v. Heisterb. in den
Annalen des hist. Vereins f. d. Niederrhein 34. Heft S. 1 ff.)

[2]) Vgl. Epist. Hom. III: Recueil XIX. 676: „Ad collectores etc. ...
vobis injunximus ... quatenus censum Ecclesiae Romanae ac vicesimam
necnon ea, quae a crucesignatis pro redemptione votorum suorum per
ecclesiarum praelatos recepta sunt, colligere studeatis, et a singulis archiepiscopis, episcopis et abbatibus locorum, a
quibus ea colligeritis, literas testimoniales habere curetis, quid et quantum
receperitis continentes" (ad a. 1219); vgl. auch Robertson, Concilia
Scotiae XLII (ad a. 1220); ferner Reg. del card. Ugolino d'Ostia 8: „mandatum .. recepimus ..., ut vicesimam colligi faciamus .. mandantes,
quatenus .. per civitatem et diocesem vestram vicesimam ipsam ...
colligi faciatis; vgl. ebenda 111 die Abrechnung des Bischofs von
Padua. — Gregor IX. schickte 1229 den Stephanus nach England „cum
auctoritate sedis apostolice ad colligendum decimam ..., qui etiam potestatem .. acceperat in Hibernia et Scocia hoc ipsum faciendi"; das
konnte er nur durch die Mithilfe der Bischöfe (Annales Oseneienses: MG.
SS. XXVII. 489). — Die Sammlung von 1241 wurde zum Teil in Pausch-
summen von den Diöcesen erhoben: s. oben S. 72.

(General-) Kollektoren [1]) und die unteren Sammelgeschäfte
bleiben unverändert bei den Archidiakonen (und Dechanten).[2]) — 4. Zur endgiltigen Vollendung des Systems werden
endlich auch diese beseitigt, es werden durch die General-
Kollektoren eigene Unter-Kollektoren ernannt. Diese sind
den General-Kollektoren, die auch Zehnt-Superintendenten
(„superintendens decimarum") heissen[3]) und die letzteren wiederum
der römischen Kurie verantwortlich und rechnungspflichtig. —
Wann die Scheidung zwischen der dritten und vierten Stufe
stattgefunden hat, lässt sich mit ziemlicher Sicherheit für England und seine Nebenländer auf die Jahre 1254—56,[4]) für die

---

[1]) S. oben S. 51. 53. 54. 59. 66. 77. 78. 82. 84. u. s. w. — In
einzelnen seltenen Fällen werden auch noch die Bischöfe als solche beauftragt; vgl. oben S. 77, auch Lange og Unger, Diplom. Norveg. VI.
200 nr. 176 (ad 1345).

[2]) Vgl. die Berufung auf die Abwesenheit der Archidiakonen auf
der Versammlung zu Northampton: Math. Paris. IV. 37 (ad a. 1240); ferner
den Erlass der päpstlichen Kollektoren, des Subdiakons Sarracenus und
des Skriptors Berardus de Nimpha an den Bischof Grosseteste von Lincoln
d. d. 1. Aug. 1247: „Additamenta" zu Math. Paris. Chron. maj. VI. 134
nr. 171: „sub poena interdicti . . . districte praecipimus, quatinus citetis
peremptorie omnes archidiaconos et officiales eorum, civitatis et diocesis
Lincolniensis, necnon archidiaconos monasteriorum . . ., quod personaliter
compareant coram nobis in ecclesia S. Martini magni Londoniis die
lunae proxima post assumptionem b. Mariae nuper venturam" u. s. w.
Vgl. auch Potth. 16530 (ad a. 1256): „(Papa) universis archidiaconis
per regnum Angliae constitutis mandat, ut omnia beneficia in archi-
diaconatibus suis consistentia taxent, decimam eorum colligant eamque
magistro Rostanno cappellano et nuncio suo in Anglia assignent";
vgl. ebenda 16553. — Die Dekane sind genannt: „Additamenta" zu
Math. Par. a. a. O. und Schirley, Royal letters II. 117 ff. nr. 509 (ad
a. 1256).

[3]) Vgl. die Abrechnung des ungarischen General-Kollektors Gerard
von Modena (1281 ff.): Mon. vatic. Hung. I. 1, 1: „In ratione magistri
Gerardi de Mutina primo attendendum est, quod ipse fuit superinten-
dens . . . per VI annos". Auch in der dänisch-schwedischen Kollektorie-
Abrechnung (Munch, Pavelige Nuntiers 4 ff und Liljegren, Svenskt
Diplomatar. I. 598 ff.) begegnet das Wort wiederholt; vgl. auch Rymer,
Foedera etc. ad 1290 (I. III. 67): „Declarationes seu (pro?) superinten-
dentibus collectae decimae" u. s. w.

[4]) Shirley, Royal letters II. 103 nr. 500 (ad a 1254): „Nos (die
englischen General-Kollektoren) Lucae, archiepiscopo Dubliniae etc. per

übrigen Reiche auf die Sammlung des Palästina-Hundertsten
von 1263 und bezw. des anjou-sicilianischen Zehnten von 1264
bestimmen.[1]) Der Lyoneser Zehnt von 1274 gehört überall bereits
der vollendeten Zentralisierung an. Der Plan zu dieser dürfte
wohl von Innocenz IV. herkommen. Es war jedoch erst seinem
Nachfolger Alexander IV. vorbehalten, sie zunächst in England
ins Werk zu setzen.

Die päpstliche Kammer, deren Anfänge als eines besonderen Amtes für die päpstliche Vermögensverwaltung bis in
die Mitte des 12. Jahrhunderts zurückreichen,[2]) ist dennoch im
13. Jahrhundert noch sehr unvollkommen entwickelt. Marx
hat in einem „Anhange" zu seiner Dissertation über die „Vita
Gregorii IX."[3]) die Nachrichten zusammengestellt, die uns

totum regnum Hiberniae committimus vices nostras, ut ipsi tam per se,
quam per alios, quos ad hoc elegerunt ... dicta negotia exequantur."
Ebenda 117 ff. nr. 509 (ad a 1256): „Et cum in singulis diocesibus
unum vel plures clericos habere op|orteat" u. s. w. Bei Math. Par.
Chron. maj. VI. 312 nr. 153 (ad 1256) finden wir den Prior von Northampton und den Kleriker Helias als die „gerentes vices magistri Rustandi";
ebenda 323 nr. 163 steht ein Erlass des letzteren, des General-Kollektors,
mit der Adresse: „universis collectoribus decimae in Saresburiensi,
Wintoniensi etc. diocesibus deputatis" (ebenfalls ad 1256).

[1]) Vgl. Potth. 18501 (ad 1263): „(Papa archiepiscopo Tyrensi)
mandat, ut in regno Franciae etc... executoribus ab apostolica
sede concessis inhibeat, ne ad redemtiones, legata, relicta, data et
obventiones colligenda procedant"; ferner ibid. 19853 (ad 1266): „Simoni
S. Caeciliae Cardinali concedit facultatem committendi vices suas in
toto vel in parte in omnibus pro collectione centesimae et praedicatione
crucis ei commissis;" vgl. auch Majus Chron. Lemovicens: Recueil
des hist. XXI. 770: „Iste Legatus (nämlich der vorgenannte Simon S.
Cäciliä) per universas dioeceses misit fideles suos, qui nescienti-
bus et ignorantibus beneficiatis per personas extraneas faciebant
aestimari beneficia et illam aestimationem tradebant collectoribus"
u. s. w.; vgl. auch Potth. 18788 f.

[2]) S. Marx, die vita Gregorii IX. (Berlin 1890), 53 f; dazu Muratori,
Antiquitates Ital. I. col. 949: „Romani Pontifices in primis ex quo sub
Pipino Francorum rege et Carolo Magno non solum Exarchatus, sed etiam
Urbis etc. dominatione donati sunt, Cameram etiam habuisse videntur,
ad quam census, tributa etc. deferrentur, sed in eorum monumentis
vetustioribus .. nullum hujus vocabuli vestigium hactenus reperi"; vgl.
auch Breslau, Urkundenlehre I. 165—168.

[3]) A. a. O. 50—60.

darüber aus der ersten Hälfte des Jahrhunderts erhalten sind. Er fasst seine Ergebnisse über die Zusammensetzung des päpstlichen Verwaltungsamtes dahin zusammen: „Es lassen sich als sichere Mitglieder der Kammer unter Gregor IX. angeben: Der Kämmerer, ein, allenfalls auch mehrere Notare, ein oder mehrere Wechsler, der eine oder andere Handwerker (für den Hofdienst[1]), und der Kustos der Kammer".[2] Es ist uns zwar nicht gelungen, aus den Quellen selbst ein wesentlich entwickelteres Bild der päpstlichen Rechnungsbehörde jener Zeit zu gewinnen. Wir würden indes geneigt sein, den „scriniarius camerae", der unter Gregor IX.[3] und später[4] vorkommt, von den Notaren zu trennen[5] und in besondere Beziehung zur Kammer-Registratur zu setzen.[6] Ferner dürfen wir unbedenklich die vereinzelt vorkommenden „clerici camerae", deren Zahl wohl noch nicht bestimmt war, unter die Kammerbeamten aufnehmen.[7]

Dem Kämmerer lag die Finanzverwaltung des Papstes ob.[8] Es lässt sich also erwarten, dass mit dem Verlassen der partikularistischen Verwaltungsformen für die Kreuzzugsgelder und zumal nachdem man unter Gregor IX. begonnen hatte, die letzteren zu profanen Zwecken heranzuziehen, der Kämmerer

---

[1]) Zusatz von mir. — Unter Innocenz IV. (1249) gibt es auch einen „panectarius camere": Berger, Reg. 4566.

[2]) A. a. O. 57.

[3]) Rodenberg, Epistolae etc. I. 833.

[4]) 1265: „P. archidiaconus Senonensis camerarius noster, - - Noclerius scriniarius": Martene et Durand, Thesaurus anecdot. II. 208 nr. 154; vgl. die zweitfolgende Anmerkung.

[5]) Vgl. Marx a. a. O. 56.

[6]) Im Jahre 1249 finden wir zweimal: „Philippus, scriniarius de Laterano": Berger, Reg. 4634. 4639.

[7]) Vgl. Berger, Reg. 3519. (ad a. 1248): „Magistro Boetio, camerae suae clerico, indulget, ne de omnibus, quae nomine Ecclesiae Romanae et Terrae sanctae tenet, rationem reddere cogatur". — Zu den von Marx 55, Anmerkung 150 angeführten Stellen können wir noch hinzufügen: Annal. Waverleiens. ed. Luard 299 ad a. 1224: „Alexander de Stanebi, clericus de camera domini Papae"; ferner Mansi, Concil. coll. XXIII. 564 und Rymer, Foedera ad a. 1244, 4º. Id. April: „Martinus, camere nostre clericus"; Berger, Reg. 2111 (ad 1246) und 3519 (ad 1248): „Boetius, camerae pontificalis (bezw. suae) clericus"; Rymer ad a. 1258, Kal. Jan.: „Magister Siritius, camerae nostre clericus"; s. auch oben S. 106.

[8]) Vgl. Marx 58 f.

und bezw. seine Gehilfen auch zu der Kreuzzugsgelder-Verwaltung in Beziehung getreten sind. Thatsächlich liegen schon aus der Zeit Honorius' III. einige Zeugnisse vor, welche diese Vermutung zu bestätigen scheinen: die im Jahre 1219 nach Spanien, Frankreich, England, Deutschland, Ungarn u. s. w. zur Einforderung des Kreuzzugs-Zwanzigsten entsandten Kollektoren hatten alle den Auftrag, zugleich den „Census ecclesiae Romanae" zu erheben,[1]) eine reine Kammerabgabe, zu welcher viele der in einem besondern päpstlichen Schutzverhältnis stehenden Kirchen und Anstalten, aber auch andere, verpflichtet waren.[2]) Nach England ging der Kamerar des Papstes selbst, Pandulf, der Elekt von Norwich, und er sollte zugleich den „denarius S. Petri", wieder eine in der Kammer zur Verrechnung kommende Abgabe, einfordern.[3]) — Der Papst meldet ferner unter dem 7. Juni 1221 dem Kardinal Hugolin, dass Bologneser Kaufleute seinem Kamerarius Stephan[4]) angezeigt haben, sie hätten 3600 Mark Silber an die Kurie zu übermitteln; der Kardinal soll dieselben sich auszahlen lassen und den Kaufleuten dafür eine Anweisung auf deutsche Zwanzigsten-Erträge geben.[5]) — Ähnlich geschieht es mit „einer gewissen Summe", welche der Kollektor Magister Egidius Sieneser Kaufleuten zur Übermittelung „an die päpstliche Kammer" übergeben hatte.[6]) — Der Erzbischof von Gnesen hat im Jahre 1248 20 Mark an die päpstliche Kammer zu Rom zahlen lassen. Von ihm wird eine Erklärung verlangt, ob jene Summe anstatt („pro") der alle drei Jahre zu leistenden „visitatio" oder als „Subsidium" d. h. als Kreuzzugsabgabe für den Kampf gegen den Kaiser Friedrich gelten soll.[7]) — Immerhin sind

---

[1]) Epist. Hon. III.: Recueil XIX. 676; Pressutti 1808. 1829. 2620.
[2]) Vgl. Blumenstok, der päpstliche Schutz im Mittelalter 89 f; Phillips V. § 208 p. 128.
[3]) Pressutti 2620; Potth. 6331.
[4]) Ist das noch Stephan de Fossanuova?; vgl. Marx 54, Anmerkung 142; Fossanuova † 1227. — Wie verträgt sich event. damit, dass ein Jahr vorher Pandulf als Kamerar genannt wird? Wurde dieser wegen der Legation nach England seines Amtes enthoben?
[5]) Reg. del card. Ugolino 133.
[6]) Ebenda 152 f.
[7]) Cod. dipl. majoris Polon. 1. 225 nr. 268.

diese Zeugnisse für die Verbindung der Kreuzzugsgelder mit dem Kassenwesen der Kammer auffallend spärlich. Die Seltenheit derselben dürfte auf die noch zu erörternde Einrichtung der zerstreuten Deposita und auf den damit im Zusammenhang stehenden Umstand zurückzuführen sein, dass die spätere Thesaurarie, das eigentliche Kassenamt, noch nicht eingerichtet war. Für die meisten Geschäfte der Kreuzzugsgelder-Verwaltung lag also der apostolischen Kammer nur die allgemeine Buchführung und die Rechnungs-Kontrolle ob. In welcher Weise diese beiden Geschäfts-Erfordernisse gehandhabt wurden, darauf kommen wir noch zurück.

Die Legaten und Nuntien, welche zunächst die Päpste Honorius III., Gregor IX. und Innocenz IV. ausschickten, um von den Prälaten und Archidiakonen die von diesen vorher eingezogenen und die ihnen selbst aufliegenden Abgaben erheben zu lassen, dann nach Einführung eigener Unter-Kollektoren die General-Kollektoren oder Superintendenten waren durchweg vom Papste selbst beauftragt,[1] erhielten von ihm ihre Vollmachten und Weisungen und hatten an ihn über ihre Thätigkeit Bericht zu erstatten. Es wurden dazu genommen Kardinäle,[2] Erzbischöfe und Bischöfe,[3] päpstliche Kapellani,[4] Skriptoren[5] und Kammerkleriker,[6] Kanoniker,[7] Pröpste[8] und Pfarrer,[9]

---

[1] So noch im 15. Jahrhdt.: vgl. meine Schrift „Aus der Cam. ap." 104.

[2] Der Kardinal Ugolino für Oberitalien — 1220 ff: Registro ed. Levi. passim. Gleichzeitig der Kard. Ägid. von Torres für Schottland: Bellesheim I. 223; der Kard. Romanus für Frankreich — 1227: Auvray, Reg. 134. 155; der Kard. Jakob von Pecoraria für Frankreich — 1240: s. oben S. 72; gleichzeitig der Kard. Otho für England: ebenda; der Kard. Simon de Brion — 1264 ff und der Kard. Cholet — 1284 ff für Frankreich: s. oben S. 91. 98. 130.

[3] S. oben S. 53. 54. 55. 59. 66. 84. 91. 96 f. 98. 107. 108. 121.

[4] S. oben S. 55. 66. 71. 78. 84. 89. 97. 105.

[5] S. oben S. 65. 71. 97. 109; dazu Berger, Reg. 3523.

[6] S. oben S. 67. 106.

[7] S. oben S. 95. 96. 97. 106. 109.

[8] S. oben S. 64. 96. 99.

[9] S. oben S. 64. 96. 108.

Äbte[1]) und Ordensbrüder,[2]) endlich einfache Kleriker.[3]) Wir beobachten, dass Kardinäle nur von Honorius III. und Gregor IX., ferner von Urban IV., Clemens IV. und Martin IV. mit einer (General-) Kollektorie betraut sind.[4]) Dieselbe war in diesen Fällen stets mit einer allgemeinen Legation[5]) verbunden. Innocenz IV. nahm meist Bischöfe oder Ordensbrüder und am liebsten Landsleute der zu besteuernden Kirchenprovinzen.[6]) Die Vollmachten waren rücksichtlich der Sammlung der Kreuzzugszehnten stets dieselben, einerlei, ob ein Kardinal oder ein Bischof oder ein Kleriker der niedrigeren Grade die Kollektorie erhielt. Auch ein einfacher Kleriker hatte als päpstlicher Kollektor die Gewalt, selbst über Bischöfe und Erzbischöfe im Falle der Renitenz die kirchlichen Censuren zu verhängen, zu exkommunizieren, zu suspendieren, die Kollation der kirchlichen Benefizien an sich zu nehmen u. s. f.[7])

---

[1]) S. oben S. 54. 99. 102. (104); dazu Berger 3431 f.

[2]) S. oben S. 87. 78. 105; dazu Heinemann, Cod. dipl. Anhaltimus II. 139 nr. 175.

[3]) S. oben S. 64. 82.

[4]) Aus den beiden folgenden Jahrhunderten bis auf Raymund Peraudi, den Kollektor Innocenz' VIII. und Alexanders VI., sind uns keine Kardinäle, dagegen Bischöfe, Äbte, Prioren, Pröpste, Kanoniker und päpstliche Kapellani als Kollektoren bekannt.

[5]) S. darüber oben S. 91, Anmerkung 4.

[6]) In England hatte das einen besonderen Grund. Man hatte sich auf dem Konzil (1245) beschwert und erlangte schliesslich vom Papste die Vergünstigung, dass keine Legaten mehr geschickt werden sollten, ohne vorher des Königs Einwilligung eingeholt zu haben. Math. Paris sagt: Nun schickte die Kurie Leute, die noch schlimmer waren, als die vornehmeren Legaten, niedere Kleriker, Dominikaner und Minoriten, welche in Bezug auf die Geldsammlungen dieselben Vollmachten hatten, und die sich als „Sophisten" bewiesen (indem sie den Geistlichen ihre Pflicht, zu zahlen, auseinandersetzten): vgl. Math. Par. IV. 368. 599. 602; V. 406.

[7]) Vgl. z. B. Math. Par. IV. 284 (ad a 1244): „Misit d. Papa — — — magistrum Martinum, autenticum Papale deferentem et habentem potestatum excommunicandi, suspendendi et multipliciter voluntati suae resistentes puniendi. Qua roboratus potestate suspendit praelatos Angliae a collatione beneficiorum, donec voluntati Papali satisfactum fuisset; vgl. auch oben S. 84. 87, 100, 101 f.; vgl. ferner Math. Par. Chron. maj. „Additamenta" 134 nr. 71, was der Subdiakon und päpstl. Kapellan Johann Sarraceno und der Skriptor Berard de Nimpha unter dem 4. Juli 1247

Die von Honorius III. beliebte Verbindung der Zehnt-Kollektorie mit der Erhebung der übrigen bis dahin bestehenden kurialen Kammergefälle, des Census oder der Schutzabgaben einzelner Kirchen, des Peterspfennigs (in England, den nordischen Ländern und Polen),[1]) seit Gregor IX. (1230) auch der Kommendegelder (für Erneuerung von widerruflich erteilten Provisionen)[2]) — diese Verbindung war nicht allgemein und hatte nur zeitweilig statt. Im allgemeinen blieb die Einziehung des Peterspfennigs, wie bisher, Sache der Bischöfe, so in Skandinavien auch unter Honorius III. und nach 1218,[3]) und die Erhebung der übrigen Abgaben blieb bei den in jeder Diöcese damit beauftragten feststehenden Erhebern.[4]) Erst im 14. und 15. Jahrhundert findet sich wieder die Vereinigung der Erhebung aller Kammergefälle mit der Cruciat-Kollektorie. Bloss die Annaten wurden direkt in Rom gezahlt. Zur Erhebung des staatlichen Tributes von England wurden von Zeit zu Zeit — oft lagen Jahre dazwischen — eigene Nuntien geschickt.[5])

---

dem Bischof Robert Grosseteste von Lincoln schreiben: „(wisset), quod quantum cunque vobis et vestris deferre velimus, contra rebelles tamen et resistentes, quantum de jure licuerit et poterimus, procedemus" u. s. w. — In Schmidt, Urk.-B. des Hochstifts Halberstadt II. 1302 überträgt der Mag. Roger seine Vollmachten auf den Dekan und Scolasticus und bedroht mit Exkommunikation, Interdikt und Sequester der Einkünfte jeden, der ihnen nicht bezüglich der Zehnterhebung zu Willen ist, insbesondere den Bischof, das Kapitel, überhaupt jeden, „cujuscunque condicionis status ordinis aut dignitatis existat." Ähnlich der Propst Rayner de Orio in Gersdorf, Urk.-B. des Hochst. Meissen I. 208 nr. 268. Vgl. auch Hasse, Schleswig-Holstein-Lauenb. Reg. II. 219 nr. 552 (ad. a 1279) und Registrum epistolar. fratris Jo. Peckham I. 28 nr. 22 (ad a 1279). Vgl. endlich die Formel der Ernennungs-Dekrete aus dem 14. und 15. Jahrhundert in meiner „Cam. apost." 105.

[1]) Vgl. Herzogs Realencyklopädie (2. Aufl.) XI. 505 f; meine „Cam. ap." 214 ff.

[2]) Über Census und Kommendegelder s. oben S. 189; Muratori, Antiquitates Ital. V. 806 ff; Phillips, Kirchenr. V. 547 ff. 555; Herzogs Realencykl. I. 77.

[3]) Vgl. Lange og Unger, Dipl. Norveg. IV. 13. 16. 90. 91; dazu Woker, Kirchl. Finanzwesen der Päpste 34. 37 f

[4]) Vgl. Heinemann, Cod. dipl. Anhaltinus II. 175 (ad a. 1248); Boczek, Cod. dipl. Moraviae III. 360 (ad a. 1263).

[5]) Vgl. Rymer, Foedera etc. passim.

Eine Verbindung der Kirchensteuer-Erhebung mit
der Einziehung der spiritualen Kreuzzugsgelder, der
Ablassalmosen, Gelübdelösungsgelder, der Legate und Geschenke
für das heilige Land hat sehr häufig stattgefunden. Besonders
Innocenz IV. beauftragte gern dieselben Kollektoren mit der
Einziehung beider Einnahme-Arten.[1]) Unter ihm finden wir
auch Kreuzzugsprediger, die Inhaber der mit der Cruciata
verbundenen geistlichen Fakultäten, zugleich als Sammler der
geistlichen Kreuzzugsgelder.[2]) Dass er auch rücksichtlich der
Verwendung keinen Unterschied mehr gelten liess bezüglich der
Herkunft der Gelder, ob aus Kirchensteuern oder aus Ablässen,
Gelübdelösungen und Legaten, das wurde schon dargelegt.[3])

---

[1]) Berger, Reg. 2238. 2843. 3431. 3432. 3523. 3755; vgl. auch Math.
Par. Chron. maj. VI. 184 nr. 71; dagegen verschiedene Kollektoren:
Berger 3464.

[2]) Menkonis Chronicon: MG. SS. XXIII. 539 f: „Eodem anno (1247)
frater Wilbrandus ivit ad curiam domini pape et quia multam pecuniam
secum detulit nomine redemptionis crucis acceptam" u. s. w.; vgl. auch
Sbaralea, Bullar. Franciscan. I. 708 nr. 526; Potth. 15272 (15285. 15319);
vgl. ferner Math. Par. Chron. maj. IV. 133: „Circa dies illos . . . fratres
Praedicatores et Minores, autentico domini Papae communiti" u. s. w.
und ähnlich ebenda V. 73.

[3]) Vgl. dazu Berger, Einleitung CLXV f. — Legate und Geschenke
für das heilige Land sind wohl erst nach 1249 zu profanen Zwecken verwandt
worden. Ich finde sie in den von Berger angeführten Regg. nicht genannt, und in Reg. 4525 d. d. 11. Mai 1249 sind sie ausdrücklich ausgenommen. — Ein Urteil über die ganze finanzielle Gebahrung Innocenz' IV.
gibt Hurter in seinem Innocenz III. B. III. 189 mit den Worten: „Innocenz IV. war der erste, welcher die Hoheit seiner Stelle in das Gewerbe
niedrigen Geldverkehrs herabzog." An Innocenz IV. soll auch die Straf-
rede gerichtet sein, welche zuerst Brown im Anhange zu seiner Ausgabe des „Fasciculus rerum expetendarum ac fugiendarum" von Ortwin
Gratius (Londini 1690, 288) mitgeteilt, und welche neuerdings auch
Luard in die „Additamenta" zu des Mathaei Parisiensis Chronica majora
(Bd. VI. 99—112) aufgenommen hat. Es genügt für unsern Zweck, auf
dieses Machwerk verwiesen zu haben. Für die Gesichtspunkte unserer
Arbeit steht nichts Neues darin. Ausserdem verbieten die sich schon
beim Lesen aufdrängenden Zweifel an der Aechtheit und die fehlerhafte
Ausgabe die Benutzung. Hinschius, Kirchenrecht III. 118, Anmerk. 4,
hält die Schrift für ächt. Wir erlauben uns auf die inhaltliche Übereinstimmung von Luard S. 102 mit der Chron. maj. IV. 35 aufmerksam zu
machen. Ferner: was soll der Ausdruck „sed misit Papa (!) hoc ad vos"?

Innocenzens Nachfolger Alexander IV., Urban IV., Clemens IV., dann — nach kurzer durch Gregor X. herbeigeführter Unterbrechung — Nikolaus IV. und Martin IV. gingen noch weiter, als er. Sie übertrugen die Verkündigung der Cruciata, die Kollektorie der geistlichen Kreuzzugsgelder und die Kollektorie der Kirchenzehnten in der Regel denselben Personen und gaben diesen Fakultäten, durch welche sie über die Geistlichen und die mit einem Gelübde belasteten Laien Gewalt hatten.[1]) Ge-

---

(S. 103). — Der König soll dem Papste den Zehnten für den eigenen Kreuzzug vorgeworfen haben? (S. 103). — Wer hat die „Fratres minores" anders gerufen, als der König (Berger CXXIII.), und nun beschwert er sich über ihr Kommen? — Was sollen die Stellen „in istis ecclesiis Burgundiae" (S. 106) — „vacat Romana ecclesia" (S. 107), — „gesta Romanorum pontificum, sicut in vestris scripta sunt registris" (S. 107)? — Ludwig IX. beansprucht alles Kirchengut als sein eigen? — Vgl. Scheffer-Boichorst, Kleinere Forschungen: Mitteilungen VIII. (1887), 361, Anmerk. 1.

[1]) Vgl. Potth. 15836. 15847. 15863. 15864. 15865. 15867. 15878. 16569. 17123. 18314. 18321. 18363. 18367. 18368. 18461. 18675. 18871 ff. 18891. 19123. 19124. 19140. 19853. 19859. 19865. 19908. 19997. 19850. 19852. 20425 ff. und die dort citierten Urkunden-Werke; dazu Liljegren, Svenskt Diplomatar. I. 413 f. nr. 488; Sloet, Oorkondenboek der Graafschappen Gelre en Zutfen II. 871 nr. 895; Notae S. Martini Lemovicenses: MG. SS. XXVI. 438 u. s. w. — Dass in den Fakultätsbullen das Prinzip formell gewahrt erscheint, dass ferner hie und da auch von päpstlicher Seite den ärgsten Ausschreitungen entgegengetreten wurde (vgl. Martene et Durand, Thesaurus II. 8; Liljegren a. a. O.). Das entlastet jene Päpste nicht von der oben charakterisierten Schuld. Die Feststellung dieser im einzelnen muss besonderer gewissenhafter Forschung vorbehalten bleiben. — Dem Bedürfnis, in das spirituale Kollektoriewesen einigermassen Ordnung zu bringen, ist ein Erlass des Bischofs Robert Grosseteste an seine Diöcese entsprungen, der im übrigen auch die Handhabung desselben beleuchtet. Er datiert vom 1. Aug. 1247. Wir entnehmen ihm folgendes: „Item deputentur per vos (archidiaconi) in singulis parochiis archidiaconatuum vestrorum aliqui fide digni crucesignati una cum sacerdote, qui conscribant nomina crucesignatorum decedentium, qui jam decesserunt, vel qui in futurum decedent; et quantum promiserint vel legaverint in subsidium Terrae Sanctae, et qui fuerint executores. Et denuntietur executoribus, quod habeant praemissas pecunias paratas cum fuerint requisiti... Et statim fiat collecta hujusmadi pecuniae per visum illius qui praedicaverit, vel ejus quem praedicator ipse ad hoc vocare poterit in locis singulis, et deponatur in aede sacra sub sigillo illius qui praedicaverit et collectorum... | De bonis vero crucesigna-

rade dadurch sind die genannten Päpste für den sich nun
allenthalben breitmachenden Handel mit dem Heiligen, für das
Treiben der „pfenningprediger", wie sie Berthold von Regens-
burg nennt, wenn vielleicht auch ohne subjektive Schuld, so
doch thatsächlich mit verantwortlich geworden.

Nur für ausnahmsweise geartete Verhältnisse wurde den
General-Kollektoren gestattet, Stellvertreter für sich zu ernennen, welchen sie ihre eigenen Vollmachten übertrügen, denen
insbesondere die Beaufsichtigung der Unter-Kollektoren anvertraut werden durfte. Die General-Kollektoren für die britischen
Reiche im Jahre 1254, die Bischöfe von Norwich und Chichester
und der Abt von Westminster ernannten den Erzbischof Lukas
von Dublin und einen englischen und einen italienischen Magister
zu ihren Stellvertretern in Irland. Auch der General-Kollektor
Rustand hatte zwei Vertreter mit gleichen Vollmachten zur
Seite.[1] Der Bischof Jon von Drontheim erhielt die Erlaubnis,
einen Stellvertreter zu ernennen, im Jahre 1276, mit der in-
teressanten Begründung, dass in seinem Kollektorie-Bezirk viele
Orte so weit seien, dass er sie in den sechs Zehntjahren nicht
alle persönlich besuchen könne. Dazu seien die Wege ausser-
ordentlich beschwerlich; oft seien auf fünf Tagereisen keine
Häuser zu finden; es müssten also Zelte mitgenommen werden.

torum, qui decedunt sine testamento, quantum ad portionem eos contin-
gentem, ordinetur per amicos defunctorum et fratres deputatos ibidem ad praedicandum, ut deputetur in subsidium Terrae Sanctae
quantum poterit sine scandalo, ut plenam habeant indulgentiam. | Item
omnes infirmi et decedentes moneantur per capellanos et alios qui
confectioni testamenti eorum interfuerint, ut crucem assumant si non-
dum assumpserint, et tam isti, quam illi, qui crucem ante assumpserunt,
nominent quantum velint dare ad subsidium Terrae Sanctae, et dicatur
eis expresse, quod si omnino dederint secundum facultates, plenam habe-
bunt indulgentiam; si minus, erunt participes tantum, scilicet secundum
quantitatem subsidii et devotionis affectum; nullus tamen compellatur
facere ultra voluntatem". („Additamenta" zu Math. Par. 136—138; vgl.
auch Raynald 1281, nr. 24; Erler, Liber cancellariae 65; endlich bei
Kaufmann, Wunderbare und denkwürdige Geschichten aus den Werken
des Caesarius von Heisterbach, 2. Teil 198 f. die Geschichte vom Wucherer
Gottschalk, der das Kreuz genommen und die Dispensatoren bei Einsamm
lung des Lösegeldes betrogen hat.)
[1] S. oben S. 186 Anmerkung 4.

Es wurde dem Kirchenfürsten aber auf die Seele gebunden, dass er alle Orte, die ohne zu grosse Anstrengungen zu erreichen seien, dennoch selber besuche.[1])

Die Beauftragung der, wie wir gesehen haben, seit den Jahren 1254—56 zuerst in England, später auch in den übrigen Ländern auftretenden, eigens ernannten Unter-Kollektoren geschah durch die General-Kollektoren oder Superintendenten. Der älteste uns bekannte Auftrag dieser Art ist vom 23. Juli 1254 und an den soeben genannten Erzbischof Lukas von Dublin und die Magister Laurence Sumercote und John de Frossinone gerichtet. Dieselben werden bevollmächtigt, geeignete Männer zu Unter-Kollektoren zu ernennen, und diese sollen in bezug auf das Sammelgeschäft dieselben Vollmachten, wie die General-Kollektoren haben. Die kirchlichen Strafen, die sie verhängen, sollen anerkannt und unbedingt ausgeführt werden. Nur wenn bezüglich der Steuererhebung ein Zweifel entsteht, (was rechtens ist), so ist die Entscheidung darüber dem Kollektor Laurence vorbehalten, der die Intentionen der General-Kollektoren genau kennt und auch die „Transscripta" der bezüglichen päpstlichen Bullen eingehändigt erhält.[2]) Durch Gregor X. wurde die Zahl der Unter-Kollektoren für jede Diöcese auf zwei festgesetzt.[3]) Bloss für Norwegen und die nordischen Inseln gab Johann XXI. 1276 Erlaubnis, über diese Zahl hinaus noch weitere sogen. Rural-Kollektoren zu bestellen, die aber verpflichtet waren, ihre Sammelerträge an die zwei ordnungsmässigen Diöcesan-Kollektoren abzuliefern.[4]) Urban V. gab nachher die Regel, dass für gewöhnlich in jeder Diöcese nur ein (aber ständiger?) Unter-Kollektor zu bestellen sei.[5]) — Die General-Kollektoren erhielten gewöhnlich je einer ein ganzes Land, eine oder mehrere Kirchen-

---

[1]) Munch, Pavelige Nuntiers 143 f; Potth. 21193.

[2]) Shirley, Royal letters II. 103 nr. 500; dazu Sweetman I. 374.

[3]) Kaltenbr. 92; Finke I. 707; Theiner, Mon. Hung. I. 319; Schmidt, U.-B. von Halberst. II. 1301; Liljegren, Svenskt Diplomatar. I. 716 nr. 864; Munch, Pavelige Nuntiers 142; Prou, Reg. 12. 95; Sudendorf, Registrum I. 115 ff. und nach diesem Chmel in Sitzungsber. der Wiener Akad. d. WW. XI (1853), 212 Anmerkung.

[4]) Lange og Unger VI. 37 nr. 38; Munch 144; Potth. 21194.

[5]) Ottenthal, Regulae cancellariae apost. 15 nr. 5ª.

provinzen überwiesen. Nur vereinzelt kommen noch zwei General-Kollektoren zugleich für denselben Bezirk vor.[1])

Das gegenseitige Verhältnis zwischen den unter- und übergeordneten Kollektoren, sowie die beiderseitigen Pflichten und Befugnisse erhielten eine genaue Abgrenzung, erst durch eine Instruktion, die Gregor X. den von ihm für die Einsammlung des Lyoneser Zehnt von 1274 ernannten Superintendenten mitgab.[2]) Dieselbe ist bis in das 14. Jahrhundert hinein für die Cruciat-Kollektorie in Geltung geblieben.[3]) Wir teilen einen Auszug daraus mit: Der General-Kollektor soll die Auswahl von zwei Kollektoren für jede Diöcese seines Bezirkes unter Zurateziehung des Ordinarius jener Diöcese und zweier zuverlässiger Männer von der Kathedralkirche vornehmen. Die Kollektoren müssen „fide, facultatibus ac alias" zu dem Amte geeignet sein. Sie sollen den vorgeschriebenen Eid ablegen. Der General-Kollektor hat die ihm zugewiesenen Gegenden zu bereisen und soll genau ausforschen, wie die (Unter-) Kollektoren sich in dem ihnen anvertrauten Amte führen und wie ihnen inbetreff der Zehntzahlung Genüge geschieht. Das bereits gesammelte Geld soll er durch sie nach dem Rate des Bischofs und anderer an sicheren Orten deponieren lassen. Der General-Kollektor hat das Recht, die Unter-Erheber jederzeit, so oft es ihm gut dünkt, zu wechseln,[4]) sie zur Rechnungsablage vor ihm selbst, vor dem Bischof und andern Zeugen zu zwingen und gegen Widerspenstige mit Kirchenstrafen vorzugehen. Ebenso haben auch die Unter-Kollektoren das Recht, die kirchlichen Censuren, Exkommunikation und Anathem, über alle diejenigen zu verhängen, welche die Zehntsammlung direkt oder indirekt, öffentlich oder heimlich, hindern, sie mögen wess Standes, wess Amtes, welcher Würde immer sein. Um den Einwand der Unwissenheit vorwegzunehmen, sollen die Kollek-

---

[1]) S. oben S. 95 ff.

[2]) S. auf der vorhergehenden S. Anm. 3.

[3]) Vgl. z. B. Regestum Clementis pp. V. nr. 225. 857.

[4]) Deshalb schreibt z. B. der Kollektor Roger von Merlomonte an die beiden Unterkollektoren von Halberstadt (1275, Juli 24.): „committentes vobis vices nostras . . . donec eas ad nos duxerimus revocandas": Schmidt, Urk.-B. von Halberst. II. 1301.

toren von vorneherein kraft päpstlicher Auktorität ganz allgemein die Exkommunikation verkündigen über alle diejenigen
kirchlichen Personen, welche den Zehnten wissentlich entweder
gar nicht oder nur zum Teil oder nicht an den festgesetzten
Terminen oder nicht gemäss der Abschätzung ihrer Einkünfte
zahlen. Diejenigen kirchlichen Personen, von denen es fest-
steht, dass sie der Exkommunikation verfallen sind, sollen die
Kollektoren bis zur Ableistung der Genugthuung in allen
Kirchen, in denen es ihnen angebracht erscheint, jeden Sonn-
und Feiertag unter Glockenschlag und bei brennenden Kerzen
öffentlich als solche verkündigen und verkündigen lassen.
Rebellen hiergegen trifft dieselbe Censur, und die Appellation
soll ihnen genommen sein. Die Kollektoren haben Vollmacht,
alle derartig Censurierten, sobald sie sowohl bezüglich des
Zehnten als sonst Genugthuung geleistet haben, nach Form
der Kirche zu absolvieren bezw. (von Irregularität) zu dis-
pensieren. Die Kollektoren selbst sind in jenen Jahren, in
denen sie der Zehnterhebung obliegen, von Leistung des Zehnten
frei; [1] zugleich sollen sie den Palästina-Ablass verdienen „pro
devotionis affectu et quantitate laboris". — Die General-Kollektoren haben an den Papst des öfteren Bericht zu erstatten über
alles, was in jeder der ihnen zugewiesenen Provinzen in betreff
der Zehntsammlung geschehen ist, sowohl betreffs der Kollektoren,
als betreffs der Sammlung über die Höhe der Erträgnisse, über
die hinterlegten Summen und über Art und Weise der Hinterlegung dieser. Auch haben sie selber auf das Evangelium den
Eid zu leisten, dass sie in allem Vorstehenden mit Weisheit,
Eifer und Treue verfahren wollen. Es folgt dann die Formel
für den von den Unter-Kollektoren abzuleistenden Eid.[2]

---

[1] Daher im Liber decimationis Constantiensis S. 138 unter „Bunde"
der Eintrag: „Rector ejusdem collector est decime in Curiensi dyocesi;
nichil dabit".

[2] „Forma autem juramenti, quod prestare volumus collectores eosdem, hec est: Juro ego . . ., a vobis . . . auctoritate apostolica deputatus
collector ad exigendum, colligendum et recipiendum decimam omnium
reddituum et proventuum ecclesiasticorum, ab omnibus personis ecclesiasticis, exemptis et non exemptis, in . . . civitate et diocesi constitutis a
sede apostolica pro subsidio Terrae Sanctae concessam, quod fideliter
exigam, collgam, recipiam atque custodiam ipsam decimam, non deferendo

Das Verhältnis der Unter-Kollektoren unter einander gründete sich auf Gleichberechtigung, auch wenn der eine den andern an kirchlicher Stellung u. dergl. überragte. Jeder war in Rücksicht auf den Kollegen in seinem Bezirke selbständig, jeder führte sein eigenes Heberegister und hatte mit dem Superintendenten besondere Abrechnung. Das schliesst jedoch nicht aus, dass die Unter-Kollektoren in mancherlei geschäftliche Berührung mit einander kamen. So z. B. bei kumulierten Pfründen und Benefizien, die zum Teil in dem Bezirke des einen, zum Teil in dem eines andern Kollektors lagen. Im allgemeinen galt für kumulierte Benefizien die Regel, dass die Steuer von jedem Benefizium einzeln in dem Bezirke zu bezahlen war, in welchem dasselbe gelegen.[1]) Erreichte der Ertrag des einzelnen Benefiziums jedoch nicht jene gesetzlich normierte Höhe, bei welcher überhaupt erst die Steuerpflichtigkeit begann — erst 6 Mark, später 7 Pfund,[2]) — während die kumulierten Pfründen zusammen diese Grenze allerdings erreichten oder überschritten, so wurde die Steuer an dem Wohnorte des Benefiziaten bezahlt. Da dieser bei kumulierten Ämtern oft sogar regelmässig wechselte, so ist erklärlich, dass die be-

---

in hiis alicui persone, cujuscumque ordinis, status, conditionis aut dignitatis existat, prece, timore, gratia vel favore, vel alia quacumque de causa, et eam integre restituam et assignabo, prout a vobis recepero in mandatis. Et super premissis omnibus et singulis plenam ac fidelem rationem reddam vobis. Et si contingat, vos offitium, quod in premissis geritis, dimittere, hec eadem faciam juxta mandatum illius, qui substituetur in eodem offitio. Sic me Deus adjuvet et hec sancta evangelia." — Die Formel für die General-Kollektoren war mutatis mutandis dieselbe: vgl. Reg. Clem. papae V. 225. — Wir machen noch auf die Verschiedenheit der Formel von jenen für die Eide der eigentlichen Kammerbeamten aufmerksam. Diese sind zumeist allgemein gehalten und aus der Formel genommen, welche schon unter Innocenz III. für die Vassalitäts-Eide üblich war; vgl. Lünig, Cod. dipl. Ital. II. 711 nr. 14 (auch ebenda 920 f.) und meine „Cam. apost." 86 und 93, Anmerkung.

[1]) Art. 38 der „Deklarationen" Gregors X. (s. das folgende Kapitel) lautet: „Quod si in diversis civitatibus seu diocesibus diversa beneficia obtineat quis, de uno quoque beneficio in civitate vel diocesi, in qua illud fuerit, decima persolvetur."

[2]) S. d. folgende Kap.

treffenden Unter-Kollektoren aus solchem Anlass sich mit einander in Verbindung setzen mussten.[1])

Die Vollmachten der Kollektoren, soweit sie, wie es gewöhnlich der Fall, auf unbestimmte Zeit, „usque ad nostrum et sedis apostolice beneplacitum", erteilt waren, galten bis zum Widerruf durch den Papst bezw. für die Unter-Kollektoren durch die Superintendenten. Die deutschen Domkapitel von Mainz, Worms, Speier, Strassburg, Würzburg, Bamberg und Augsburg hatten zu Anfang 1278 den Wormser Dekan von Neuhaus nach Rom geschickt, der unter anderm die Einsprache erheben musste, dass die Vollmachten des Magisters Roger von Merlomonte durch den Tod Gregors X., des bevollmächtigenden Papstes, erloschen seien und der Zehnte deshalb nicht weiter erhoben werden könne. Nikolaus III. wirft ihnen dem gegenüber vor, dass sie „occasiones frivolas vel causas — inanes" ersännen, nur um die Ausführung des Sammelgeschäfts zu verzögern.[2])

Es ist noch die Frage zu erörtern, wie für den Unterhalt der Kollektoren, die Ersetzung ihrer Auslagen u. dgl. gesorgt war, welche materiellen Vorteile ihnen aus der Zehntsammlung erwuchsen.[3]) Die Kollektorie ist durch Abzweigung von dem hergebrachten Amte der Legaten entstanden, und

---

[1]) Die Darlegungen dieses Abschnittes beruhen auf den Beobachtungen, die der „Liber decimationis" von Konstanz vom Jahre 1275 an die Hand gibt. — Dass jeder Kollektor seinen eigenen Bezirk hatte, folgt auch aus Annales de Oseneia (Ann. monastici IV. 332 ad a. 1291): „quique (scil. collectores generales) per singulas regni dioceses singulos sibi substitutos et auxiliarios statuere decreverunt; unde factum est, ut in Lincolniensi diocesi duo tantum constituerentur auxiliarii, videlicet abbas Oseneiae (Osney) et prior s. Katerinae Lincolniae, ita scil. quod abbas Oseneiae de quinque comitatibus ejusdem dioecesis, scil. Oxonia, Buckingham, Northamtone, Bedford et Hutingdone, prior autem Lincolniae totius residui ipsius episcopatus decimas congregarent, peterent et reciperent."

[2]) Kaltenbr. 107; vgl. auch Finke 709.

[3]) Wir sehen ab von ausserordentlichen Begünstigungen; vgl. z. B. Potth. 21244: „Johanni episcopo Cluanfertensi apostolice sedis nuntio concedit (Johannes XXI.) facultatem providendi duobus clericis, cum ipso in negotio collectionis decimae ... laborantibus, de beneficiis ecclesiasticis" (ad a. 1277).

zwar beginnt die entschiedene Wendung zu dieser Differenzierung bei Innocenz IV.[1]) Aus der genetischen Verwandtschaft beider erklärt sich nun, dass wir die Kollektoren sofort auch in dem Genusse der sogen. Prokurationen finden.[2]) Dem Erzbischof Aegid von Tyrus, Kollektor des Hundertsten in Frankreich,[3]) wurde 1264 die weitere Erhebung von Prokurationen verboten, weil auch der Kardinal Simon von S. Cäcilia, der General-Kollektor der dreijährigen Kirchenzehnten für Karl von Anjou,[4]) Prokurationen erhebe, und weil es vielleicht darüber hinaus noch nötig sein werde, zugleich für den Kardinal Guido Fulcodi, den Urban IV. zur Schlichtung des Baronenkrieges nach England entsandt hatte,[5]) falls derselbe im Lande seiner Legation nicht landen könne,[6]) Prokurationen von den französischen Kirchen einzufordern. Deshalb sollte Aegid von Tyrus nun seine Auslagen für Lebensunterhalt, Reisekosten u. s. w. von den Erträgen der Sammlung für das heilige Land nehmen.[7]) Der Erzbischof hat dann in der That keine Prokurationen mehr erhoben.[8]) Er hatte aber bis dahin aus diesen schon so viel eingenommen, dass er nicht nur bis zu seinem Tode davon leben konnte, sondern auch noch ein schönes Sümmchen hinterliess.[9])

---

[1]) S. oben S. 191 und Anmerkung 7 daselbst.

[2]) Vgl. Annal. Dunstapl. ed. Luard 115 (ad a. 1229) und 154, auch MG. SS. XXVII. 510 (ad 1240): „et hro hospitio legati 4 marcas"; vgl. auch Math. Par. IV. 284 (ad a. 1244); Shirley a. a. O. II. 117 ff nr. 509: „si duplicaretur mihi pecunia concessa annuatim" (ad 1256); Cod. dipl. major. Poloniae I. 304 (ad 1256); Annales Wigornienses 445 (ad 1257); Rossel, Urk.-B. der Abtei Eberbach im Rheingau II. 1. 103. nr. 339 (ad 1258). — Über die Prokurationen im allgemeinen s. Thomassini, vetus et nova ecclesiae disciplina P. III. L. 2 c. 33, bes. S. 376 f, auch Richter-Dove, K. — R. 605. 884.

[3]) S. oben S. 59.

[4]) S. oben S. 91.

[5]) Posse, Analecta 312 d. d. 22. Nov. 1263; vgl. auch 282. 309 f. 313 ff. 322 ff.

[6]) Er konnte es in der That nicht: Pauli III. 778.

[7]) Martene et Durand a. a. O. 81 (Potth. 18912).

[8]) Majus Chron. Lemovicense: Recueil des hist. XXI. 770: die Lesart des Cod. A. „Archiepiscopus non levabat in partibus istis procur[ationes]" ist trotz der Herausgeber (s. daselbst Note 8) unzweifelhaft richtig.

[9]) Martene et Durand 383 (Potth. 19772).

Der englische Kollektor Rustand, den Alexander IV. nach dem Inselreiche schickte,[1]) raffte in den wenigen Jahren seiner Legation soviel zusammen, dass er bald den Reichtum eines englischen Grossgrundbesitzers erreichte.[2]) Von dem spätern Papste Benedikt XI. wissen wir, dass er im Jahre 1303, damals noch als Kardinal Nikolaus von Treviso, von der ungarischen Legation zurückkehrend, wo er nicht ganz zwei Jahre gewesen, seiner Vaterstadt Treviso ein Geschenk von 25 000 Goldgulden gemacht hat.[3])

Die Päpste sind dem Unwesen der übermässigen Prokurationen-Forderung wiederholt entgegengetreten. „Alexander IV. schrieb an sämtliche Erzbischöfe Frankreichs, sie sollten ihm Art und Höhe der Erhebungen seiner Legaten, wie auch deren Namen zur Anzeige bringen, damit er diejenigen, welche unbilliger Ansprüche schuldig befunden würden, in exemplarischer Weise bestrafen könne. Urban IV. erklärt, dass er seinen Boten mässige Prokurationen vorgeschrieben habe; er meinte daher, eine begründete Klage gegen Legatendruck könne kaum laut werden; wenn dennoch sichere Beweise über Exzesse seiner Sendlinge erbracht würden, so werde er eine abschreckende Strafe verhängen".[4]) — Bezüglich der Kollektoren waren aber Prokurationen überhaupt ohne alle Berechtigung. Deswegen hat erst Gregor X., der Reformator des Kirchenbezehntungswesens, das Richtige getroffen, indem er die Erheber des Lyoner Zehnten von 1274 bezüglich ihres Unterhaltes auf die Erträge dieses selbst anwies.[5]) Auch die folgenden Päpste des 13. Jahr-

---

[1]) S. oben S. 84.

[2]) Math. Par. Chron. maj. V. 647: „propriae utilitati intendens plus aequo possessiones, redditus et pecuniam sibi vigilanter in Anglia coacervavit et regem sibi inclinando et episcopos factus esset jam non ultimus inter omnes regni optimatum locuples et abundans."

[3]) Grandjean, Benoît XI. avant son pontificat: Mélanges d'archeologie et d'hist. VIII. (1888), 282.

[4]) Scheffer-Boichorst, Kleinere Forschungen a. a. O 372.

[5]) Kaltenbrunner, Mitteilungen aus dem vatikan. Archiv. I. 108. 261; Finke, Papsturkk. Westfalens I. 335 nr. 707.; vgl. auch in den Abrechnungen der Kollektoren von Norwegen und Ungarn-Polen die Titel „Expensae" bei Liljegren, Svenskt Diplomatar. I. p. 598 ff nr. 743

hunderts liessen es im allgemeinen dabei bewenden.[1]) Nur die polnischen Prälaten wurden im Jahre 1285 zuerst von Martin IV., dann in Ausführung derselben Legation von Honorius IV., angewiesen, dem Kollektor Johann Muscata wieder Prokurationen zu zahlen. Es wurde jetzt aber eine feste Quote, 16 Tourer Soldi für den Tag, festgesetzt.[2]) So dürften auch die im 14. und 15. Jahrhundert vorkommenden Prokurationen für Kollektoren auf besonderer päpstlicher Verfügung beruhen.[3])

Neben den Prokurationen liefen die Geschenke. Diese waren sowohl bei Ablasspredigern als bei Kollektoren üblich. Honorius III. hat noch an die ersteren den strengen Befehl ergehen lassen, „ut manus ad nulla munera extendatis — sitis tantum necessariis et predicationis prosecutione contenti".[4]) Es wird nicht viel genützt haben. Sein eigner Poenitentiar, der Kanonikus Jakob von S. Victor in Paris, hat in Irland das Andenken eines habsüchtigen, simonistischen Treibens hinterlassen.[5]) Seit Innocenz IV. war der Geschenkhascherei geradezu Thür und Thor geöffnet. Er selbst ging unter dem Vorgeben einer übergrossen Schuldenlast[6]) die an die Kurie kommenden

---

(oder Munch, Pavelige Nuntiers 1 ff.) und Mon. Hung. I. 1. p. 2; auch bei Schmidt in den Geschichtsquellen der Prov. Sachsen XXI. p. 115 nr. 60; Finke I. 351 nr. 736.

[1]) Das bei der allgemeinen Ernennung der Kollektoren von Gregor X. festgesetzte Tagegeld betrug 3 soldi sterlingorum. Johann XXI. erhöhte dasselbe dem Magister Roger von Merlomonte auf 5 Soldi (Kaltenbr. 103). Martin IV. erhöhte es wegen Teuerung der Lebensmittel nachmals auf 8 Soldi (Ebenda 269). Dem Kollektor Dietrich von Orvieto wurden die Reisediäten unter dem 13. Dez. 1283 durch Anweisung auf jährlich „18 libr. sterling. de pecunia decime" erhöht (Finke 354 nr. 740); vgl. auch Prou, Reg. Hon. IV. 469 und 12, Art. 17.

[2]) Potth. 22210. 22256—8 (vgl. 22191 ff); Prou, Reg. 194 ff. 199.

[3]) Die Höhe der zu fordernden Sätze hat Benedikt XII. durch die Konstitution „vas electionis" allgemein geregelt; vgl. Riedel, Cod. dipl. Brandeburgens. I. 8. 279 nr. 262. Die Nachfolger gingen aber wieder davon ab.; vgl. meine „Cam. apl." 108.

[4]) Rodenberg, Epist. saec. XIII. I. 152 nr. 224.

[5]) Bellesheim, Gesch. der kath. Kirche in Irland I. 440.

[6]) Dabei baute er in Lyon die kostspielige Brücke über den Rhone, machte fromme Stiftungen und gab reiche Almosen: De Saint-Priest, Histoire de la conquête de Naples I. 199 f.

Prälaten um „freiwillige" Gaben an.[1]) Sein Kollektor Martinus, päpstlicher Kammerkleriker,[2]) hatte es hauptsächlich auf schöne Pferde abgesehen. Er pflegte von den englischen Prälaten, Äbten, Prioren u. s. w. gebieterisch solche zu fordern.[3]) Andere nahmen kostbare Gewänder, Pelzwerk, Geld, Speisen und Getränke. Der Bischof Peter von Winchester schickte im Jahre 1257, als er hörte, der Legat Otho, welcher nebenbei bemerkt, wegen seiner Genügsamkeit im Geschenknehmen gerühmt wird, werde den Winter über in London bleiben, an diesen 50 gemästete Ochsen, 100 Scheffel Getreide und 8 Fässer Wein![4]) Im 15. Jahrhundert begegnen wir einem Cruciat-Kollektor, Marino de Fregeno,[5]) der überhaupt alles nahm, was irgendwie Geldeswert hatte. Der Fortsetzer von Detmars Lübecker Chronik erzählt von ihm: „wente eynen schyncken van der syden vorsmade he nicht, — — old kopper, tyn, ozemund, staes, olde kettel unde alle, dat gelt gelden mochte; desse ware sende he to lubeke unde vorloes dar nichtes ane". Nebenbei bemerkt, dieser Mann wurde einem unserer deutschen Bistümer vorgesetzt, aber die Besitznahme scheiterte an dem thätlichen Widerstande der Bevölkerung.[6])

Die Geschenkhascherei der Kollektoren erklärt sich einigermassen aus den grossen Kosten, die der ihnen folgende, zur Sicherheit nötige Tross verursachte. Die Wege waren gerade für sie überall unsicher;[7]) deshalb sehen wir sie meist mit starkem und pomphaftem Gefolge einherziehen. Honorius III. verbot noch, mehr als 8 Wagen bei sich zu haben.[8]) Der Magister Herlot jedoch kam im März 1258 mit 20 Wagen in London an. Seine „Familie" bestand aus 8 Personen.[9]) Urban IV. selbst bat im Jahre 1263 um sicheres Geleit für seinen General-

---

[1]) Math. Par. IV. 427 ff; vgl. 546 f.
[2]) Ebenda 370. 519.
[3]) Ebenda 284.
[4]) Weber, das Verhältnis Englands zu Rom während der Legation des Kard. Otho, S. 19.
[5]) S. über ihn meine „Cam. ap." 210 ff.
[6]) Detmar ed. Grautoff II. 424 ff.
[7]) Kaltenbr. 261.
[8]) Rodenberg a. a. O.
[9]) Math. Par. V. 673.

Kollektor in Ungarn samt 16 Wagen und 25 Personen.[1]) Der
gleichzeitige Kollektor in Deutschland und Böhmen hatte 12
Wagen und 18 Personen bei sich.[2]) Sammler des Peterspfennigs
traten im Jahre 1287 in Polen „mit einer Unmasse Wagen und
Personen" auf.[3]) Der englische Kollektor Johannes de Giglis
kam am 13. Juli 1478 auf 6 Tage zur Erholung nach S. Albans
„cum sex de servientibus suis et uno Capellano".[4]) — Auch
eigene Läufer von päpstlichen Kollektoren werden erwähnt.[5])

Die gierigsten Prokurationen- und Geschenksammler waren
Italiener. Gerade sie haben zur Diskreditierung der päpstlichen Geldverwaltung am meisten beigetragen. Wenn einer
von ihnen Mässigung walten liess, so wird er besonders gelobt,
und er soll, wie z. B. der deutsche General-Kollektor Dietrich
von Orvieto, gar die Liebe des Volkes sich erworben haben.[6])
Im allgemeinen aber war die Stimmung der eingeborenen
Geistlichen und auch der Laien den italienischen „ponpisantes",
wie man sie im 14. Jahrhundert am Rhein genannt hat,[7])
nicht günstig. Der nationalen deutschen Gesinnung ihnen
gegenüber hat Walther von der Vogelweide schon in den ersten
Jahrzehnten des Jahrhunderts, als es sich hauptsächlich erst
um Ablassgeldsammler handelte, in seinem „wälschen Schrein"
Ausdruck gegeben: „Ahî wie kristenlîche der bâbest unser
lachet || swenne er sinen Walhen seit, wie er'z hie habe ge-
machet" u. s. w.[8]) Die englische Verbitterung gegen die
römischen Sendlinge kommt am erschreckendsten in den
Chroniken des Matthäus Paris zum Ausdruck. Die grössere
Chronik von Limoges beklagt des Legaten Simon de Brion,

---

[1]) Theiner, Mon. Hung. I. 246 nr. 461.
[2]) Specimina palaeographica Vaticana ed. 1888, Tab XXVIII.
[3]) Cod. dipl. maj. Polon. I. 534 nr. 575.
[4]) Registra Johannis Whetamstede ed. Riley II. 211.
[5]) Math. Paris. IV. 161.
[6]) S. oben S. 104 f.
[7]) Lacomblet, Niederrhein. Urk.-B. III. 627 ff. nr. 732: (romana
curia) „cottidie mittit bene ponpisantes et facta sua propria dirigentes,
pecuniarum peritissimos exactores" — so die Kölner hohe Geistlichkeit
1372. — „pompizare = ad pompam et ludibrium traducere: Du Cange
s. v. pompare.
[8]) Pfeiffer-Bartsch 221 nr. 115.

des Franzosen, Rücksichtslosigkeit mit den Worten: „Licet iste cardinalis esset natione Gallicus, . . . bene didicerat morem Romanum ad bursarum corrosionem".[1]) — So verstehen wir denn auch die auf dem Konzil zu Lyon (1245) vorgebrachte Beschwerde gegen die Formel der Kirchenbesteuerungs-Bulle „conferant subsidium per manus eorum, qui ad hoc Apostolica fuerint providentia ordinati".[2]) Man wollte einheimische, keine vom Papste geschickte Kollektoren. Auch die Provinzial-Synode zu Sens 1292 verlangte Kollektoren „de genere Gallicorum".[3]) In dem römisch-englischen Vertrage von 1289 betreffs einer allgemeinen Kreuzfahrt und Gewährung eines sechsjährigen Kirchenzehnten ist ausdrücklich vorbehalten, dass die Erhebung dieses durch englische kirchliche Personen (nicht durch Italiener) geschehe.[4]) Auch 1377 noch verlangen die Engländer einen ihrer Landsleute zum Kollektor, einen Fremden wollen sie nicht.[5]) — Man konnte auf diese Weise durch Vertrag oder Gnade die verhassten Südländer in einem oder dem andern Falle fernhalten. Im allgemeinen aber waren sie doch die brauchbarsten Werkzeuge in der Hand der römischen Geldverwaltung.

3. Die Objekte der Besteuerung.

Über die Objekte der kirchlichen Besteuerung erhalten wir erst mit dem Voranschreiten des Jahrhunderts bestimmtere Auskunft. In den angeführten Bullen Innocenz' III. und Honorius' III. lesen wir immer nur von der quadragesima, vicesima oder decima „reddituum et proventuum ecclesiasticorum." Auch in der Folge ist das die gewöhnliche Bezeichnung, deren Inhalt den Zeitgenossen ohne weiteres bekannt sein mochte.

---

[1]) Recueil XXI. 770; Lippert in d. „Mitteilungen" X. (1889), 580.
[2]) Math. Paris. IV. 478, vgl 522.
[3]) Johannis de Thilrode Chronicon: MG. SS. XX. 581.
[4]) Rymer 3. die Febr..
[5]) Stubbs, Const. History III. 335.

Zum Jahre 1229 heisst es bei Wendover,[1] Gregor IX. habe die „decimas omnium rerum mobilium" verlangt,

„videlicet de omnibus redditibus, proventibus, fructibus caru-carum, oblationibus, decimis, nutrimentis animalium et fructi-bus,[2] et de omnibus obventionibus ecclesiarum vel aliarum possessionum, quocumque nomine censeantur, non aliquibus debitis vel expensis aliqua occasione deductis."

— Aus der Stelle geht zunächst hervor, dass es sich nicht um eine Mobiliarsteuer gehandelt hat, sondern nur um Ertrags-Zehnten. Redditus, proventus und fructus sind gleich-bedeutend. Man könnte höchstens das erste Wort in der Schreibweise reditus für jährlich oder regelmässig wiederkehrende Einnahmen nehmen und ihm dann einen engeren Sinn (Pacht-zins[3]) und dergl.) unterlegen. Der Zusammenhang erfordert das jedoch nicht. — Fructus carucarum zielt auf die Erzeug-nisse des landwirtschaftlichen Eigenbetriebs, wie auch auf die Naturalabgaben der abhängigen Leute, Pächter und Wirtschafts-beamten. — Unter „oblationes" verstehen wir teils Geschenke, teils durch die Sitte oder kirchliche Vorschrift begründete Ab-gaben an die Geistlichen bei Taufen, Eheschliessungen, Begräb-nissen u. s. w.. oder wenn es sich um Prälaten handelt, auch die von der untergebenen Geistlichkeit bei Visitationen, Synoden, an gewissen Jahresfesten oder aus sonstiger Veranlassung „dar-gebrachten" Prokurationen, Synodalien, Perquisiten u. s. w. — Die „decimae" sind hier die von den Laien an die Kirchen, soweit diese noch im Besitze des Bezugsrechts geblieben, zu entrichtenden Zehnten. Wir erinnern an die für den Papst-zehnten hie und da vorkommende Bezeichnung decima deci-marum. — Die „nutrimenta animalium" bedeuten, wenn

---

[1] MG. SS. XXVIII. 66: „exigebat decimas omnium rerum mobilium de tota Anglia, Hibernia et Wallia ab universis laicis et clericis." — In der Ausgabe von Luard III. 186 f.

[2] So ist zu interpungiren; „animalium" ist Genitiv zu „nutrimen-tis" und zu „fructibus."

[3] Nicht Geldzinsen! Das kaufmännische Darlehen war durch das kirchliche Zinsverbot behindert und deshalb selten. Der aus anderen Leiheformen, Umgehungen des Geldzinses, resultierende Gewinn fällt unter die sonstigen „Erträge". Über Gelddarlehen vgl. v. Inama-Se t r n e g g, Wirtschaftsgesch. II. 441—458.

wir aus den in der zweiten Hälfte des Jahrhunderts üblichen Bezehntungen auf frühere Gewohnheit schliessen dürfen, nicht nur alle Erträgnisse von Wiesen und von Futterbau (Heu, Grummet, Klee, Wicken, Rüben u. s. w.), sondern auch die Weiden, besonders Waldweiden, an denen geistliche Stifter, Klöster u. s. w. vielfach die grundherrlichen Rechte ausübten.[1]) Die Nutzung geschah teils durch eigene ˙Herden, teils durch Verpachtung bezw. Besteuerung des Weiderechts. — Die animalium fructus sind die Erträgnisse der Viehzucht teils durch Geburten (Fohlen, Kälber, Lämmer), teils durch Verkauf — der Tiere und der Produkte (Milch, Butter, Käse, Wolle, Eier, Felle).

Dass unsere weitgehende Auslegung der Stelle bei Rogerius von Wendover die richtige, dafür erhalten wir einige Bestätigungen auch von anderer Seite. Zunächst ist in einem Mandat Honorius' III. an den Erzbischof von Mainz und dessen Suffragane bereits zum Jahre 1216 zu lesen, der auf dem Konzil verordnete Zwanzigste solle gegeben werden „tam de ipsis certis proventibus, quam etiam de incertis".[2]) Ähnlich heisst es von der englischen Bezehntung des Jahres 1252, dieselbe sei geschehen „tam de temporalibus quam spiritualibus".[3]) Es bestätigt sich also zunächst unsere Auffassung der „oblationes" bezw. „obventiones ecclesiarum", insbesondere, dass bei den päpstlichen Besteuerungen auch die Stolgebühren herangezogen wurden. — In einem Erlasse der General-Kollektoren für England 1254 ist auch die für den gewöhnlichen älteren Kirchenzehnten übliche Unterscheidung von grossen und kleinen Zehnten, „tam minorum, quam majorum", in den Sprachgebrauch aufgenommen.[4]) Man verstand unter dem grossen Zehnten die Zehntabgabe von Wein und Getreide, unter dem kleinen die von allen anderen landwirtschaftlichen Produkten; denn der Theorie nach sollte der Zehnt

---

[1]) In den gewöhnlichen Privilegien der Cistercienser, Templer, Hospitaliter u. s. w. heisst es stets:... „de ortis ‚virgultis et piscationibus vestris vel de nutrimentis animalium vestrorum nullus a vobis decimas exigere .. presumat: Erler, Liber cancellarie" 46. 68. 82. 83.

[2]) Würdtwein, Nova subsidia III. 49.

[3]) Annales monast. I. 150.

[4]) Shirley, Royal letters II. 108 nr. 500.

von jedem landwirtschaftlichen Erzeugnis gegeben werden.[1]) Das scheint man auch in den päpstlichen Geistlichen-Bezehntungen angestrebt zu haben, und so lässt sich für die Besteuerung des liegenden Pfründen- und bezw. Klosterbesitzes annehmen, dass im allgemeinen bei den päpstlichen Besteuerungen dieselben Grundsätze zur Anwendung kamen, wie bei der Einziehung des von den Laien zu zahlenden älteren Kirchenzehnten.

Bei der Verschiedenheit und Vielseitigkeit der geistlichen Besitz- und Einkommens - Verhältnisse gab es im einzelnen dennoch noch viele Fragen zu lösen. Bevor diesbezüglich vom heiligen Stuhle selbst der Erfahrung gemäss notwendige oder nützliche Vorschriften gegeben werden konnten, fiel natur-gemäss den Kollektoren die Aufgabe zu, die genaueren Be-stimmungen zu treffen, zunächst die Grenzen für die Besteuerungs-Objekte zu ziehen. Dass diese Grenzen in der Regel sehr weit ausfielen, lässt sich leicht denken. Lag es doch im eigenen Interesse der Sammler, möglichst grosse Schätze zur Verfügung des Papstes zusammenzubringen. Der Magister Rustand gab im Jahre 1255 den unteren Kollektoren eine Anweisung über die „Articuli, super quibus debent dari decimae.“[2]) Wir ent-nehmen derselben Folgendes: Die Schätzung soll alle Kirchen und Kapellen, exemte und nicht exemte, umfassen. Ebenso alle Vikareien, alle „decimas separatas“, d. h. solche kirchliche Zehntniesser, die nicht schon unter den „Kirchen und Kapellen“ begriffen sind und zu deren Gunsten eine Veräusserung (Über-tragung) oder Splitterung des von den Laien zu zahlenden Zehnten stattgefunden hat. Ferner „alle Landgüter und Baronieen, überhaupt alle Besitzungen, welche zu Kirchen oder kirchlichen Personen gehören“ — „de maneriis et baroniis et omnibus bonis aliis ad ecclesias vel ecclesiasticas personas spectantibus“. Auch die kleinen Priorate, die keinen Konvent haben (wegen der geringen Anzahl von Religiosen), ebenso alle anderen kleinen kirchlichen Häuser, wie Hospitäler, Coenobien und dergl., sollen der Schatzung mit all ihrer Habe (Einkünften), Temporalien und Spiritualien und den „cotidianis distributionibus“ unter-worfen werden, und es dürfen nur die mit der Ernte oder der

---

[1]) Lamprecht I. 609.
[2]) Annal. de Burton. 356 f.

sonstigen Einziehung der Einkünfte verbundenen Kosten in Abzug gebracht werden. — Nur die Leprosen-Häuser, Hospitäler und Nonnen-Konvente, die wirklich arm sind, „quae continua egestate laborant nec ecclesias in usus proprios vel decimas vel alias amplas possessiones obtinere noscuntur", nur diejenigen, die sich mit der eigenen Hände Arbeit oder von Almosen ernähren, sollten ausgenommen sein.[1]) — Charakteristisch ist die Vorschrift:

„Item nulla sit portio adeo modica, in quibuscumque consistat, in pondere, numero et mensura, terris, pratis, pannagiis,[2]) auro argento, grano, liquore, operibus, servitiis liberis vel rusticis consuetudinibus, in panibus deferendis ad Natale Domini, gallinis, ovis et quibuscumque aliis ad ecclesias vel ecclesiasticas personas spectantibus, quin taxetur et aestimetur".

Da verstehen wir denn die Klage in dem mehr genannten Proteste des Klerus von Lincoln, Rustand habe die kurz vorher geschehene Schätzung des Bischofs von Norwich bei Seite gesetzt und „Eier, Hühner und was es in Gewicht, Zahl und Mass überhaupt gibt — zum Schaden und Ärgernis Vieler" aufs neue einschätzen lassen."[3])

Schon der natürliche Entwickelungsgang, die stets wiederkehrenden Proteste und Beschwerden, und insbesondere auch bei den Kollektoren selbst in einzelnen Fällen auftauchende Zweifel und bezw. an die römische Kurie gerichtete Anfragen über die Steuerpflichtigkeit dieser oder jener Personen, Institute, Gegenstände oder Einkünfte — führten nun dazu, der Willkürherrschaft der Kollektoren im Sammelgeschäft einen Damm zu setzen und für dieses feststehende allgemein giltige Normen zu geben, an welche alle Sammler gebunden waren. Auf diese Weise entstanden die „Declarationes dubitationum in negotio decime", welche gewöhnlich dem Papste Gregor X. zugeschrieben werden und welche das „Corpus juris canonici" unter den „Extravagantes" Bonifaz' VIII. (III.$^{\text{VII.}}$) aufführt.

---

[1]) Ebenda 363.

[2]) Pannagium = pastio: census vel tributum pro glandatione (Eichelmast) et jure pascendi porcos in silva domini: Du Cange, Glossar s. v.

[3]) Vgl. oben S. 36.

Ihre erste einheitliche Redaktion stammt indes schon von
Clemens IV. her, der sie aus Anlass der dreijährigen französischen Zehntauflage des Jahres 1267[1]) zusammenstellen liess.[2])
Dabei mögen die bis dahin in einzelnen Fällen erteilten Bescheide, welch' letztere wieder auf Gutachten von Kardinälen
oder Kollektoren beruht haben dürften,[3]) zur Benutzung herangezogen sein. Gregor X. hat die „Deklarationen" dann für den
Lyoner Zehnt von 1274 aufs neue in Geltung gesetzt und mit
einer Reihe wichtiger Zusätze und Erläuterungen versehen.[4])
In dieser Form, ferner in den wenig veränderten Fassungen
Honorius' IV. (1285) und Nikolaus' IV. (1290) sind dieselben auf
uns gekommen.[5]) Wir teilen sie in unserer 1. Beilage, zugleich
mit Angabe der abweichenden Lesarten und Bestimmungen
der genannten Päpste, im lateinischen Wortlaut mit.

Für die materielle Erörterung dürfte es sich empfehlen,
die sachlich zusammengehörigen „Deklarationen" auch zusammen zu behandeln und auf den Autor der einzelnen keine
durchgreifende Rücksicht zu nehmen. An dieser Stelle sind
zunächst nur die zahlreichen Paragraphen ins Auge zu fassen,
welche von den Objekten der Besteuerung handeln. Die übrigen
sind in den folgenden Kapiteln am gegebenen Orte heranzuziehen. — Die „Deklarationen" beginnen mit Steuerbefreiungen
und zwar (1.) der Leprosenhäuser, der „domus Dei" und der
Armenhospitäler rücksichtlich aller jener Einkünfte, „die zum
Nutzen der Leprosen, der Kranken und Armen verwandt
werden." — (2.) Auch alle Nonnen und weiblichen Regularen,
deren kirchliches Einkommen so gering, dass sie nicht davon
unterhalten werden können, die für ihren Lebensunterhalt viel-

---

[1]) Vgl. oben S. 61.
[2]) Vgl. die Einleitung bei Hansiz, Germania sacra II. 374: . . . .
„Nos (scil. Gregor. X.) . . . quasdam declarationes similium dubitationum
in negotio decime olim subsidio terre praedicte (scil. sancte) in regno
Francie deputate habitas et quasdam alias ad inctructionem tuam fecimus
praesentibus annotari"; ferner den Art. 45 (in unserer 1. Beilage): „Et
quia non occurrit . . . . nos cum felicis recordationis Clemente Papa prae-
decessore nostro, qui . . . declaravit" u. s. w.
[3]) Vgl. Art. 13: „in solvenda de hiis decima credimus distinguendum" u. s. w.
[4]) „et quasdam alias . . . fecimus annotari."
[5]) S. unsere Beilage I.

mehr die öffentliche Wohlthätigkeit in Anspruch nehmen, sind steuerfrei.[1]) — (3.) Dasselbe gilt für alle jene Weltgeistliche, die nicht mehr als 6 Mark (später 7 Pfund, seit Bonifaz VIII. 7 Goldgulden)[2]) Einkünfte haben. — (4.) Kumulierte Benefizien[3]) sind steuerpflichtig, sobald sie zusammengenommen mehr als die vorstehende Summe einbringen. — (5.) Zehntfrei sind die Pitanzen (Extraspenden)[4]) der Mönche und jene, welche den Kirchen von den Gläubigen (vermächtnisweise) hinterlassen werden, damit aus ihnen ewige Renten gekauft werden. —

---

[1]) Zu Art. 1 und 2 sind die Verordnungen Rustands oben S. 209, 210 zur Vergleichung heranzuziehen.

[2]) Clemens V. setzte die Grenze auf 10 Pfund: Reg. 245.

[3]) **Beneficium ecclesiasticum**: Die gewöhnliche Kanonisten-definition lautet: „Jus perpetuum auctoritate ecclesiastica constitutum percipiendi fructus ex bonis ecclesiasticis propter officium sacrum": Ferraris, Bibliotheca s. v.

[4]) **Du Cange** erklärt „pitantia" ($\pi\iota\tau\tau\alpha\varkappa\iota o\nu$ = Läppchen) einmal als „schedula mercatoria, epistula", dann als „portio monachica." Sachlich erfahren wir von **Winter**, die Cistercienser des nordöstlichen Deutschlands II. 153: „Mit Genehmigung der Ordensobern treten jetzt in fast allen Klöstern die **Pitanzen** oder Extraspenden auf. Ihren Ursprung nahmen sie von den Jahrgedächtnissen, die Weltliche im Kloster sich stifteten. Es wurde dem Kloster eine bestimmte Summe überwiesen, von der die Mönche an gewissen Tagen oder in festgesetzten Zeiten ein Gericht mehr haben sollten. So kauft Heinrich von Corun 1211 **sieben Hufen**, damit von deren Einkünften am Dionysiustage, dem Gedächtnis-tage für seinen Sohn, der Konvent in Altcelle mit Semmel, Wein und Fischen bedient und der Überschuss zu besserem Brote verwendet werde. Würzburger Wein, Häringe, Weizenbrot, ein zweites Gericht von Mehl (pulmentum) oder sonst eine Zuthat zur Tafel wird unendlich oft geordnet." — Auch an der römischen Kurie, bei der Kanzlei, waren die Pitanzen im Gebrauch: Im Liber cancellariae apostolicae vom Jahre 1380 (ed. **Erler**, S. 138) lesen wir eine Konstitution: „Item unusquisque notariorum singulariter sua die debet habere **specialem pictantiam a domino papa**, videlicet XVIII panes, item X tacias vini, item X frustra carnium, que faciebant unum magnum castratum cum dimidio, et de omnibus aliis equivalentiam frustrorum, et hoc diebus carnium, aliis vero diebus pisces vel ova, et si aliquis notariorum non esset presens vel non esset plenus eorum numerus, presentes etiam si esset unus tantum debet (!) recipere totum, quod reciperent alii, si numerus esset plenus." — S. daselbst auch S. 139: „Cancellaria debet habere omni die, qua dantur carnes a curia, XVIII petias carnium **in computatis pictantiis**, item

(6.) Auch von Geschenken, welche Prälaten und andere kirchliche Personen erhalten, soll der Zehnt nicht bezahlt werden.[1] — (7.) Wer die Einkünfte von Benefizien, die nicht die persönliche Residenz erfordern, an andere verkauft, soll, vorausgesetzt, dass zum Nachteil der Bezehntung kein Betrug geschehen, den Zehnten bloss vom Erlös geben. — Wer ein Benefizium, das persönliche Residenz erfordert, durch einen Firmarius[2]) oder Vikar verwalten lässt und diesem einen bestimmten Teil der Einkünfte überlässt, darf diesen Teil nicht in Abzug bringen, sondern hat den Zehnten von der Gesammtsumme zu geben. — (8.) Von (kirchlichen) Waldungen jeder Art, die für gewöhnlich nicht „verkauft", d. h. verpachtet werden,[3]) ist auch kein Zehnt zu bezahlen; es möchte denn sein, dass gerade während der Dauer der Bezehntung etwas von ihnen verpachtet würde. Im letztern Falle soll aus der Gesamtsumme für die Übertragung der Waldgerechtsame die Jahresquote festgestellt und bloss von dieser der Zehnt bezahlt werden, nicht aber von dem, was man aus dem ganzen Walde lösen könnte. Der Zehnt ist ferner zu leisten aus der Verpachtung der Weide, aus dem Verkauf des Grases und anderer Nutzung des Waldes. Findet keine Verpachtung bezw. kein Verkauf der Weide, des Grases u. s. w. statt, so ist auch kein Zehnt zu zahlen. (9). Dasselbe gilt von der Weide, dem Grase und anderer Nutzung abgeholzter Wälder. — (10.—12.) Von Teichen und Fischweihern, die verpachtet werden, wird der Zehnt von dem auf

---

XXXVI panes, item XVI tatias vini, de quibus debet habere senescalcus vicecancellarii" u. s. w.

[1]) Vgl. den Bescheid schon von Honorius III.: „Superflue dubitastis... quin teneantur vicesimam solvere de proventibus illis, qui ex gratia, intuitu officii vel loci ecclesiastici provenire noscuntur, nisi forsan aliqua exennia sint, quae ad esculentum vel poculentum pertineant."

[2]) Firmarius: vicarius seu presbyter, cui Ecclesia deservienda committitur: Du Cange s. v.

[3]) Das „vendi" ist hier mit „verpachtet werden" zu übersetzen, weil nachher von einem jährlichen Erträgnis die Rede ist. Man nahm „vendere", weil der Pachtpreis auf einmal bezahlt bezw. als Kaufpreis für die Übertragung der Waldgerechtsame gedacht wurde.

das einzelne Jahr berechneten Pachtzins erhoben.[1]) Ebenso von Jagd, von Fluss- und Seefischerei, im Falle Verpachtung derselben statthat. Zum eigenen Gebrauch bestimmte oder ohne betrügerische Absicht verschenkte Fische aus Fischteichen und ebensolches Wild aus Wildgehegen (Wildparks) sind zehntfrei. — (47.—48.) Ähnlich werden in den von Gregor X. zugefügten Bestimmungen ausdrücklich die „Früchte der Bäume und Gärten" für den Fall des Verkaufs der Bezehntung unterworfen, die zu eigenem Gebrauch hingegen ausgenommen. — (49.—50.) Ganz allgemein als zehntpflichtig werden in denselben Bestimmungen die „Früchte der Herden und Tiere", falls diese Kirchen-, nicht persönliches Eigentum, noch besonders genannt. — Bereits in den „Deklarationen" Clemens IV. werden ferner als besteuerbar aufgeführt (28.) die Einkünfte von Mühlen und Backöfen,[2]) — (29.) die „Oblationen" für die Segenspendung bei Heiraten und für die Exequien der Verstorbenen, die Siegeleinkünfte der Prälaten[3]), die Emenden (Bussen) der Exkommunizierten, endlich (30.) Legate, welche kirchliche Personen für die Kirche oder Stelle, nicht für sich selbst, erhalten. — Zu den „Oblationen" machte Gregor X. einige Zusätze: (40.) Zunächst nahm er von der Steuerpflicht diejenigen „Almosen und Oblationen" aus, die für die Kirchenfabrik gegeben würden, — (39.) die ordentlichen Kirchenfabrikeinkünfte hingegen sollten der Bezehntung unterworfen sein. Insbesondere wurden die in den Städten und einigen Gegenden Italiens an gewissen Festen üblichen Gaben an Kerzen, Wachs und anderen Dingen,

---

[1]) Das ist der Sinn des langen Art. 10. Derselbe bestätigt die Sitte, dass die Verpachtung auf eine Reihe von Jahren gegen eine einmalige „Verkaufs"-Summe geschah, und gibt Anleitung, wie aus dieser Gesamtpachtsumme die jährliche Quote, die das eigentliche Besteuerungsobjekt bildet, zu berechnen sei.

[2]) Die Art. 8—12 und 28 (auch 13—19. 25—26. 43—49 f.) führen uns die Verhältnisse des kirchlichen Grossgrundbesitzes bezw. der kirchl. Grundherrschaften vor Augen, vgl. dazu v. Inama-Sternegg a. a. O. 128 ff. 150 ff., 159. 161 f.: zur Wald- und Weidenutzung insbesondere 240 ff.. 264 f.; zu Mühlen und Backöfen 253 f. 291 ff. 294; ferner Lamprecht I. 14. 468 ff. 497 ff. 504. 520. 523. 525. 584 f. 586.

[3]) Betreffs der geistlichen Besiegelungen vgl. Hontheim, Historia Trevirens. diplomatica II. 181, 1354.

die für die Kirchenfabrik bestimmt seien, als zehntfrei genannt.
— (41.) Ebenso jene „Oblationen", welche gewöhnlich Laien,
sogenannte „collectores consortiales", oder auch Kleriker für
eine Bruderschaft sammeln, um davon Kerzen für die Kirche,
Kreuze und Kelche zu kaufen oder herrichten zu lassen, oder
um Arme zu unterstützen, oder arme Tote zu begraben. —
Hingegen heisst es: (44.) „Von den „oblationes minutissimae",
welche kirchliche Personen für ihre Kirchen bekommen, für
Begräbnisse und für die Busserteilung (in der Beicht), soll der
Zehnt bezahlt werden."

Eine Reihe von Artikeln bezieht sich auf die Bestimmung
des Steuerpflichtigen (des persönlichen Besteuerungsobjekts) in
den Fällen, in denen Übertragung des Besitzes bezw. des
Nutzungsrechts stattgefunden hat. (13.—18.) Bei Übertragung von Prioraten,[1]) Grangien,[2]) Häusern, Einkünften,
Pensionen und Zinsbezügen soll unterschieden werden, ob die
Beleihung als Beneficium oder vertragsmässig (gegen einen
einmaligen oder ratenmässigen (Pacht-) Zins), oder aus blosser
Gnade oder endlich zur Belohnung für geleistete oder noch zu
leistende Arbeit oder Dienstbarkeit geschehen ist. Der Zehnt ist
zu leisten zunächst von den zu Beneficium. und von den aus
blosser Gnade Beliehenen. Bei vertragsmässiger Nutzungsübertragung d. h. bei Kauf oder Pachtung der Einkünfte eines
Priorats oder eines andern der genannten Besteuerungsobjekte
— sind die Empfänger des ausbedungenen einmaligen Kauf-
preises oder des jährlichen Zinses (oder Dienstes) die Träger
der Zehntpflicht. Hat zu Nutz der Beliehenen Gnade gewaltet,
insofern ein geringerer als wertgemässer Kauf- oder Pachtpreis
vereinbart wurde, dann ist für den vereinbarten Kauf- oder
Pachtpreis der Empfänger dieses, für die Differenz der Beliehene

---

[1]) Prioratus: minus beneficium a majori monasterio dependens: Du
Cange s. v.

[2]) Grangia: prädium, villa rustica (Vorwerk). „Grangiae dicuntur
a granis, quae ibi reponuntur et sunt grangiae domus seu aedificia, ubi
reponuntur grana, ut sunt horrea, sed etiam ubi sunt stabula pro equis,
hostaria, sive praesepia pro bobus et aliis animalibus, caulae pro ovibus,
porcitheca pro porcis, et sic de aliis, quae pertinent ad oeconomiam, ut
sunt loca deputata pro servientibus ad agriculturam et opera rustica:"
Du Cange s. v.

steuerpflichtig. — Bei der als Belohnung für geleistete oder zu leistende Dienste und dergl. geltenden Nutzungsübertragung ist der Eigentümer, nicht der Beliehene der Zehntpflichtige. — Bei Afterbeleihung geht die Steuerpflicht nach denselben Grundsätzen auf den Afterbeliehenen über.

Rücksichtlich der Prokurationen der Prälaten wird bestimmt (Art. 20—23), dass die letzteren zehntfrei sind bezüglich aller in Viktualien empfangenen Gaben; denn diese sollen schon bei der Bezehntung der prokurationspflichtigen Geistlichen mitbesteuert werden. Bezüglich der in Geld empfangenen Prokurationen, „die seit alters und auch ohne Visitation geleistet werden", sind hingegen die Prälaten zehntpflichtig. Diese Zehntpflicht besteht, auch wenn ein Prälat auf den Bezug der zuletzt genannten Abgaben verzichtet. Verzichtet er auf die erstgenannten, so hat das auf die Berechnung des von den prokurationspflichtigen Geistlichen zu leistenden Zehnten keinen Einfluss.

Eine fernere Reihe von Paragraphen handelt von der Steuerbehandlung der Ausgaben und Kosten, die mit den zu besteuernden kirchlichen Einkünften verbunden sind. Wir haben gesehen, bei der englischen Bezehntung von 1229 wurde für dieselben keine Erleichterung gewährt.[1] Der Kollektor Rustand gestattete 1255 die Abrechnung (und demgemäss Steuerfreiheit) der Ausgaben, die „circa fructus colligendos" geschehen.[2] In den „Deklarationen" heist es in demselben Sinne: Bloss die notwendigen Aufwendungen sollen abgerechnet werden, welche für das einkommentragende Objekt geschehen, und ohne welche überhaupt keine Einkünfte erzielt werden können, z. B. die Kosten der Ackerbestellung, für Pflügen, Säen und Ernten. — (25.) Ausgaben für Erbauung und Erhaltung von Gebäuden, für Burgwächter, für den Schutz der Ortschaften, für Kriegszwecke und Kavalkaden — dürfen nicht in Abrechnung gebracht werden. — (43.) Dasselbe gilt bezüglich der Ausgaben für landwirtschaftliche Meliorationszwecke,

---

[1] S. oben S. 207; vgl. auch Annales de Dunstaplia 114: „Proventus autem sic interpretatus est, ut decima accipiatur non deductis expensis."
[2] Annal. de Burton 354. 357.

für Erhaltung und Ausbesserung der Mühlengebäude, der Wohn-
und Lagerhäuser u. s. w. — (26.) An Ausgaben für die Juris-
diktionsverwaltung, für Ausübung der hohen Gerichtsbarkeit
und andere Regal-Rechte sollen nur mässige Gehälter für
Richter, Offizialen und dergl. Personen, ohne welche die Juris-
diktion u. s. w. nicht ausgeübt werden können, in Anrechnung
(Abzug) kommen. Die Ausgaben, welche für Offizialen,
Richter u. s. w. in Kleidern oder Viktualien geschehen, wie
alle ähnlichen Aufwendungen für „die übrige Familie" der
Prälaten sind nicht abzurechnen. — (37.) Für unselbständige
Pfarrgehilfen (Kapläne) soll nur das Gehalt derselben, nicht
auch der Lebensunterhalt, den ihnen der Pfarrer zukommen
lässt, für die Berechnung des von letzterm zu leistenden Zehnten
in Abzug gebracht werden. — (27.) Für Schulden wird keine
Steuererleichterung gewährt. — (55.) Auch von verpfändeten
Besitzungen ist der Zehnt zu bezahlen.[1]) — (56.) Wenn Vögte
oder Patrone gegen den Willen der kirchlichen Besitzer einen
Teil der Früchte wegnehmen und diese trotz ehrlicher Reklamation
nicht wieder erlangt werden können, so wird für die geraubten
Früchte der Zehnt erlassen.

Besonders bemerkenswert ist, dass auch die geistlichen
Baronieen und die im weltlichen Eigentum stehenden
Kirchengüter zu den päpstlichen Steuern herangezogen
wurden.[2]) Die Frage ist anfangs strittig gewesen. Der Bischof
von Norwich, der als päpstlicher General-Kollektor im Jahre
1253—54 den englischen Kirchenbesitz, unter den andern auch
die Abtei S. Albans, einer neuen Schätzung unterwarf, schloss
hiervon, wenngleich die Bezehntung zu Gunsten des Königs
geschah,[3]) dennoch die Baronieen ausdrücklich aus.[4]) Er mochte
hierzu durch die Vorstellungen der Prälaten aus Rücksicht auf
die Eigentumsfrage, vielleicht auch auf die frühere Haltung
des Königs, sich haben bestimmen lassen; denn zehn Jahre

---

[1]) Eine besondere Instruktion darüber s. Kaltenbr. I 74.
[2]) S. dazu oben S. 31.
[3]) S. oben S. 54.
[4]) Math. Paris. Chron. maj. V. 451: „In festo namque translationis
S. Benedicti venit episcopus Norwicensis ad Sanctum Albanum..., ut
bona omnia ecclesiae illius praeter baroniam, ad opus regis decimaret."

früher, aus Veranlassung der Entsendung des päpstlichen Kollektors Martin (1244), hatte König Heinrich an alle Prälaten, die königliche Baronieen inne hatten, ein Verbot ergehen lassen, dass von den Baronieen keine Abgaben nach Rom gezahlt werden dürften, „ne laicum feodum suum Romanae ecclesiae obligarent".[1]) Jetzt nahm der König vermutlich eine andere Haltung ein. Die Sache scheint an die Kurie gebracht worden zu sein. Alexander IV. entschied, dass die Prälaten auch von den Baronalherrschaften steuern müssten. Der Magister Rustand gibt im Jahre 1255 der englischen Geistlichkeit bekannt: „interpretatione sedis Apostolicae nomine proventuum ecclesiasticorum intelliguntur obventiones [provenientes] de baroniis ac maneriis, ecclesiis et [de aliis rebus] personis ecclesiasticis deputatis"[2]) und die Herren werden dem entsprechend aufgefordert, „quatenus decimam de vestris maneriis ac etiam baroniis, quam pro anno praeterito non solvistis, infra festum purificationis beatae Mariae proximum futurum nobis vel mandato nostro plene et integre assignare curetis".[3]) Auch in den von Rustand veröffentlichten „Articuli super quibus debent dari decimae" lautet der eine Paragraph: „Item de maneriis et baroniis et omnibus bonis aliis ad ecclesias vel ecclesiasticas personas spectantibus hoc idem (scil. aestimationem) faciant".[4]) —
Die Sache war damit noch nicht zur Ruhe gekommen. Man scheint den König dennoch abermals zu einer Einsprache vermocht zu haben. Heinrich gab sich dann aber mit einer das

---

[1]) Ebenda IV. 37.).

[2]) Die in Klammer [] eingeschlossenen Worte sind Zusätze aus einem kurz darauf gegebenen Erlasse des Dekans von Hereford, päpstlichen Unter-Kollektors, welchem das Schreiben Rustands offenbar zur Vorlage gedient hat; vgl. Math. Par. „Additamenta" 312 nr. 153. Durch ein Versehen sind hier gerade die Worte „de baroniis" fortgefallen. Da jedoch in dem Schreiben gerade anbefohlen wird: „inquiratis de arreragiis taxationum factarum per episcopum Norwicensem anno praeterito", also über das, was der Bischof übergangen hat, so dürfen wir sie auch hier im Sinne ergänzen.

[3]) Annales de Burton a. a. O. 354.

[4]) Ebenda 356 f.

königliche Eigentum sichernden Erklärung zufrieden. Er er-
wirkte im Jahre 1253 ein „Indult",

„ut ei ejusque heredibus, quantum ad servitia, in quibus archiepiscopi, episcopi, abbates et alii regiae curiae maneriorum
suorum ratione tenentur, nullum praejudicium generetur".[1] —
In den „Deklarationen" Clemens' IV. und Gregors X. ist von dem
lehnbaren Kirchenbesitz nicht ausdrücklich unterscheidend die
Rede. Die Art. 25—26 handeln jedoch, wie wir gesehen haben, von
der Steuerbehandlung von Ausgaben „que fiunt in castrorum
custodibus — pro villis tuendis — in guerris seu etiam cavalcatis
— in jurisdictione, mero imperio, regalibus atque similibus", so
dass dadurch die kirchliche Bezehntung jenes auch für später
sichergestellt ist. Die Bestimmungen über die Besteuerung von
allerhand Waldnutzung, Fluss- und See-Fischerei haben diese
zum Teil ebenfalls zur Voraussetzung.

4. Das Einschätzungs- und das Erhebungsgeschäft.

Einen hervorragenden Platz in dem Gange einer jeden
öffentlichen Besteuerung beansprucht die Einschätzung. An
sie, an ihre Richtigkeit und Gerechtigkeit knüpft sich für den
Steuerzahler wie für den Steuerherren das Hauptinteresse. Die
aus der Einschätzung hervorgehenden Steuerlisten bilden die
Grundlage für alle Berechnungen nicht nur über die richtige
Ausführung der bereits überwundenen Auflagen, nein auch,
was wichtiger ist, über die überhaupt vorhandene Steuerkraft,
über die Grenzen der Leistungsfähigkeit der Steuerträger.
Darin liegt einesteils ein nicht zu unterschätzendes politisches
Moment, andernteils ein steuertechnisches: Für alle neuen
Finanzoperationen, auch für ganz anders geartete Auflagen ist
in den Listen über die Grösse des steuerbaren Besitzes oder
Einkommens die Basis der Berechnung und der Kontrolle gegeben.

Wir haben gesehen, schon beim Saladinszehnten hat in
Frankreich eine Vermögens-Einschätzung vermittelst der eid-

---

[1] Potth. 16541.

lichen Deklaration der Steuerpflichtigen stattgefunden.[1]) Was dort allgemein geschah, war um so leichter möglich, nachdem für die Kreuzzugsbesteuerung nur noch der kirchliche Besitz in Betracht kam. Bei der ersten Vierzigsten-Auflage Innocenz' III. (1199—1200) wurde den Bischöfen aufgetragen, allen Klerikern ihrer Diöcesen zu befehlen, „dass sie in richtiger Schätzung ihre Einkünfte angeben und unter Bescheinigung des Bischofs und einiger religiöser Männer — den vierzigsten Teil ihres Einkommens an passendem Orte erlegen.[2]) Die Selbsteinschätzung ist also geblieben; der Eid fehlt noch. Von Bedeutung ist die Beschränkung der zu fordernden Steuererklärungen, wie der Besteuerung selbst, auf das Einkommen, einerlei aus welchem Besitz, aus welchen Rechten u. s. w. dieses hervorging. Dadurch ist eine künftige Registerführung bedeutend erleichtert. Damals war noch keine Rede davon. Rom wollte nur über die Gesamtsumme des Ertrages von jeder Diöcese benachrichtigt werden.[3]) — Dasselbe war bei dem Zwanzigsten des vierten Laterankonzils der Fall. Die Erklärungen für diesen wollte Honorius III. nur auf die Steuerquote beschränkt wissen. Der Steuerpflichtige hatte nur anzugeben, wie hoch die Summe war, die den zwanzigsten Teil seines Einkommens darstellte.[4]) Den Eid finden wir in der· Geistlichenbesteuerung erst unter Gregor IX. aufgenommen. Sein Kollektor Stephan liess im Jahre 1229 die Angaben „der Kanoniker und Mönche" über die Höhe ihrer Einkünfte beschwören.[5])

Bis dahin hielt sich Rom in der Hauptsache noch an die Bischöfe. In ihren Händen lag noch die eigentliche Kollektorie; sie mochten die auf die Diöcese gemachte Auflage auf die

---

[1]) S. oben S. 169.
[2]) S. oben S. 170.
[3]) Ebenda.
[4]) Würdtwein, Nova subsidia III. 49: „mandat, ut parati sint .. certam summam vicesimae ... declarare ac ipsis (collectoribus) ... exhibere: ähnlich Theiner, Mon. Hung. I. 3 nr. 2.
[5]) Annales de Dunstaplia 114 f: „Et taxationem rerum fecit fieri in ecclesiis cathedralibus et monasteriis per canonicos et monachos eorum juramento astrictos."

untergebene Geistlichkeit nach Gutdünken verteilen, der römische
Steuerarm reichte noch nicht in das Innere der Diöcesen hinein.
Dem eben genannten Kollektor Stephan gab aber bereits ein
Hofbeamter des englischen Königs den Rat, er solle nicht bei
den Prälaten stehen bleiben, sondern den Zehnt und bezw. die
Steuereinschätzungen „in integrum" sammeln. Durch dieses
Verfahren, das also wohl zum Teil zur Ausführung gekommen,
soll nach der Bemerkung eines Schriftstellers der Zeit die englische Kirche „unberechenbaren Schaden" gehabt haben;
„per hoc enim ascendit summa collectae in duplam fere quantitatem, et quod pejus erat, per hoc patuit Romanae Curiae
cupiditati numerus et pretium ecclesiarum, praeben-
darum et reddituum singulorum Anglicanae regionis."[1]) —
Aus der letzteren Folgerung dürfen wir also auch wohl auf Auf-
zeichnungen schliessen, die der Magister Stephan gemacht hat?

Die partielle englische Schätzung des Jahres 1229 ist
die älteste päpstliche Kircheneinschätzung, die uns bekannt
geworden. Mehr in Aufnahme kam diese erst seit den Pontifikaten Innocenz' IV. und Alexanders IV. Der erstere liess im
Jahre 1243 durch den Dekan Milan von Negroponte und den
Propst von „Vierzig Heiligen" in Konstantinopel für die Auflage
zu Gunsten der Lateinerherrschaft die griechischen Bistümer
abschätzen; aber auch hier fand noch eine Pauschschätzung
der Diöcesen, nicht eine solche der einzelnen Pfründen innerhalb der Diöcesen statt.[2]) — Die englische Schätzung von 1252
ging bis auf die einzelnen Kirchen und kirchlichen Personen
hinab, aber sie lag wiederum ganz in den Händen der Bischöfe.[3])

---

[1]) Math. Westmonast. ad a. 1238. — Auch in Frankreich betrug
das Zehntergebnis damals nur 100000 Turoneser Pfund (Felten, Gregor IX.
108, Anmerkung 7), später nach der Einführung der Detail-Schätzung (und
besonderer Kollektoren) rund 260000 (s. oben S. 11).

[2]) Berger, Reg. 22: „juxta taxationem, quam ipsi vel alter eorum
(collectorum) ... duxerint faciendam, certam imponendo singulis archi-
episcopatibus et episcopatibus, consideratis facultatibus eorumdem, ... pecunie quantitatem".

[3]) Annal. de Theokesberia 150: „Dominus Walterus de Cantilupo
episcopus Wigorniae ... fecit maximam inquisitionem per omnem episco-
patum suum tam de temporalibus quam spiritualibus virorum ecclesiasti-

Im folgenden Jahre kam dann die gewöhnlich als älteste bezeichnete päpstliche Schätzung der englischen Kirchen durch
den Bischof Walter von Norwich, den General-Kollektor
für die dem Könige Heinrich III. gewährte Kreuzzugs-Auflage.[1])
Diese vereinigte beide Momente, die auch für die Zukunft in
den päpstlichen Taxationen in der Regel festgehalten wurden,
die Schätzung durch die eigens beauftragten Kollektoren und
bezw. Unter-Kollektoren und das Hinabsteigen bis zum kleinen
Pfründenbesitz (Vermeiden der Diöcesan-Kontingentierung).[2])
Die aus der Thätigkeit des Bischofs Walter und seiner Gehilfen
hervorgegangene Steuerrolle führte den Namen „Pope Innocents
valor." Auch der irische Kirchenbesitz hatte darin Aufnahme
gefunden.[3]) Ihre Vervollständigung und definitive Redaktion
dürfte sie erst unter Alexander IV. durch den Kollektor Rustand
und dessen Beauftragte erhalten haben.[4]) Im Jahre 1267
bemühte sich der König Heinrich darum, dass sie durch eine
neue Taxe ersetzt würde.[5]) Sie ist aber bis zum Jahre 1290
in Geltung geblieben. Da indes jedes Vermögensregister, in
das nicht ständig die sich vollziehenden Besitzveränderungen
eingetragen werden, mit der Zeit mehr und mehr in Widerspruch mit den thatsächlichen Verhältnissen gerät und durch
die päpstlichen Zehntbullen doch immer die Besteuerung „secundum verum valorem" verlangt wurde, so wussten die Kollektoren zuletzt nicht mehr, an was sie sich halten sollten. Fast
jeder nahm in seinem Bezirke neue Einschätzungen vor, und
es konnte nicht ausbleiben, dass dadurch viel Streit und Widerspruch hervorgerufen wurde. In Schottland entbrannte der

corum tam religiosorum quam regularium (sic; wohl saecularium?), cujus
valoris existerent. Et etiam ita fecerunt caeteri episcopi sotius Angliae ..."
    [1]) S. oben S. 54.
    [2]) Es ist wohl zu beachten, dass eine eigentlich kontingentierte Be-
steuerung auch vorher nur in ganz wenigen Fällen stattgefunden hat
(vgl. z. B. 1244 bei Math. Par. IV. 284). Auch als die Bischöfe noch die
Kollektorie hatten, waren die Auflagen gewöhnlich quotisiert. Jene liefer-
ten nur das zufällige Ergebnis (kein vorher bestimmtes) der Bezehntung ab.
    [3]) Vgl. Bellesheim, Gesch. der kath. Kirche in Irland I. 484.
    [4]) S. den Auftrag zu neuer Schätzung bei Rymer ad a. 1256, X.
Kal. Sept.; vgl. dazu „Additamenta" zu Math. Par. Chron. maj. 312 nr. 153.
    [5]) Willelmi Rishanger Chron. ed. Riley 51 ff.

Kampf um die dort übliche „taxatio antiqua" und bezw. um
die Einschätzung „secundum verum valorem" besonders heftig
1275 bei Gelegenheit der Erhebung des Lyoneser Zehnten.[1])
Papst Nikolaus IV. gab endlich im Jahre 1290 Befehl zu einer
neuen allgemeinen Kircheneinschätzung in England, Schottland,
Irland und Wales.[2]) Damit wurde die Steuerrolle des Bischofs
von Norwich für immer ausser Geltung gesetzt.[3])

Die älteste päpstliche Einschätzung des französischen
Pfründenbesitzes — durch eigene Kollektoren und bis zu den
untergeordneten Benefizien hinab scheint bei Einhebung des
dreijährigen Zehnten für Karl von Anjou (1264 ff.) stattgefunden
zu haben. Der General-Kollektor Kardinal Simon de Brion
schickte, so erzählt die grössere Chronik von Limoges, „seine
Getreuen durch alle Diöcesen. Diese liesen die (falsch deklarierten)
Benefizien o h n e W i s s e n und A h n u n g der B e n e f i z i a t e n
durch auswärtige Personen abschätzen, und sie übergaben dann
diese Schätzung den Kollektoren, welche ihrerseits durch Exkommunikation und durch den königlichen Zwang die Bezahlung
gemäss jener Schätzung erzwangen. — Darüber war grosser Un-
wille in der gallischen Kirche, zumal da den Benefiziaten (wenn sie
ungerecht eingeschätzt zu sein vorgaben) nicht einmal auf Eid
hin geglaubt wurde.[4]) — Die Schätzung von 1264 dürfte auch
der Bezehntung von 1274 und der folgenden Jahre für Frankreich zu Grunde gelegt worden seien, zumal es derselbe Kardinal
war, der als General-Kollektor bestellt wurde.[5])

---

[1]) S. oben S. 107.

[2]) P o t t h. 23157: „cum . . . diversae fiant extimationes" u. s. w.

[3]) Annales de Oseneia a. a. O. IV. 333 ad a. 1291: „Ad majorem
solventium afflictionem immo potius confusionem constituti sunt in singulis
provinciis novi singuli taxatores, qui veterum taxatorum proterviam in-
comparabiliter excedentes, multo gravius solito taxarent". — Willelmi
Rishanger Chron. ed. R i l e y 119: „Circa praesens tempus, jubente papa
Nicholao, taxatae sunt ecclesiae Anglicanae secundum verum valorem; et
extunc cessavit taxatio Norwicensis per Innocentium quartum facta
prius."

[4]) Majus Chron. Lemov: Recueil XXI. 770. — Die Beglaubigung
für diese Nachricht finden wir in dem Art. 32 der „Deklarationen"
Clemens' IV. s. unsere 1. Beilage. Der Artikel rührt wahrscheinlich von
dem Kardinal de Brion her.

[5]) S. oben S. 98.

In Deutschland, den nordischen und östlichen
Reichen hat vor dem Jahre 1274 d. h. vor dem Lyoneser
Zehnten, der in diesem Jahre befohlen wurde, keine allgemeine,
auch die niederen Pfründen umfassende päpstliche Einschätzung der Kirchengüter stattgefunden.[1]) Die über denselben
geführten Steuerregister dürften deshalb überhaupt die ältesten
dieser Art sein, die wir besitzen hezw. deren Veröffentlichung
noch zu erwarten steht.

In welcher Weise die Einschätzungen vor sich gingen,
das beschreibt, wenn wir von den ausserordentlichen Massregeln des Kardinals Simon de Brion in Frankreich absehen,
wohl am besten Matthäus, der Mönch von S. Albans, indem er
uns das Verfahren des genannten Bischofs von Norwich bei
der Taxierung seines Klosters im Jahre 1254 erzählt. Er
schreibt: „Am Feste der Übertragung des hl. Benedikt (11. Juli)
kam der Bischof aus Auftrag (mit Vollmacht) des Papstes wie
des Königs nach S. Albans, um die Güter dieser Kirche, ausser
der Baronie, für das Werk (den Kreuzzug) des Königs zu
schätzen. Er rief also alle Pfarrer, alle Vikare und alle
Kustoden der Kirchen unseres Besitzes zusammen, auch die
der Kirche von Sopwelle, wo die stets eingeschlossenen
Nönnchen ein armes Dasein führen, und die der Kirche von
S. Julian, wo die armen Brüder, und der Kirche von S. Maria
zur Wiesen (de pratis), wo die armen Schwestern wohnen, die
kaum des Lebens Notdurft haben. Sie mussten einen Eid
leisten und ihr Besitztum genau angeben. Auch alle abhängigen Leute der Kirche von S. Albans, selbst Almosen-
empfänger, liess er dasselbe thun, und er versicherte, dass
später noch eine genaue und ins Einzelne gehende Nach-
forschung stattfände, ob sie auch alles richtig angegeben hätten.
Er wiess die Vollmachten vor, die er bei sich hatte, sowohl
päpstliche als königliche Briefe, und er fügte hinzu, dass er
dieses lästige Geschäft sehr ungern auf sich genommen, nur

---

[1]) Für Deutschland fällt besonders ins Gewicht, dass in dem
Konstanzer „Liber decimationis" (1275) nirgends von einer „taxa antiqua" die Rede ist. Einzelschätzungen der Diöcesen durch die
Bischöfe fanden allerdings auch hier schon frühzeitig statt; vgl. z. B.
für Metz (1229): Auvray a. a. O. 362.

durch Gehorsam getrieben und gezwungen".[1]) — Rustand, der mehr genannte Nachfolger des Bischofs von Norwich als Kollektor, gab 1255 den Archidiakonen und deren Offizialen von Coventre, Chester, Derby und Stafford Befehl, sie sollten jeder in seinem Bezirke die Einschätzungen vornehmen. Sie sollten sich darnach richten, wie die Kirchen, Kapellen, überhaupt kirchlichen Einkünfte gewöhnlich verpachtet würden oder in gewöhnlichen Jahren verpachtet werden könnten. Von jedem Dekanate sollten vier glaubwürdige Männer vereidigt und zu der Taxation hinzugezogen werden.

„Citetis etiam peremptorie vel citari faciatis omnes viros, videlicet de qualibet congregatione duos vel tres, speciale mandatum habentes ad jurandum in animas omnium de ipso conventu super fideli, legitima et justa aestimatione . . . et vos una cum quatuor juratis a rectoribus, vicariis et a quibuscumque aliis ecclesiarum praelatis consimile recipiatis sacramentum super justo valore omnium bonorum ecclesiasticorum annuatim." —

Die Schätzungslisten sollten dem Kollektor, durch Besiegelung der Archidiakonen und der vier vereidigten glaubwürdigen Personen beglaubigt, am bestimmten Tage eingeliefert werden. Dieselben sollten nach der Reihe deutlich geschrieben Namen, Ort und Wert der einzelnen Besitzungen angeben.[2])

Im einzelnen ist noch zu bemerken, dass für die Einschätzung des Zehnten von 1274 den Kollektoren für Deutschland und wohl auch der übrigen Länder das Recht gegeben wurde, nicht nur alle geistlichen Personen vom Erzbischofe und Bischofe bis zum niedern Kleriker, sondern auch andere, jeden Menschen ohne Unterschied, „dessen Eid und Aussage zur Ermittelung der Wahrheit dienlich erscheine", über den Wert dieser oder jener kirchlichen Einkünfte eidlich zu vernehmen. Wer Eid oder Aussage verweigerte, sollte durch die kirchlichen Censuren gezwungen werden.[3]) — Nicht zu verwundern daher,

---

[1]) Chron. maj. V. 451 f. — Die Stelle ist fast wörtlich übergegangen in die „Gesta abbatum monasterii s. Albani a Thoma Walsingham-compilata." S. die Ausgabe von Riley I. 368.
[2]) Annal. de Burton. 354 f.
[3]) Kaltenbr. a. a. O. I. 94.

wenn ein deutscher Chronist der Zeit bei Erwähnung des Lyoneser Zehnt in düsterm Lakonismus bemerkt: „occasione cujus mendacia et perjuria sunt commissa.[1])

Für besonders schwierige Schätzungsverhältnisse, wie solche z. B. auf Island und Grönland und in manchen Teilen von Norwegen durch die fast ausschliesslich geltende Naturalwirtschaft bestanden, erhielten die Kollektoren weitergehende Vollmachten. Dem Bischof von Skalholt trug Honorius III. im Jahre 1220 auf, „da die geistlichen Einkünfte seiner Diöcese nicht leicht geschätzt werden könnten, indem dieselben nur in Viktualien beständen, so möge er hierin Vorsorge treffen, wie es für das heilige Land am besten sei.“[2]) — Auch der Abt des Cistercienserklosters Casamare brachte im Jahre 1285 die Einrede, es sei für ihn schwer, die einzelnen Einnahmen des Klosters aus der Campagna zu schätzen. Deshalb gab Honorius IV. seinem Kollektor Vollmacht, eine Pauschsumme mit dem Abte zu bereden und auf die Jahre der Bezehntung zu bestimmten Terminen zu verteilen. Ähnliche Vollmachten erhielten damals auch die übrigen Kollektoren Italiens.[3]) Im allgemeinen war die Ersetzung des wirklichen Zehnten vom Einkommen durch eine ohne genaue Schätzung festgesetzte oder verabredete Summe seit Gregor X. ausdrücklich verboten.[4])

Die aus der Einschätzung hervorgehenden Schätzungslisten, deren Einrichtung im einzelnen verschieden sein mochte, gaben eine nur im allgemeinen giltige Norm für die nachfolgende Einhebung des Zehnten. Sie waren nicht absolut verpflichtend. Im Gegenteil, der Steuerpflichtige hatte das Recht, am ersten Erhebungstermine einer Zehntperiode dem zuständigen Kollektor zu erklären, dass er nicht nach der Schätzung, sondern nach der jeweils erzielten wirklichen Jahreseinnahme besteuert zu werden wünsche. Die Kollektoren waren an diesen Wunsch

---

[1]) Annales Halesbrunnenses majores: MG. SS. XXIV. 44.

[2]) S. die Citate bei Potth. 6402, dazu Pressutti 2774.

[3]) Prou, Reg. 190.

[4]) Im 14. Jahrh. kommt die Annahme einer Pauschsumme, trotz des Verbotes Gregors X. (s. die „Deklarationen“), wieder vor; s. Meklenburg. U.-B. V 170 nr. 2952; auch Gersdorf, U.-B. v. Meissen II. 153 nr. 636; Riedel, Cod. dipl. Brandenburg. I. 8. 305.

gebunden. Nach einem vermutlich von Honorius IV. her-
rührenden Zusatze zu den „Deklarationen" (Art. 7.) galt die
damit gewählte Weise der Bezehntung dann aber für die ganze
Zehntperiode. Der Zehntpflichtige konnte in einem fruchtbaren
Jahre, in welchem die allgemeine Einschätzung hinter der wirklichen Jahreseinnahme zurückblieb, nicht etwa zu jener zurück-
kehren. „Una via electa, non licebit ad aliam recurrendo".
Einen Vorteil hatte die Bezehntung nach dem wirklichen Jahreserträgnis bei unglücklichen Zufällen, die den einzelnen treffen
konnten durch Hagelwetter, Überschwemmung, Viehseuchen u. s. w.
Während nach einem Bescheide, der dem deutschen Kollektor
Magister Rogerius zu teil wurde, bei Einhebung des taxgemässen
Zehnten auf solche Ausnahmefälle keine Rücksicht genommen
werden sollte, konnte der nach der jeweiligen Jahreseinnahme
zu Besteuernde seinen ganzen Verlust in Anrechnung bringen.
— Es sei noch bemerkt, dass der Kollektor verpflichtet war,
die von dem Steuerpflichtigen vollzogene Wahl der besonderen
Bezehntung beim ersten Erhebungstermine in den Steuerlisten
zu registrieren.[1]

Dass die Kollektoren aus sich hätten über die Schätzungsliste hinausgehen können, dafür haben wir nur in einem aus
dem Jahre 1256 datierten Mandat eines Beauftragten des englischen Kollektors Rustand einen Anhaltspunkt gefunden. Dort
wird den Unter-Kollektoren aufgetragen:
„Injungimus vobis in virtute obedientiae, qua sedi Aposolicae

---

[1] S. unsere Beilage I. Art. 57; vgl. im „Liber decimationis Con-
stanciensis" den hie und da vorkommenden Zusatz „elegit hanc taxationem pro sequentibus annis" oder ähnlich, z. B. 208 „Bolwiler", 209
„Merchhusen". „Bremgarton." — In der Diöcese Konstanz scheint man
bei Einhebung des Lyoneser Zehnten die jährliche Abschätzung der
feststehenden vorgezogen zu haben. Wir finden im Liber decimationis
gewöhnlich keine Bemerkung, hie und da aber den oben citierten Zusatz
„elegit hanc taxationem pro sequentibus annis" oder ähnlich. Als lebens-
volles Beispiel für den Vorteil, den man bei der jährlichen Schätzung
haben konnte, vgl. noch S. 25, „Decanus in Kilchain" den Zusatz: „Credo
enim juxta juramentum prius factum, quod debuisset taxasse (!) reditus
suos, quum essent in optimo statu [30 marcas], et sic postmodum juravit
hoc anno tantum X marcas . . . quia grando fuit."

15*

tenemini, et juramenti praestiti, quatinus diligenter et sine fraude
inquiratis: et si aliquod ecclesiasticum beneficium vel proventus
fuerit minus juste taxatum vel taxatus, et si aliquid hujusmodi
inveneritis, juste et legitime augeatis[1] cujuscumque beneficium vel proventus, sive religiosorum sive saecularium, et
de taxatione legitima per vos facta, nos certificetis".[2]
Wir meinen, es handele sich hier wohl nur um einen Ausnahmefall.
Man scheint der vorausgehenden Taxierung des Bischofs von Norwich nicht recht getraut und deshalb für einzelne Gegenden oder
Besitzmassen eine Revision seiner Schätzungsliste vorgenommen
zu haben.[3] Im allgemeinen aber lässt sich annehmen, dass die
Kollektoren, sofern nicht der Zehntpflichtige selber die Besteuerung nach dem Jahreserträgnis gewählt hatte, an die
einmal aufgestellte Schätzungsliste gebunden waren. — Erst
Papst Clemens V. macht in seinen Zehntbullen zu der Anweisung,
dass die Bezehntung „juxta taxationem antiquam" geschehen
solle, des öfteren den Zusatz:

„nisi a tempore ipsius taxationis antique predicti proventus
ecclesiastici sint adeo notabiliter diminuti, quod de dicta
antiqua taxatione evidenter appareat defalcandum".

Daraus auf einen allgemeinen Rückgang der geistlichen Ein-
kommensverhältnisse zu schliessen, dürfte wohl etwas gewagt
erscheinen.

Auf die Schätzung folgte die Einhebung der Steuer.
Die beiden Akte waren in der Regel zeitlich getrennt,[4] konnten
aber auch mit einander verbunden sein. Das letztere war
besonders der Fall bei den ersten Erhebungsterminen einer
neuen Bezehntungsperiode und dort, wo noch keine „taxatio

---

[1] Der Herausgeber will „taxetis" statt „augeatis" setzen. Letzteres
gibt aber einen Sinn, wenn wir für dasselbe die alte Taxe der Schätzungsliste als das vom Autor gemeinte Objekt annehmen. Auf eine Verminderung der Taxe war es unter Alexander IV. sicherlich nicht abgesehen.

[2] „Additamenta" zu Math. Par. Chron. maj. (VI.) 312 nr. 153.

[3] Vgl. oben S. 222.

[4] Vgl. Art. 57 der „Deklarationen", der sich auf den Fall bezieht,
dass zwischen Schätzung und Erhebung durch ein Unwetter oder ein
sonstiges Unglück eine Verminderung des Einkommens stattgefunden
hat; vgl. auch Auvray, Reg. Greg. IX. 134: „decima pretaxata."

antiqua" bestand oder wo solche nicht mehr in Geltung war.
In dem Zehntregister der Konstanzer Diöcese von 1275 heisst
es stets: „NN. juratus — solvit" oder „NN. juravit (tot vel tot)
libras in redditibus et solvit primo termino . . . libras et . . .
solidos".[1]) — Es kommt in jenem Heberegister freilich wiederholt auch der Fall vor, dass die Erhebung der Steuer geschah,
noch ehe die „taxatio" stattgefunden hatte. Der Steuerschuldner
hatte seine Berechnung über sein Einkommen noch nicht
gemacht und konnte deshalb auch noch nicht vereidigt werden.
Vorbehaltlich späterer Verrechnung und Vereidigung wurde in
solchem Falle ein angenommenes Erträgnis zu Grunde gelegt,
und hievon der Zehnt erhoben.[2])

Die Zehntperioden wurden schon bei Ausschreibung einer
Auflage durch die Zehntbulle genau nach Anfang und Dauer
begrenzt. Der Zehnt wurde für die innerhalb derselben gelegenen
Jahre erhoben. Weder die Hinausschiebung der ganzen Periode
um ein oder mehrere Jahre, noch die Auslassung eines Jahres
innerhalb derselben. (z. B. wegen Misswachs) und Ersetzung
durch ein späteres Jahr war den Kollektoren gestattet. Sie
bedurften dazu einer besondern päpstlichen Bulle. Johann XXI.
erteilte auf Gesuch des norwegischen Erzbischofs und Kollektors
zu Ende 1276 die Erlaubnis zur Hinausschiebung des Bezehntungs-
anfangs für Grönland; denn dieses sei so weit, „dass von der
Metropolitankirche (Drontheim) nach dort jemand kaum in fünf
Jahren hin und zurück gelangen könne.[3]) Auch in Norwegen
selbst habe der Lyoneser Zehnt auf päpstliche Erlaubnis hin
schon ein Jahr später begonnen, als in den übrigen Ländern.
Er wurde durch Nikolaus III. 1279 nochmals um ein Jahr verlängert, weil das zweite Jahr der dortigen Bezehntung (1277)

---

[1]) Trotzdem werden die beiden Akte auch hier genau unterschieden;
vgl. z. B. S. 21 „Emingen": „X. den. fuerant sibi remissit, quia dixit, se
nimis jurasse in redditibus, et hoc sub eodem juramento, quod prestitit in
taxacione reddituum suorum"; ein ähnlicher Fall ebenda 116 „Inferior
Raitnowe".

[2]) Vgl. S. 111 „Mossehain", 142 „Wibelingen" u. „Rôte", 189 „Ittingen"
u. s. f.

[3]) Lange og Unger VI. 35 nr. 36; Munch 143; Potth. 21192.

ein Hungerjahr gewesen.[1]) — Die genaue Festsetzung der Zehntperiode hatte für die Zehntpflichtigen eine grosse Bedeutung.
Einesteils hing bei dem Überwiegen der landwirtschaftlichen
Kircheneinkommen dort, wo noch die Einschätzung vorzunehmen
war, sehr viel von dem Jahre ab, in welchem diese geschah,
andernteils wurde die Fälligkeit oder Beitreibungsfähigkeit der
Steuerquoten durch den Beginn der Periode bestimmt.

Als Erhebungstermine wurden zuletzt regelmässig zwei
Feste des Jahres, gewöhnlich Johanni und Weihnachten oder
Allerheiligen und Ostern, bestimmt. Eine Abkürzung der
damit gegebenen Zahlungsfristen war nicht gestattet. Bei den
englischen Bezehntungen unter Innocenz IV. und Alexander IV.
sollen die Kollektoren, um die Geistlichen in die Hände der
mit ihnen verbündeten italienischen Kaufleute oder Wucherer
zu treiben, solche Beschleunigung der Zahlungen dennoch sich
haben zu Schulden kommen lassen.[2]) Eine Verlängerung der
Fristen ist natürlich sehr oft nötig gewesen und zwar nicht nur
wegen Zahlungsunfähigkeit der Steuerträger, auch wegen Nach-
lässigkeit oder Überbürdung der Kollektoren. Überbürdet
waren dieselben zumal dort, wo ihnen auch die Einschätzung
noch oblag. Auf diese Weise zum Teil, teilweise freilich auch
durch die schlechten Strassen und Verkehrsmittel, durch die
unendliche Mannigfaltigkeit der Masse, Gewichte und Münzen,
durch die Übelstände, welche die vielfach noch ungeschwächt
fortbestehende Naturalwirtschaft im Gefolge hatte, endlich durch
den Widerstand der Steuerzahler, Appellationen, Prozesse und
dergl. — erklärt sich die oft übermässig lange Dauer der thatsächlichen Zehnterhebungen.[3]) Zwar ist es augenscheinlich,
dass nach Ablauf der eigentlichen Zehntjahre die Thätigkeit
der Kollektoren mehr und mehr sich der Einziehung der hinterlegten Gelder, der Rechnungskontrolle, der Umwechselung und
andern derartigen Geschäften zuzuwenden hatte. Nach den
Ernennungsbullen der Nachfolger und Nachnachfolger der ab-
berufenen oder mit Tode abgegangenen ersternannten Kollek-

[1]) Munch 145 nr. 10; Potth. 21524 (21197).
[2]) Vgl. Math. Par. V. 525. 536.
[3]) Vgl. oben S. 98 ff.

toren hat dieselben jedoch auch die primäre Einhebung der
Steuerbeträge immer noch beschäftigt.

Es kam vor, dass bereits eine neue Zehntauflage erfolgte,
ehe die Einziehung der alten vollendet war. Was bei solcher
Konkurrenz zweier Auflagen zu geschehen hatte, darüber
bestimmte der Papst. Einmal verfügte er, dass die zuerst aufgelegte Steuer vor der neuen einzuziehen sei, oder umgekehrt,
je nachdem der Zweck dieser oder jener ihm mehr am Herzen
lag bezw. von aussen ihm ans Herz gelegt worden war, ein
andermal hob er die alte Bezehntung auf und liess dieselbe
dort, wo sie noch nicht ausgeschrieben war, überhaupt nicht
verkündigen. Der Zehnt für den ersten Kreuzzug Ludwigs
des Heiligen ging in Frankreich allen anderen Auflagen (gegen
den Kaiser und für Konstantinopel) voran.[1]) Wegen des
Lyoneser Zehnten hob Gregor X. im Jahre 1274 den Hundertsten
von 1263, soweit er in Schweden und Norwegen noch nicht
zur Erhebung gekommen, auf.[2]) Clemens V. überliess im
Jahre 1306 die Bestimmung, ob der dem Könige Philipp von
Frankreich gewährte Zehnte oder der dem Grafen Karl von
Valois verliehene zuerst zur Ausführung kommen solle, dem
Könige selbst.[3])

War, wie wir gesehen haben, die Einhaltung der Erhebungstermine seitens der Kollektoren nicht immer möglich,
so lag dieselbe doch den Zehntpflichtigen ob, — wir nehmen
an, wenn jene am Platze oder sobald sie zur Einhebung erschienen waren. Auf der Nichtbeobachtung der Termine
stand die Exkommunikation.[4]) Die Mönche von S. Albans
mussten um 1276 den Gottesdienst einstellen, „quia termini
solutionis minime observabantur."[5]) Selbst die Kleriker von
Island und Grönland und von den „anderen Inseln des Ozeans"
wurden 1279 für exkommuniziert gehalten, „quod decimam in
statutis terminis non solverant."[6]) Die Unter-Kollektoren hatten

---

[1]) Berger, Reg. 3979.
[2]) Munch 140.
[3]) Reg. Clem. V. 245.
[4]) S. Art. 52 der „Deklarationen"; vgl. auch oben S. 198.
[5]) Gesta abbatum s. Albani I. 468.
[6]) Munch 146; Potth. 21525.

nicht das Recht, Ausstand zu gewähren; dieses war vielmehr den Zehnt-Superintendenten vorbehalten.[1]) Es scheint das jedoch nicht so streng innegehalten worden zu sein.[2]) In der Regel liessen sich mildgesinnte Kollektoren für die Verlängerung der Zahlungsfrist ein Pfand geben, einen Ring, ein Kreuz, einen Kelch, eine Stola oder sonst einen wertvollen Gegenstand, der nach Leistung der Abgabe wieder zurückgegeben wurde.[3]) Der Vikar von Neuburg im heutigen Oberamt Ehingen verpfändete im Jahre 1276 sogar sein Messbuch und der Abt von Reichenau musste damals „in solucionem decime" ein Pferd hergeben.[4]) Dem gegenüber hatte der Kollektor Roger von Merlomonte im Jahre zuvor den Unter-Kollektoren für Halberstadt Anweisung gegeben, Pfandstücke nur in Gold oder Silber anzunehmen, damit sie in der Lage seien, auf Aufforderung ohne Verzug soviel Geld dafür zu erhalten, dass die noch ausstehenden Steuerbeträge dadurch gedeckt würden.[5]) In der ersten Hälfte des Jahrhunderts, als die Kollektorie noch Aufgabe der Diöcesan-Behörden war, wurde auch wohl von den Bischöfen eine Pfandsumme für die noch einzuziehende oder umzulegende Diöcesan-Belastung verlangt.[6])

Wer die Zehntleistung oder die sonstige Befriedigung der Kollektoren verweigerte, oder wer nur einen Teil des Zehnten bezahlte, wer denselben nicht zur rechten Zeit bezahlte, wer

---

[1]) Reg. Jo. Peckham I. 28. 59 f. nrr. 22. 51. 52; in nr. 51 muss es offenbar heissen: „illos inferiores collectores auctoritatem non habere solutionis inducias concedendi: vgl. auch Urk.-B. für Oberösterreich IV. 8, 8.

[2]) Vgl. in dem Konstanzer „liber decimationis" die Einträge mit „induciatus est", z. B. S. 38 (Bettenhusen) und passim; vgl. auch Abschlagszahlungen z. B. S. 20 (Engen).

[3]) Vgl. das Konstanzer Zehntregister, gleich der erste Eintrag (S. 17) lautet: „Item dominus abbas obligavit impostea unam crucem pro sex marcis .... et postea crux est sibi integra restituta", und ähnlich ebenda 89 und 90 unter „Amerkingen", 91 „Neuburg", 106 „Ostrach", 109 „Abbas" (v. Reichenau); fernere Beispiele s. S. 110, 115, 122, 133, 134, 154, 183, 190, 203, 206, 207, 209, 243.

[4]) Ebenda 91 und 155: Das Messbuch „cum nigro coopertura" wurde für 10 sol. 6 den., das Pferd für 20 Mark verpfändet.

[5]) Schmidt, Urk.-B. des Hochstifts Halberst. II. 1302.

[6]) Vgl. Registro del card. Ugolino d'Ostia 114.

bei der Zehntleistung Betrug beging, ferner alle diejenigen, welche direkt oder indirekt, heimlich oder öffentlich die Zehntsammlung hinderten, welche die Zehntdeposita ganz oder zum Teil wegnahmen, welche den Kollektoren Gewalt anthaten, endlich die Kollektoren, welche ihr Amt nicht pflichtmässig verwalteten, — alle diese traf die Exkommunikation, bei kirchlichen Konventen und Genossenschaften das Inderdikt.[1]) Die Strafe wurde zuerst durch den Papst bei Ausschreibung der Zehntbulle allgemein, dann von den Kollektoren bei Ansage der Zehntauflage und Verkündigung der Bulle in den einzelnen Kathedralen und Pfarrkirchen angedroht. Über die Verwirkung entschieden die Kollektoren, und es lag ihnen, wie wir bereits früher gesehen, auch die öffentliche Namens-Verkündigung der mit der Kirchenstrafe belegten Personen oder Konvente ob. Bezüglich renitenter Zehntpflichtiger mussten dieser Verkündigung die kanonischen Monitiones vorausgehen. Auf Verlangen war den Verurteilten Abschrift von der gegen sie gefällten Sentenz zu geben, was durch willkürlich handelnde Kollektoren und Legaten nicht immer beobachtet wurde.[2]) Welche kirchlichen und gesellschaftlichen Folgen die Kirchenstrafen hatten oder haben sollten, ist bekannt. Wir haben nur zu beobachten, ob und wie der widerspenstige Zehntzahler denn nun zur Zahlung gebracht wurde. Sehr viele leisteten die Zahlung schon nach der Verkündigung der Sentenz.[3]) Gegen die übrigen trat in der Regel das weltliche Zwangsverfahren ein. Die Auflagen kamen vielfach den Fürsten zugute; deshalb wurde die Hilfe des „weltlichen Armes" sogar bereitwillig gewährt. Bei den englischen Bezehntungen erhielten die Vizekomites[4]) wohl vom Könige Heinrich selbst Anweisung,

---

[1]) S. oben S. 197 f. die Instruktion an die Kollektoren und die Art. 33. 52. 53 der „Deklarationen." — Über das Verfahren gegen pflichtvergessene Kollektoren s. meine „Camera apostolica" 151 f; vgl. auch S. 210 ff.

[2]) Einen Fall, der böses Blut gemacht hat. s. Auvray, Reg. 134.

[3]) Man vergl. in dem Konstanzer „Liber decimationis" die Einträge mit der Klausel „post sententiam promulgatam" oder „sententia promulgata."

[4]) Der Vizecomes oder Sheriff ist militärischer Vogt des Königs, königlicher Gerichtshalter, Polizeivogt und Domänenrentmeister: Gneist, Engl. Verfg. 115 ff.

den päpstlichen Kollektoren „mit starker Hand" zur Seite zu stehen, sobald sie darum ersucht würden.[1]) In der französischen Zehntgeschichte ragt das im Jahre 1227 gegen die widerspenstigen Prälaten beliebte Verfahren hervor. Die kirchlichen Pfründen derselben, von manchen sogar die „bona patrimonialia" wurden von seiten der weltlichen Gewalt eingezogen und königliche Verwalter dafür bestellt. An manchen Orten wurden nicht nur die Kirchen, nein auch die Friedhöfe mit Sequester belegt. Die Geistlichen, die nicht zahlen wollten, wurden ihrer Stellen verwiesen. Den königlichen Häschern zur Seite stand der päpstliche Legat, der Kardinal Romanus. Er entzog den Geistlichen die Vollmacht zur Verkündigung von kirchlichen Censuren und erklärte alle, die dennoch eine solche gegen die staatlichen Beamten aus Veranlassung der beschriebenen Massregeln verkündigten, für unfähig, kirchliche Wahlen vorzunehmen und selbst zu den höhern Kirchenämtern und Würden zu gelangen.[2]) So geschah es unter dem Pontifikate Gregors IX. In den folgenden Jahrzehnten dürfte man mit widerspenstigen Zehntzahlern kaum glimpflicher verfahren sein. Clemens IV. und bezw. Gregor X. sahen sich veranlasst, in ihre „Deklarationen" sogar die Bestimmung aufzunehmen,[3]) dass der weltliche Arm nur in schwerwiegenden Fällen von Ungehorsam oder Widerspenstigkeit anzurufen sei.

Das geistliche wie weltliche Zwangsverfahren konnte aufgehalten werden durch die Appellation nach Rom. Der Appellierende stellte damit zugleich seine Person und sein Besitztum in den Schutz des heiligen Stuhles. Erst nach der ungünstigen Entscheidung dieses konnte weiter gegen ihn vorgegangen werden. Die Appellation musste öffentlich vor Notar und Zeugen geschehen — man wählte gewöhnlich dazu das

---

[1]) Vgl. Shirley, Royal letters II. 195 nr. 560: „vicecomitibus detis per literas regias in mandatis, ut dictis collectoribus sint in auxilium ad ipsam decimam levandam manu valida, si necesse fuerit, cum per dictos collectores ad hoc fuerint requisiti".

[2]) Auvray, Reg. 134.

[3]) S. Art. 34. — Wie Clemens IV. jedoch in einem gegebenen Falle dachte, s. oben S. 38.

Chor oder Mittelschiff einer Kirche[1]) — und es war darüber
ein notarieller Akt aufzunehmen.[2]) Dieser wurde dem päpstlichen Kollektor behändigt und zugleich in Abschrift an der
Kirchenthüre angeschlagen. Dann bestellte man in Rom oder
entsandte dorthin einen Prokurator, der die appellierende Partei
in der Prozessführung zu vertreten hatte. — Auf Erfolg war
nur in vorzüglich begründeten Fällen zu rechnen. Es kam
wohl vor, dass ein Teil der Schuld · erlassen wurde.[3]) Im allgemeinen aber hielt man schon im 13. Jahrhundert vom Appellieren nach Rom nicht sehr viel. Es war durch die Kosten
der Prokuratoren, Reiseausgaben und dergl., vor allem auch
durch Geschenke so teuer, dass ein nicht besonders grosses
Streitobjekt dadurch leicht aufgewogen wurde.[4]) Bei gemein-
samen Prozessen musste man sich gegenseitig also erst sogenannte Schadlosbriefe zusichern.[5]) Ferner, es dauerte zu lange,
bis die Entscheidung kam. Ein gründlicher Kenner der Verhältnisse, John Peckham, der Erzbischof von Canterbury, schreibt
im Jahre 1279 an den von den päpstlichen Kollektoren censurierten
Prior der Christuskirche daselbst, er möge sich mit jenen in
Güte einigen, nur nicht nach Rom appellieren.

„Credimus, immo scimus, absentibus vestris patronis nil vestrae
utilitatis posse in Romana curia impetrari, vel si forsitan aliquid
impetrabile confidatur, credite nobis, quod tanta erit dilatio, tanta

---

[1]) Vgl. Analecta Leodiensia. Documents relatifs aux troubles de
Liége publ. par De Ram p. 691 nr. 89: „sub corona majori in medium
insignis ecclesiae Leodiensis in altum pendenti, loco quidem, quo haec et
similia instar edicti publici fieri solent".

[2]) Vgl. hierzu und zu dem Folgenden die oben S. 36 angegebenen
Citate, dazu Analecta Leodiensia 693 nr. 90; Cod. dipl. maj. Polon. I. 225
nr. 268 und III. 591 nr. 1865; Gersdorf, Meissener U.-B. II. 122 nr. 612;
Auvray, Reg. 134; Matth. Par. IV. 620 f.

[3]) Vgl. Cod. dipl. maj. Polon. I. 225 nr. 263: „mandamus, quatinus
quintam unius anni remittas eidem, dummodo quintam alterius anni cum
integritate persolvat."

[4]) So ging es 1247 dem Abte von S. Albans, der für die päpstliche
Umlage 300 Mark bezahlen sollte. Seine Prokuratoren erwirkten an der
Kurie eine Ermässigung auf 200 Mark. Mit den Unkosten und Geschenken
machte es aber doch 300 Mark aus: Math. Par. IV. 620 f.

[5]) Vgl. Urk.-B. des Klosters Berge bei Magdeburg (Geschqu. d. Prov.
Sachsen Bd. IX.), p. 207 nr. 272; auch Lacomblet III. 627 ff. nr. 732.

mora, tanta discissio, quod nunquam ex illa parte nisi languor
veniet vel finalis desperatio successura".[1])
Wir haben noch die Frage zu beantworten, in welcher
Weise der päpstliche Zehnt zu leisten war, ob in Geld oder
ob er auch in Naturalien abgeliefert werden konnte? Man
kann sagen, dass die Abgabe regelmässig in Geld geleistet
wurde. Immerhin standen die Anfangs-Jahrzehnte der päpstlichen Kirchenbezehntung noch tief in der Naturalwirtschaft.
Deshalb wurde z. B. der Zwanzigste des vierten Laterankonzils
besonders in Ungarn noch vielfach in Produkten geliefert.[2])
Man stelle sich vor, mit welchen Mühen, Kosten und Um-
ständlichkeiten das verbunden war. So lange die Diöcesan-
Behörden die Steuer einzogen, mochte die naturale Bezehntung
immerhin möglich sein. Der Übergang zur Centralisierung
bedingte die reine Geldwirtschaft. Wie wäre anders es möglich
gewesen, in aller Welt päpstliche Zehntscheuern, Zehntkeller,
Zehntspeicher und dergleichen kostspielige Anlagen zu errichten,
die doch durch die ältere Bezehntungsart notwendig geworden
wären! Honorius III. gab im Jahre 1217 den ungarischen
Bischöfen Befehl, „ut vicesimam fideliter redigant in pecuniam".[3])
Später dürfte eine Ablieferung des Zehnten in Naturalien in
Süd- und Mitteleuropa nur noch ausnahmsweise vorgekommen
sein, wobei es dann den Kollektoren oblag, die Produkte sofort
in Geld zu verwandeln. Ein Verbot der älteren Zehntein-
lieferung, ein Gebot der Ablieferung in Geld haben wir erst
in den „Deklarationen" Clemens' IV. bezw. Gregors X. gefunden
(Art. 35). Es lässt sich aber annehmen, dass bereits früher
derartige Befehle gegeben wurden. — Eine besondere Beachtung
verdienen die Verhältnisse in Norwegen und seinen Nebenländern. Wir sahen bereits, auf Island bestanden die Einkünfte
der Geistlichen ausschliesslich in Viktualien.[4]) Woher sollten
sie Geld nehmen, um die päpstlichen Kollektoren zu befriedigen?
In Norwegen selbst war noch 1276 ein „Geld" im Gebrauche,
„welches ausserhalb des Landes gar keinen Wert hatte". In manchen

[1]) Registrum epistolarum I. 28 nr. 22.
[2]) Theiner, Mon. Hung. I. 6 nr. 8.
[3]) Ebenda.
[4]) S. oben S. 226.

Teilen des Reiches aber kannte man überhaupt den Gebrauch des Geldes noch nicht. Die Menschen, heisst es in einer Bulle Johannes XXI. von 1276, nähren sich von Milch und Milcherzeugnissen und von Fischen.[1]) Das waren auch wohl die Einkünfte der Geistlichen. In einer Bulle Martins IV. 1282 lesen wir, der Zehnt auf Island und Faröer werde in Dingen geliefert, „quae de facili permutari vel pecunialiter vendi non possent". Auf Grönland bekämen die Zehntsammler nur Ochsen- und Seehundhäute, Walrosszähne und dergl.[2]) Honorius III. befahl 1220 dem General-Kollektor, vorzusorgen, „wie es für das heilige Land am besten sei". Johann XXI. und Martin IV. geboten die Umwandlung in Gold oder Silber. Wie, das wurde den Kollektoren überlassen.

Immerhin war auch im übrigen Europa die Forderung auf Zehntleistung in Geld nicht so leicht zu erfüllen, als wir es uns heute vorstellen. Wir sehen von der Geringfügigkeit der Geldvorräte des Einzelnen ab. Er musste sich Geld woher auch immer verschaffen. Nötigenfalls mussten goldene und silberne Gefässe eingeschmolzen oder zum Metallwert hingegeben,[3]) oder es mussten Schulden gemacht werden.[4]) Schlimmer war die Beschaffenheit der kursierenden Münzen. Die einen waren von vorneherein zu leicht geprägt, die andern nachher beschnitten, durchlöchert, oder durch Vergriffensein gemindert. Die päpstlichen Kollektoren halfen sich demgegenüber, indem sie die Münzen auf ihren Normalwert durch die Wage prüften.[5])

----

[1]) Lange og Unger VI. 37 nr. 39; Munch 144; Potth. 21 195.
[2]) Potth. 21 858.
[3]) Vgl. Gesta praepositorum Stedernburgensium contin. MG. SS. XXV. 728 (ad 1280): „ad quam decimam de nostra ecclesia viginti et una marca examinati argenti et una marca nigri argenti et unus calix et alia pignora argentea in pondere quinque marcas habencia sunt presentata"; vgl. ferner in der „Ratio magistri Gerardi de Mutina collectoris decimae in regno Hungariae" (Mon. Hung. vatic. I. 1. 1 ff.) die Einträge mit „fusum et nigrum argentum"; ähnlich im Konstanzer „Liber decimationis" mit „ex quibus cremavit NN. tot vel tot marcas".
[4]) Vgl. oben S. 230.
[5]) S. unten Beilage II. Vgl. auch in der Abrechnung mit dem norwegischen Kollektor Huguitio: Munch, Pavelige Nuntiers 14: die Angabe, dass der Kollektor zu seiner Kontrolle ein norwegisches „pondus unius

Es leuchtet ein, dass dadurch das Geschäft bei der unendlichen Mannigfaltigkeit der Münzen erst recht erschwert wurde. Die „Deklarationen" enthielten aber die Bestimmung (Art. 21), dass der Zehnt nur in solchem Gelde eingefordert werden dürfe, welches in der Heimat der bezehnteten geistlichen Einkünfte gemäss dem Gebote des Territorialherrn in Kurs sei. Zur Einwechselung des heimischen Geldes gegen eine verbreitetere Landesmünze sollten die Zehntträger nicht verpflichtet sein. Welch vielfältige Münzsammlung mag also in den Truhen und Säcken der Kollektoren zusammen gekommen sein. In welcher Weise die Verwertung derselben statthatte, das werden wir im folgenden Kapitel kennen lernen. Eine dritte Schwierigkeit bestand endlich in dem Umstande, dass die Leute jener Zeit im allgemeinen nicht gewohnt waren, eine finanzielle Jahresbilanz aus ihren landwirtschaftlichen Erträgen zu ziehen. Deshalb und zugleich wohl aus Anlass der Münzverwirrung mussten die Zehnt-Superintendenten Werttarife ausgeben, nach welchen bei der Bezehntung gerechnet werden sollte, Preisverzeichnisse für die einzelnen Fruchtarten nach bestimmt benannten landesüblichen Massen und Münzen.[1]) Diese Preisverzeichnisse wurden, wie es scheint, in der Regel durch Zusammenwirken der Kollektoren und der Diöcesan-Behörden, des Bischofs und des Kapitels, aufgestellt. Man legte dabei dort, wo die Ablieferung der gewöhnlichen Kirchenzehnten bereits in Geld geschah, die Berechnung dieser, im allgemeinen aber wohl die durchschnittlichen Marktpreise zu Grunde. Wir bemerken noch, dass die einmal verabredeten Preise für die ganze Zehntperiode galten.

Alle Massnahmen und Auswege, die gefunden wurden, um den noch bestehenden Schwierigkeiten aus der naturalwirtschaftlichen Zeit entgegenzuarbeiten oder auszuweichen, haben zur

---

libre in plumbo" — „sub suo sigillo" nach Rom geschickt habe. Alsdann wurde die norwegische Mark um $^1/_4$ Unze 4 Gran leichter als die römische gefunden.

[1]) S. ein solches aus dem Jahre 1275 bei Gersdorf, Urk.-B. des Hochstifts Meissen I. 184 nr. 240. — Es ist zu bedauern, dass sich diese Preisverzeichnisse aus den päpstl. Kirchenbezehntungen nicht zahlreicher erhalten haben. Dieselben würden um so wertvoller sein, als die chronistischen Preisangaben in der Regel doch nur Preisanomalieen bedeuten.

Einbürgerung der Geldwirtschaft mitgeholfen. Den päpstlichen Kirchenbesteuerungen gebührt in der Entwickelung dieser sicherlich ein hervorragender Platz.

---

5. Die Hinterlegung und die Einziehung der Sammelerträge.
Buchhaltung und Kontrolle.

Die gesammelten Steuererträge gingen in den seltensten Fällen durch direkte Boten nach Rom bezw. an die Kurie.[1]) Sehr oft wurden sie an die Fürsten, zu deren Gunsten die Auflage geschehen, oder an ihre Beamten von den Kollektoren selbst abgeliefert.[2]) Das gewöhnliche jedoch war, dass sie in Klöstern, Kirchen oder an sonstigen sichern und durch die religiöse Scheu geschützten Orten zur Verfügung des Papstes hinterlegt wurden. Daneben war noch die Ablieferung an Kaufleute oder Bankhäuser üblich, die mit der apostolischen Kammer in Geschäftsverbindung standen, sei es, dass dieselben der letzteren Darlehen gegeben und deshalb eine Anweisung (assignamentum) auf die Zehnten erhalten hatten, sei es, dass ihnen nur die Übermittelung an die Kurie übertragen wurde.

Nur die beiden letzteren Fälle, die Deponierung und die kaufmännische Übermittelung, erfordern noch eine weitere Ausführung. Über die Deponierung in Klöstern, namentlich bei den Templern, den von Päpsten und Fürsten bevorzugtesten Depositaren, hat Leopold Delisle erst jüngst einen lichtvollen Aufsatz veröffentlicht.[3]) Indem wir auf diesen verweisen, heben

---

[1]) Vgl. Math. Par. Chron. maj. IV. 35: „Ipso eodem tempore (1240) misit dominus legatus infinitam pecuniam domino Papae per quemdam clericum suum, . . . quem dominus Papa gratanter accepit, remittens eundem, ut reciperet ampliorem.

[2]) Vgl. Boutaric 292: „qui (nämlich die Kollektoren) en remettaient contre quittance le produit aux agents désignés par le roi“.

[3]) Les opérations financières des Templiers: Mémoires de l'institut national de France. Tome XXXIII. (Paris 1889) 1 ff.

wir nur noch einige Punkte hervor, die ausserhalb des Delisleschen
Beobachtungskreises lagen und deshalb in jenem Aufsatze übergangen sind. Es sei zunächst bemerkt, dass in der zweiten
Hälfte des Jahrhunderts mit ihrem zunehmenden Reichtum und
der dadurch bedingten Haftfähigkeit auch die Prädikanten- und
Minoritenklöster in der Reihe derjenigen Ordenshäuser erscheinen,
in welchen Zehntgelder hinterlegt wurden. Papst Johann XXI.
gab ihnen sogar den Vorzug vor andern und richtete für die
deutschen Provinzen von Trier, Mainz und Salzburg ein dahin-
zielendes Mandat an den Kollektor Magister Rogerius.[1]) Die
als Hinterlegungsstätten dienenden Klöster, namentlich die
Häuser der Templer, und von diesen wiederum am bevorzugtesten
die zu London und Paris, waren zugleich die gewöhnlichen
Absteigequartiere der päpstlichen Legaten und Kollektoren.[2]) —
Auch für die deutschen und die nordischen Zehnterträge wurde
der Tempel zu Paris gern als Hinterlegungsstätte benutzt.[3])
Für die aus Ungarn und Polen kommenden Gelder scheint die
Thesaurarie von S. Marco in Venedig zeitweilig die Haupt-
abladestelle gewesen zu sein.[4]) Vor der Überführung hatte der
anordnende oder überwachende General-Kollektor vor zwei oder
drei Bischöfen des Ursprungslandes Rechnung zu legen. Das
Protokoll derselben war in einem Exemplar nach Rom zu
schicken, ein zweites behielt der Kollektor.[5]) Für letztern war
es auch geraten, sich vorher vom Papste ein Indult zu ver-

---

[1]) Potth. 21 225; vgl. auch Gersdorf, U.-B. von Meissen I. 208
nr. 268: Mandat des Rayner de Orio, die Zehnterträge bei den Dominikanern in Magdeburg zu hinterlegen (ad a. 1285); vgl. ferner Cod. dipl.
Lubecens. II. 1. 157 nr. 181; endlich oben S. 101 bei den Dominikanern zu
Utrecht.

[2]) Math. Westmonast. ad a. 1244 nennt den neuen Tempel zu
London das „solitum legatorum et papalium nuntiorum receptaculum.“

[3]) S. Delisle a. a. O.; ferner Levi, Documenti a. a. O. 256. 257.
Bei Migne, Patrologia 214 col. 935 heisst es in einem Mandat Innocenz' III.
an die Prämonstratenser-Äbte (auch die deutschen): „Quid autem et
quantum acceperitis ex singulis abbatiis . . . per fidelem nuntium et sub
securo conductu dilectis filiis magistro et fratribus militiae Templi in
Francia faciatis transmitti.“

[4]) Vgl. Boczek, Cod. dipl. Moraviae III. 336 nr. 341.

[5]) Vgl. Munch 147. 148. In ähnlichem Falle verlangte Nikolaus III.
1278 die Rechnungslegung vor 4 oder 5 Bischöfen: Finke, Westf. Urkk.
I. 338 nr. 711.

schaffen, dass die Überführung auf Gefahr der päpstlichen
Kammer geschehe, da auf dem Meere Schiffbruch und Piraterie,
auf dem Lande Überfall, Raub und Diebstahl nicht selten
waren.[1]) — Die Hinterlegung geschah stets zur Verfügung des
Papstes.[2]) Selbst über die Depositen der den Fürsten gewährten
Zehnten beanspruchte der Papst das freie Verfügungsrecht und
behielt es sich oft auch ausdrücklich vor.[3]) Wir haben oben
gesehen, Alexander IV. kam dadurch vorübergehend in Konflikt
mit dem Könige Heinrich von England.[4]) Martin IV. freilich
bat 1283 den König Philipp III. von Frankreich um Erlaubnis,
aus den beim Tempel in Paris hinterlegten Frankreich zustehenden Zehntgeldern 100 000 Pfund entleihen zu dürfen.[5])

Den Templer-Schatzmeistern wurden die zu hinterlegenden
Zehnterträge· und sonstigen Kreuzzugsgelder vielfach offen (in
Rechnung) übergeben. Sonst geschah die Hinterlegung ge-
wöhnlich in verschlossenen und versiegelten Säckchen
oder Kasten[6]) vor Notar und Zeugen unter Bestellung des
Vorstehers oder eines oder mehrerer anderen Benefiziaten oder
Beamten des Klosters oder der Kirche zu Kustoden oder Kon-
servatoren der Deposita. Der Kardinal Hugolin liess 1221 in der
Sakristei der (Haupt-) Kirche zu Bologna acht versiegelte Säckchen
(„sacculos") niederlegen, deren jedes 130—180 Pfund in Bolog-

---

[1]) Vgl. Potth. 23 352 f. und die „Licentia collectoribus transferendi
pecuniam" in Reg. Clem. pp. V. 4763.
[2]) Vgl. Berger, Reg. 2238. 2643. 3459; Potth. 13 111. 15 383. 15 38·'.
— In Shirley, Royal letters II. 103 nr. 500 an d. Stelle „in locis tutis
deponant, quousque a domino . . . (sic) vel a nobis aliud receperint in
mandatis" ist also „papa" zu ergänzen.
[3]) Vgl. Berger a. a. O. 2643; Potth. 15 383 f., besonders aber 21 373:
„sibi autem reservat (papa), ut tam ante concessionem quam etiam post
de ipsa decima libere disponere valeat; vgl. auch Raynald ad a.
1277, 8: „ad Apost. sedis arbitrium . . . . convertendum"; ferner ebenda
ad 1278, 82: „tibi de mandato nostro libere assignandam".
[4]) S. oben S. 88.
[5]) Theiner, Cod. dipl. dominii temporalis I. 262 nr. 418.
[6]) Delisle spricht eigentlich nur von „caisses" und „coffres". — In
Lübeck lag 1304 das päpstliche Geld in 2 Kasten oder Truhen (Cod. dipl.
Lubecens. II. 1. 157 nr. 181); auch wo von „claves" die Rede, ist wohl
nur an letztere zu denken.

neser Denaren enthielt.[1]) Über zwei Säckchen erhielt der Kustos
Verfügungsrecht (für bestimmte Zwecke?). Im allgemeinen
aber galten die Deposita für unverletzlich. Nur den Kollektoren
und ihren oder des Papstes Beauftragten war es erlaubt, gegen
Vorzeigung des bezüglichen Mandats denselben Gelder zu entnehmen. Es war in solchem Falle wiederum ein notarieller
Akt erforderlich.[2]) Dem Könige Eduard I. wurde es als schwerstes
Verbrechen angerechnet, dass er die englischen Deposita aus
dem Lyoneser Zehnten mit Erbrechung der Siegel angegriffen
und weggenommen hatte.[3]) Gegen die Bischöfe von Hildesheim, Osnabrück und Utrecht kamen wegen ähnlicher Unthat
die kirchlichen Censuren in Anwendung.[4]) Auch 1290 befahl
Nikolaus IV., verschiedene Depositendiebstähle, die in Deutschland vorgekommen, mit den strengsten Strafen zu ahnden, und
er rief den König Rudolf zur Leistung der weltlichen Hilfe auf.[5])

Immerhin war die Unverletzlichkeit von hinterlegten
Geldern damals nicht so streng als heute. Wir finden, dass
Ordensmeister, Äbte, Prioren, Thesaurare, auch Bischöfe, Domkapitel, Stadtverwaltungen und Privatpersonen,[6]) bei welchen
Kreuzzugsgelder hinterlegt waren, ja dass selbst Kollektoren[7]) —
die Summen, die sie in Händen hatten, des öfteren zu eigenen
Zwecken verwandt haben, ohne dass man berechtigt wäre, an
eine unehrliche Absicht dabei zu denken.[8]) Es ging dem entweder eine Verabredung mit dem General-Kollektor voraus, so
dass eigentlich ein Leihegeschäft, ein Darlehen, statthatte;[9]) oder

---

[1]) Registro del card. Ugolino d'Ostia 107 nr. 83 bringt das Protokoll
darüber.
[2]) Vgl. Cod. dipl. Lubec. a. a. O. — Die englischen Kustoden hielten
sich 1283 nach der gewaltsamen Verletzung der Deposita durch König
Eduard nicht mehr für verpflichtet: Reg. Jo. Peckham II. 638 nr. 496.
[3]) S. oben S. 140.
[4]) S. oben S. 101.
[5]) Kaltenbr. I. 385 f.
[6]) Nur solche sind doch wohl unter den „diversae personae" gemeint bei Potth. 21606? Bestimmt wissen wir von Depositen bei
Bürgern in Göttingen im 15. Jahrhundert (S. meine „Cam. apost." 210).
[7]) Vgl. S. 104 das Beispiel des Abtes von Moggio. Auch der ge-
fangene Rayner de Orio griff die Zehntgelder an: s. oben S. 102.
[8]) Vgl. dazu Delisle a. a. O. 15 ff.
[9]) Vgl. das Leihegesuch (1279) in Reg. Jo. Peckham I. 15.

es scheint auch genügt zu haben, wenn man einen notariell beglaubigten Schuldschein ausstellte, in welchem das Versprechen gegeben wurde, die entnommene Summe an einem festgesetzten Termine oder nach Aufforderung in dieser oder jener Stadt, oft heisst es auch noch: auf eigene Kosten und Gefahren[1]) — in bestimmt bezeichneter Münze zurückzugeben.[2]) Voraussetzung dabei ist die Kreditfähigkeit des Depositars; aber darauf wurde schon bei Auswahl desselben gesehen.

Die Einziehung der Deposita geschah nach und nach je nach Bedürfnis durch eigene Boten, durch die Kollektoren oder durch Kaufleute. Die Erledigung einer Kirchen-Bezehntung, die, wie wir gesehen haben, schon in der primären Einhebung der Steuerquoten sich oft Jahre lang verzögerte, wurde auf diese Weise erst recht hinausgeschoben. Erst nach 20—30 Jahren verschwinden in der Regel die Aufträge zur Einholung der Erträge einer Auflage aus den päpstlichen Registern gänzlich, so dass erst dann von einer vollständigen Erledigung die Rede sein kann. Von dem Zwanzigsten, der dem Könige Ludwig IX. von Frankreich für seinen ersten Kreuzzug verliehen worden (1247), ebenso wie von dem Hundertsten des Jahres 1263, sind manche Summen erst nach Ludwigs Tode eingegangen und zur Verrechnung gekommen.[3]) Von dem Lyoneser Zehnten von 1274—1280 wurden manche Beträge in England erst nach 1288,[4]) in Dänemark, Schweden und Norwegen erst 1295,[5]) in Deutsch-

---

[1]) Vgl. Finke a. a. O. I. 333 nr. 708: „in Leodio expensis nostris"; ferner Theiner, Mon. Hung. I. 327 nr. 543 (Potth. 21368): Vollmacht, die ungarischen Bischöfe etc. zu veranlassen, „ut hujusmodi pecuniam ad Zagrabiensem vel Signiensem civitates suis periculis et expensis deferant." Ähnlich Potth. 21593 f. Aufforderungen an die nordischen Prälaten: „ut decimam . . . ad portum Scarensem deferri curent".

[2]) Vgl. Potth. 21606: ferner Cod. diplom. Lubecens. I. 410 nr. 450; Finke a. a. O. und 342 nrr. 718; Ried, Cod. chronologico-diplomaticus Ratisponensis II 778. 795 nrr. 806. 823; (Riedel, Cod. diplom. Brandeburgens. I. 24. 344 nr. 39), Theiner, Mon. Polon. I. 803 (ad 1360); vgl. auch Liljegren-Hildebrand, Svenskt Diplomatar. III. 2726 nr. 2571 (ad a. 1326); dazu oben S. 104 die anfängliche Straflosigkeit des Abtes von Moggio.

[3]) S. oben S. 127.

[4]) S. oben S. 106 f.

[5]) S. oben S. 107 f.

land, Ungarn und Polen sogar erst 1307 und die nächstfolgenden Jahre[1]) eingezogen.

Es wäre noch die Frage zu beantworten, warum überhaupt eine zerstreute Deponierung der Zehntgelder für längere Zeit stattgefunden hat, weshalb man die Summen nicht möglichst bald nach Rom an die Zentralkasse abführen liess. Wir haben hierfür in den Quellen keinen Anhalt gefunden. Man könnte vermuten, dass die unvollendete Organisation der päpstlichen Kammer der Grund gewesen. Es fehlte noch die Organisierung der Thesaurarie zur Finanzbehörde. Aber die Deponierung hat auch nach dem Eintreten dieser in den Verwaltungs-Apparat im 14. und 15. Jahrhundert noch stattgefunden; also muss der Grund dafür ein anderer gewesen sein. — Wir nehmen für gewisse Persönlichkeiten und Fälle die ehrliche Absicht an, die Gelder für den Fall eines Kreuzzuges aufzuheben. Im allgemeinen aber mögen Klugheitsrücksichten massgebend gewesen sein. Es klebte den päpstlichen Kirchensteuern der Kreuzzugscharakter doch zu sehr an. Die Hoffnungen auf das Zustandekommen eines Kreuzzuges waren selbst nach dem Falle von S. Jean d'Acre noch überall lebendig. Als sie zu erschlaffen begannen, da kamen die Türkenkriege. Nun richteten sich die Wünsche aller Wohlgesinnten, wie die Zweckangabe der päpstlichen Steuerauflagen, auf diese. Die deponierten Kreuzzugsgelder bildeten für jene Hoffnungen und Wünsche, ob sie nun gegen die Saracenen oder gegen die Türken gingen, den kräftigsten Rückhalt. Auf die Unterstützung aus ihnen hatten die Kreuzfahrer und Türkenkämpfer einen gewohnheitsmässigen Anspruch. Welcher Sturm der Entrüstung also würde sich erhoben haben, wenn die Summen alsbald nach der Erhebung den Augen der Hoffenden entschwunden wären?[2]) — Auch auf

---

[1]) Reg. Clementis papae V. 1941: Entsendung des Gabriel, Plebans von Valleneto, Diöcese Pisa, und des Kanonikus Peter de Carlenx, von allen Kollektoren Rechnung, Deposita und Zehntregister einzuholen. Peter Carlenx (auch Garlenx) begegnet noch 1312 in Lüttich (Ebenda 8861). Er wurde da von dem Propst Jakob von Los überfallen, verwundet und einer Summe von 1700 Goldfloren beraubt.

[2]) Vgl. Menkonis Chron MG. SS. XXIII. 540 (ad 1247): „venit quidam de ordine Minorum ... et ostendit litteras d. pape .. et requisivit .. deposita crucis .. quasi ad usum domini pape. Sed d. Sicco decanus

die Fürsten war Rücksicht zu nehmen. Auch diese wollten an den Kreuzzugsgeldern ihren Teil haben. Die eingestandenermassen für profane Zwecke aufgelegten und mit Hilfe der interessierten Fürsten beigetriebenen Steuern sind in der Regel nicht lange deponiert worden. Rücksichtlich der übrigen war der Widerstand der weltlichen Gewalthaber zu erwarten, wenn man ihre Erträge sofort hätte nach Rom ziehen wollen. Sie im Falle des Misslingens der Kreuzzugspläne ganz oder zum Teil für die päpstliche Kasse zu retten, war Sache der Diplomatie. Um dieser Zeit zu gewähren, musste wiederum die einstweilige Hinterlegung geraten erscheinen.

Es wurde bereits wiederholt angeführt, dass die Einziehung der Sammelergebnisse und Depositen auch Kaufleuten anvertraut wurde. Dieser Weg erscheint in der zweiten Hälfte des 13. Jahrhunderts — und im 14. nach der Aufhebung des Templerordens erst recht — sogar als der beliebtere. Der leichtere Geldwechsel, die schnellere und sicherere Beförderung, die Bequemlichkeit, schon im voraus Darlehen gegen Anweisung auf die Zehnterträge entfernter Länder zu bekommen,[1]) vor allem die Vorteile, welche der Verkehr mit Wechseln an Stelle der Realbeförderung gewährte, — das alles mag zur Bevorzugung der kaufmännischen Geldübermittelung veranlasst haben. Die päpstlichen „Kreuzzugsteuern" haben auch auf diesem Wege zur Festsetzung der Geldwirtschaft in Europa mächtig beigetragen.

Es liegt der Absicht dieser Schrift fern, ausführlicher in die Geschichte der Verbindungen der römischen Kurie mit mittelalterlichen Geldinstituten einzutreten. Da jene Verbindungen wiederholt auch für die politischen Verhältnisse der italienischen Städte, für die Kämpfe zwischen Ghibellinen und

---

.. et nobiles terre .. in faciem ei restiterunt, dicentes pecuniam illam conservari ad usum pauperum peregrinorum .. cum generalis fieret peregrinatio".

[1]) Der Kard. Ottaviano Ubaldini schreibt am 23. Sept. 1251 an den Papst: „mentre conoscevate... la necessità di celere soccorso per l'imminenza del pericolo, non avete mandato il denaro ai banchieri per i necessari sussidi, ma mi avete comandato di indicare l'ammontare delle spese, il che apporta una mortifera dilazione, piena di dolori e di ruine": Registro ed. Levi ep. VIII.

Welfen, entscheidend geworden sind, so verdient dieselbe eine eingehendere Behandlung, als sie hier mit Rücksicht auf die Anlage des Buches geboten werden könnte. Wir beschränken uns daher auf die gerade bei der Einziehung der Kreuzzugssteuern sich ergebenden Beobachtungen.

Trotzdem in den ersten Jahrzehnten des 13. Säculums die allgemeine Bezeichnung „Caorsini" die gebräuchlichere ist, so sind es, sobald die Namen genannt werden, doch fast ausschliesslich Italiener, welche in den auf die Kirchen-Bezehntungen und Kreuzzugsgelder bezüglichen Bullen, Briefen und Rechnungen vorkommen.[1]) In der ersten Hälfte des Jahrhunderts

---

[1]) Die Namen der mit Kreuzzugsgeldern beschäftigten Kaufleute werden nicht immer genannt. Wir haben uns folgende zusammengestellt: a) Aus Siena: Raynerius Bonacorsi begegnet in England seit den 20er Jahren bis 1262, ist 1256 mit Aldobrandus Aldobrandini, 1261 und 1262 mit Deutaviva Guidi, Orlandus Bonsignoris, Bonaventura Bernardini „etc." verbunden (sociiert); Petrus Scotti Dominici, Jacobus Balioni „etc." begegnen 1258 in England; Facius, Ristaurus und Guido Juncta, Hugo und Raynerius Jacobi, Lottus Hugolini, Bonaventura Bernardini, Franciscus Guidi beg. 1265 und 66 in Frankreich; Manente Tholomei de filiorum Bonsignoris begegnet 1287 als „mercator camere domini pape" in Rom. Ohne Namens-Nennung werden 1283 noch Sieneser Kaufleute in Deutschland angenommen; daneben Florentiner, Luccaner, Pistoiesen. (Belege: Reg. del. card. Ugolino d'Ostia 152 f. Potth. 16416. 17134. 18201. 19040 und f. 19112. 19511. 19524. 19526. Kaltenbr. 250.) — b) Aus Florenz: Manetus Spina et Girardus Riccobaldi et socii eorum Hyspiliatus Camby et Aringer Abadinger „et caeteri" begegnen 1252 in London; Petrus Benencasa et Dinus Perini beg. 1262 in Trier; Jacobus Ricomanni et Albertinus Rota beg. 1265 in Rom; der letztere ist in demselben Jahre mit Lotterius Ferucii [!] „et aliis" verbunden. Nesa Henrici, Carus Guidonis, Carbolinus Bentii, Rigolatus Vinte, Jacobus de Fronte, Chinus Curfagini, Raynerius Joseph, Johannes Vulpis, Noffus Deghi, Gualterus Angeloti, Lapus Parisii und Cepperellus Dietaiuti, sämtlich Mitglieder der Compagnie Friscobaldi, werden 1278 als Übermittler deutscher Zehnterträge nach Frankreich genannt. Ebenso Brunius Aldebrandini, Vermilius Jacobini, Ducius Compagni, Lapus Bruncti als Mitglieder der Societät des Johannes Alfani. Bindus Isquartiae, Thomasius Spilati, Lapus Ugonis Spina erscheinen 1285 als Teilhaber derselben Compagnie Alfani in Schweden und Dänemark. Als fernere Socii derselben Gesellschaft begegnen in demselben Jahre in Norwegen Azulinus Salvi und Johannes Gualterotti. Auch die Mozi

werden meistens ohne Namensangabe Si e n e s e n genannt. Es begegnen ferner Florentiner, Pistoiesen, Lucchesen, Placentiner und Römer. Die Florentiner haben seit den 60er Jahren alle anderen „Nationen" überflügelt.

sind im Jahre 1287 an der Übermittelung skandinavischer Geldbeträge nach Rom beteiligt. Janus B e n t e v e n n a (!) vertrat die „societas M o z o r u m" und ein gewisser A m b r o s i u s die „societas A l f a n o r u m" in demselben Jahre an der Kurie. Bei dieser begegnen wir 1287 auch einem Florentiner Kaufmann Rodulfus de P u l i c u m und dem Hause R i n b e r - t i n i. Die Sendlinge des Hauses Jacobus oder Jacobinus A l f a n i ver- mittelten die päpstlichen Geldbezüge aus Ungarn, Polen und Slavonien zur Zeit Martins IV. und Honorius IV. Thomas und Johannes d e M o z i s und Nicolaus B u r g h i „et eorum socii" bilden unter Bonifaz VIII. die „societas M o z o r u m", Rogerius und Lapus S p i n a „ac socii" die „societas Spinorum"; beide übermittelten Gelder aus England und Irland. Zur Gesellschaft der S p i n i gehörten 1306 auch Simon G u i d i, Johannes M a f f e i und Bonsenior J a c o b i. Dieselben vermittelten Geldsendungen aus den Diöcesen Tournay, Lüttich, Metz, Toul, Verdun, Cambray, Em- brun, Marseille, auch aus Irland und Böhmen. In Deutschland war im Jahre 1304 die neue „societas C i r c u l o r u m" durch die Gebrüder Olive- rius, Lippus, Naddus Gerardini d e C i r c u l i s und durch Bonacursus B o n i n c o n t r i vertreten (Belege: Math. Par. „Addit." 220 nr. 110; P o t t h. 18250. 19104. 19368. 19591. 22311 f. 22321; S w e e t m a n, Calendar I. 489; K a l t e n b r. 108 f; F i n k e 711; P r o u 125. 520; L i l j e - g r e n I. 598 nr. 743; M u n c h 4. 13; Mon. Vatic. Hung. I. 1. 6; T h e i n e r, Mon. Hibern. 170; Reg. Clem. V. 1152; S c h m i d t, Päpstl. Urkk. und Regg. in: Geschqu. der Prov. Sachsen XXI. 85 nr. 21). — c) Aus Pistola: Die A m m a n a t i, A b b a t i, B a c a r e l l i begegnen unter Hon. IV. in Eng- land, unter Bonif. VIII. die C l a r e n t i, B a l d i, I l d e b r a n d i n i (P r o u 192. 331; T h e i n e r a. a. O. 170). — d) Aus Lucca: Huguitio, Lucas und Bandinus de Lucca 1267 in England; V a n t e, D i n e, L a b r e und andere „socii" 1279 ebenda; B u l l o n o und V e r m i g l i e t t o, sowie Balio R o s c i l i o de Lucca vermitteln 1284 römische Geldsendungen nach Neapel. Joh. C i m b a r d i, Nellus R o s a m p e l i, Tedaldus M a n g i a l m a c h i, Mitglieder der Compagnie R i c c i a r d i, begegnen 1287 in Brügge; C o l u c i u s ist gleichzeitig Vertreter derselben Gesellschaft in R o m (T h e i n e r a. a. O. 108; P r o u 193; Reg. Jo. Peckham I. 34 nr. 27; 50 nr. 45; L i l j e g r e n a. a. O.; M u n c h a. a. O. u. s. oben S. 120 f.) — e) Aus Placenza: Opizo d e F a r i g n a n o und Rolandus d e R i p a l t a von der „societas Bernardi S c o t i" sollen 1275 die deutschen Zehnterträge übermitteln (K a l t e n b r. 93). „Rolandus d e R i p a l t a civis et mercator Placentinus de societate Bernardi S c o t t i" befindet sich 1276 Freitag nach Martini in Begleitung des Roger von Merlomonte in Konstanz und nimmt 1770 Mark Zehnt- gelder der Diöcese Konstanz in Empfang (Liber decimationis 167). —

In der bei Gelegenheit der päpstlichen Kirchenbezehntungen von den Kaufleuten entfalteten Thätigkeit sind, entsprechend dem Verwaltungs- und bezw. Erhebungsmodus, drei Perioden zu unterscheiden. Die erste Periode ist die der partikularistischen Verwaltungsformen unter den Pontifikaten Innocenz' III. und Honorius' III. Die kaufmännische Übermittelung von Geldern tritt im allgemeinen noch wenig in die Erscheinung. Für die Geldsendungen nach Palästina ist die Beförderung durch eigene Abordnungen der Diöcesen oder durch Templer- und Johanniterritter die gewöhnliche.[1] In der zweiten Periode, in welcher die Verwaltung der bereits erhobenen Steuererträge zwar zentralisiert ist, die Erhebung selber aber noch bei den Diöcesanbehörden beruht, — es ist die Zeit Gregors IX., Innocenz' IV., zum Teil auch noch Alexanders IV. und Urbans IV. — in dieser Zeit sind die Kaufleute sehr häufig in Anspruch genommen, und zwar werden sie von den Prälaten, den Bischöfen und Äbten, denen die Steuerbeträge ihrer Diöcesen und Untergebenen des öfteren abgefordert wurden, ehe die Umlegung vollendet war, um Darlehen angegangen, die sie sich nach bestimmter, meist kurzer Frist, mit hohen Wucherzinsen zurückzahlen lassen. Wir sehen jetzt die italienischen Kaufherren oder ihre Vertreter den päpstlichen Steuerboten folgen, ja vielfach sind sie mit denselben geradezu zur Ausbeutung der Prälaten verbunden.[2] — In der dritten Periode endlich, von Clemens IV. und Gregor X. ab, seitdem die quotisierte Einhebung der Steuern durch eigens beauftragte päpstliche General- und Unter-Kollektoren stattfindet, richtet sich die

---

f) Aus Rom: Laurentius Odonis Serroniani, Johannes Pantaleonis de S. Angelo, Leonardus Pauli Cuithii de Turre, Nicolaus Mutus de Papazuris, Lucas Petri de Cicca haben 1265—66 dem Papste Geld geliehen und bekommen dafür Zehnterträge aus Frankreich (Potth. 19681 ff.); dem Matheus Guidonis Marron „et sociis" war die Wormser Kirche verschuldet (Würdtwein IV. 128).

[1] S. oben S. 171. — Wir begegnen in dieser Zeit der kaufmännischen Geldübermittelung zwischen dem Kardinal Hugolin und der Kurie innerhalb Italiens: Registro del card. Ugolino 152 f.

[2] Vgl. oben S. 230. — Sehr lehrreich ist ein Schuldbrief des Abtes von S. Albans, aus dem Jahre 1252: „Additamenta" zu Math. Par. 220 ff nr. 110. Vgl. auch Math. Paris. selbst in der Chron. maj. V. 404 f. 525. 536.

Thätigkeit des Kaufmanns hauptsächlich auf die Übermittelung
oder Verschickung der Steuererträge, auf die Umwechselung
der tausendfältigen Münzsorten, endlich auf Darlehen, die vornehmlich der Kurie selbst, in geringerer Zahl Prälaten und Geistlichen in fremden Landen zu machen sind.[1]

Der Nutzen des Kaufmanns bestand in hohen Provisionen für alle von ihm zu leistenden Geschäfte. Bei Darlehen
liess er schon in der Schuldurkunde eine höhere Summe
schreiben, als der Schuldner thatsächlich von ihm erhielt. Es
scheint, dass für eine Leihe auf ein Jahr die Erhöhung um ein
Drittel des thatsächlichen Darlehens gang und gäbe gewesen
ist.[2] Die Zinsen im engeren Sinne begannen in der Regel
erst nach Ablauf des verabredeten Rückzahlungstermines für
den Fall, dass die Rückzahlung nicht geleistet wurde. Sie
betrugen wiederum mindestens 30 Prozent, oft auch noch mehr.
— Für die einfache Übermittelung päpstlicher Gelder nach
Rom rechneten die Kaufleute für sich eine Provision von 8 bis
24 Prozent. Das Haus Alfani hatte 1286 4576 Pfund und
8 Soldi kleine Venetianer Denare von Ungarn nach Rom zu
bringen. Es wurden in Rom nur 4202 Pfund 11 Soldi gezahlt,
373 Pfund und 17 Soldi stehen in der Rechnung „pro eorum
laboribus et expensis“. Bei derselben Abrechnung wurden für
53 472 Pfund und 6 Soldi, aus Ungarn und Polen nach Rom
befördert, nicht weniger als 13 144 Pfund 12 Soldi und 2 Denare
„pro laboribus et expensis“ gerechnet. Es waren nur 40 327
Pfund 9 Soldi und 10 Denare in Rom gezahlt worden.[3] Mit

---

[1] Vgl. hierzu Reg. Jo. Peckham I. 17. 34. 48. 50. nrr. 15. 27. 43. 45.

[2] Vgl. Math. Par. V. 404 f: „Papae mercatores vel scambiatores,
obmurmurantibus Iudaeis, palam Londoniis foenerantur, viris ecclesiasticis et maxime religiosis diversa machinantur gravamina, cogentes
quos gravat egestas mentiri etc. . . .; verbi gratia: mutuo accipio
centum marcas per annum pro centum libris: cogor conficere scriptum
et signare, in quo confiteor me centum libras mutuo in fine anni solvendas
recepisse.“ — Die Städte suchten in ihren Statuten den übermässigen
Wucherzinsen Grenzen zu ziehen. In Verona wurden 1228 12½ Prozent
erlaubt, in Modena 20 Prozent, in Padua bei unterpfändlicher Sicherheit
20, bei bloss handschriftlicher 30 Prozent. So Lempp, Antonius von
Padua: Briegers Zeitschrift f. Kirchengesch. XIII. 24 f.

[3] Ratio Magistri Gerardi de Mutina a. a. O. 6—8.

den Provisionen waren die Vorteile der kaufmännischen Gesell-
schaften noch nicht erschöpft. Sie hatten in fast allen grösseren
Städten ihre Filialen oder Vertreter. Dadurch waren sie in
den Stand gesetzt, das in der Ferne heimische Geld, wie sie
es von den päpstlichen Kollektoren bekamen, zum vollen Kurs-
wert beim Kaufen von Waren und beim Geldwechsel zu verwerten, während in Rom nur der Metallwert bezahlt zu werden
brauchte.[1]

Sicherheit gegen Verluste verschaffte sich der Kaufmann teils durch die Anrufung der kirchlichen Unterstützung,
teils durch die des weltlichen Armes. Die Kirche stellte den
mit kirchlichen Geldgeschäften befassten Kaufleuten gegen
säumige Schuldner, wie gegen Diebstahl, Beraubung u. s. w.
den ganzen Apparat ihres Censurenwesens zur Verfügung.
Geistlichen- und Prälatenwürde konnte nicht dagegen schützen.[2]
Der Schuldner selbst musste ferner schon in den Schuld-
anerkennungsbriefen gewöhnlich von vorneherein auf alle Privilegien verzichten, die ihm persönlich, oder seinem Kloster und
Orden, oder ganz allgemein dem geistlichen Stande, Kreuz-
fahrern u. s. w. zum Schutze gegen Gläubiger verliehen waren.
Ausserdem war es Regel, von der man auch bei päpstlichen
Anleihen keinen Abstand nahm, dass der Schuldner alle seine
Habe und Einkünfte oder wenigstens bestimmte Objekte zum
Pfande setzte.[3]

Ein beamtenmässiges Pflichtverhältnis von Kaufleuten zur
päpstlichen Kammer, wie es später in der „Depositaria

---

[1] In dieser Beziehung sind besonders die dänisch-schwedisch-
norwegischen Rechnungen bei Liljegren a. a. O. und Munch a. a. O.
instruktiv. — Da nur der Metallwert galt, ging auch die Zehnteinnahme
nach Gewicht: vgl. dazu unsere 2. Beilage.

[2] Vgl. Potth. 18 250 und Hansiz, Germ. sacra II. 359. 372.

[3] Ebenda; ferner Potth. 19 500. 19 570. 19 693. 19 727. 21 045 u. a.;
Würdtwein IV. 128; Shirley, Royal letters II. 507 („mercatores, qui
habent monasteria obligata"); vgl. auch Piot, Cartulaire de l'abbaye de
S. Trond II. 336 nr. 560 (ad 1460). Die Florentiner Compagnie Bardi
erhielt von Bonif. VIII. den ganzen Zehnten von 2 Jahren in Italien zum
Pfande und vereinnahmte ihn mit 85 160 Goldfloren, dazu nochmals ⅓ des
dritten Jahres mit 16 571 fl. auri: Reg. Clem. V. 1151.

Camerae apostolicae" bestand,[1]) ist im 13. Jahrhundert auch bereits in seinen Anfängen vorhanden. Schon in dem von Mabillon so genannten „ordo Romanus XII." des Kämmerers Cencius[2]) wird unter den Beamten, welche für ihre Dienstleistungen Geldbezüge zu beanspruchen haben, ein „cambiator" genannt.[3]) Unter Gregor IX. (1233) begegnen wir einer „Computatio generalis inter cameram apostolicam et Angelerium Solaficu quondam campsorem istius." Der „campsor" und seine „socii", Kaufleute in Siena, erhalten „nach Vorlegung aller Rechnungen" Quittung.[4]) Auch Matthäus Parisiensis spricht zum Jahre 1253 von „Domini Papae mercatores vel scambiatores".[5]) Unter Urban IV. (1261) werden die Sieneser Kaufleute Orlandus Bonsignoris, Bonaventura Bernardini „etc." in einer päpstlichen Bulle als „Campsores camerae apostolicae" bezeichnet.[6]) Es ist also unzweifelhaft, dass der Titel „Campsor" oder „cambiator" ein festes Verhältnis zur päpstlichen Geldbehörde ausdrückte.[7]) Über die besonderen Pflichten und Rechte desselben werden wir leider nicht unterrichtet. Die ersteren scheinen sich zunächst nur auf die Münz-Einwechselung bezogen zu haben. Dass aus dem bevorzugten Wechsleramte aber im Laufe der Zeit sich die eigentliche Kassenführung, die Depositarie, entwickelte, das war nur ein kleiner Schritt.

Im Vorstehenden ist die Frage nach der Verwertung der mannigfaltigen Münzen lokaler Geltung, die sich in den Truhen der päpstlichen Kollektoren zusammenfanden, zum Teil schon beantwortet. Die einen kamen gar nicht nach Rom,

---

[1]) Vgl. meine „Cam. ap." 110 ff.
[2]) Museum Italicum II. 200 ff. S. darüber Marx, die vita Gregorii IX. 51.
[3]) A. a. 0. 200 (c. 33.)
[4]) Muratori, Antiquitates Ital. I. 889.
[5]) Chron. maj. V. 404; vgl auch Hist. Angl. III. 90: „mercatores papales."
[6]) Potth. 18201.
[7]) Die Eingehung dieses Verhältnisses war wohl an einen eigenen Akt, die eidliche Verpflichtung, gebunden. Wir verweisen auf die Bezeichnung „ad servitium Camere apostolice admissi et recepti" für die Kaufleute Gerard Lanfredini und Andreas Gualterocci von der Florentiner Compagnie Bardi (ad a 1306): Clem. V. Reg. 1151. 137.

sondern wurden durch die kaufmännischen Geldbeförderer gegen Münzen allgemeiner Geltung eingewechselt. Ein anderer Teil wurde von den Kollektoren dem Schmelzofen des Goldschmieds oder des Münzschlägers überantwortet und zu Gold- und Silberbarren oder zu neuer gangbarerer Münze umgegossen bezw. geprägt.[1] Für den dritten Teil, die dennoch nach Rom kommenden Lokalmünzen, war ein eigener „Cambiator" bestellt, der seinerseits für die Einwechselung oder Umprägung sorgte. Wir erinnern bei dieser Gelegenheit daran, dass im 13. Jahrhundert die Päpste selbst kein Geld geschlagen haben, dass die römische Münze in jener Zeit vielmehr Eigentum der Stadt Rom gewesen ist.[2] — Eine Zusammenstellung der aus unserm Material, insbesondere aus den bis jetzt veröffentlichten Kollektorie-Rechnungen sich ergebenden Wert-Relationen von Münzen des 13. Jahrhunderts bietet die 2. Beilage dieser Schrift.

Die Vollendung eines geordneten Geschäftsganges und zurückwirkend zugleich eine Vorbedingung dazu bilden die gehörig eingerichtete Buchführung und Kontrolle.[3] Sie treten auch in der Verwaltung der Kreuzzugssteuern in vielfältiger und zum Teil sehr entwickelter Form uns entgegen. Alle Akte, die das Bezehntungsgeschäft mit sich brachte, von der primären Einhebung der Steuerbeträge bis zur Ablieferung der Sammelergebnisse und Depositen an die Zentralkasse oder an die begünstigten Fürsten und ihre Beamten waren zunächst durch Quittungen, notarielle Protokolle u. dergl. begleitet. Es sind uns teils die Befehle auf Ausstellung von derlei Schriftstücken, teils diese selbst in genügender Anzahl erhalten, um den Zweifel an der Thatsache auszuschliessen.[4] Hatten jene Schriftstücke

---

[1] S. in den Rechnungen die Einträge mit „fusi et nigri argenti" und besonders im „liber decimationis" von Konstanz die Posten mit dem Zusatz „ex quibus cremavit N. N. tot vel tot marcas" z. B. S. 17 f: XXXIII libr. Basil., ex quibus cremavit Burchardus Husarius decem marcas et tres fertones argenti": vgl. auch S. 178: „quos postmodum cremavit Husarius".

[2] S. Gregorovius. Gesch. d. Stadt Rom V. 284, Anmerkung 2.

[3] Über die spätere Buchführung und Kontrolle an der Zentralstelle der Geldverwaltung in Rom s. meine „Cam. ap." 129 ff.

[4] Vgl. oben S. 171. 179. 180. 183; ferner Epist. Hon. III: Recueil XIX. 676 (ad 1219): „et a singulis archiepiscopis, episcopis et abbatibus

aber in erster Linie den Zweck, die Einzelperson, sei es Steuerträger, Kollektor, Depositar oder Kaufmann, gegen Verluste zu
schützen, so ist auch die zum Schutze der Verwaltung oder
der päpstlichen Kasse angeordnete Kontrolle genugsam bezeugt.
Wir haben in dieser Hinsicht abermals an die nach dem Modus
der Erhebung zu unterscheidende Verwaltungsentwickelung zu
erinnern. Solange das Bezehntungsgeschäft Sache der Diöcesen
war, verlangte Rom bloss einen allgemeinen Bericht über das
Ergebnis.[1] Innocenz IV. forderte 1246 seine Kollektoren zuerst
zu genauerer Rechenschaft auf: „Quicquid inde feceritis vel jam
forte fecistis, nobis per literas vestras latori praesentium assignandas exprimendo tempus solutionis et locum (depositorum?)
studeatis quam citius intimare".[2] Auch bezüglich der dem
Könige Ludwig IX. für dessen ersten Kreuzzug zugesprochenen
Gelder wollte er über Ort und Höhe der Deposita benachrichtigt

locorum, a quibus ea colligeritis, literas testimoniales habere curetis, quid
et quantum receperitis continentes". — Muratori, Antiq. Ital. I. 889
(ad 1233): „computationem . . . de omnibus rationibus habitam et quieta-
tionem factam esse". — Heinemann, Cod. dipl. Anhaltinus II. 175
(ad 1248); ebenda III. 75 (ad 1304). — Martène et Durand, Thesaurus
II. 6 (ad 1262): „quicquid collectum fuerit deponatis sub fide dignarum
testimonio". — Lamprecht III. 69 nr. 54: Protokoll über die Abrechnung
des Mag. Roger von Merlomonte mit den Trierschen Unter-Kollektoren
(ad 1276). — In der „Ratio mag. Gerardi de Mutina" werden die „instrumenta publica depositorum", die Quittungen, welche die Kaufleute
dem Kollektor für die zur Überbringung nach Rom empfangenen Gelder
ausstellten, wiederholt genannt und deren nicht weniger als 18 angeführt.
Auch in den dänisch-schwedischen Abrechnungen ist wiederholt von
„litterae depositi" die Rede. Ähnlich im Konstanzer „Liber decimationis"
von „litterae super dicta computatione factae" (S. 171). Vgl. ausserdem
Quittungen oder Erwähnung derselben bei Finke I. 708. 711. 714. 718.
732. 736; Munch 151 nr. 22; Lange og Unger VI. 42 nr. 46; Gersdorf,
U.-B. v. Meissen I. 249; Strassburger U.-B. II. 54, Anm. 1; Monumenta
Boica III. 345 und 457; ebenda XII. 422; XXIX. 556; U.-B. für Ober-
österreich IV. 4 und 8; Cod. dipl. Lubecensis I. 450; II. 1. 181; Meklenburg.
U.-B. V. 2952. 2965. 2968; VI. 3624; Riedel, Cod. dipl. Brandeburg. I. 24,
344 nr. 39; Schmidt, Ur.-B. v. Halberstadt II. 1734; Sudendorf, Reg.
II. 86; Reg. Clementis V. 1151. 2265. 2271 u. s. f.

[1] S. oben S. 170. 176. 178. 190. — Einzelne Berichte erhielten
immerhin schon Detailangaben; vgl. Reg. del card. Ugolino 111.

[2] Math. Par. IV. 555.

werden.[1]) Seine Beauftragten in England forderten schon über
die geistlichen Kreuzzugsgelder genaue nach Dekanaten und
Pfarreien geordnete Verzeichnisse.[2]) Er selbst liess solche 1250
durch den Bischof von Chichester und den Archidiakonen von
Essex anfertigen.[3]) Über die von Innocenz IV. befohlene und
unter Alexander IV. vollendete und bezw. revidierte erste allgemeine Schätzung des englischen Kirchenbesitzes wurde schon
berichtet.[4]) Alexander IV. gab auch 1256 dem Kollektor Rustand
Befehl, die Erzbischöfe und Bischöfe zu schriftlicher Abgabe
ihrer Steuererklärungen anzuhalten.[5]) Gleichzeitig verpflichtete
er die unteren Kollektoren und Kreuzzugsprediger zu genauer
Rechnungslegung über Einnahme und Ausgabe im Cruciat-
geschäft.[6]) Unter Urban IV. begegnen wir schon der aus-
gedehnten Forderung an die General-Kollektoren des von ihm
aufgelegten Hundertsten: „Quicquid collectum fuerit deponatis
sub fide dignarum personarum testimonio in aliquo tuto loco,
rescripturi nobis, quid et quantum et a quibus de predicta
centesima colligi contigerit et u b i illud duxeritis deponendum.“[7])
Von demselben Papste sind die ersten ausserordentlichen
Kontrollmassregeln bekannt geworden gegen Kollektoren, deren
Geschäftsgebahrung verdächtig, oder die nicht richtig Rechnung
gelegt hatten. Gegen einen gewissen Petrus de Pontecurvo,
Kleriker der päpstlichen Kapelle, der unter seinem Vorgänger

---

[1]) Berger, Reg. 3059: „collecta in tutis locis deponant et de summis
depositis locisque rescribant“.

[2]) Additamenta zu Math. Par. 134 nr. 71: „habeant praemissas
pecunias paratas, cum fuerint requisiti; et scripturae singularum parochi-
arum deferantur in capitulis decanorum per rectores vel sacerdotes cum
testimonio aliquorum — et decanus cum testimonio aliquorum redigat
omnes scripturas in unam scripturam et apponat sigillum suum cum
sigillis sociorum suorum et dictam scripturam deferat ad domum Praedi-
catorum“ u. s. w.

[3]) Berger, Reg. 4880.

[4]) S. oben S. 222. 224. 227 f.

[5]) Potth. 16537: „compellat archiepiscopos et episcopos regni
Angliae, ut taxationes bonorum suorum ei in scriptis assignent“.

[6]) Potth. 16542: „ut de his, quae pro hujusmodi negotio ratione
decimae receperint vel expenderint, sufficientem ipsis reddant et
plenariam rationem“.

[7]) Martene et Durand a. a. O. II. 6.

Kollektor der „debita terre sancte" in Stadt und Diöcese Prag
gewesen war, veranlasste er eine Untersuchung durch den
Bischof von Prag und den Dekan Bartholomäus von Olmütz.
Er befahl diesen, alle Äbte, Archidiakonen und Archipresbyter
der Diöcese zusammenzurufen und von ihnen eine eidliche
Aussage darüber zu verlangen, „was, wieviel, von wem und
unter welchem Titel jener in ihren Archidiakonaten u. s. w.
empfangen habe".[1] Eine ähnliche Untersuchung wurde fast
gleichzeitig gegen den uns bekannten Johann von Frosinone
in Irland geführt.[2]

Für den Lyoneser Zehnt von 1274 wie für die folgenden
Auflagen bis in das 14. Jahrhundert hinein betraute die den
Kollektoren mitgegebene Instruktions-Formel die Zehnt-Super-
intendenten mit der Beaufsichtigung der Unter-Kollektoren.[3]
Dieselbe machte jenen zugleich öftere Berichterstattung an
den Papst „über alles, was in betreff der Zehntsammlung geschehen ist, sowohl betreffs der Kollektoren, als betreffs der
Sammlung, über die Höhe der Erträgnisse, über die hinterlegten Summen und über Ort und Weise der Hinterlegung zur
Pflicht. Noch genauer finden wir in mehreren Bullen Nikolaus' IV.
vom Jahre 1290, durch welche der deutsche General-Kollektor
Theoderich von Orvieto[4] zur Rechnungslegung aufgefordert
wurde, die Punkte angegeben, auf welche sich diese zu erstrecken
hatte. Der Papst will „vollständige Gewissheit" über den Stand
des Bezehntungsgeschäfts in Deutschland haben und verlangt
also von Theoderich Rechenschaft über alle seine Einnahmen,
seien diese von ihm selbst oder durch andere bewirkt an
Zehnten, an Legaten und Hinterlassenschaft für das heilige
Land, an Gelübden und Gelübdelösungsgeldern, an Ablassalmosen und welch andern eingekommenen Geldern auch immer,
auf welche Weise, mit welcher Berechtigung, bei welcher Gelegenheit, aus welchem Grunde auch immer. Er soll ferner
berichten, bei welchen Kaufleuten oder anderen Personen, wo,

---

[1] Boczek, Cod. dipl. et epistol. Moraviae III. 360 nr. 360.
[2] Theiner, Mon. Hibern. 90 nr. 232.
[3] S. oben S. 197.
[4] S. oben S. 104 f.

wann und in wessen Gegenwart er das Geld deponiert habe;
des weitern wie viel noch zu erheben bleibt, an welchen Orten
und in welchen Gegenden die Erhebung noch aussteht; wie viel
er den Unter-Kollektoren und anderen Beauftragten für die
täglichen Ausgaben gewährt habe; was er an täglichen Ausgaben für sich selbst gerechnet habe; wie viel, für was oder
weswegen er sonst Ausgaben gemacht habe; endlich wie viel
Zeit er auf das Bezehntungsgeschäft verwandt habe.[1])

Die uns erhaltenen und bezw. bis jetzt veröffentlichten Rechenschaftsberichte von der ungarisch-polnischen
und der dänisch-schwedisch-norwegischen Zehnteinnahme[2]) stellen
solche zusammenfassende Abrechnungen der General-Kollektoren
mit der apostolischen Kammer ˙dar. Sie geben indes nur die
zahlenmässige Rechnung, nicht zugleich die im Vorstehenden
verlangten Nachweise, Begründungen und sonstigen Angaben.
Es lässt sich also annehmen, dass sie noch von einer ganzen
Reihe von Aktenstücken begleitet waren. Auf die „litterae"
oder „instrumenta depositorum", ferner auf die „libri" der
Kollektoren und auf andere „scripta" berufen sich beide wiederholt. — Was sonst an Kollektorie-Rechnungen aus dem 13. Jahrhundert bis jetzt bekannt geworden ist, das sind Rechnungsregister oder Bruchstücke solcher von Unter-Kollektoren.[3])

---

[1]) Kaltenbr. 387. 414.

[2]) Mon. Vatic. Hung. Serie 1. Bd. 1. S. 1—38; Liljegren, Svenskt
Diplomatar. I. 598 ff. nr. 743; Munch, Pavelige Nuntiers etc. 12 ff.

[3]) Der Konstanzer „Liber decimationis" von 1275 und Hauthalers
„Libellus decimationis" von Salzburg — 1285 (s. oben S. 102. 103); ferner
ein Einnahme-Verzeichnis von 1275 aus dem Bistum Utrecht in Sloet,
Oorkondenboek der Grafschappen Gelre en Zutfen II. 941—7 nr. 972; zwei
Berner Verzeichnisse von 1275 und 1285 in Fontes rerum Bernens. III,
154 und 387; der bei Binterim, die alte und neue Erzdiöcese Köln I. 53 ff.
abgedruckte „Liber valoris" aus dem 14. Jahrhundert darf hier genannt
werden, insofern derselbe auf ein sicherlich dem 13. Jahrhundert und
vermutlich der Bezehntung von 1274 ff. angehörendes Zehntregister zu-
rückgeht. Über ein schottisches Register s. oben S. 107. Endlich führen
wir die irischen Taxen von 1302—1306 an bei Sweetman und Handcock,
Calendar of Ireland Bd. V. S. 202—323. Leider sind dieselben in Kolumnen-
form („Value" und „Tenth") gebracht worden. Der Abdruck in der
Originalform wäre brauchbarer gewesen. Diese Umsetzung in Tabellen,
die wir auch bei den Hebungslisten des Erzbistums Lyon aus dem 15. Jahr-

Dieselben stellen also die primäre Einhebung des Zehnten dar
und bildeten für die Generalrechnung den vornehmsten Teil
der Belege.

Wir schliessen, indem wir an die auffallende Erscheinung
erinnern, dass in den beiden letzten Jahrhunderten des Mittelalters die Camera apostolica, wo in aller Welt ein kirchliches
Beneficium vakant wurde, stets genau wusste, welche Gefälle sie
von demselben im Falle der päpstlichen Reservation und bezw.
Kollation zu ziehen hatte. Man darf daraus mit Recht auf die
Vollständigkeit und Genauigkeit der Pfründenbesitz-Verzeichnisse
schliessen, welche der päpstlichen Verwaltung jener Zeit zu
Gebote standen. Durch die Zehntregister und Schätzungslisten,
welche beide zum Teil identisch waren[1]), ist die Thatsache erklärt.
Wir haben auch hinreichend Zeugnisse, dass die nachherigen
Benefizial-Taxen „juxta taxationem decime" eingezogen
wurden.[2]) So führt das spätmittelalterliche päpstliche Finanzwesen sowohl in seiner rechtlichen und politischen Entwickelung,
als auch in der technischen Ausbildung auf die Kreuzzugssteuern
des 13. Jahrhunderts zurück.

---

hundert beklagen (in Cartulaire de Savigny, Tome II. 935 ff.), bringt nicht
einmal den Schematismus der Diöcesen zur richtigen Anschauung.

[1]) S. oben S. 224.

[2]) Vgl. Liljegren-Hildebrand, Svenskt Diplomatar. III. 1. 289
nr. 2077; 2. 732 nr. 2576; vgl. ferner für Johann XXII: Ottenthal, Regulae
Cancellariae Ap. 3 nr. 11; für Benedikt XII.: ebenda 9 nr. 1 und 1a; für
Urban V.: 14 nr. 3, 15 nr. 6, 20 nr. 29, 23 nr. 41.

IV.
Beilagen.

1. Clemens' IV. und Gregors X. „Declarationes dubitationum in negotio decime" [1267 und 1274].

Die uns bekannte älteste Redaktion, die wir auch dem folgenden Abdruck, soweit nicht verdorbene Lesart entgegensteht, zu Grunde legen, ist der Druck bei Hansiz, Germania sacra II. 373 ff. In dieser Form wurden die „Deklarationen" von Gregor X. den Kollektoren des Lyoneser Zehnten von 1274 mitgegeben. Sie lässt auch die erste Redaktion Clemens' IV. mit Leichtigkeit ausscheiden, während die Ausgaben von Honorius IV. bei Prou, Reg. Hon. IV. 60 ff., von Nikolaus IV. bei Rymer, Foedera etc. ad a. 1290, I. III. 67 und von Bonifaz VIII. in den „Extravagantes communes" III. vII. die diesbezüglichen Angaben ganz verwischt haben. Zunächst lautet die Einleitung der Bulle, in welcher Gregor X. die „Deklarationen" dem deutschen Kollektor Rogerius de Merlomonte mitteilt (bei Hansiz a. a. O.): „Cum pro negocio decime nuper in concilio Lugdunensi terre sancte deputate subsidio te ad Trevir[ensem] Mogunt[inam] et Salzburg[ensem] provincias cum literis transmittamus, ut in omnibus partibus earundem provinciarum ipsius decime deputes collectores aliaque facias, que in eisdem literis continentur et circa hec nonnulla dubia emergere posse putemus | Nos in hiis ad te recursum haberi volentes, quasdam declarationes similium dubitationum in negotio decime olim subsidio terre sancte predicte in regno Francie deputate (nämlich 1267, s. oben S. 61 f.) habitas et quasdam alias ad instructionem tuam fecimus praesentibus annotari, que tales sunt:" — Ferner lautet eine in den späteren Redaktionen fortgefallene Stelle des Art. 45 (der Zählung bei Prou, die wir auch in unserem Abdruck beibehalten, bezw. vervollständigen werden): „Et quia non occurrit nobis, quin cotidiane distributiones ... sint censendae, nos cum felicis recordationis Clemente papa predecessore nostro, qui de illis decimam per eum simili subsidio deputatam debere solvi declaravit et voluit[1] sentientes

---

[1] Gregor scheint da doch nicht gut unterrichtet zu sein. Clemens IV. wollte die „cotidiane distributiones" nicht besteuert wissen, aber sie wurden es auf Wunsch oder Befehl Ludwigs IX.: vgl. oben S. 61 f.

(de distributionibus .... declaramus)." — Es ist also unzweifelhaft, dass der erste Teil der „Deklarationen" von Clemens IV.
herrührt. Es handelt sich nun darum, zu suchen, wo der
Einschnitt zu machen ist, wieweit die Bestimmungen Clemens' IV.
gehen. Eine rein kritische Betrachtung würde dazu führen,
die Grenzscheide nach dem Art. 34 zu legen; denn die Art.
1—34 haben eine einheitliche klare Disposition: 1—4 Steuerbefreiungen für gewisse Personen; 5—9 solche für gewisse
Objekte und Fälle; 10—12 Anweisungen für die Steuererhebung
von Jagd und Fischfang; 13—19, Gruppe für sich, offenbar zu
gleicher Zeit entstanden, bestimmen für gewisse Besitz- und
Nutzungsübertragungen den eigentlichen Zehntpflichtigen; 20
bis 23 dasselbe rücksichtlich der Prokurationen der Prälaten;
24—26 Steuerbehandlung der Ausgaben und Kosten; 27 Schuld-
verhältnisse; 28 Mühlen und Backöfen; 29 Stolgebühren; 30
Legate und fromme Stiftungen; 31 Münzsorten, in denen der
Zehnt zu zahlen; 32—34 Vorschriften gegen Steuerhinterziehung
und über das Strafverfahren. — Hätte so die ganze Zusammenstellung einen natürlichen Abschluss gefunden, so beginnt mit
Art. 35 eine neue bis Art. 51 reichende Reihe mit unklarer
Disposition; zum Teil wird auf Objekte oder Fälle zurück-
gegriffen, die bereits abgehandelt sind, zum Teil werden neue
Dinge besprochen. — Art. 40 rührt ganz sicher von Gregor X.
her; denn die Steuer von 1267 galt nicht für Italien. 39 ist
mit 40 gleichzeitig entstanden; beide handeln „de redditibus
ecclesiasticis deputatis ad fabricam". Wir sind also nur noch
im Zweifel, wem die Art. 35—38 zuzuweisen sind. Diesen
Zweifel löst der Druck bei Hansiz. Dort steht zwischen Art.
38 und 39 die Bermerkung: „Ad requisitionem autem prelatorum,
qui nuper convenerunt in concilio Lugdunensi, declarationes
hujusmodi sunt adjecte". — Art. 1—38 stammen also von
Clemens IV., 39 ff. von Gregor X. Die Art. 35—38 dürften
übrigens der mit 34 abgeschlossenen ursprünglichen Redaktion
erst später aus einer besonderen Veranlassung hinzugefügt
worden sein.

Die Art. 54—62 folgen in dem Drucke bei Hansiz ohne
Vermittelung der mit 53 abgeschlossenen Instruktion. Von
Honorius IV., Nikolaus IV. und Bonifaz VIII. sind sie nicht

aufgenommen worden. Sie bieten uns ein interessantes Beispiel dafür, wie die Deklarationen überhaupt durch Fragestellung in Einzelveranlassung entstanden sind: „Ad consultationem de moneta responsum est" u. s. w., und s. unten zu Art. 61 den Bescheid: „Ad alias duas questiones respondetur sufficienter in declarationibus". Die Zählung 54—62 haben wir ergänzt.

Wir erlauben uns noch, die Aufmerksamkeit auf die Art. 13 und 32 hinzulenken. Auch sie deuten auf die Art, wie die „Deklarationen" entstanden sind. Art. 13 sagt: „in solvenda de hiis decima credimus distinguendum, videlicet an — an". Das ist die Sprache eines Beraters, vielleicht des General-Kollektors, des Kardinals de Brion, nicht des Gesetzgebers selbst. — Noch deutlicher in Art. 32: „Si . . apparuerit, aliquem . . minus debito persolvisse, . . ex officio nostro per viros ydoneos deputandos a nobis faciemus inquiri." Im Sinne Olemens' IV. klingt das nicht natürlich. Es passt aber sehr gut auf den Kardinal-Legaten und Kollektor Simon de Brion, auf den der ganze Paragraph hinweist. Man halte diesen mit der oben S. 223 mitgeteilten Nachricht aus der grösseren Chronik von Limoges zusammen, wo das Verfahren des Kardinals bei der Einschätzung der französischen Kirchen 1264 erzählt wird, und es besteht kein Zweifel mehr, dass der Art. im Sinne jenes gehalten, vermutlich also von ihm verfasst ist. Ob daraus auch auf Entstehung der ganzen clementinischen Redaktion, persönlich und zeitlich, wenigstens der ersten 34 Artikel geschlossen werden darf, das erscheint uns ohne weitere Anhaltspunkte zu gewagt.

Zum Schlusse sei noch bemerkt, dass Art. 34 von Bonifaz VIII. an den Schluss der ganzen Reihe (nach 53) gesetzt worden ist und den für Bonifaz charakteristischen Zusatz erhalten hat, dass der „weltliche Arm" gegen Zehnthinterziehung nur mit spezieller Erlaubnis des heiligen Stuhles angerufen werden darf. Siehe den Wortlaut in Anmerkung zu Art. 34. — Für die Vergleichung der Redaktion Bonifaz' VIII. haben wir das „Corp. jur." nach der Edit. Lips. secunda von Friedberg benutzt. Inwieweit manche geradezu unverständige „Druck-fehler" hier (wie auch in der Redaktion Honorius' IV. bei

Prou, Reg. Hon. IV. 60) der Schuld des Herausgebers zuzu-
schreiben, konnten wir ohne Zuhilfenahme eines grösseren
Editions-Apparates nicht feststellen.

1. De redditibus et proventibus leprosariarum,[a] domorum Dei et
hospitalium pauperum, qui in usus infirmorum[b] et pauperum convertuntur,
decima non solvetur.

2. Moniales alieque[c] regulares persone, quarum redditus et proventus ecclesiastici adeo sunt tenues et exiles, quod de illis sustentari
non possunt, sed pro habenda vite sue sustentatione[d] necesse habent
publice mendicare et elemosinas petere[e], dictam decimam non persolvent.[f]

3. Seculares quoque clerici, quorum ecclesiastici redditus et proventus annui summam sex marcarum argenti[g] non excedunt,[h] eandem
decimam non prestabunt.

4. Si vero una persona plura[i] habet[k] beneficia, quorum nullum
per se acceptum dictam summam sex marcarum argenti[l] annuatim
attingat, simul tamen collecta in annuis[m] proventibus summam memoratam
excedant,[n] quotquot vel quantumcunque modica fuerint,[o] de omnibus
et singulis decima persolvetur.

5. Set non solvetur de pitantiis monachorum,[1] similiter de hiis[p] que a
Christi fidelibus relinquuntur ecclesiis, ut ex eis perpetui emantur redditus.

6. Item de exenniis[q] prelatis et aliis[r] personis ecclesiasticis
liberaliter factis decima non solvetur.

7. Solventium decimam electioni seu arbitrio committatur[s] utrum
ipsam velint solvere per totum tempus, quot[t] durabit decima, pro rata
proventuum, quos singulis annis dicti temporis ipsos percipere contigerit,[u]
an per ipsum totum[v] tempus pro rata communis estimationis[w] proventuum eorundem. Sed una via electa non licebit alicui variare ad
aliam recurrendo. Et fiat et redigatur per collectores in scriptis electio
hujusmodi expresse in prima solutione decime supradicte. Alioquin juxta
estimationem communem per totum tempus solvere tenebuntur[x]. Declaramus autem, quod hii, qui vendunt[y][2] proventus beneficiorum su-

---

a) HN: leprosorum; G: leprosorum domorum domus Dei. b) HNB: in usus leprosorum infirm. et . . . c) GHN: etiam alieque. d) B: habendo — — sustentationem. e) Bei
G. fehlen die Worte „mendicare et elemosinas". — HN: wiederholen „petere" vor „publice".
f) N: persolvant (Man vergl. die folgenden Artikel). g) HN: septem librarum parvorum
turonensium; B: florenorum auri. h) G: excedent. i) G: plurima. k) GNB: habeat. l) N:
„argenti" fehlt; H: septem librarum turonensium parvorum; B: s. oben. m) B: minimis.
n) HN: excedat. o) HN: fuerit. p) HN: ipsis; B: his. q) G: et eximiis (prelatis) mit
Art. 5 zusammengezogen; B: xeniis. r) G: „et aliis" fehlt. s) B: committitur. t) B: quod.
u) G: continget. v) B: fehlt. w) GHN: ext . . . x) Die ganze erste Hälfte von Art. 7 von
„solventium — tenebuntur" fehlt bei N. y) GH lesen mit augenscheinlicher Interpolation: Declaramus autem, quod, si hii, qui elegerint solvere decimam pro rata qua perceperint (G: percipient) annuatim, vendant . . .; B: quod hi, qui elegerint solvere decimam
pro rata eorum, quae perceperint annuatim, vendant (!) . . .

---

1) Über „pitantia monachorum" s. oben S. 212, Anmerkung.
2) Über die Bedeutung von „vendere" hier und im Folgenden s. oben S. 213,
Anmerkung.

orum, que personalem residentiam non requirunt, solvent decimam pro [a],
solo pretio quod recipient [b] de eisdem, dumtamen circa hoc in fraudem
decime nichil omnino agatur; sed ecclesiastica persona, que in ecclesia
sua seu[c] beneficio, quod residentiam personalem requirit, non residet [d]
sed facit[e] in eodem per firmarium vel vicarium deserviri, deputando ipsi
vicario vel firmario certam suorum proventuum portionem, non deducet
partem vicarii seu firmarii[f], sed de universis ipsius ecclesie vel beneficii
proventibus decimam exhibebit.

8. Declaramus etiam, quod de silvis seu nemoribus, que non consueverunt vendi, nichil solvetur, nisi forte aliquid de illis venditum fuerit
durante decima, et tunc estimabitur quantum valere debeant [g] annui
redditus partis vendite [h] secundum assisiam,[i] que consuevit fieri de
nemoribus in partibus illis, in quibus nemus venditum [k] situm erit [l]
et de sola estimatione decima persolvetur et non [m] de eo, quod perci-
peretur de dictis silvis seu nemoribus [n] ex venditione pascuagii seu her-
bagii seu alterius consimilis proventus. (Et si [o] non vendantur hujusmodi pascuagia, herbagia et similia, non solvetur decima de hiis, ita tamen
quod in fraudem decime nichil circa hoc attemptetur.) [p]

9. Idemque de [q] pascuagiis [r] et herbagiis et consimilibus obventionibus silvarum ceduarum [s] volumus observari. [t]

10. De stagnis et piscariis, si vendantur, de pretio decima [u] sic solvetur, ut [v] fiat [w] collatio [x] de numero annorum, quibus ante venditionem
ultimam vendita non fuerint, [y] ad quantitatem pretii ex ipsa venditione
ultima recepti, [z] et [aa] pretio diviso in partes secundum annorum nume-
rum [bb] durante decima,[cc] solvetur [dd] decima ipsa de tot partibus pretii
ex ipsa venditione recepti, quot [ee] fuerint [ff] anni praedicti; [ita] ut, si
forte sunt quinque anni elapsi, ex quo fuerat stagnum venditum et nunc
vendatur pro centum libris [gg] fiant [hh] de pretio quinque partes et [ii] pro
tribus annis, quibus durabit decima, solvetur ipsa decima de tribus
partibus pretii tantum, videlicet de [kk] sexaginta [ll] libris [mm]); et sic [nn]
multiplicabuntur et minuentur partes pretii, prout plures et pauciores
fuerint dicti anni.[oo]

a) G: de. b) B: receperint. c) GHB: vel. d) GN: resederit. e) H: faciat; G: faciet.
f) B: non de vicariatus (!) seu firmarii portione statt non deducet etc. g) HN: debeat;
B: debent. h) GHN: pars vendita. i) G: abscisiam. k) B: fehlt. l) HN: fuerit; B: situa-
tum fuerit. m) Die Drucke ausser B haben nisi. n) Die Drucke lassen hier zwischen
„nemoribus" und „ex" die Interpolation folgen: que vendi non consueverunt, nec forte
vendentur. Prou schlägt vor, (mit B.) nisi statt nec zu lesen; dadurch wird die Stelle erst
recht unverständlich. o) G: etsi. p) Der von uns in Klammern gesetzte Satz ist sicher
spätere Ergänzung. Dieselbe scheint jedoch wegen des „ita tamen — attemptetur" nicht
blosse Abschreiberglosse zu sein; deshalb durften wir sie nicht einfach fortlassen.
q) G: in. r) NB: pascuis. s) fehlt bei B. t) G: duximus observandum. u) N: decimae;
bei H und B fehlt: si vendantur, de precio. v) H: quod; B: videlicet quod. w) NB:
flet. x) B: relatio. y) H: fuerunt. z) GH: recepta. aa) HB: ut. bb) HB: terminum. cc) Frie d-
berg hat dieses Komma vor durante decima gesetzt. dd) B: solvatur. ee) quot — praedicti
fehlt bei H. ff) B: fuerunt. gg) N: marcis. B: florenis. hh) GN: fient. ii) H: ut. kk) fehlt
bei B. ll) GB: LX. mm) N: marcis. nn) fehlt bei B. oo) anni fehlt bei G.

11. De venationibus autem et piscariis fluminum et lacuum,[a] si vendantur, et silvis ceduis idem[b] quod de stagnis fiet.

12. De piscibus stagnorum vel bestiis[c] garenarum, quos pro usu vel esu suo capi et sic[d] consumi vel sine fraude donari contigerit, decima non solvetur.

13. Et quia nonnulli obtinent a monasteriis et ecclesiis prioratus, grangias,[1] domos, redditus, pensiones et census, in solvenda de hiis decima credimus[2] distinguendum videlicet an talia in beneficium habeantur, an ex contractu, an ex mera gracia, an pro mercede laboris vel obsequii.[e] Et quidem obtinentes talia in beneficium[f] et etiam ex mera gratia,[g] sive hoc sit concessum per Sedem Apostolicam sive per ipsorum monasteriorum vel[h] ecclesiarum personas, de illorum proventibus solvent decimam.[i]

14. Cum autem obtinentur talia ex contractu, puta ad pensionem vel firmam[k] annuam, in qua non est facta gratia obtinenti, sed in hoc uterque contrahentium studuit conditionem suam facere meliorem, perceptores pensionis vel firme de ipsa pensione vel firma decimam exhibebunt.

15. Si autem quis ante vel post concessionem hujusmodi[l] decime ad vitam propriam emit proventus prioratus[m] vel aliorum predictorum pro aliqua pecunie quantitate[n] ita quod in hoc ei scienter gratia non est facta, considerabitur quantum estimatione communi valeant annui proventus prioratus, grangie, domus, terrarum, seu redituum hujusmodi et secundum hoc ab illis, quorum est horum proprietas [seu] qui inde pretium pro futuro tempore receperunt,[o] per tres[p] annos decima exigetur[q]

16. Si autem in hiis gratia facta sit obtinentibus, quia scienter pro minori pretio quam valeant sunt eis[r] talia vendita vel locata, ipsi obtinentes et non monasterium vel ecclesia[s] de illo, in quo gratia facta est ipsis[t] et de reliquo illi, quorum est proprietas, decimam exhibebunt.

17. Si autem personis aliquibus pro justa mercede seu remuneratione laboris vel obsequii prestiti vel prestandi talia concessa sunt, hii quorum est illorum[3] proprietas in decimatione proventuum suorum etiam horum proventus merito numerabunt et de illis, sicut de aliis, quos pro certis suis utilitatibus expendunt, decimam exhibebunt.

---

a) et lacuum fehlt bei G; bei B folgt de venat nach lacuum. b) idem fehlt bei G. c) B: belluis. d) „capi et sic": die drei Worte fehlen bei H und R. e) an pro mercede — — obsequii fehlt bei B. f) B: Si talia in beneficium habeantur. g) et etiam — — gratia fehlt bei B. h) G: et. i) B: solvetur decima. k) G: summam. l) B: hujus. m) B: prioratuum. n) HNB: pro aliqua pecunia. o) B: receperint. p) G: sex. q) B: exhibebitur. r) Fehlt bei HNB. s) G: etiam. t) HN: illis.

---

1) Über „grangia" s. oben S. 215, Anmerkung.

2) Dass in diesem „credimus" ein Anhalt für die Entstehungsart der „Deklarationen" gegeben ist, s. oben unsere Vorbemerkungen.

3) quorum ist Genitiv. subjectivus, illorum ist Genitivus objectivus zu proprietas.

18. Quod si hec a) per illos qui ea obtinent b) rite c) in alios sunt translata, quia res transit cum onere suo, etiam circa illos que prediximus servabuntur. Nec deducentur expense que pro monachis, qui in talibus prioratibus, grangiis seu domibus in beneficium seu ex mera gratia concessis ex pacto d) teneri (!) debent, fieri dinoscuntur. e) ·

19. Expense autem illorum monachorum vel personarum, qui f) teneri debent g) in [aliis (?)] h) prioratibus, grangiis seu domibus ad justam firmam i) seu pensionem concessis, sive determinate fuerint k) sive non, estimabuntur estimatione communi l) et talem estimationem m) monasterium vel ecclesia, n) cujus illorum est proprietas, o) cum suis proventibus decimabit.

20. Prelati de procurationibus, quas in victualibus percipiunt, decimam non persolvent; sed qui p) eas q) prestant, hujusmodi victualia in decimatione suorum proventuum et reddituum numerabunt et solvent decimam de eisdem.

21. De illis autem procurationibus, quas prelati in pecunia numerata rite percipiunt r) et quas perciperent s) etiam si non visitarent, decimam prestare tenentur.

22. Prelatus autem, qui procurationem, quam sine visitatione potuit de jure percipere in pecunia numerata, alicui ecclesiae t) remittit, quia remittit quod sibi debetur et de quo solvisset decimam, si recepisset illud, tenetur ex tali procuratione decimam exhibere.

23. Si vero procurationem, quam tantum in victualibus licet percipi, fortasse remittat, u) persona ecclesiastica, cui remissio facta est, hujusmodi victualia cum aliis suis proventibus cum solvet decimam estimabit, cum etiam si non esset remissa hoc facere teneretur.

24. In solvendo decimam supradictam sole expense necessarie, que fiunt v) in re, ex qua fructus percipiuntur, arando, colendo w) ac x) colligendo fructus, [et] sine quibus non possunt ipsi y) fructus percipi, deducentur.

25. Expense autem, que fiunt in castrorum custodibus (cum sint extra rem) z) vel etiam in edificiis construendis vel conservandis, nullatenus deducentur. Sic aa) nec ille, que pro bb) villis tuendis fierent in guerris seu etiam cavalcatis. cc)

---

a) fehlt bei GH. b) B: obtinebant. c) rite fehlt bei B. d) N: parte. e) G: dinoscantur. f) B: quae. g) G: debebunt. h) G: 3 Striche als Zeichen, dass etwas fortgefallen; HN. haben einfach die Verbindung „in prioratibus"; B: ex pacto in . . . i) G: summam. k) fehlt bei B. l) fehlt bei GHN. m) G: extim . . , und so auch vorher. n) G: monasteriorum vel ecclesiae; N: monachi vel ecclesia. o) F r i e d b e r g hat dieses Komma hinter cum suis proventibus gesetzt. p) G: hii, qui . . . q) B: eis. r) GB: setzen hier noch „ab antiquo" hinzu. s) GHN: percipient. t) Bei H. und B. sind die Worte alicui ecclesiae ausgefallen. u) B: remittit. v) H: sunt. w) G: et colendo. x) B: et. y) B: inde. z) Die Glosse „cum sint extra rem" ist verdächtig, steht aber in allen Drucken; B. hat fiunt statt sint! aa) B: sicut. bb) B: in. cc) G: coavalcatis.

26. De hiis[a] quoque que consistunt in jurisdictione, mero imperio, regalibus atque similibus, solvetur decima deductis moderatis salariis, que ante concessionem decime consueverunt persolvi[b] judicibus officialibus consimilibusque[c] personis, sine quibus jurisdictio et cetera similia nequeunt exerceri,[d] ita tamen quod in fraudem decime nichil circa hoc aliquatenus[e] attemptetur; sed expense officialium, judicum et consimilium personarum facte in vestibus sive victualibus minime deducentur, sicut nec alie[f] expense similes facte circa aliam[g] familiam prelatorum.

27. Ratione autem eris alieni, quo persona solvens decimam obligata consistit, nichil de decima minuetur, etiam si certe res ecclesiastice propter hoc a quoquam[h] specialiter fuerint obligate.

28. Item de furnis et[i] molendinis decima prestabitur.

29. Solvetur autem decima de oblationibus sive fiant pro benedictione nubentium sive pro exequiis mortuorum, necnon de proventibus sigillorum prelatorum et de emendis, que ab excommunicatis recipiuntur.[k]

30. De legatis quoque sibi et aliis personis ecclesiasticis non personarum sed ecclesiarum vel officiorum ratione relictis decima persolvetur.

31. Pro decima supradicta non exigetur[l] pecunia, nisi illa que communiter curret[m] de mandato domini terre, cujus[n] est moneta in locis, in quibus consistunt[o] fructus et redditus unde decima persolvetur, nec aliqui pecuniam cambire cogentur eandem.

32. Si[p] exprobabilibus seu verisimilibus presumptionibus apparuerit, aliquem[q] pensatis ejus proventibus minus debito notabiliter de decima persolvisse, ita quod super hoc merito suspectus debeat reputari, ex officio nostro[1] per viros ydoneos deputandos a nobis faciemus inquiri ab illis, qui super hoc scire valeant veritatem, videlicet de consilio diocesani episcopi vel alicujus deputandi[r] ab ipso, si sit ejus subditus, et non aliter si episcopus ipse vel deputatus ab eo commode possit haberi, et tunc demum et non prius ille, cujus proventus fuerint taliter estimati, pro eo quod minus solverat,[s] etiam nominatim excommunicabitur, si ejus contumacia exegerit et visum fuerit expedire. Episcopi autem et abbates cetereque persone ecclesiastice honorabiles, non suspecte, proprie eonscientie relinquantur, ita quod sufficiat quoad tales excommunicationis sententia, que in nullo modo solventes vel scienter minus solventes et[t] adhibentes fraudem vel malitiam circa ipsius decime solutionem generaliter proferetur.[2]

a) B: iis. b) B: solvi. c) B: et officialibus similibusque. d) B: expediri. e) B: penitus. f) B: alia. g) fehlt bei B. h) GHN: quocumque. i) B: et de. k) G: quas — recipiunt. l) B: exhibebitur. m) B: nisi illa communiter curreret (sic!). n) B: et quae! o) GHN: consistent; B: consistet. p) B: Sed si. q) B: quisquam (sic!). r) GHN: aliquo deputando. s) N: solveret; B: solverit. t) „minus solventes et" nicht bei H und B.

1) Vgl. über die wahrscheinliche Entstehungsart der „Deklarationen" oben S 260.
2) Zum Inhalt dieses Art. vgl. oben S. 223.

33. Super hiis autem fiet compulsio per censuram ecclesiasticam, prout vobis a) et aliis, b) quibus c) hoc duxerimus committendum, visum fuerit, expedire. Proferatur autem, d) si expediens visum fuerit, excommunicatio generaliter vel specialiter in eos qui contra solutionem decime vel suorum estimationem proventuum, (cum fuerit facienda), e) fraudem vel malitiam scienter duxerint adhibendam.

34.[1]) Nullus autem non solventium compelletur f) per secularis violentiam potestatis, nisi ipsius non solventis contumacia vel rebellio talis aut tanta fuerit, quod merito contra ipsum, sicut fieret in aliis casibus seu negotiis propter ecclesiastice censure contemptum, invocari debeat auxilium brachii secularis.

———

35. Fiet autem solutio decime non in g) ipsis rebus, que percipiuntur de proventibus, sed in pecunia numerata.

36. Solvetur autem decima illis personis, h) quas i) ad hoc k) contigerit deputari.

37. Rector parochialis ecclesie, qui urgente necessitate cure l) ecclesie sue, m) puta quia ipse residendo personaliter in eadem per se non sufficit n) ipsi cure propter multitudinem parochianorum vel diffusionem o) parochie sue, sed necesse habet unum vel duos seu p) plures capellanos conducere, et eis preter q) victum salarium constituere, salarium hujusmodi poterit in decime solutione deducere, sed ratione victus capellanorum ipsorum aliquid non deducet.

38. Quod si in diversis civitatibus seu r) diocesibus diversa beneficia obtineat quis, s) de uno quoque beneficio in civitate vel diocesi, in qua illud fuerit, decima persolvetur.

———

a) Die Drucke haben „nobis"; also wohl ursprünglich im Sinne des den Paragraphen vorschlagenden General-Kollektors. b) N: illis. c) B: illi, cui. d) fehlt bei GHN. e) Diesen verdächtigen Zusatz haben alle Drucke. f) G: compellatur. g) B: ex. h) fehlt bei B. i) B: quos. k) B: haec. l) fehlt bei B. m) fehlt bei B. n) B: sufficeret. o) B: divisionem d. p) B: vel. q) GB: propter. r) G: aut; B: et. s) B: obtineantur.

———

1) Dieser Artikel ist unter Bonif. VIII. an den Schluss gesetzt und hat folgende Fassung erhalten: „proviso hactenus, quod contra decimam hujusmodi non solventes nullatenus sine speciali mandato apostolice sedis invocetur brachium saeculare, quodque ad vasa sacra, paramenta, calices, cruces et libros aliaque bona mobilia ad cultum deputata divinum vel ad privilegia ecclesiarum et monasteriorum aliorumque locorum ecclesiasticorum ipsius occasione decimae manus nullatenus extendatur."

Ad requisitionem autem prelatorum, qui nuper convenerunt in con-cilio Lugdunensi, declarationes hujusmodi sunt adjecte:[a]

39.[b] De redditibus autem ecclesiasticis deputatis ad fabricam eccle-siarum decima solvetur.[c]

40. De elemosinis vero seu oblationibus datis ad opus fabrice, maxime[d] de hiis oblationibus, que in civitatibus et aliquibus castris et locis Italie[e] in certis festivitatibus in candelis et cereis[f] et aliis con-sueverunt dari et offerri ad opus fabrice et per eos, qui ad fabricam de-putati sunt, colligi,[g] decima non solvetur.

41. Similiter nec de illis oblationibus, que colliguntur interdum per laicos, qui collectores[h] consortiales dicuntur, et[i] interdum per clericos, et[k] que ad opus consortii offeruntur,[l] ut inde[m] luminaria in ecclesia, cruces et calices fiant et reparentur et etiam ut[n] ex illis pauperibus sub-veniatur et sepeliantur corpora pauperum defunctorum.

42. Prelati autem et clerici exules cujuscumque conditionis aut dignitatis existant, de suis proventibus ecclesiasticis decimam exhi-bebunt.[o]

43. Ille quoque expense, que fiunt pro fossatis et alias etiam[p] pro terris bonificandis,[q] ut uberiores fructus producant, et ille, que fiunt in conservandis et reparandis edificiis molendinorum, domorum seu apothe-carum et similium, ex[r] quibus fructus et pensiones percipiuntur,[s] et nisi repararentur[t] fructus ex eis percipi non valerent, de decima hujusmodi minime deducentur; nec etiam ille, que fiunt pro custodia castrorum, quamvis fiant in hoc[u] majores solito.

44. Insuper de oblationibus minutissimis,[v] quas percipiunt eccle-siastice persone, ratione ecclesiarum suarum pro sepulturis et dandis penitentiis, decima persolvetur.

45. Et quia non occurrit nobis, quin[w] cotidiane distributiones pro-ventus ecclesiastici sint censendae[x] *(nos cum felicis recordationis Clemente papa predecessore nostro, qui de illis decimam per eum simili subsidio deputatam debere solvi declaravit et voluit sentientes)*[y] de distributioni-

---

a) HNB: haben diese Überleitung nicht mehr. b) Dieser Artikel ist bei B. fort-gefallen. c) H: persolvetur. d) B: et maxime. e) N: praedictorum regnorum et ter-rarum (scil. Angliae, Hiberniae, Scotiae et Walliae); B: dictarum provinciarum. f) Bei HB: fehlt et cer. g) HNB: ad opus fabrice deputatis statt ad op. fabr. et per eos . . . . colligi. h) fehlt bei B. i) fehlt bei B. k) B: reducuntur et quae offeruntur. l) fehlt bei B. m) fehlt bei B. n) fehlt bei B. o) B: persolvent. p) fehlt bei B. q) N: beneficandis; B: aedificandis. r) B: et ex. s) B: recipiuntur. t) NB: reparentur. u) in hoc fehlt bei B. v) G: etiam minutissimis. w) G: quantum; H: quando. x) fehlt bei GHB. y) nos — sen-tientes fehlt bei HB.

bus, que dantur in horis canonicis presentibus,[a] debere solvi decimam declaramus.

46. Illi quoque, qui deputati fuerint ad collectionem decime, cum eis qui debent solvere decimam, de aliqua certa summa solvenda pro decima nequeunt convenire.

47. De fructibus arborum et [h]ortorum, si vendantur[b] solvetur decima.

48. De hiis autem, qui[c] consumentur[d] usu vel esu,[e] decima non solvetur.

49.[f] Similiter et de fructibus[g] gregum seu animalium, si sint ecclesiarum, persolvetur[h] decima, deductis expensis necessariis, que fient[i] pro custodia.

50. Si vero sunt personarum, decima non solvetur.

51. Tu ergo[1]) in hiis solum Deum et justitiam ac predicte terre [sancte] necessitatem[k] pre oculis habens, ex predictis declarationibus in decidendis hujusmodi dubitationibus, que per te[l] leviter decidi[m] poterunt, informationem[n] accipias. Super majoribus vero decisionem apostolici oraculi expetas et[o] expectes.

52. Volumus quoque ac[p] presentium tibi[q] auctoritate apostolica[r] mandamus, ut in unamquamque personam ecclesiasticam deputatarum tibi partium, cujuscumque ordinis, conditionis vel dignitatis existat, que decimam ipsam nullo modo, vel non integre scienter, — aut non secundum estimationem deputandarum a nobis vel mandato nostro ad hoc personarum[s] sive non in terminis constitutis exhibuerit, seu in illorum exhibitione malitiam adhibuerit[t] sive fraudem, excommunicationis sententiam auctoritate nostra promulges, et tam eam, quam illam, quam nuper in generali concilio in omnes et singulos,[u] qui scienter impedimentum prestiterint directe vel indirecte, publice vel occulte, quominus decime predicte solventur,[v] tulimus publice, in cathedralibus et aliis collegiatis ecclesiis civitatibus et dioecesibus partium predictarum, de quibus expedire videris, per te et alios publicare procures.

---

a) G: presentem. b) N: vendentur; bei B. fehlt dieser hypothet. Zusatz ganz. c) B: quae. d) GB: consumuntur. e) Von hier bis im folgenden Art. „animalium" fehlt bei B alles, so dass animalium Genitiv zu esu ist. f) Die folgenden Artikel (von 49 ab) fehlen bei N. g) G: fructu. h) B solvetur. i) B: fiunt. k) B: pro praemissis statt ac predicte — necessitatem. l) B: pro parte statt per te. m) H: deciti. n) B: confirmationem! o) expetas et fehlt bei B. p) B: et. q) B: ibi (sic). r) apostolica bei B ausgefallen! s) HB: aut non secundum verum valorem fructuum suorum perceptorum statt: aut non sec. — — personarum. t) HB: commiserint. u) HB: et etiam in singulos statt: et tam eam — — et singulos. v) H: solvatur subsidium; B: solvantur. Damit schliessen H und B auch den Artikel; von tulimus bis procures fehlt.

---

1) Die Anrede geht an den General-Kollektor.

53. Omnes[a] et singulos, qui hujusmodi sententias latas incurrerunt,[b] vel per te ferendas incurrerint,[c] per te et alios singulis diebus dominicis et festivis, pulsatis campanis et candelis accensis, usque ad satisfactionem condignam excommunicatos publice nunties et facias ab omnibus artius[d] evitari; aggravaturus alias manus tuas contra ipsos, prout eorum proterviam et contumaciam videris promereri.[e] Quod si satisfacere decreverint,[f] post plenam et integram satisfactionem ab hujusmodi excommunicationibus juxta ecclesie formam absolvas eosdem et dispenses cum eis super irregularitate, si taliter ligati non abstinuerint a divinis.

54. Ad consultationem de moneta responsum est, quod magiste Rogerius (superintendens decime in Germanie partibus) consilio proborum virorum eam determinabit.

55. Item de prediis et possessionibus obligatis vel impignoratis solvatur, etiamsi soluta forte detineantur occupata.

56. Item si advocati seu patroni omnino invitis personis ecclesiasticis et prohibentibus rapiant partem fructuum et [si] illis[g] fideliter repetunt et recuperare non poterunt, non tenentur solvere decimam illius rapine.

57. Item de redditibus taxatis et per tempestatem vel casum fortuitum diminutis, si solvens elegerit solvere secundum taxationem, tenetur de tota decima. Si vero secundum quod annuatim perceperit, tenetur de eo solo quod remansit, si ille non fuerit in mora.

58. Item perpetui vicarii solvent pro parte se contingente; pro reliquis (!) vicariis solvent rectores; et quod dicitur in declarationibus, quod habentes reditus infra sex marcas nihil solvent, pars vicarii non deducetur. Sed si vicarius minus quam sex[h] marcas [et] rector minus quam sex[h] marcas perciperet, quilibet ad solutionem tenetur.

59. Item de feodis perpetuis, que in grangiis recipiuntur annuatim, decima non solvetur.[i]

60. Item pro praedecessoribus non tenetur successor,[1] si non receperit aliquid pro tempore, quod predecessor neglexit.

61. Item ecclesia, que non valet nisi sex marcas, non solvet nunc, sed quando plus valebit, solvet de toto.[k]

62. Ceterum placet nobis, ut pecuniam receptam et recipiendam convertatis, cum citius possitis, in aurum et argentum juxta quod vestre discretioni visum fuerit expedire.

---

a) B: Et omnes. b) B: incurrerint. c) vel — incurr. fehlt bei B. d) B: publice. e) HB: prout proterviam . . . exigere videris eorundem. f) H: forte decreverint. g) Der Druck hat illa. h) Der Druck hat „VI". i) G: solvatur; so auch im folgenden. k) Der Druck fügt hier noch den Bescheid bei: *Ad alias duas questiones respondetur sufficienter in declarationibus.*

---

1 Nämlich im Amte eines Kollektors.

2. Münzvergleichungen.

Die folgenden Münzvergleichungen, die wir den in unserer Schrift angeführten Kollektorie-Rechnungen entnehmen, haben vor allem auch den Zweck, gleichsam ad oculos zu demonstrieren, dass die Einziehung der Zehnten nach dem Gewichte vor sich ging. Von schlechten oder vergriffenen Münzen musste also, um denselben Wert zu erzielen, eine grössere Zahl eingezogen werden. Daraus erklärt sich die auffallende Erscheinung in den Heberegistern, dass ein und dieselbe Münzbezeichnung ganz verschieden bewertet ist, dass die Relationen für dieselben Münzen sehr mannigfach angegeben sind. So im Folgenden:

1. Deutsche Münzen (1275—76).

1 marca argenti (Gewicht) = 2 lib. 5 sol.	Constanciensium.	[1]
2 lib. 5 sol. 8⁴/₇ den.	„	[2]
2 l. 6 s.	„	[3]
2 l. 6 s. 8 d.	„	[4]
2 l. 12 s. 1⁵/₇ d.	Friburgens.	[5]
2 l. 13 s.	Thuricens. (Züricher)	[6]
2 l. 14 s.	„	[7]
2 l. 15 s.	Brisgaudiens (!) novor.	[8]
3 l.	Hallen.	[9]
3 l. 1 sol.	Rotwil.	[10]

1) Liber decimationis Constanciens. 27 „Balgehain"; 38 „Nunkilch"; 189 „Staine". Die Werte sind so direkt angegeben oder durch Rechnung gefunden (1 lib. = 20 soldi = 240 denare).

2) Ebenda 18 „Schynun".

3) 108 „Veringen".

4) 27 „Talhain".

5) 208 „Herderu": 7 marcae minus uno fertone = 18 lib. Friburg.

6) 169 „Rithesswiler".

7) 190 „Rinowe".

8) 82 oben; 86 „Gochingen".

9) 28 „Dirbehain"; 51 „Horwe", „Althain"; 58 „Cella"; 95 „Asche" u. s. w

10) 37 „Phlueren".

1 libra Constanciens. =	1 libra	Memmingens.[1]
	1 l. 2 s. 5^1/$_2$ d.	Thuric.[2]
	1 l. 4 s.	Brisgav.[3]
	1 l. 4 s. 5^1/$_2$ d.	Brisg. novi[4]
	1 l. 3 s. 2^{22}/$_{31}$ d.	Hallen. [5]
	1 l. 4 s. 11^{13}/$_{25}$ d.	„ [6]
	1 l. 5 s.	„ [7]
	1 l. 5. s. 4 d.	„ [8]
	1 l. 6 s. 8 d.	„ [9]
	1 l. 4 s. 1^{13}/$_{25}$ d.	Schaffus. [10]
	1 l. 5 s.	Basileens. [11]
	1 l. 5 s.	Rotwilen.[12]
	1 l. 6 s. 8 d.	„ [13]
	1 l. 6 s. 11^1/$_5$ d.	„ [14]
	1 l. 7 s. 1^1/$_5$ d.	„ [15]
	1 l. 7 s. 3^6/$_{11}$ d.	„ [16]
	1 l. 8 s. 4 d.	„ [17]
	1 l. 13 s. 10^2/$_3$ d.	„ [18]
1 libra Tuwingens. =	1 l. 7 s. 6^{30}/$_{37}$ d.	Hallen. [19]
	1 l. 10 s.	„ [20]
	1 l. 10 s. 8 d.	„ [21]
	1 l. 13 s. 4 d.	Rotwilen.[22]

---

1) 142 „Abbas in Rôte"; s. auch die Zusammenrechnung am Ende der Seite. — Man unterschied Constancienses ultralacenses (oder translacenses), jedoch ohne Wertunterschied; vgl. 118 „Stinenhouen"; 126 „Custos abbatiae Campidouen."; 133 „Gruencrut"; 142 „Ochsenhusen"; 145 „Tuetenhain" u. s. w.

2) S. oben: 1 m. argenti = 2 l. 5 s. Constant. = 2 l. 13 s. Thuric.

3) 36 „Wilerspach"; 10 sol. Constant. = 12 s. Brisg.

4) S. oben: 1 m. argenti ÷ 2 l. 5 s. Const. = 2 l. 15 s. Brisg. novor.

5) 85 „Husen": 31 den. Const. = 3 sol. Hall.

6) 57 „Custertingen": 1 l. 10 d. Const. = 26 s. Hall.

7) 54 „Altingen": 1 s. Const. = 15 d. Hall; 77 „Bomphelingen": 1 l. Const. = 25 sol. Hall.

8) 86 „Justingen": 15 s. Const. = 19 s. Hall.

9) S. oben: 1 m. argenti = 2 l. 5. s. Const. = 3. l. Hall.

10) 28 „Husen" 10 s. 5 d. Const. = 13 sol. Schaffus.

11) 212 „Gutenove": 8. s. Const. = 10 s. Basil.

12) 45 „Swanningen": 8 s. Const. = 10 s. Rotwil.

13) 84 „Haetingen": 20 s. Const. = 20 s. 8 d. Rotwil.

14) 43 „Buorren": 50 s. Const. = 8 l. 7 s. 4 d. Rotwil.

15) S. oben: 1 m. argenti = 2 l. 5. s. Const. = 3 l. 1 s. Rotw.

16) 45 „Bentzigen": 22 s. Const. = 30 s. Rotwil.

17) 43 „Roswangen": 35 s. Const. = 2 l. 10 s. Rotwil. = 5 den.; ferner 1 s. Const. = 17 d. Rotwil; so auch 43 „Egenshain".

18) 28 „Husen": 10 s. 5 d: Const. = 15 s. Rotw.

19) 55 „Hochdorf": 6 s. 2 d. Tuwing. = 8 s. 6 d. Hall.

20) 47 „Emphingen": 2 l. 5 s. Hall. = 30 s. Tuwing; ferner 48 „Bervelt vel Sultz": 5 l. Tuwing = 7 ein halb l. Hall.

21) 47 „Emphingen": 2 l. 6 s. Hall. ÷ 30 s. Tuwing.

22 48 „Owingen": 1 sol. Tuwing" = 20 den. Rotwil.

1 libra Hallen. $=$ 1 l. 1 s. 2^{s}/$_{17}$ d. Rotwil [1])
    1 l. 1 s. 8 d.   „   [2])
1 libra Basileensium $=$ 1 l. 9^{s}/$_{18}$ den. Beronens.[3])
1 „ Argentinens. $=$ 1 l. 4 s. 7^{5}/$_{18}$ d. Rotwil.[4])
1 „ Brisgav. $=$ 1 l. Villingen.[5])
            1 l. Hallen.[6])
            1 l. Basil.[7])
            1 l. Schaffus.[8])
            1 l. Thuricens.[9])
            1 l. Zovingen (Zofingen im Aargau).[10])

1 marca argenti fini $=$ 1 m. 2 sol. 5 den. Osnaburgens. novor. (ad a. 1277).
            1 m. 3 s. 10^{22}/$_{23}$ d.   „   antiquor.
            1 m. 4 s.   „   „   [11])

2. Nordische Münzen.[12]) (1282—87.)

a. Gewichte („ad pondus").

1 marc. argenti Trecens. (Troyes) $=$ 1 marc. 1^{3}/$_{3413}$ unciae Daciae.
                1 marc. 1^{1067}/$_{1765}$ unc.   „
                1 m. 1^{59}/$_{16809}$ unc.   „
                1 m. 1^{5411}/$_{9221}$ unc. Suetiae.
                1 m. 1^{43}/$_{265}$ unc.   „
                1 m. ^{1}/$_{4}$ uncia 4 gran. Norvegiae.

b. Münzen („ad numerum").

1 libra Turonens. $=$ 2 marc. 26^{13796}/$_{38987}$ den. sterling. Daciae.
          2 m. 4^{1582}/$_{6557}$ d. Suetiae.
          1 m. 79^{1}/$_{3}$ d. de Rua (Rügen?).

5 marcae denarior. cupreor. (Dac. et Suet.) $=$ 1 marca argenti.[13])

1) 43 „Roswangen": 28 s. 4 d. Hall. $=$ 30 s. Rotwil.
2) Ebenda und 48 „Stetten": sol. Hall. $=$ 18 den. Rotwil.
3) 179 „Rote": 26 s. Basil. $=$ 27 sol. Beronen.
4) 40 „Valkenstain": 26 sol. Argentinens. $=$ 30 s. Rotwil.
5) 82 „Munechwiler".
6) 82 „Kilchdorf"; 205 „Wile".
7) 17 „Grauenhusen"; 187 „Lenzkilch"; 202 „Waltkilch".
8) 19 und 60 „Remmingshain": 18 s. Schaffus. $=$ 18 s. Hall; vgl. auch oben die 2. Gleichung zwischen Const. und Hall.
9) 284 „Ruegetingen".
10) 288 „Uffichon".
11) Finke, Papsturkk. Westf. I. 388 nr. 708.
12) Nach dem Rechenschaftsbericht bei Munch, Pavelige Nuntiers p. 4 ff. bezw Liljegren, Svenskt Diplomatar. I. 598 ff. nr. 748.
13) Dieses Verhältnis zwischen Kupfer und Silber bestand auch noch 1312; s. Liljegren-Hildebrand, Svenskt Dipl. III. 1. 71 nr. 1857.

3. Italienische Münzen (1286).

1 marca argenti = 10 librae   venetorum parvorum.
     9 libr. 11 sol.   „   „

---

1 venetus grossus = 24⁸/₉ veneti parvi
                 28   „   „
                 31   „   „
1 lib. venetor. grossor. = 6 lib. 5 sol. Turon. parvor.

---

1 uncia auri Siciliae = 5 fl.   auri,
1 flor. auri   2 lib. 1 den. venetor. parvor.
(die anjou-neapolitan. Münzen s. oben S. 119 f., Anmerkung).

---

4. Verhältnis von Silber und Gold.

15 marcae argenti nigri = 1 marca auri.
36   „   „   „   ad pondus Cracoviense
               = 2 marcae auri („de Paliola").[1]

---

1) Ratio mag. Gerardi a. a. O. 6—9. — Das gewöhnliche Verhältnis von Silber zu Gold gibt der Sachsenspiegel für seine Zeit — 1. Hälfte des 13. Jahrhunderts — zu 10 an, und der italienischen Münzausprägung lag um die Mitte des 13. Jahrhunderts das von 10¹/₂ zu Grunde: L a m p r e c h t II. 606.